MAX KRUK

Die
großen
Unternehmer

Woher sie kommen

wer sie sind

wie sie aufstiegen

SOCIETÄTS-VERLAG

Alle Rechte vorbehalten
Societäts-Verlag Frankfurt am Main
© 1972 Frankfurter Societäts-Druckerei GmbH
Satz und Druck Frankfurter Societäts-Druckerei GmbH
Ausstattung Udo Herminghaus
Einband Fritz Wochner, Horb
Printed in Germany 1972
ISBN 3 7973 0223 1

INHALTSVERZEICHNIS

III. DER SOZIALE STATUS DER VÄTER

IV. SCHUL- UND BERUFSBILDUNG

V. DAS STUDIUM

VI. DAS LEBENSALTER

VII. DAS BERUFUNGSALTER

Manager sind mobiler als Eigentümer – Häufiger Führungs-
wechsel tut nicht gut – Spätere Generaldirektoren sitzen mit 40
im Vorstand – Direkt an die Spitze berufen – Die es nicht zum
Vorsitzenden bringen – Stellvertreter ehrenhalber – In allen
Branchen ziemlich gleich – Noch keine zehn Jahre im Amt

VIII. LAUFBAHNMERKMALE

IX. VORSTÄNDE MIT UNTERNEHMENSLAUFBAHN

X. VORSTÄNDE
OHNE UNTERNEHMENSVERGANGENHEIT

XI. AUSSERGEWÖHNLICHE KARRIEREN

haben häufiger gewechselt – Vorstand durch eigene Initiative – Springer suchen sich oft selbst andere Posten – Jeder dritte Vorstandsvorsitzende ist finanziell unabhängig – Vermögen, eine Frage des Lebensalters

XII. DIE GENERALDIREKTOREN

XIII. DIE AUFSICHTSRÄTE

XIV. DIE EIGENTÜMER-UNTERNEHMER

XV. ADLIGE, PROFESSOREN, AUSLÄNDER, FRAUEN

VORWORT

JEDER HAT EINE ANDERE VORSTELLUNG von den Unternehmern. Der eine sieht sie als Pioniere des Fortschritts, denen
Wachstum und Wohlstand entscheidend zu danken ist. Andere
halten sie für rücksichtslose, von nacktem Profitstreben beses-
sene Machtmenschen, die an den Fleischtöpfen Babylons sitzen
und die Arbeitnehmer mit Knochen abzuspeisen suchen. Idea-
lisierung auf der einen, Verketzerung auf der anderen Seite. In
dieser extremen Überspitzung ist die eine Aussage so falsch
wie die andere.

Wer die großen Unternehmer wirklich sind, woher sie kommen
und wie sie aufstiegen, ist weitgehend unbekannt. In den Vor-
standsetagen herrscht gedämpfte Stille, Unternehmer begeben
sich nicht gern in das Licht der Öffentlichkeit. Ihr Verhalten
ist, wie Ralf Dahrendorf einmal bemerkt hat, »durch eine
eigenartige Mischung von Selbstbewußtsein und defensiver
Haltung gekennzeichnet«, die nur dadurch zu erklären ist, daß
sie sich »von allen für ungeliebt halten und ständig das Gefühl
haben, gegen eine Welt von Widerständen ankämpfen zu
müssen«. Seit der Zeit, da diese Worte niedergeschrieben wurden – vor etwa fünf Jahren –, ist die Welt noch unternehmer-
feindlicher geworden. Die Widerstände sind in manchen Kreisen zu Dogmen verhärtet. Lohnt es da überhaupt noch, um
objektive Wahrheit bemüht zu sein ?

Es lohnt sich, und es ist notwendiger denn je. Offenbar hat die Einsicht, wie nachteilig Schweigen sein kann, auch bei den Betroffenen an Boden gewonnen. Wir haben jedenfalls offene Ohren gefunden, als wir im Auftrage der Frankfurter Allgemeinen Zeitung alle führenden Männer der deutschen Großunternehmen um detaillierte Auskünfte über ihr Elternhaus, ihre Ausbildung und den Berufsweg gebeten haben. Befragt wurden 2053 Unternehmer, die als Vorstände, Aufsichtsräte, Inhaber oder Mitinhaber an der Spitze der 381 größten Unternehmen aller Wirtschaftszweige und Rechtsformen stehen. Geantwortet haben 1662, mehr als vier Fünftel. Fast alle Männer mit Rang und Namen haben den umfangreichen Fragebogen ausgefüllt. Das Verzeichnis ihrer Namen am Schluß des Buches zeigt, daß kaum einer fehlt, den die Öffentlichkeit zur »Wirtschafts-Prominenz«, die Soziologie zur »Elite« rechnet.

Die Antworten füllen dreizehn Leitz-Ordner. Sie sind ein einzigartiges Material, das es in diesem Umfang und dieser Vollständigkeit bisher nicht gibt. Da die Erhebung fast alle leitenden Männer der Großunternehmen umfaßt, kann an der Authentizität des Materials für diesen Bereich kein Zweifel bestehen. Die Auswertung der Bögen mit ihren etwa 50 Fragen hat uns fast zwei Jahre beschäftigt. Um die Vertraulichkeit zu wahren, haben wir sie ohne Inanspruchnahme von Hilfskräften manuell vorgenommen. Die Ergebnisse sind in diesem Buch niedergelegt. Zuvor wurden sie in der Frankfurter Allgemeinen Zeitung sowie in fünfzehn Einzeldarstellungen im Spezialdienst »Blick durch die Wirtschaft« veröffentlicht.

Das Zahlen-Mosaik, gewonnen aus einer Fülle von Einzel-Angaben, fügt sich zu einem farbigen Gemälde, das die Wirklichkeit wahrheitsgetreu wiedergibt. Die Großen der Wirtschaft, so zeigt sich, sind weder Heroen noch Ausbeuter, weder Angehörige einer selbstbewußten Eliteschicht noch rücksichtslose Machtmenschen, denen die Sorgen einfacher Menschen fremd wären. Die meisten stammen selbst aus dem Mittelstand oder von ganz unten, ihre Väter und Großväter waren einfache Bürger oder Bauern. Es sind Menschen aus Fleisch und Blut, die ihren Aufstieg aus eigener Kraft bewältigt haben. Was sie von anderen unterscheidet, ist das gleiche Wesensmerkmal, das auch den führenden Politiker vom Parteivolk, den begnadeten Künstler von dem durchschnittlich Begabten, den Professor von einem jungen Studenten unterscheidet: das größere Können, das die überragende Leistung hervorbringt.

Die Unternehmer haben, indem sie unsere Fragen zur Person, zur Herkunft, zur Ausbildung minuziös beantwortet haben, ein hohes Maß an Vertrauen bewiesen. Dafür wie für die Mühe bei der Ausfüllung, die meist persönlich und handschriftlich vorgenommen und oft durch ausführliche Schreiben ergänzt wurde, gebührt ihnen unser Dank. Ohne ihre Einsicht und die von ihnen bewiesene Aufgeschlossenheit hätte diese Untersuchung nicht zustande kommen können. Ganz besonders zu danken haben wir der Frankfurter Allgemeinen Zeitung, deren vielfältige Hilfe für das Gelingen des Vorhabens unentbehrlich war. Durch ihren Verzicht auf die an der Arbeit bestehenden Verlagsrechte hat sie das Erscheinen dieses Buches erst ermöglicht.

Frankfurt am Main, im März 1972

Max Kruk

EINLEITUNG

Woher sie kommen — Wie sie aufstiegen

DER VATER WAR PLATZMEISTER in einer Holzhandlung mit Sägewerk. »Die Eltern mußten sich sehr krummlegen, um sich und ihre vier Kinder durchzubringen«, schreibt sein Sohn heute. Der Sohn hat die Mittelschule besucht, eine kaufmännische Lehre absolviert und dann – ohne Abitur – die Wirtschaftswissenschaften studiert, als Werkstudent, versteht sich; von den Eltern konnte er keine Unterstützung erwarten. Mit 55 Jahren stand er als Vorstandsvorsitzender an der Spitze eines Großunternehmens, dessen Gestalt er beim Wiederaufbau nach dem Kriege entscheidend geprägt hat. Heute gehört er dem Aufsichtsrat dieser Gesellschaft an, ihr Name ist in aller Welt bekannt.

Ein Einzelfall? Keineswegs. Auch andere Generaldirektoren stammen aus einfachen Verhältnissen, in manchen Fällen kommen sie aus einem ausgesprochen ärmlichen Milieu. Die Väter waren Dreher, Mechaniker, Zuschneider, Hausmeister, Pförtner, Weichenwärter bei der Bahn, Lademeister in einem Hafen, einige auch kleine Landwirte, Einzelhändler oder Handwerker. Einer der bekanntesten Männer der deutschen Industrie – heute pensioniert – kommt aus einem Pfarrhaus mit zehn Kindern, ein anderer hatte acht Geschwister: »Die Eltern haben gearbeitet Tag und Nacht.« Der stellvertretende Vorstandsvorsitzende eines Kreditinstituts, dessen Vater tagsüber in die Fabrik ging und abends ein Stück Land beackerte, schreibt uns: »Mein Elternhaus war geprägt durch Arbeitsamkeit, Kinderreichtum, Religiosität. Das Schulgeld für den Besuch des Gymnasiums hätte meinen Vater 25 Prozent seines damaligen Monatseinkommens gekostet, das für eine kinderreiche Familie bestimmt war. Aber noch bevor ich wußte, was ein Selfmademan ist, habe ich wohl instinktiv das getan, was man von einem solchen Mann erwartet.«

Der Selfmademan, der zwar nicht als Tellerwäscher, so doch als Werkstudent angefangen und sich oft unter Entbehrungen durch eigene Leistung bis in die Spitzengremien von Großunternehmen emporgearbeitet hat, ist kein Produkt phantasievoller Schriftsteller. Es gibt ihn auch heute in Deutschland, und er ist zahlreicher, als viele meinen. Joseph Schumpeter, der vor sechzig Jahren den Unternehmer als zentrale Figur des wirtschaftlichen Fortschritts entdeckt und beschrieben hat, hatte recht mit der Feststellung, daß »Unternehmer aus allen Klassen hervorgehen, die zur Zeit ihres Auftauchens gerade bestehen. Ihre Stammbäume zeigen die verschiedensten Ursprünge – Arbeiterschaft, Aristokratie, freie Berufe, Bauern und Grundbesitzer, Handwerker, alle haben Anteil an der Bildung eines Typus, der soziologisch nicht einheitlich ist.« Einen Ursprung hat Schumpeter übersehen, als er diese Sätze – in Amerika – niederschrieb, die Beamten. Er ist, wie wir sehen werden, in Deutschland der bedeutendste.

Direktionssessel sind keine Erbhöfe

Daß die Unternehmer als Gruppe »soziologisch nicht einheitlich« sind, ist mindestens seit dem Hervortreten des kapital-

14

losen Unternehmers, des »Managers«, evident, der neben den »eigentlichen«, den Eigentümer-Unternehmer getreten ist und ihn in der Großwirtschaft mehr und mehr zurückgedrängt hat. Manager haben ihre Position nicht von den Vätern geerbt, sondern durch Ausbildung und Leistung erworben. Die Soziologen sind sich freilich nicht einig, welchen Umfang dabei die Rekrutierung des Nachwuchses aus den gleichen sozialen Schichten einnimmt. Die einen meinen, die überwiegende Zahl der führenden Unternehmer stamme bereits aus der Oberschicht (so Ralf Dahrendorf[1]) und Berufsvererbung sei in keiner Gruppe so hoch wie bei den Wirtschafts-Eliten (Wolfgang Zapf[2]). Andere betonen, daß der Weg zum Manager über eine Auslese führt, die stärker am Leistungsprinzip orientiert ist: »Angestellte müssen in der Regel den Beweis liefern, daß sie die in einer privatwirtschaftlichen Ordnung von ... Unternehmensleitern benötigten Fähigkeiten besitzen, ehe sie in die entsprechenden Stellen berufen werden« (Helge Pross[3]). Eine geschlossene Gruppe, die sich weitgehend aus sich selbst rekrutiert – oder eine offene Gesellschaft, zu der jeder Fähige und Tüchtige Zutritt hat: Was ist die Wahrheit?

Wir haben über 2000 Personen gebeten, uns über ihre soziale Herkunft, ihren Bildungsgang und ihre berufliche Laufbahn Auskunft zu geben. Vorstands- und Aufsichtsratsmitglieder, Leiter und Eigentümer der 200 größten Industrieunternehmen haben einen umfangreichen Fragebogen erhalten, ebenso die

[1] Ralf Dahrendorf, Gesellschaft und Demokratie in Deutschland. München 1968, Seite 286.
[2] Wolfgang Zapf, Wandlungen der deutschen Elite. Ein Zirkulationsmodell deutscher Führungsgruppen 1919-1961. München 1966, Seite 127.
[3] Helge Pross, Manager und Aktionäre in Deutschland. Untersuchungen zum Verhältnis von Eigentum und Verfügungsmacht. Frankfurt am Main 1965, Seite 163.

führenden Männer aller Kreditinstitute mit mehr als zwei Milliarden Mark Geschäftsvolumen, der Versicherungsunternehmen mit mehr als 150 Millionen Mark Jahresbruttoprämie, der Handels-, Verkehrs-, Dienstleistungs- und anderer Firmen, wenn sie zu den führenden zählen. Die gesamte wirtschaftliche »Machtelite« – um in der Sprache der Soziologen zu reden –, aber auch die breite Führungsgarnitur der Experten und der Spezialisten in den Vorständen, Aufsichtsräten und Geschäftsleitungen wurde befragt, unabhängig von der Rechtsform der Unternehmen.

Jeder dritte stammt aus einem Beamtenhaushalt

Die meisten der heutigen Vorstands- und Aufsichtsratsmitglieder von Großunternehmen, so zeigt sich, sind nicht Söhne von Unternehmern, Managern oder Angehörigen freier Akademiker-Berufe, sondern stammen aus der ganz anders gearteten Welt des Beamtentums. Jeder dritte ist in einem Beamtenhaushalt aufgewachsen (33,7 Prozent). Es ist erstaunlich, wie viele Volksschullehrer, Polizei-, Justizbeamte, Pfarrer unter den Eltern der heutigen Unternehmer-Generation vertreten sind. Dagegen kommt nur jeder vierte (26,1 Prozent) aus dem gehobenen Bürgertum, ihre Väter waren Fabrikanten, Inhaber mittlerer Unternehmen, Vorstände, Geschäftsführer, Ärzte, Rechtsanwälte oder Landwirte mit erheblichem Grundbesitz. Weitere 18,1 Prozent sind in dem kleinbürgerlichen Milieu von Einzelhändlern und selbständigen Handwerkern oder auf einem Bauernhof groß geworden. Jeder sechste ist der Sohn eines Angestellten (16,3 Prozent). Und auch Arbeitersöhne oder Männer, die aus bedrückten sozialen Verhältnissen stammen (die Väter im Krieg gefallen oder berufsunfähig, kinderreiche Familien), sind unter den leitenden Persönlichkeiten zu finden.

Es sind 89 Personen oder 5,8 Prozent; einige wurden zu Beginn skizzenhaft vorgestellt.

Es kann also keine Rede davon sein, daß die leitenden Männer der Großindustrie ihren Beruf gleichsam »geerbt« hätten, weil schon die Väter in Direktionssesseln saßen oder andere gehobene Posten bekleideten. Freilich reicht die Zugehörigkeit der Väter zu einer bestimmten Berufsgruppe, also die rein vertikale Aufgliederung, für eine schlüssige Antwort auf die Ausgangsfrage nicht aus. Innerhalb der gleichen Berufsgruppe können große Unterschiede bestehen. Unter den Beamten beispielsweise klafft aus sozialer Sicht ein weiter Abstand zwischen dem Staatssekretär und dem einfachen Amtsgehilfen, bei den Angestellten ebenso zwischen einem Werkdirektor und dem Büroboten. Auch andere Faktoren spielen hinein, so vor allem die Vermögenslage der Eltern und die Art ihrer Ausbildung. Hier zeigt sich ein buntes Bild. Von den 1530 Vorständen, Geschäftsführern und Aufsichtsräten, die unseren Fragebogen beantwortet haben (die fehlenden 132 sind nicht Manager, sondern Eigentümer-Unternehmer), stammt jeder dritte aus einem Haus, in dem mindestens ein Elternteil studiert hatte (34,1 Prozent). Jeder zehnte gibt an, daß seine Eltern heute Vermögen besitzen, 41 Prozent der Eltern sind vermögenslos und waren es immer. In fast der Hälfte aller Fälle (49 Prozent) haben die Eltern oder Großeltern früher Vermögen besessen, es ist ihnen jedoch durch Krieg und Inflation ganz oder zum Teil verlorengegangen – Spiegelbild der Verarmung des deutschen Bürgertums der letzten Generation.

Ordnet man die Unternehmer-Eltern nach diesen Gesichtspunkten, unabhängig von der Berufsgruppe, entsprechend ihrer Zugehörigkeit zu bestimmten sozialen Schichten »horizontal«, also nach »oben« und »unten«, so ergibt sich folgendes

Bild: 14,1 Prozent der Eltern gehörten der gesellschaftlichen Oberschicht an, sie waren Minister, Staatssekretäre, Diplomaten, Generäle, Superintendenten, Universitätsprofessoren, Großgrundbesitzer, Generaldirektoren. Von den Männern, die heute an der Spitze bedeutender Unternehmen stehen, entstammt also jeder siebte den gesellschaftlichen »Elitegruppen«. Es ist soziologisch dieselbe Schicht, der auch die Söhne angehören; sie haben mit ihrer Laufbahn zum Vorstands- oder Aufsichtsratsmitglied keinen sozialen Aufstieg vollzogen. Soziologen nennen diesen Tatbestand »Selbstrekrutierung«.

Fast dreimal so viele Manager, 38,8 Prozent, kommen aus wohlhabenden Schichten. Ihre Eltern sind überwiegend dem »Besitz-« oder dem »Bildungsbürgertum« zuzurechnen, sie waren höhere Beamte oder Offiziere, Richter, Rechtsanwälte, Ärzte, Studiendirektoren, Grundbesitzer oder auch Vorstände oder Geschäftsführer von Unternehmen. Hier ist schon zweifelhaft, wieweit noch von »Selbstrekrutierung« gesprochen werden kann. Der heutige Finanzchef eines Weltunternehmens, dessen Vater vielleicht Landarzt war, ist gewiß einem höheren Sozialstatus zuzuordnen als das Elternhaus.

Der Mittelstand als wichtigstes Reservoir

Die größte Gruppe bildet jedoch das Kleinbürgertum, es hat 39,7 Prozent aller Manager gestellt. Hier sind die mittleren Beamten, die Volksschullehrer und Landpfarrer, die Einzelhändler und Handwerker, die kleinen Angestellten zu finden, aber auch Handelsvertreter, Reisende und andere freiberuflich Tätige ohne Vermögen und ohne akademische Vorbildung. Der Mittelstand war zu allen Zeiten das wichtigste Reservoir für gehobene Berufe. Aus ihm rekrutierte sich schon immer ein großer Teil der Führungskräfte, nicht nur in der Wirtschaft, sondern auch in Verwaltung und Justiz, auf den Universitäten und in anderen Bereichen. Das zeugt dafür, wie stark im Bürgertum der Wille zum Aufstieg ausgeprägt war. Ganz besonders gilt dies für Beamte ohne Universitäts-Studium, vor allem Volksschullehrer, deren ganzes Streben und Trachten früher oft darauf gerichtet war, ihre Söhne »etwas Besseres« werden zu lassen. Die Ergebnisse unserer Erhebung bestätigen, daß die Söhne von mittleren Beamten wie die der nichtakademischen Freiberufler und der kleinen Selbständigen in besonders hoher Zahl jenen sozialen Aufstieg vollzogen haben, der sie schließlich in die Spitzengremien von Großunternehmen geführt hat.

Die vierte Schicht schließlich, die Arbeiter und sozial Benachteiligten, sind mit 7,4 Prozent unter den heutigen Managern vertreten. Das ist mehr, als nach früheren Untersuchungen anzunehmen war; meist wird der Anteil der »Arbeiter-Elite« an den Managern auf weniger als fünf Prozent beziffert. Daß so viele Menschen aus einfachsten Verhältnissen, alle Sozialschichten überspringend, den Weg von ganz unten bis nach ganz oben haben machen können, ist eine ebenso erstaunliche wie erfreuliche Tatsache. Indem diese Männer aus der unteren sozialen Gruppe in hohe Positionen gelangt sind, haben sie während ihrer eigenen Berufslaufbahn soziologisch den größten Aufstieg vollzogen: »Sie bilden die mobilste Gruppe, Homines novi, innerhalb der Elite« (Zapf[4]). Man mag bedauern, daß es nicht mehr Menschen sind, denen dieser Sprung gelingt; gemessen an dem Bevölkerungsanteil dieser Gruppe sind die Unternehmer, die aus sozial schwachen Verhältnissen hervorgegangen sind, nicht allzu stark vertreten. Aber wahrscheinlich ist richtig, was schon Schumpeter vermutet hat, daß sich der

[4]) Wolfgang Zapf, Wandlungen ..., Seite 183.

Aufstieg in die obersten Ränge der Gesellschaft typischerweise über drei Generationen vollzieht: bei den Vätern vom einfachen zum mittleren Status, erst bei den begabten Söhnen dann von der mittleren zur oberen Schicht.

Der Gipfel für jeden erreichbar

Der Befund ist eindeutig. 14 Prozent der Manager kommen aus der obersten Schicht der Bevölkerung, also aus jenem sozialen Bereich, dem sie selbst heute angehören. Die anderen 86 Prozent sind sozial aufgestiegen. Diese Männer stammen aus bürgerlichen und einfachen Kreisen, zum Teil aus ausgesprochen kümmerlichen Verhältnissen. Ihnen ist gewiß nicht an der Wiege gesungen worden, daß sie dermaleinst an der Spitze führender Unternehmen der deutschen Wirtschaft stehen werden, als Finanzdirektor einer Weltfirma oder im Vorstand einer Großbank. Wenn aber ein so großer Teil der heutigen Vorstands- und Aufsichtsratsmitglieder aus einfachen und einfachsten Verhältnissen stammt, kann keine Rede davon sein, daß – um eine polemische Äußerung zu zitieren – die »Mächtigen der Wirtschaft eine homogene und gegenüber Außenseitern abgeschirmte Gruppe bilden, die sich weitgehend aus sich selbst rekrutiert«[5]. Nicht der Titel und Besitz, nicht eine hohe berufliche oder gesellschaftliche Stellung des Vaters sind heute die Vorbedingungen für das Erreichen der höchsten Positionen.

Entscheidend sind das in einem langen Aufstiegsweg bewiesene Können und Wissen. Es gibt keinen Zaun um den Gipfel der Pyramide, auf dem stände: »Halt, nur für Vereinsmitglieder«, weil es keinen »Verein«, keine geschlossene Gesellschaft gibt.

[5]) So der Hessische Rundfunk in einer Sendung »Die neuen Herrscher« am 31. März 1970.

Die Gesellschaft ist offen, der Gipfel für jeden erreichbar. Freilich ist das Klettern schwierig, und es wird oft um so härter, je mehr man sich der Spitze nähert. Wer die Steilwand bezwingen will, muß neben der Begabung vor allem auch Wissen und Erfahrung mitbringen.

Immer mehr Akademiker

Für den Anwärter auf eine Spitzenposition in Großunternehmen genügt es heute in der Regel nicht mehr, daß er eine Lehre durchmacht, ins Ausland geht, um sich ein paar Jahre »den Wind um die Nase wehen zu lassen«, und dann in das Unternehmen eintritt, vielleicht mit dem Gefühl, dank seiner praktischen Erfahrungen den »Studierten« weit überlegen zu sein. Zwar ist in kleinen Unternehmen der »Erfahrungsweg« heute noch der übliche, und auch unter den leitenden Männern der Großindustrie gibt es eine ganze Reihe, die ausschließlich diesen Weg gegangen ist. Aber die »reinen Praktiker« werden hier immer seltener. Einige Zahlen mögen dies belegen: Insgesamt haben fast zwölf Prozent der von uns befragten Unternehmer kein Abitur gemacht, sondern nur die Volks- oder Mittelschule besucht; von den Männern unter 45 Jahren sind es aber nur sechs Prozent. Ohne eine abgeschlossenes Studium haben, aufs Ganze gesehen, 26 Prozent ihre heutige Position erreicht; unter den Jüngeren sind es dagegen nur 14 Prozent. Daran zeigt sich: Auch heute ist es möglich, ohne Abitur – oder mit Abitur, aber ohne Studium – Spitzenstellungen zu erreichen. Aber dazu gehört neben anderen Umständen ein besonders hohes Maß unternehmerischer Befähigung. Der normale Weg in die Spitze eines Großunternehmens führt über das Universitätsstudium, und auch Auslandserfahrungen in der Jugend (die jeder dritte der Befragten besitzt) sowie eine spezielle Unternehmerschulung (jeder vierte) können die Universität nicht ersetzen. Die »Akademisierung« schreitet fort, das Studium wird bei uns wie in Amerika und anderswo mehr und mehr zur selbstverständlichen Ausgangsbasis einer erfolgreichen Karriere in Großunternehmen. Erfahrungen und Betriebskenntnisse, die für Führungspositionen unentbehrlich sind, werden erst nach dem Studium erworben: Der »Erfahrungsweg« schließt sich an den »Ausbildungsweg« an.

Kein Vormarsch der Techniker

Die Meinung, daß sich dabei das Schwergewicht mehr und mehr auf die Ingenieure und Naturwissenschaftler verlagere und die Manager zunehmend zu einer »technokratischen Elite« würden, findet in unseren Zahlen keine Bestätigung. Die Techniker (einschließlich Naturwissenschaftler und Mathematiker) sind unter den Vorstands- und Aufsichtsratsmitgliedern, soweit diese über ein abgeschlossenes Studium verfügen, nur mit gut einem Drittel vertreten (34,3 Prozent); die anderen zwei Drittel entfallen auf Nicht-Techniker, vor allem Juristen, die gleichfalls etwa ein Drittel ausmachen (32,3 Prozent). In das restliche Drittel teilen sich die Wirtschaftler mit 20,2 Prozent, solche, die sowohl Recht als auch Wirtschaft studiert haben, mit 11,0 und Angehörige anderer Fachrichtungen, hauptsächlich Soziologen und Mediziner, mit 2,2 Prozent. Der Anteil der Ingenieure scheint dabei, ganz entgegen der Auffassung im soziologischen Schrifttum, nicht zuzunehmen: Unter den älteren (über 65) macht er 30 Prozent aus, unter den jüngeren (unter 45) ebenfalls etwa 30 Prozent, in den dazwischenliegenden Altersstufen (55–64 und 45–54) liegt er beträchtlich höher (37 und 35 Prozent). Wenn diese Zahlen nicht trügen – sie sind im wissenschaftlichen Sinne nicht schlüssig, weil auch andere Faktoren hineinspielen können – kann von einem »Vor‐marsch der Techniker« keine Rede sein.

Die Vertreter dieser These stützen sich auf frühere Befragun‐gen, die einen relativ kleinen Personenkreis umfaßten und vor allem auf die Industrie beschränkt waren. Bei industriellen Großunternehmen ist das Bild in der Tat anders. Hier ist jeder zweite ein Techniker oder Naturwissenschaftler (50,4 Prozent). Dabei ist interessant, daß der Anteil innerhalb der Führungs‐Hierarchie der Industrieunternehmen von oben nach unten stetig größer wird: Unter den Vorstandsvorsitzenden, soweit sie studiert haben, sind Techniker mit 47 Prozent vertreten, bei den ordentlichen Vorstandsmitgliedern mit 56 und unter den stellvertretenden Vorstandsmitgliedern gar mit 77 Prozent. Ingenieure sind vielfach »Experten«, und Expertentum ist um so weniger erforderlich und angebracht, je höher der Grad der Verantwortung für das Gesamtunternehmen ist.

Juristen besonders in Spitzenpositionen

Mit den Technikern teilen die Juristen das Schicksal, daß ihr Anteil nach Altersgruppen nicht zunimmt; er geht hier sogar deutlich zurück, von 35 Prozent bei den älteren auf 30 Prozent bei den jüngeren. Aber die Juristen unterscheiden sich von den Technikern dadurch sehr wesentlich, daß sie gerade in den Schlüsselstellungen stark vertreten sind: Unter den studierten Aufsichtsräten ist etwa jeder zweite ein Jurist. Im übrigen sind die Juristen besonders häufig im privaten Bankgewerbe zu finden (ihr Anteil an der Gesamtzahl aller Akademiker erreicht hier 62 Prozent), ebenso im Versicherungswesen (49) und bei öffentlich-rechtlichen Kreditinstituten (47 Prozent), während sie an den Führungsgremien der Industrie nur mit 19 Prozent beteiligt sind. Das juristische Studium scheint also noch immer am ehesten den Weg in die höchsten Spitzenpositionen der Wirtschaft zu ebnen. Das liegt nicht nur in der Tradition begründet, sondern hängt offenbar auch damit zusammen, daß dieses Studium – worauf besonders Ralf Dahrendorf aufmerksam gemacht hat – weithin als eine Art »studium generale« gilt. Die Juristen haben in Deutschland zwar kein »Monopol« mehr, aber da ihr Wissen nicht als enges Fachwissen im Sinne eines Expertentums gilt, sind sie, so Dahrendorf, fast zu einer »Elite wider Willen« geworden[6]).

Den Raum, den die Juristen in der Generationenfolge verloren haben, nehmen heute die Volks- und Betriebswirte ein. Diese sind unter den älteren Akademikern nur mit 19, unter den jüngeren dagegen mit 29 Prozent vertreten; aufs Ganze gesehen ist jedes fünfte Vorstandsmitglied mit Studium ein Wirtschaftler. Das entspricht der anhaltenden Tendenz zur Verwissenschaftlichung auch in diesem Bereich: Mit dem Wachstum der Wirtschaft und dem Größerwerden der Unternehmen lassen sich konjunkturelle Zusammenhänge und die Vorgänge auf den Märkten wie auch in dem komplizierten betrieblichen Räderwerk ohne die Fähigkeit zu wissenschaftlichem Denken und ohne entsprechendes geistiges Rüstzeug weder durchschauen noch bewältigen. Wenn also überhaupt von einem »Vormarsch« die Rede sein kann, so scheint er in der zunehmenden Durchdringung der Unternehmensleitungen mit Nationalökonomen und Betriebswirten zu liegen. Vermutlich sind auch die elf Prozent, die in den Fragebögen angegeben haben, sowohl Recht als auch Wirtschaft studiert zu haben, überwiegend Wirtschaftler; nach aller Erfahrung handelt es sich um Menschen, die zunächst ein Jurastudium begonnen haben, dann aber zur Nationalökonomie oder Betriebswirt-

[6]) Ralf Dahrendorf, Gesellschaft ..., Seite 276.

schaftslehre übergewechselt sind und in diesen Fächern ihre Examina abgelegt haben. Wäre es so, dann würde das Verhältnis der Fachrichtungen unter den Vorständen und Aufsichtsräten fast ausgeglichen erscheinen: Mit kleinen Abweichungen wären von den Akademikern unter den leitenden Männern gerade je etwa ein Drittel Juristen (32,3 Prozent), Wirtschaftler (31,3 Prozent) und Techniker (34,2 Prozent).

Im Unternehmen hochgedient

Auch die Laufbahnmerkmale bestätigen, daß bei den meisten Vorständen die Bewährung im Unternehmen für den Erfolg entscheidend ist. Zwei Drittel aller Vorstände sind in dem gleichen Unternehmen oder Konzern zum Vorstandsmitglied bestellt worden, in dem sie bis dahin schon tätig waren. Von ihnen haben wiederum zwei Drittel ganz unten angefangen, als Lehrling oder in untergeordneten Stellungen. Auf die Frage, welchem Umstand sie selbst ihre Karriere im wesentlichen zuschreiben, haben gleichfalls zwei Drittel aller Laufbahnunternehmer Merkmale angekreuzt, die als Bewährung zu verstehen sind. Knapp die Hälfte erklärt, sie habe sich in verschiedenen Positionen allmählich »hochgedient« (46 Prozent), etwa jeder achte (zwölf Prozent) hält seine Spezialkenntnisse auf einem bestimmten Gebiet für das Entscheidende, jeder zehnte (zehn Prozent) ist in einer einzigen Position erfolgreich gewesen. Von dem restlichen Drittel der Unternehmer, die im eigenen Unternehmen aufgestiegen sind, schreiben 20 Prozent den Erfolg ihrer allgemeinen unternehmerischen Befähigung zu, acht Prozent hatten persönliche Kontakte zu leitenden Männern, vier Prozent schließlich meinen, daß »glückliche Zufälle« für ihre Karriere maßgebend gewesen seien, eine Wertung, hinter der sich zuweilen auch Bescheidenheit verbergen mag.

Daß immerhin ein Drittel der Vorstände nicht aus dem eigenen Unternehmen oder Konzern hervorgegangen ist, sondern von draußen berufen wurde, mag überraschen. Je etwa die Hälfte dieser »Fremd-Vorstände« war vorher in einem anderen Unternehmen tätig (17,5 Prozent) oder außerhalb des unternehmerischen Bereichs (15,7 Prozent), etwa als Beamter, in einem freien Beruf (Wirtschaftsprüfer, Steuerberater, Rechtsanwalt), als Verbands-Geschäftsführer oder als Wissenschaftler. Am höchsten ist der Anteil der Fremd-Berufungen im öffentlich-rechtlichen Bereich. Bei den öffentlich-rechtlichen Kreditinstituten kommen 40 Prozent aller Vorstände und 50 Prozent aller Vorstandsvorsitzenden aus Nicht-Unternehmen (die meisten waren vorher Beamte), weitere 15 Prozent aus fremden Unternehmen. Ganz anders liegen die Verhältnisse in der Industrie, wo die Vorstände zu 71 Prozent aus dem eigenen Unternehmen oder Konzern hervorgehen und nur zu 18 Prozent aus anderen Unternehmen, zu elf Prozent aus Nicht-Unternehmen stammen.

Eigentümer-Unternehmer in der Minderheit

Bisher war nur von den »angestellten« Unternehmern die Rede, von Vorständen, Geschäftsführern, Aufsichtsräten, die kein Eigentum an den von ihnen geleiteten Unternehmen besitzen. Auch Eigentümer-Unternehmer, denen das von ihnen geleitete Unternehmen unmittelbar oder über Anteilsrechte (Aktien) gehört, stehen an der Spitze von Großunternehmen. Aber sie sind gegenüber den »kapitallosen Funktionären« arg in der Minderheit. Nur etwa acht Prozent aller in dieser Statistik erfaßten Unternehmer (1662) sind Eigentümer-Unternehmer. Der Anteil wäre noch niedriger (etwa fünf Prozent), wenn wir nicht auch jene Männer als »Eigentümer-Unternehmer« gezählt hätten, die zwar in den Aufsichtsräten von Großunternehmen sitzen, aber nicht Eigentümer oder Mitinhaber dieser Unternehmen, sondern einer anderen – kleineren – Firma sind (das gilt hauptsächlich für eine Reihe von Privatbankiers).

96 Prozent der Bevölkerung denkt bei dem Wort »Unternehmer« an die Eigentümer und Leiter einer Fabrik, wie Günter Schmölders durch Befragungen über das Unternehmerbild in der Öffentlichkeit festgestellt hat[7]). Aber an der Spitze von führenden Firmen des Landes sind Unternehmer der ersten Generation sowie Söhne, Schwiegersöhne oder andere Angehörige von Unternehmerfamilien selten geworden. Vor hundert Jahren war das noch anders. Der legendenumwobene Alfred Krupp war noch »Herr«, er leitete sein »Etablissement« lange Zeit hindurch selbst. Heute sind Flick und Quandt, Schickedanz und Grundig, Oetker und Neckermann fast zu Ausnahmeerscheinungen geworden. Auch sie und die anderen Eigentümer von Großunternehmen stützen sich zudem auf ein Team »angestellter« Vorstände oder Geschäftsführer, die an allen wesentlichen Entscheidungen mitwirken und von denen oft auch die wesentlichen Impulse ausgehen.

In der Großwirtschaft, so zeigt sich, dominiert der Nichteigentümer, dessen Amt nicht auf erworbenem oder ererbtem Eigentum beruht, sondern auf seiner Qualifikation. Manager beherrschen die Szene, also Männer, die keinen Erbschein vorweisen, keinen anderen Anspruch auf ihr Amt geltend machen können als die eigene Qualifikation. Wir leben in einer offenen

[7]) Günter Schmölders, Der verlorene Untertan. Düsseldorf und Wien 1971, Seite 54.

27

Gesellschaft. Auch die Unternehmerfunktion ist in einem Maße » demokratisiert « worden, wie sich das vor fünfzig oder hundert Jahren kaum jemand hätte vorstellen können. Man braucht kein Prophet zu sein, um zu sehen, daß mit dem anhaltenden Wachstum der Wirtschaft und der Unternehmen der Weg weiter in diese Richtung führen wird.

I. DAS GESAMTBILD

Der Manager beherrscht die Szene

WER SIND DIE HEUTIGEN UNTERNEHMER? Ist der Unternehmer ein Mann, der anderen Leuten Brot und Arbeit gibt, der »Arbeitgeber«, als den ihn die frühen Nationalökonomen und zum Teil auch die Klassiker der Nationalökonomie, Smith, Ricardo und andere sahen? Oder ist er der Eigentümer der Produktionsmittel, der »Kapitalist«, der andere für sich arbeiten läßt und sie »ausbeutet«, wie es die sozialistischen Theoretiker sehen, an ihrer Spitze Karl Marx? Ist er vielleicht gar, was ihm heute der »Arbeiterdichter« Max von der Grün und andere Linksintellektuelle vorwerfen, ein Mensch ohne politische Moral, der das herrschende System verteidigt, weil es ihm »die Fleischtöpfe Babylons« garantiert, während »das Fußvolk, sprich die Arbeitnehmer, mit Knochen abgespeist« wird? Ist er nicht vielmehr umgekehrt der Träger des wirtschaftlichen Fortschritts, als den ihn vor einem halben Jahrhundert Max Weber und besonders Joseph Schumpeter beschrieben haben, der »Pionier-Unternehmer«, der durch immer neue Pläne und Ideen, im Erkennen und Durchsetzen neuer Kombinationen und Möglichkeiten (»Innovationen«) die Entwicklung der Wirtschaft vorantreibt und den Wohlstand fördert?

So viele Fragen, so viele Meinungen. Jeder sieht die Wirklichkeit anders. Auch wer keine ideologische Brille auf hat, sondern die objektive Wahrheit sucht, kann nicht zu einem klaren Ergebnis kommen, weil die Wirklichkeit zu bunt und zu vielfältig ist, als daß man sie in einen einzigen Begriff fassen könnte. Um die Fülle der realen Erscheinungswelt in den Griff zu bekommen, haben ernsthaft bemühte Wirtschaftssoziologen Typologien aufgestellt. Sie unterscheiden zum Beispiel zwischen dem vergangenheitsbezogenen, konservativ eingestellten Unternehmer (dem »bürgerlichen« Typ), einem gegenwartsorientierten Unternehmer, der hauptsächlich an Produktion und Absatz interessiert ist (»traditioneller Typ«), und dem zukunftsorientierten »innovatorischen« Unternehmer im Sinne Schumpeters, der seine Funktion vor allem darin sieht, neue Ideen hervorzubringen und zu realisieren. Durch Befragungen glauben diese Forscher festgestellt zu haben, daß heute der gegenwartsorientierte Typ überwiegt und der vergangenheitsbezogene am seltensten ist; doch leider ist es bei Befragungen im konkreten Fall schwierig, die theoretisch formulierten Typengruppen, die häufig in Mischformen vorkommen, statistisch scharf voreinander zu scheiden. Am Ende bleibt oft nur die Binsenwahrheit, daß es halt – nach einem bekannten Scherzwort – drei verschiedene Typen von Unternehmern gibt: »Solche, die bewirken, daß etwas passiert, solche, die zusehen, wenn etwas passiert, und solche, die gar nicht merken, daß etwas passiert.«

Konkrete Erkenntnisse über den Unternehmer von heute kann nur gewinnen, wer sich nach Fragestellung und Umfang seiner Untersuchung bescheidet. Es ist weder möglich noch nötig, alle Menschen statistisch zu durchleuchten, die sich irgend unternehmerisch betätigen, und sei es auch nur als kleine Handwerker. Es kommt auf die Bedeutendsten an, das sind vor allem die Leiter von Großunternehmen. Diese sollten allerdings möglichst vollständig erfaßt sein. Und was die Fragestellung angeht, so sollte sie sich auf eindeutig feststellbare Merkmale beschränken, bei deren Beantwortung nicht auch Meinungen und Urteile des Befragten einfließen können.

Eigentümer und kapitallose Unternehmer

Ein eindeutiger Tatbestand ist zunächst das auf der Rechtsordnung basierende Verhältnis des Unternehmers zu dem von ihm geleiteten Unternehmen. Ein Unternehmer kann juristisch oder wirtschaftlich (über Anteilsrechte) Eigentümer des Unternehmens sein, das er leitet oder dessen Führungsgremien er angehört; dann ist er »Eigentümer-Unternehmer«. Das Eigentum kann seinerseits darauf beruhen, daß der Betreffende das Unternehmen selbst aufgebaut hat (»Neu-Unternehmer« oder »Gründer«) oder daß er es geerbt hat (»Erbunternehmer«); auch die Fälle der Einheirat in eine Unternehmerfamilie mit ererbtem Besitz sind hierunter zu rubrizieren. Die Leitungsfunktion kann aber auch aus vertraglichen Beziehungen folgen, ohne daß dem Unternehmer auch nur das kleinste Schräubchen in dem Unternehmen oder eine einzige Aktie davon gehört. Das ist der »angestellte Unternehmer« oder der »Manager«, wie er heute nach amerikanischem Sprachgebrauch meist genannt wird.

Auch über Person und Funktionen, über Ausbildung und Berufsstellung dieser Männer gibt es eindeutig fixierbare Daten. Viele davon sind in Handbüchern verzeichnet, die jedermann zugängig sind. Schon die systematische Auswertung solcher hauptsächlich biographischer Angaben erbringt wichtige und interessante Aufschlüsse. Eine Studie des Autors, die allein auf dem Hoppenstedt-Handbuch »Leitende Männer der Wirtschaft« basierte[8]), vermittelte vor einigen Jahren erstmals einen vollständigen statistisch fundierten Einblick in die Zusammensetzung dieser Gruppe, die soziologisch bisher kaum erschlossen ist (von Stichproben-Erhebungen abgesehen). Aber wichtige Fragen mußten dabei offenbleiben, der Erkenntnisgehalt von Handbüchern ist begrenzt. Aus welchen sozialen

[8]) Max Kruk, Die oberen 30000. Industrielle, Bankiers, Adlige. Wiesbaden 1967.

Schichten die leitenden Männer stammen, wie ihr Ausbildungsgang war und welche Merkmale ihre Berufslaufbahn kennzeichnen – das ist einem Nachschlagewerk nicht zu entnehmen. Will man die Ausgangsfrage: »Wer sind die heutigen Unternehmer?« näher erkunden, so bleibt nur der Weg der Einzelbefragung. Auch sie kann, wenn sie sich auf die genannten drei Punkte – soziale Herkunft, Ausbildung, Berufslaufbahn – beschränkt, das »Wesen« des Unternehmers und des unternehmerischen Handelns, die »Unternehmer-Funktion« im Sinne der Wirtschaftssoziologie, nicht ergründen. Aber die Beschränkung auf diese drei Punkte hat den Vorzug, daß die Antworten objektive und eindeutige Erkenntnisse vermitteln, die der Diskussion ein festes Fundament liefern können. Welchen Beruf der Vater hatte, ob die Eltern Vermögen besaßen, welche Schule jemand besucht hat, was er studiert hat, wann und auf welche Weise er Vorstandsmitglied wurde – an diesen Fragen gibt es wenig zu deuteln und zu rütteln. Das Ergebnis mag engagierte Soziologen nur zum Teil befriedigen. Aber die wichtigste Frage wird beantwortet, und zwar eindeutig und statistisch exakt: die nach der sozialen Zusammensetzung jener Gruppe, deren Bedeutung die Soziologie schon durch die Bezeichnung »Wirtschaftselite« hervorzuheben pflegt.

Großunternehmen im Blickfeld

Wie die Fragestellung, so ist auch der Erhebungsbereich unserer Untersuchung begrenzt: Wir haben nur die leitenden Männer von Großunternehmen befragt. Die Beschränkung auf die Großwirtschaft war schon deshalb geboten, weil personell wie materiell der Apparat nicht zur Verfügung stand, um etwa 30000 umfangreiche Fragebogen, die mindestens 250 Leitz-Ordner füllen würden, auswerten zu können (so groß war die Zahl der Personen bei der erwähnten Studie auf der Basis des

Hoppenstedt-Handbuchs). Ohnehin sind es gerade die Aufsichtsrats- und Vorstandsmitglieder der Großunternehmen, die im Mittelpunkt der öffentlichen Auseinandersetzung stehen. Bei der Abgrenzung nach unten haben wir uns freilich nicht sklavisch an bestimmte Normen geklammert (etwa die des Publizitätsgesetzes), sondern wichtige Unternehmen auch dann einbezogen, wenn ihre Zahlen unterhalb der selbstgesetzten Grenzen blieben. Die Grenzen sind also fließend.

Grundsätzlich wurden die leitenden Männer aller Industrieunternehmen befragt, die in dem alljährlich erscheinenden Verzeichnis der Frankfurter Allgemeinen Zeitung »Die hundert größten Unternehmen« aufgeführt sind. Das gleiche gilt für Handels- und Verkehrsunternehmen. Für Kreditinstitute haben wir die Grenze bei einem Geschäftsvolumen von 2 Milliarden DM gezogen; es sind aber auch Repräsentanten kleinerer Banken vertreten, vor allem zahlreiche Privatbankiers, die ein Aufsichtsratsmandat in einem industriellen Großunternehmen bekleiden. Bei Versicherungsunternehmen galt im allgemeinen eine Jahresbruttoprämie von 150 Millionen DM als Limit. Die Rechtsform spielte bei der Auswahl keine Rolle, auch öffentlich-rechtliche Unternehmen, Genossenschaften und andere sind einbezogen, wenn sie den Größen-Kriterien entsprechen. Im Hinblick auf den Zweck der Umfrage, die auf die deutschen Unternehmer abzielte, wurden nicht in die Umfrage einbezogen: Ausländische Unternehmer, deutsche Nicht-Unternehmer in den Aufsichtsräten (zum Beispiel Politiker oder hohe Verwaltungsbeamte in den Aufsichtsräten öffentlich-rechtlicher oder von der öffentlichen Hand kontrollierter Unternehmen) sowie die Arbeitnehmer-Vertreter in den Aufsichtsräten.

Der Lebensweg führt nicht immer geradeaus

Die Namensliste der 2053 Befragten umfaßt alle Persönlichkeiten, die in der deutschen Wirtschaft Rang und Namen haben[9]). Auch die 381 Unternehmen, denen sie angehören, sind durchweg weithin bekannte Firmen. Trotz der Beschränkung der Umfrage auf konkrete Fragen, die sich – mit wenigen Ausnahmen für Randgebiete – auf eindeutig feststellbare Tatsachen richteten, war die Beantwortung des Fragenkatalogs nicht immer leicht. Das liegt vornehmlich daran, daß sich das Leben eines Menschen vielfach nicht in das Korsett eines vorgegebenen Ablaufschemas zwingen läßt. »Die Lebensgeschichte und der Berufsweg sind bei mir doch sehr individuell, aber ich habe versucht, diese individuelle Entwicklung in das Schema zu bringen«, schreibt ein Vorstandsmitglied. Und ein Aufsichtsratsvorsitzender: »Ich habe eine Reihe von Berufen ausgeübt. Zuerst habe ich Jura studiert, dann bin ich aktiver Offizier geworden, habe nach dem Ersten Weltkrieg noch einmal eine landwirtschaftliche Lehre durchgemacht und Landwirtschaft studiert. Nach 1933 bin ich aus der Landwirtschaft in die Industrie gegangen und habe schließlich den Vorstandssitz in unserer Familiengesellschaft übernommen.« Solche Beispiele gibt es mehr, sie sind in der Tat schwer einzufügen. Es kommt auch vor, daß der »Normalweg« – vom Vorstandsmitglied zum Vorsitzenden – umgekehrt verläuft: Erst Vorstandsvorsitzender (beispielsweise bei einer Sparkasse oder einem mittleren Unternehmen), dann Vorstandsmitglied (einer Girozentrale oder eines Konzerns, der die kleinere Firma übernommen hat). Wir haben 23 Fälle dieser Art festgestellt, davon 13 in der Industrie, 7 im Bereich der Sparkassen und Girozentralen.

Oft ist der Lebensweg eines Menschen, wie schon in dem oben zitierten Beispiel, durch außerökonomische Umstände bedingt, Einflüsse, die von politischen Entwicklungen ausgehen. Ein Volk, das binnen einer Generation zwei Kriege, zwei Inflationen, ein »Tausendjähriges Reich«, einige Jahre alliierter Besetzung, eine Abtrennung weiter Gebiete und eine Zweitei-

[9]) Die Namen sind im Anhang dieses Buches abgedruckt.

lung durch Zonengrenzen erlebt hat, ist reich an Schicksalen dieser Art. Bei der Formulierung unserer Fragen haben wir bewußt alles vermieden, was an persönliche Erfahrungen oder Leiden dieser Art rühren könnte. Aber sie klangen in den Antworten natürlich an, noch deutlicher in Begleitbriefen, in denen manche Unternehmer, die mit dem Fragenkatalog nicht zurechtkamen, uns ihr Leben oft sehr ausführlich geschildert haben. Es kann weder Aufgabe noch gar Ziel einer Umfrage sein, alle Ecken und Winkel auszuleuchten, an denen der Lebensweg eines Menschen vorbeiführt. Ein Fragebogen vergröbert das Bild wie ein Raster. Das ist unvermeidlich. Aber man muß sich dessen bewußt bleiben, daß die Schicksale, die hinter den glatten statistischen Zahlen verborgen sind, oft durch Ereignisse beeinflußt wurden, die außerhalb des »Normalen« liegen und sich statistischer Erfassung entziehen.

Die Aufgeschlossenheit für diese Umfrage war über alles Erwarten groß. 1662 Antworten gingen ein. Damit haben sich mehr als 80 Prozent (81,0) aller Befragten der Mühe unterzogen, die etwa fünfzig Punkte auszufüllen (wozu allerdings meist nur das Anbringen eines Kreuzchens an einem vorgefertigten Bukett von Antwortmöglichkeiten nötig war). Nach Wirtschaftszweigen war die Beteiligung am stärksten unter den Versicherungen (83,5 Prozent), am schwächsten im Handel (62,9 Prozent); er bildet ohnehin, abgesehen von den »Sonstigen«, die kleinste Gruppe (siehe Tabelle 2). Recht gleichmäßig präsentieren sich die Antwortquoten auch nach der Position der Befragten im Unternehmen: Von den Eigentümer-Unternehmern haben 77 Prozent geantwortet, von den Aufsichtsräten 74 Prozent, von den Vorständen, der größten Gruppe, 83 Prozent (Tabelle 1, Spalte 3). Die Gesamtergebnisse der Erhebung sind also nicht durch einen wesentlich unterschiedlichen Repräsentationsgrad der beteiligten Personengruppen beeinflußt.

Zählt man nicht die Personen, sondern die Funktionen, die sie

in Großunternehmen ausüben (also einschließlich der Nebenfunktionen, etwa der Aufsichtsratsmandate eines Vorstandes
in anderen Großunternehmen), so ändert sich das Bild kaum:
Auch bei dieser Betrachtung beträgt der Anteil der Antworten
an der Zahl der Befragten gut 80 Prozent (81,9 Prozent; siehe
Tabelle 1, Spalte 9). Es fällt auf, daß die Eigentümer-Unternehmer eine besonders hohe Zahl von Nebenfunktionen auf sich
vereinen, mehr als die Manager, nämlich im Schnitt 1,93 pro
Kopf gegenüber 1,54 bei Aufsichtsrats- und Vorstandsmitgliedern (Tabelle 1, Spalte 10). Das hängt damit zusammen, daß
viele dieser Unternehmer, wie gesagt, gerade deshalb in unsere
Befragung aufgenommen wurden, weil sie ein Aufsichtsrats-
mandat in einem Großunternehmen wahrnehmen. Natürlich
mußte dann auch ihre eigentliche Position als Vorstand, Geschäftsführer oder Inhaber eines – meist kleineren – Unternehmens als deren Hauptfunktion mitgezählt werden, so daß auf
viele Eigentümer-Unternehmer gleichsam »qua definitione«
schon zwei Positionen kommen.

Früher Vorstand, heute im Aufsichtsrat

Eine Eigenheit dieser Statistik, die in Tabelle 1 (Spalten 4 bis 6)
sowie in Tabelle 3 deutlich wird, beruht darauf, daß zu den
Befragten 106 Mitglieder von Aufsichtsräten gehören, die bis
zu ihrer Pensionierung im Vorstand des gleichen Unternehmens tätig gewesen sind. Wir haben keinen Anlaß gesehen,
diese Aufsichtsratsvorsitzende oder -mitglieder nicht ebenfalls
um Angaben über ihre Laufbahn als frühere Vorstandsvorsitzende oder -mitglieder zu bitten. Obwohl sie heute den Aufsichtsräten angehören, sind sie also in den weiteren Tabellen als
Vorstände erfaßt. Der Zusammenhang zwischen der heutigen
und der früheren Position dieser Personen ist in Tabelle 3 dargestellt: 69 von ihnen waren früher Vorstandsvorsitzende, 37
Vorstandsmitglieder. Die um diese Werte veränderten Per-

36

sonenzahlen sind im einzelnen aus Tabelle 1, Spalte 5, zu ersehen. Sie liegen allen weiteren Statistiken unserer Untersuchung (mit Ausnahme der Altersstatistik in Abschnitt VI dieses Buches sowie der Aufsichtsrats-Statistik in Abschnitt XIII) zugrunde, auch schon den hier veröffentlichten Angaben in den Tabellen 4 und 5. Diese Tabellen geben über die Verteilung der Unternehmer nach Positionen, Wirtschaftszweigen, Rechtsformen der Unternehmen und nach dem Eigentum an den Unternehmen Auskunft. Es mag auffallen, daß die Zahl der Vorstandsvorsitzenden im Vergleich zu denen der Vorstandsmitglieder relativ hoch erscheint. Das hat vor allem drei Ursachen: Erstens wurden außer Vorsitzenden auch stellvertretende Vorsitzende und Sprecher der Vorstände hier erfaßt; zweitens wurden Einzel-Geschäftsführer sowie Einzelinhaber von Nicht-AG als »Vorsitzende« klassifiziert; und drittens waren die früheren Vorstände, die heute den Aufsichtsräten angehören, wie soeben dargelegt, vorher fast zu zwei Drittel Vorstandsvorsitzende, nur zu einem guten Drittel Vorstandsmitglieder.

Die wichtigste Erkenntnis aus den Gesamtzahlen lautet: Die Eigentümer-Unternehmer sind an den leitenden Positionen der deutschen Großunternehmen nur mit knapp 8 beteiligt (Tabelle 1, Spalten 11 und 12). Davon sind nur 1 Prozent »Gründer«, 7 Prozent »Erb-Unternehmer«. Würde man jene Eigentümer-Unternehmer herauslassen, die nur auf Grund ihres Aufsichtsratsmandats hier erscheinen, deren Berufstätigkeit jedoch mit ihrem Hauptgewicht nicht einem Großunternehmen gilt, so würde der Anteil sogar nur etwa 5 Prozent betragen. Die »Unternehmer der ersten Generation«, die binnen eines Menschenlebens eine selbstgegründete Firma zu einem führenden Unternehmen ausgebaut und damit die Pionierleistung eines Krupp oder Siemens, eines Bosch oder Diesel, eines Benz oder Abbé im 20. Jahrhundert wiederholt haben, ist heute klein. Aber auch die Söhne, Schwiegersöhne,

Enkel oder sonstigen Erben sind in der Großwirtschaft der Gegenwart an Zahl gering. Wer behauptet, die deutschen Großunternehmen würden von Männern beherrscht, die nicht in erster Linie durch eigene Leistung, sondern kraft des von Vätern und Vorvätern übernommenen Erbes an ihrem heutigen Platz stehen, kennt die Wirklichkeit nicht. Der »Kapitalist« im Marxschen Sinne, der Eigentümer der Produktionsmittel, ist unter den Großen zur Ausnahme geworden.

Liegt die Gewalt bei den Managern?

An seine Stelle ist der Manager getreten, der »kapitallose Funktionär« oder der »Verwalter fremden Gutes«, wie ihn die Soziologen mit einem leisen Unterton von Geringschätzung nennen. Über 90 Prozent aller leitenden Männer in Großunternehmen sind »angestellte« Unternehmer. Seit dem Erscheinen des berühmten Buchs von James Burnham über die »Revolution der Manager« vor dreißig Jahren (1941) ist die These populär geworden, der Manager habe auch insofern den Eigentümer verdrängt, als die Verfügungsgewalt über die Produktionsmittel mehr und mehr von den Eigentümern auf ihn übergegangen sei. Er sei in der modernen Wirtschaft der wahre Herrscher. Helge Pross, die den durch Burnham aufgeworfenen Fragen in umfassender Weise nachgegangen ist, kommt auf einer allerdings recht schmalen empirischen Basis gleichfalls zu dem Schluß, daß in Deutschland »der Einflußbereich der Funktionäre größer ist als der der alten Machtgruppen«[10]).

Es wäre voreilig, in dem Ergebnis unserer Untersuchung einen Beweis für diese These zu sehen. Die vorliegende Statistik kann die Personen nur zählen, nicht »wiegen«. Konkret gesprochen: Die Zahlen geben keinen Hinweis darauf, wie groß der Bereich der unternehmerischen Autonomie eines Managers ist. Der

[10]) Helge Pross, Manager . . ., Seite 118.

Augenschein spricht allerdings gegen die These von Burnham und Pross. Von den 1530 Managern, die unsere Statistik umfaßt, sind fast die Hälfte (47,2 Prozent) in Unternehmen tätig, in denen ihre Autonomie wesentlich eingeschränkt ist; diese Unternehmen gehören einem Konzern, einer Familie, der öffentlichen Hand oder einem Ausländer (Tabelle 4, Abschnitt C; Tabelle 5, rechter Teil). Frei von dem Willen eines Eigentümers im Sinne der Soziologie – nicht immer im Sinne des Aktienrechts – sind die Manager nur in Unternehmen der Gruppe »sonstiges Eigentum« (11,1 Prozent; vornehmlich Vereine, Genossenschaften und Stiftungen) sowie in einem Teil der Börsengesellschaften, nämlich in Publikumsgesellschaften mit breitgestreutem Aktienkapital und ohne Paketbildung. Nach einer überschlägigen Auszählung trifft das für 434 leitende Männer von Börsengesellschaften zu, das sind 28,4 Prozent der Gesamtzahl. Insgesamt kann also noch nicht einmal für 40 Prozent der Manager gesagt werden (39,5 Prozent), daß sie von den Eigentümern »unabhängig« seien und in diesem Sinne »Macht« ausübten oder »Herrscher« seien. Die überwiegende Zahl ist in Unternehmen tätig, in denen der oder die Eigentümer die Möglichkeit haben, ihren Willen zur Geltung zu bringen. Ob sie es immer tun und ob sie auch richtig beraten wären, es zu tun (zum Beispiel in Familiengesellschaften), ist eine andere Frage.

Generaldirektor wird man nicht von selbst

Es bleibt die Feststellung, daß im Bereich der Großunternehmen die Manager an Zahl den Eigentümern weit überlegen sind. Sie beherrschen das Feld. Damit ist schon eine erste Antwort auf die Ausgangsfrage dieser Untersuchung gegeben, ob Charakter, Leistung und Erfahrung die wichtigsten Voraussetzungen für eine Laufbahn bis in die Spitze der deutschen Großunternehmen sind, oder ob es auf die Väter ankommt, auf deren Vermögen und gesellschaftliche Stellung. Manager können ihre Position nicht vererben; weder individuell dadurch, daß der Sohn in die Position des Vaters nachrückt, noch auch im Sinne einer »Statusvererbung«: Weil der Vater Generaldirektor war, wird es der Sohn auch. Es gibt keine Managersöhne, die, wie die Erben väterlichen Eigentums, in das väterliche Amt hineingeboren werden. Jeder muß sich seine Sporen selbst verdienen, und auch »Vitamin B« in Gestalt guter Beziehungen nützt dem Sohn wenig, wenn er sich nicht durch Fähigkeit, Begabung und Leistung qualifiziert. Je höher der Anteil der Manager an den Führungspositionen der Großunternehmen ist, um so eher läßt sich vermuten, daß die »Mobilität« innerhalb dieser Gruppe groß ist und immer wieder neue Kräfte aus anderen Schichten nachrücken, die für eine »soziale Auffrischung« sorgen. Die Auswertung der Antworten auf unseren Fragebogen wird erweisen, daß dieser Schluß richtig ist.

II. DIE BERUFE DER VÄTER

Jeder dritte Manager ein Beamtensohn

JOSEPH SCHUMPETER hielt es für »eine grundlegende Wahrheit der Soziologie der industriellen Gesellschaft«, daß der durch Innovationen bewirkte wirtschaftliche Fortschritt »immer mit dem Aufsteigen neuer Männer zur Führerschaft« verbunden ist[11]). Entgegen der Auffassung sozialistischer Theoretiker, die unter dem Einfluß von Karl Marx im Unternehmer den »Kapitalisten« sahen (und heute noch sehen), verfocht Schumpeter kompromißlos die These, die Unternehmer seien weder Kapitalisten, weil das Tragen von Risiko kein Bestandteil der unternehmerischen Funktion sei (wie die Tätigkeit der Manager erweise), noch bildeten sie eine soziale Klasse: »Es ist eine historische Tatsache, daß Unternehmer aus allen Klassen hervorgehen, die zur Zeit ihres Auftauchens gerade bestehen. Ihre Stammbäume zeigen die verschiedensten Ursprünge – Arbeiterschaft, Aristokratie, freie Berufe, Bauern und Grundbesitzer, Handwerker, alle haben Anteil an der Bildung eines Typus, der soziologisch nicht einheitlich ist«[12]).

Maßgebende Wissenschaftler der Gegenwart sind ganz anderer Meinung. So hat Wolfgang Zapf aus der Befragung von 318 Vorstandsmitgliedern der 50 größten Industrieunternehmen ermittelt, daß die deutschen Manager – »wie die Verwaltungs-

[11]) Josef Schumpeter, Konjunkturzyklen. Göttingen 1961, Seite 103.
[12]) Josef Schumpeter, Konjunkturzyklen ..., Seite 112.

eliten, Diplomaten und Generale« – überwiegend aus dem »Bürgertum« und »Nachfolgebürgertum« stammen: »79 Prozent lassen sich der oberen Mittelschicht zuordnen, ein Drittel von ihnen (25 Prozent insgesamt) sind Fabrikanten, Direktoren, höchste Verwaltungsbeamte und andere Mitglieder der Oberschicht des späteren Kaiserreichs gewesen[13]«. Daraus folgert er, daß bei Wirtschaftsführern, ähnlich wie bei Offizieren, die Berufsvererbung »recht hoch« sei. Noch weiter geht Ralf Dahrendorf, der, gestützt auf die Feststellungen von Zapf, verallgemeinernd und mit einer recht extensiven Interpretation meint, die »überwiegende Zahl« der führenden Unternehmer stamme bereits aus der Oberschicht, »zumeist aus Familien von Unternehmern oder freiberuflich Tätigen[14]«.

Berufsvererbung ist selten

Wer hat recht: der scharfsinnig deduzierende Schumpeter oder die empirisch induzierenden modernen Forscher? Tasten wir uns an das Problem heran, indem wir zunächst der Frage der »Berufsvererbung« zu Leibe rücken. Sie läuft auf die These hinaus, der Sohn trete mit seinem Beruf in die Fußstapfen seines Vaters; gehöre dieser der unternehmerischen Führungsschicht an, so werde mit hoher Wahrscheinlichkeit auch sein Sohn diese Laufbahn einschlagen und in der Wirtschaft Karriere machen. Unsere Erhebung liefert keinerlei Beleg für diese These. Wir haben unter den 1336 Vorständen von Großunternehmen, die nicht Eigentümer dieser Unternehmen, sondern Manager sind, nur 58 festgestellt, bei denen schon der Vater oder ein anderer naher Verwandter in dem gleichen oder einem anderen bedeutenden Unternehmen eine leitende Stellung inne-

---

[13]) Wolfgang Zapf, Die deutschen Manager – Sozialprofil und Karriereweg. In: Beiträge zur Analyse der deutschen Oberschicht. München 1965, Seite 141.
[14]) Ralf Dahrendorf, Gesellschaft ..., Seite 286.

hatte; das sind ganze 4,3 Prozent der Gesamtzahl aller Vorstandsmitglieder (Tabelle 6). Natürlich kann es verwandtschaftliche Fäden geben, die unerkannt geblieben sind. Auf der anderen Seite wurde jedoch der Rahmen unserer Untersuchung denkbar weit gezogen: Einbezogen sind auch Fälle, in denen der Vater bei einer mittleren, weniger bekannten Firma oder bei einem Unternehmen tätig war, das schon seit längerem nicht mehr existiert. Eine derart weitgehende Auslegung des Begriffs »Berufsvererbung« dürfte die Dunkelquote mindestens ausgleichen, wahrscheinlich überkompensieren. Aber selbst wenn es nicht 4, sondern 5 oder 8 oder 10 Prozent wären, könnte keine Rede davon sein, daß die Berufsvererbung überwiege und für leitende Männer der Großwirtschaft charakteristisch sei. Sie spielt eine untergeordnete Rolle, ist vermutlich sogar kleiner als in anderen Bereichen.

Was aber waren die Väter wirklich? Schon frühere Untersuchungen hatten zu dem überraschenden Ergebnis geführt, daß eine sehr große Zahl von Unternehmern aus Beamtenfamilien hervorgegangen ist. Rudolf Wildenmann, Professor für politische Wissenschaft in Mannheim, hat auf Grund einer Befragung von 800 führenden Persönlichkeiten, darunter 129 Wirtschafts- und Finanzmanagern, in einer nicht veröffentlichten Studie festgestellt, daß fast jeder vierte Manager einen Beamten zum Vater hat (23,3 Prozent[15]). Und Wolfgang Zapf schreibt: »Es ist der hohe Anteil der Beamtensöhne, der die deutschen deutlich von den amerikanischen Managern unterscheidet[16].« In der Tat, die Beamtensöhne dominieren. Nicht nur jeder vierte, sogar jeder dritte Manager stammt aus der Welt des Beamtentums, die in ihrer Grundeinstellung so gar nicht »unternehmerisch« ist. Mit einem Anteil von 33,7 Pro-

---

[15]) Rudolf Wildenmann, Eliten in der Bundesrepublik. Eine sozialwissenschaftliche Untersuchung über Einstellungen führender Positionsträger zu Politik und Demokratie. Unveröffentlichtes Material, 1968.

[16]) Wolfgang Zapf, Die deutschen Manager ..., Seite 141.

zent bilden die Beamtensöhne die größte Gruppe unter den leitenden Männern von Großunternehmern (Tabelle 7).

Nicht nur hohe Staatsbeamte

Dabei ist es keineswegs richtig, wie vielfach vermutet wird, daß diese Unternehmer überwiegend aus dem Kreis der höheren Verwaltungsbeamten kommen. Beamte mit ihrer strengen Ordnung der Dienstränge nach »Amtsinhalten«, wie das Gesetz dies nennt, lassen sich ohne Schwierigkeiten nach höherem, gehobenem, mittlerem und einfachem Dienst unterscheiden. Rechnet man zu dem »höheren Dienst« auch jene hohen Staatsdiener, die außerhalb der Besoldungsordnung stehen, und gruppiert man die »Quasi-Beamten« (im Justiz- und Hochschuldienst sowie bei Kirchenbehörden) entsprechend ein, so zeigt sich, daß nur etwa ein Viertel der Unternehmerväter (24,3 Prozent) dem höheren Dienst, ein knappes Drittel (30,3 Prozent) dem gehobenen Dienst angehörten. Selbst wenn also der Bereich der höheren Beamten im Sinne soziologischer Statusbetrachtung bis hinunter etwa zum Regierungsrat gezogen wird, gilt nur für gut die Hälfte der beamteten Unternehmerväter, daß sie den gehobenen Schichten angehörten. Die andere – knappe – Hälfte waren Beamte des mittleren Dienstes (mit 41,1 Prozent die größte Gruppe) und des einfachen Dienstes (4,3 Prozent), die eher den mittleren oder den Basisschichten zuzurechnen sind. Ihre Söhne haben, indem sie an die Spitze eines Großunternehmens gelangten, eindeutig einen sozialen Aufstieg vollzogen und einen höheren sozialen Status erreicht als die Väter (Näheres im nächsten Abschnitt).

Fabrikanten und kleine Handwerker

Die Fabrikanten und Grundbesitzer unter den Vätern, die Vorstandsmitglieder, Geschäftsführer, Bankiers, die Rechtsanwälte, Ärzte und anderen freiberuflich tätigen Akademiker, also diejenige Gruppe, aus der sich nach allgemeiner Vorstellung die Manager »überwiegend« rekrutieren, hat in Wirklichkeit nur gut ein Viertel zu der heutigen Führungsmannschaft in Großunternehmen beigesteuert: 26,1 Prozent. Wir haben diese Gruppe die »gehobenen Selbständigen« genannt (obwohl nicht alle, die hier erfaßt wurden, juristisch »selbständig« sind, besonders nicht Vorstände und Geschäftsführer), um sie von der Gruppe der »anderen Selbständigen« abzugrenzen, in der die mittelständischen Existenzen in Stadt und Land, die Handwerker und Händler, die kleinen Gewerbetreibenden, die Bauern zusammengefaßt sind. Es könnte eingewandt werden, daß durch die Aufteilung der Selbständigen in »gehobene« und »einfache« die Kriterien vermischt würden: die vertikale Gliederung nach Berufsgruppen werde an dieser Stelle durchbrochen durch eine horizontale nach Schichten, die das »Oben« vom »Unten« scheide.

In der Tat, würde man die Selbständigen als einheitliche Gruppe sehen, so wäre das Bild anders; da auf die »anderen Selbständigen« 18,1 Prozent entfallen, würden die Selbständigen insgesamt mit einem Anteil von 44,2 Prozent die größte Gruppe bilden. Aber so gewiß es ist, daß Beamte, Angestellte, Arbeiter bei allem Abstand zwischen den hohen und den niederen Rängen, die innerhalb dieser Berufe bestehen, jeweils als einheitliche Gruppe zu sehen sind, so schwer fällt es, die gehobenen und die niederen Selbständigen als Einheit zu betrachten. Das verbindende Merkmal der »Selbständigkeit« ist nicht so stark wie die trennenden Merkmale sozialer Ungleichheit. Man kann den selbständigen Bankier oder Unternehmensleiter nicht mit dem kleinen Handlungsreisenden oder dem Reparaturschneider in einen Topf werfen. Von Soziologen werden die Schichten am unteren Rande der Selbständigen manchmal geradezu als »proletariode Randgruppen« gewertet, was für die unteren Beamten- oder Angestelltenränge, denen

Beamten- und Sozialgesetze ein Mindestmaß an sozialer Sicherheit garantieren, kaum gesagt werden könnte. Kein Zweifel, aus kritisch-soziologischer Sicht haben die gehobenen und die unteren Selbständigen nichts gemeinsam. Sie bilden zwei verschiedene Berufsgruppen.

Ist der väterliche Beruf von Einfluß?

Nimmt man die Angestellten (16,3 Prozent) und die »Sonstigen« (überwiegend Arbeiter, unselbständige Handwerker, Dienstboten und andere: 5,8 Prozent) hinzu, so ergibt sich bei leicht vergröberter Betrachtung folgendes Bild: Jeder dritte Manager ist Sohn eines Beamten, jeder vierte Sohn eines gehobenen Selbständigen, jeder fünfte (etwas weniger) eines anderen Selbständigen, jeder sechste kommt aus einem Angestellten-, jeder siebzehnte aus einem Arbeiterhaus. Dabei bestehen interessante Verschiedenheiten nach dem Rang innerhalb der »Managerhierarchie«, den die Söhne jeweils erreicht haben. Die Beamtensöhne, so zeigt sich, sind in allen Managerposten etwa gleichmäßig vertreten, unter den Aufsichtsräten ebenso wie unter den Vorständen, am stärksten allerdings unter den stellvertretenden Vorstandsmitgliedern (Tabelle 7, Abschnitt A). Dagegen sind Söhne gehobener Selbständiger in auffallend großem Umfang auf den Spitzenpositionen zu finden, also als Vorstandsvorsitzende und Aufsichtsratsmitglieder. Das hängt vermutlich vor allem mit ihrer Ausbildung zusammen: Viele haben Jura studiert, ein Fach, das – wie die weitere Untersuchung zeigen wird (Abschnitt V) – offenbar in besonderem Maße als Qualifikation für Posten mit umfassender Verantwortlichkeit angesehen wird. Ähnliches gilt für die Söhne »anderer« Selbständiger. Dagegen haben es Angestelltensöhne zu einem großen Teil nur bis zum Vorstandsmitglied gebracht; unter den Vorsitzenden und in Aufsichtsräten sind sie seltener zu finden, ein Zeichen dafür, daß viele von ihnen zu den

»Spezialisten« in den Führungsgremien gehören dürften. Die Verteilung der Arbeitersöhne ist erstaunlich gleichmäßig, relativ hoch ist ihr Anteil an den Aufsichtsratssitzen. (Die Zahlen für die Aufsichtsräte umfassen, wie im vorigen Abschnitt dargelegt, nur solche Mitglieder, die weder vorher im Vorstand des gleichen Unternehmens tätig gewesen sind noch heute dem Vorstand eines anderen Großunternehmens angehören. Näheres siehe Abschnitt XIII.)

Im Hinblick auf die Verteilung nach Wirtschaftszweigen und Rechtsformen der Unternehmen sind Beamtensöhne besonders zahlreich in öffentlich-rechtlichen Kreditinstituten zu finden. Söhne gehobener Selbständiger bevorzugen dagegen die Industrie und hier besonders Nichtaktiengesellschaften im Familienbesitz. Hier sind wiederum die Söhne anderer Selbständiger nur in geringerem Umfang vertreten. Wichtigste Domäne der Angestelltensöhne sind die GmbHs sowie Großunternehmen im Besitz in- und ausländischer Konzerne, während sich Arbeitersöhne vor allem in Handels-, Verkehrs- und sonstigen Unternehmen betätigen. Aufschlußreich? Nun, wer will, mag aus diesen Beobachtungen auf gewisse Affinitäten schließen. Aber man sollte ein solches Spiel wohl nicht zu weit treiben.

Auch die Unterschiede, die sich aus den unterschiedlichen Anteilen der Berufe nach Altersgruppen ergeben, dürfen nicht zu voreiligen Schlüssen verleiten. Im Vergleich zu den Älteren (65 und älter) sind unter den Jüngeren (unter 45) die Beamtensöhne wesentlich schwächer vertreten, ebenso die Söhne einfacher Selbständiger; dagegen sind die Anteile der gehobenen Selbständigen und vor allem die der Angestellten unter den Jüngeren beträchtlich höher. Man kann aus solchen Daten, die den Zustand in einem bestimmten Zeitpunkt, hier zum Jahresende 1969, wiedergeben, nicht ohne weiteres auf eine fortlaufende Bewegung schließen, weil die Zahlen auch durch verschiedene andere Faktoren beeinflußt sein können. Beispiels-

weise könnte – theoretisch – der höhere Anteil der Beamtensöhne unter den Älteren einfach darauf beruhen, daß diese eine
höhere Lebenserwartung haben. Wo die Zahlen allerdings über
alle Jahresgruppen hinweg kontinuierlich eine gleichgerichtete
und kräftige Tendenz zeigen, darf mit einem hohen Wahr-
scheinlichkeitsgrad vermutet werden, daß Umschichtungen
im Gange sind. So sind die starke Zunahme des Anteils der
Angestelltensöhne (um 9,1 Punkte) und die ähnlich starke Abnahme des Anteils der einfachen Selbständigen (um 9,3 Punkte)
sicher kein Zufall.

Verarmtes Besitzbürgertum

Der Blick auf die Berufe der Väter hat bei der Suche nach
einer Antwort auf die Ausgangsfrage bereits ein gutes Stück
vorangeführt. Auf keinen Fall, so zeigt sich, stimmt die These,
daß die leitenden Männer der Großunternehmen »zumeist aus
Familien von Unternehmern oder freiberuflich Tätigen« stammen, die der Oberschicht angehören. Wer den sozialen Status
der Unternehmereltern bestimmen will, kann sich jedoch nicht
mit dem Blick auf die Berufsgruppen begnügen. Auch andere
Faktoren sind als »Statusmerkmale« heranzuziehen, vor allem
die Frage, ob die Eltern Vermögen besitzen und ob sie studiert
haben. Es sind die Hauptkennzeichen für jene gesellschaftlichen Gruppen, die gemeinhin als »Besitzbürgertum« und als
»Bildungsbürgertum« gekennzeichnet werden.
Noch keine zehn Prozent der heute tätigen Manager (9,8)
haben vermögende Eltern. Aber weitere fast fünfzig Prozent
der Unternehmereltern oder -großeltern (genau 49,2) besaßen
früher Vermögen, das ihnen durch zwei Kriege und Inflationen
verlorengegangen ist (Tabelle 8). In beiden Fällen handelt es
sich nicht nur um Vermögen mit Konsumcharakter, das eigene
Haus etwa oder hochwertige Gebrauchsgüter. Vielmehr war
ausdrücklich nach »zinstragendem« Vermögen gefragt, »das

eine nicht unwesentliche Basis der wirtschaftlichen Existenz« bildet[17]). Die Relation der Manager, deren Eltern sich zur Sicherung ihrer Existenzgrundlage auf ein Vermögen stützen können, zu jenen, deren Eltern ohne Vermögen sind, beträgt heute also 10 zu 90, während es sich früher auf 60 zu 40 belief. Das heißt, das Verhältnis hat sich tendenziell umgekehrt, das Übergewicht ist von der einen auf die andere Waagschale übergesprungen. Darin spiegelt sich das ganze Ausmaß der Vermögensverluste wider, von denen das deutsche Bürgertum einschließlich weiter Kreise des Mittelstandes durch die politischen und wirtschaftlichen Entwicklungen der letzten fünfzig Jahre betroffen war.

Die soziologische Wertung dieses Tatbestandes ist im Einzelfall schwierig, weil nicht immer eindeutig erkennbar ist, ob der Unternehmer in seiner Jugend, speziell während der Zeit seiner Berufsausbildung, noch von den Früchten des elterlichen Vermögens hat zehren können oder ob er umgekehrt von dem Verfall des Vermögens mit ganzer Wucht betroffen war und damit, wenn das Vermögen die Existenzgrundlage des Elternhauses bildete, vielleicht in ärmlicheren Verhältnissen aufgewachsen ist als der Sohn eines Beamten oder Angestellten, der kein Vermögen besessen hat. Daß die Vermögenslage der Eltern in vielen Fällen nicht ohne Einfluß auf den Berufsweg des Sohnes gewesen ist, kann aus den Positionen geschlossen werden, die Söhne vermögender Eltern erreicht haben: sowohl nach dem früheren als auch – ganz besonders – nach dem heutigen Bild des Vermögensstandes der Eltern sind Unternehmer, die aus vermögenden Verhältnissen stammen, besonders zahlreich unter den Aufsichtsräten sowie unter den Vorstandsvorsitzenden anzutreffen (Tabelle 8, Spalte 10 und Spalte 12, Abschnitt B). Andererseits zeigen die Zahlen aber auch, daß ein Vermögen der Eltern heute keineswegs Voraussetzung zum

[17]) Der Fragebogen, der den Unternehmern zur Beantwortung übersandt worden war, ist im Anhang abgedruckt.

Erreichen der Spitzenpositionen ist: Kinder vermögensloser Eltern sind in allen Rängen des Managements anzutreffen.

Pfandbriefe als Frucht bürgerlichen Sparsinns

Interessante Aufschlüsse gibt auch die Aufteilung nach Vermögensarten (Tabelle 9). Geht man nach der Zahl der Antworten (die größer ist als die Zahl der Personen, weil das Vermögen vieler Unternehmereltern mehrere Anlageformen umfaßte), so zeigt sich, daß die Kapitalanlage in Wertpapieren weitaus vorherrscht. Fast 40 Prozent aller Unternehmereltern besaßen Wertpapiere, vermutlich in erster Linie Pfandbriefe und Reichsanleihen, und es darf unterstellt werden, daß dieser Besitz von den meisten nicht ererbt, sondern selbst erworben war, also Ausdruck der Sparsamkeit ist, die in bürgerlichen Kreisen jener Generation als eine der höchsten Tugenden galt. Weitere knapp 30 Prozent der Befragten (28,2) geben an, die Eltern hätten über nichtland- und -forstwirtschaftlichen, also vornehmlich städtischen, Haus- und Grundbesitz verfügt, eine »klassische« Vermögensform des wohlhabenden Bürgertums im Kaiserreich; mehr als die Hälfte dieser Personen hatte einen Teil ihres Vermögens gleichzeitig auch in Wertpapieren angelegt. Dann folgen mit Anteilen um die 10 Prozent die Besitzer maßgeblicher Unternehmensbeteiligungen (13,1), wobei es sich vornehmlich um die Kaufleute und Fabrikanten unter den Vätern handeln dürfte, sowie der bäuerliche Grundbesitz der Landwirte und der auf dem Lande tätigen kleinen Gewerbetreibenden und Handwerker (9,2). Der Großgrundbesitz ist immerhin mit 6,9 Prozent vertreten; 76 von den 92 Personen dieser Gruppe sind freilich einem anderen Beruf nachgegangen, nur 16 Unternehmer haben auch den Beruf ihres Vaters mit »Großgrundbesitzer« oder einer ähnlichen Bezeichnung angegeben.
Unter den Begriff des »Besitzbürgertums« fallen gewiß nicht die Eigentümer bäuerlichen Grundbesitzes, im allgemeinen

auch nicht jene Personen, deren Vermögen sich allein auf Wertpapiere beschränkte. Das bedeutet, daß – jetzt nach der Zahl der Personen, nicht nach der Zahl der Antworten gerechnet – von den 901 Unternehmereltern, die über ein zinstragendes Vermögen verfügten, nur 525 dem Besitzbürgertum zuzuordnen sind (Tabelle 10). Von der Gesamtzahl der hier betrachteten Vorstands- und Aufsichtsratsmitglieder (1528) stammt also etwa jeder dritte aus dem Besitzbürgertum (34,3 Prozent). Im Hinblick auf die Vorstellungen, die in weiten Kreisen über die soziale Herkunft der »Wirtschaftselite« herrschen, muß betont werden, das »nur« jeder dritte aus dieser Schicht hervorgegangen ist; dabei ist die gravierende Verarmung weiter Teile des Bürgertums durch die Naturkatastrophen zweier Weltkriege und Inflation völlig außer Betracht geblieben.

Ein Drittel der Eltern hat studiert

Was den Anteil des »Bildungsbürgertums« angeht, so ergibt sich, wenn dieser Anteil an der Zahl der Eltern mit Hochschulstudium gemessen wird, gleichfalls eine Quote von einem Drittel: Studiert haben 521 Mütter oder Väter der Manager, das sind 34,1 Prozent. (Fälle, in denen beide Elternteile studiert haben, sind nur einfach gezählt.) Die Komplexe überschneiden sich jedoch weitgehend: Von den 521 Akademikereltern haben 382 gleichzeitig Vermögen besessen oder besitzen es noch. Die Verteilung ist folgende (sie ist aus den Tabellen 8 und 10 nicht ersichtlich): 51 Unternehmereltern mit Universitätsbildung besitzen heute Vermögen, 113 haben das Vermögen zum Teil verloren, 218 haben es ganz verloren, 139 haben niemals Vermögen besessen. Von den insgesamt 382, die über Vermögen verfügten oder verfügen, sind jedoch 233 bereits als frühere oder heutige »Besitzbürger« erfaßt, nämlich alle diejenigen, deren Vermögen nicht aus bäuerlichem Grundbesitz oder ausschließlich aus Wertpapieren bestand. Diese

233 Personen waren (oder sind) »Besitz-« und »Bildungs-bürger« zugleich. Je nachdem, welchem Umstand das größere Gewicht beigelegt wird, kann man also entweder sagen, 525 Manager oder 34,3 Prozent der Gesamtzahl (1528) stammen aus dem Besitzbürgertum; dann verbleiben für das Bildungs-bürgertum, also die Akademiker, nur 288 Personen oder 18,8 Prozent. Oder man kann umgekehrt feststellen, 521 Personen (34,1 Prozent) kommen aus der Schicht der Bildungsbürger, weil sie studiert haben, dann bleiben für die Besitzbürger aber nur 292 Personen oder 19,1 Prozent. In beiden Fällen ergibt sich für die Gesamtheit der Besitz- und Bildungsbürger ein Anteil von 53,2 Prozent. Dabei sind jedoch, wie immer wieder betont werden muß, alle jene mitgerechnet, die ihr Vermögen heute nicht mehr besitzen, ebenso unter den Akademikern diejenigen, die trotz Studiums als Folge von Schicksalsschlägen oder aus anderen Gründen in sozial kümmerlichen Verhält-nissen lebten oder leben.

Nach Studienfächern stehen unter den akademisch vorgebil-deten Unternehmereltern die Juristen mit 30 und die Tech-niker mit 25 Prozent im Vordergrund (Tabelle 11). Daß ein vornehmlich der Praxis zugewandtes Studium wie das der Technik schon in der vorigen Generation eine derartige Rolle spielte, mag überraschen, zumal dieses Fach damals noch eine relativ junge Hochschuldisziplin war. Es hängt offenbar damit zusammen, daß die Techniker der heutigen Unternehmer-generation – ebenso wie die Juristen – zu einem erheblichen Teil aus Familien stammen, deren Väter gleichfalls schon diese Fächer studiert hatten. Dagegen waren akademisch vorgebil-dete Wirtschaftler unter den Vätern relativ selten, sie machen nur 5 Prozent aus. Das hat sich freilich bei den Söhnen gründ-lich geändert: Heute sind Volks- und Betriebswirte mit abge-schlossenem Studium in den Führungsgremien der Großunter-nehmen in großer Zahl zu finden.

III. DER SOZIALE STATUS DER VÄTER

Mittelstand und einfache Bürger

SOZIOLOGEN BETRACHTEN den Menschen nicht in seiner Individualität, sondern als Bestandteil von Gruppen, gleichsam als Körnchen im Salzfaß. Verschiedenheiten des Lebensstils, die aus dem Beruf, den Vermögens- und Einkommensverhältnissen, dem Bildungsstand, den kulturellen Interessen des einzelnen folgen, summieren sie zu »Gruppen-Merkmalen«, nach denen sie die Körner in »Schichten« zusammenfassen. In dem am weitesten gegliederten Schichten-Modell – es gibt deren mehrere – unterscheidet die Soziologie beispielsweise zwischen sechs Gruppen: der Oberschicht (oder »Elite«), der oberen und der unteren Mittelschicht, der oberen und der unteren Unterschicht sowie den sozial Verachteten. Man ist sich auch über die Kriterien weitgehend einig, die für die Zuordnung zu den verschiedenen Schichten maßgebend sein sollen. In der demokratischen Gesellschaft, in der es keine ständische Ordnung und keine Klassen gibt, spielen der Beruf und die Stellung im Beruf dabei eine wesentliche, oft die entscheidende Rolle. Bei allen Unzulänglichkeiten, die besonders auf der Schwierigkeit einer richtigen Zuordnung beruhen, kann die Betrachtung nach gesellschaftlichen Schichten, die »Schichten-Soziologie«, in der Tat interessante und wichtige Aufschlüsse liefern.

Die Frage, welcher Schicht ein Mensch im konkreten Einzelfall wirklich angehört, ist allerdings oft schwer zu beantworten. Das Leben tut dem forschenden Gelehrten leider nicht den Gefallen, stets so zu verlaufen, wie es seinen Modellvorstellungen entspricht. Schon ein Berufswechsel kann die Entscheidung schwermachen. Welcher sozialen Schicht zum Beispiel ein Mensch zuzuordnen ist, der zunächst Volksschullehrer war, sich später als Vertreter einer Versicherungsgesellschaft betätigte, dabei zu etwas Vermögen kam, mehrmals kleine Fabrikationsbetriebe gegründet hat, damit vorübergehend auch Erfolg hatte, bis er dann jedoch in der Wirtschaftskrise endgültig scheiterte, ist kaum eindeutig zu sagen. Gehört er zur oberen oder zur unteren Mittelschicht? Müßte man ihn nicht vielleicht zur Unterschicht rechnen, wenn auch zu deren oberem Teil? Oder wie soll man einen Diplom-Ingenieur einordnen, der bis 1930 eine von ihm aufgebaute Firma leitete, dann aber, nach deren Konkurs, als Angestellter bei einem Arbeitsamt sein Leben fristete? Wohin gehört der Generaldirektor eines schlesischen Versicherungsunternehmens, der nach dem Zusammenbruch 1945 zu alt war, um in Westdeutschland noch eine neue Tätigkeit zu finden, und keine Pensions- oder sonstige Ansprüche geltend machen konnte?

Schwere Zeiten, tragische Schicksale

Es sind keine Einzelfälle. Die Fragebögen, in denen uns die Vorstände von Großunternehmen die sozialen Verhältnisse ihres Elternhauses geschildert haben, sind voll von Schicksalen dieser Art. Zwei Weltkriege, zwei Inflationen, die Wirtschaftskrise, die Abtrennung der Ostgebiete 1945, nicht zuletzt die politischen Verhältnisse in der NS-Zeit haben das Leben vieler Menschen von Grund auf verändert. Vermögen schmolzen dahin, Existenzen wurden vernichtet, Menschen in den Ruin getrieben. In den leitenden Gremien eines großen Versicherungsunternehmens sitzt ein Mann, dessen soziale Herkunft bei oberflächlicher Betrachtung eindeutig in der gesellschaftlichen Oberschicht zu suchen wäre, mindestens in der »oberen Mittelschicht«: Er entstammt dem Adel, der Vater besaß Grundbesitz und diente seinem obersten Landesherrn als Offizier. Aber dann stockt der Atem bei dem Vermerk »Vater 1914 gefallen, Mutter nichtarisch, KZ«. Plötzlich wird bewußt, wie fragwürdig es sein kann, die Vergangenheit eines Menschen, die oft von bitteren Schicksalen geprägt ist, in einen nüchternen Begriff, ein Schichten-Schema pressen zu wollen.

Neben dem Wechsel der Berufstätigkeit und der Einkommens- und Vermögensverhältnisse im zeitlichen Auf und Ab machen oft auch Veränderungen im persönlichen Bereich eine klare Zurordnung schwierig. Einige Beispiele: Der Vater eines Vorstandsmitglieds in einem bedeutenden Industrieunternehmen war Studienrat; er ist 1918 gefallen, als der Sohn noch keine zehn Jahre alt war, die Mutter hat daraufhin sich und ihre drei Kinder mit dem Witwengeld und der Hinterbliebenenrente durchbringen müssen. Ein anderer ist Sohn eines kleinen Angestellten, der in einem Kabelwerk tätig war; der Vater ist im ersten Weltkrieg gefallen, die Mutter hat 1922 zum zweiten Mal geheiratet, und zwar einen Mann mit einem wesentlich höheren sozialen Status: er war Werksdirektor. In welchen sozialen Verhältnissen sind die Söhne in diesen beiden Fällen nun großgeworden?

Wo sich die Eltern scheiden ließen, wo bei guter Vermögenslage 13 Kinder großzuziehen waren, wo ein Industrieller in Mitteldeutschland einen Betrieb mit mehreren tausend Beschäftigten besaß, in der Bundesrepublik aber nicht wieder Fuß fassen konnte, wo die Mutter den Unterhalt durch Betreiben einer Pension im Hause der Großmutter verdienen mußte – in diesen und zahllosen anderen Fällen, die in den Antworten lebendig werden, kann keine Rede davon sein, daß der soziale Status des Elternhauses im wesentlichen von dem Beruf des Vaters geprägt worden wäre (wie dies soziologische

Tatbestandsforschung meist unausgesprochen voraussetzt). Man muß versuchen, die sozialen Verhältnisse des Elternhauses oder des Kreises, in dem der Sohn vornehmlich aufwuchs, in ihrer Gesamtheit zu erfassen.

Uns standen für die Beurteilung der sozialen Herkunft der Vorstands- und Aufsichtsratsmitglieder deutscher Großunternehmen vier Kriterien zur Verfügung: Beruf und Berufsstellung des Vaters, Vermögenslage der Eltern, deren Bildungsstand im Hinblick auf ein Studium, schließlich die Schilderung besonderer Faktoren, »die zur Kennzeichnung der Lebensumstände der Eltern wichtig sind« (so lautete diese Frage, die übrigens von vielen sehr ausführlich beantwortet worden ist; die soeben angeführten Beispiele sind nur eine kleine Auswahl aus den Darlegungen zu diesem Punkt). Dabei haben wir, soweit dies irgend möglich war, auf das Gesamtbild des Sozialstatus in jenem Zeitraum abgestellt, in dem der Sohn die wesentlichen Stadien seiner Berufsausbildung durchlief, also etwa vom 15. bis zum 25. Lebensjahr. Der Sohn jenes Generaldirektors, der 1945 aus Schlesien auswandern mußte, war zu diesem Zeitpunkt noch keine 15 Jahre alt; deshalb haben wir die soziale Herkunft des Sohnes nicht daran gemessen, daß der Vater einst eine Spitzenposition in der Wirtschaft bekleidet hatte, sondern an seiner Mittellosigkeit in den Jahren nach 1945. Umgekehrt wurde der Sohn des kleinen Angestellten, dessen Mutter nach dem Tode des Vaters einen Werksdirektor heiratete (der Sohn war zu dieser Zeit elf Jahre alt), nicht nach dem niedrigeren Status seines Vaters, sondern nach dem höheren seines Stiefvaters beurteilt.

Vier Schichten der Gesellschaft

Die Schwierigkeiten der Zuordnung wachsen mit der Zahl der Schichten, die einer Betrachtung zugrunde gelegt werden. Je mehr Schichten, um so enger wird der Raum jeder einzelnen, um so präziser müssen daher die Tatbestände formuliert sein, die eine Schicht von der anderen abgrenzen, und um so genauer die Kriterien, nach denen sich die Schichtenzugehörigkeit bestimmt. Eine Unterteilung in die sechs Schichten des eingangs dargestellten Modells wäre über die Möglichkeiten unserer Statistik hinausgegangen. Sie war für den Zweck dieser Untersuchung auch weder nötig noch sinnvoll. Es genügte und führte zu klarerer Erkenntnis des Tatbestandes, die Unternehmer-Eltern nur vier Schichten zuzuordnen. Andere Autoren haben sich bei Untersuchungen zur Unternehmer-Soziologie gar auf drei Schichten beschränkt[18]).

Eine verbale Bezeichnung für die Schichten – wie etwa »Elite«, »Oberschicht«, »Großbürgertum«, »Kleinbürgertum« oder ähnliches – weckt leicht falsche Assoziationen und kann daher zu Mißverständnissen führen. Deshalb bezeichnen wir die Schichten in unseren Tabellen schlicht mit den römischen Zahlen I bis IV. Schicht I umfaßt diejenigen Personen, denen in der früheren wie der heutigen Gesellschaft gemeinhin die obersten Ränge beigemessen werden: Inhaber herausragender Positionen in Politik, Kultur und Wirtschaft, Männer an der Spitze großer Körperschaften aller Art (oberste Behörden und Gerichte, Universitäten, Großunternehmen, Spitzenverbände), prominente Künstler, aber auch die Inhaber der oberen Ränge in der Verwaltungs- und Unternehmenshierarchie bis »hinunter« etwa zum Ministerialdirektor oder – in bedeutenden Unternehmen und Konzernen – zum Werksleiter, dies alles unter der Voraussetzung, daß nicht andere Umstände vorliegen, die eine Zuordnung allein nach dem Beruf und der Berufsstellung ausschließen. In Schicht II sind diejenigen erfaßt, denen die sozialen Verhältnisse – sehr generell umschrieben – ein »Leben in Wohlstand« ermöglichten, ohne materielle Sorgen, oft mit etwas Vermögen oder mit der Fähigkeit, Ver-

[18]) So Helge Pross und Karl W. Boetticher in ihrer Studie »Manager des Kapitalismus«, Frankfurt 1971.

mögen zu bilden. Schicht III umfaßt die Menschen in einfachen Verhältnissen, die über ein zwar ausreichendes, aber doch bescheidenes Einkommen verfügten oder die sich und ihre Familie, obwohl sie Vermögen besaßen, überwiegend durch eigene Arbeit ernährten. Wer in sozial bedrückten Verhältnissen lebte, ist in Schicht IV erfaßt. Arbeiterkinder sind hier ebenso zu finden wie Angehörige von Familien, deren Ernährer im Krieg gefallen ist oder schwer krank und berufsunfähig war.

Dabei wurde, um es noch einmal zu betonen, auf das Gesamtbild der sozialen Verhältnisse, auf den »Sozialstatus« abgestellt, nicht allein auf den Beruf. Pfarrer, Ärzte, Juristen, Studienräte, Volksschullehrer und andere sind in mehreren Schichten anzutreffen, zum Teil in allen vier. Auch die selbständigen Unternehmer, die Freiberuflichen, die Einzelhändler, Handwerker und Landwirte verteilen sich jeweils über mehrere Schichten. In jeder Schicht sind auch Unternehmer-Eltern mit und ohne Vermögen, Akademiker wie Nicht-Akademiker zu finden (Tabelle 12). Darin wird deutlich, daß für die Schichten-Zuordnung das Gesamtbild der sozialen Bedingungen maßgebend war, nicht nur ein einzelner Faktor.

Die Klassifizierung der sozialen Herkunft nach Schichten erlaubt es – und darin liegt ihre Bedeutung –, eine statistisch fundierte Antwort auf die Frage zu geben, wieviel Männer in Spitzenpositionen der deutschen Großunternehmen soziologisch der gleichen Schicht entstammen, der sie heute angehören, und wieviel mit dem Erreichen dieser Position einen sozialen Aufstieg vollzogen haben. In der Sprache der Soziologie: Die Schichten-Betrachtung zeigt einerseits das Maß der »Selbstrekrutierung«, andererseits die »Aufstiegsmobilität«, deren Umfang den Grad der »Schichtendurchlässigkeit« anzeigt. Bedeutende Soziologen, die sich der Erforschung dieser Frage gewidmet haben, halten es für eine gesicherte Erkenntnis, daß die überwiegende Zahl der führenden Unternehmer aus der Oberschicht stamme und Berufsvererbung nirgends so hoch sei wie bei den Wirtschafts-Eliten[19]). Realistischer erscheint das Bild in der erwähnten Studie von Pross/Boetticher, in der die Autoren feststellen, ungefähr die Hälfte der leitenden Angestellten, die sich an ihrer Befragung beteiligt haben (es waren 78 Vorstände, 304 Direktoren und 154 Prokuristen), stammten nach der soziologischen Struktur ihres Elternhauses bereits aus jenen »Höhenlagen«, in denen diese leitenden Männer sich auch heute befänden; die andere Hälfte sei aus der unteren Mittelschicht aufgestiegen, nur 5 Prozent kämen aus der unteren Schicht[20]). Von einem »Überwiegen« der Oberschicht bei der Rekrutierung des Führungsnachwuchses ist hier also nicht mehr die Rede.

86 Prozent kommen von unten

Die Wahrheit ist, daß von 1530 Vorständen und Aufsichtsräten deutscher Großunternehmen nur 215, das sind noch keine 15 Prozent der Gesamtzahl (14,1), der Schicht entstammen, der sie heute angehören, vielleicht sogar aus einem Elternhaus, dessen sozialer Status höher einzuschätzen war als das heutige »Sozialplateau« des Sohnes, mindestens was Prestige und Geltung der Berufstätigkeit angehen (Tabelle 13, Spalten 1 und 6). Alle anderen, also beinahe 86 Prozent, haben, indem sie heute an der Spitze der bedeutendsten Unternehmen der deutschen Wirtschaft stehen, einen höheren Sozialstatus erreicht als ihre Väter und Mütter. Sie haben mit ihrer Berufskarriere, gemessen am Elternhaus und damit soziologisch am »Ausgangspunkt« ihrer Laufbahn, einen sozialen Aufstieg vollzogen.

Das Ergebnis mag viele überraschen. Denn die herrschende Meinung, gefiltert aus Stichproben-Befragungen, die stets nur

---

[19]) Vergleiche hierzu die im vorigen Abschnitt zitierten Äußerungen von Ralf Dahrendorf und Wolfgang Zapf.
[20]) Pross/Boetticher, Manager ..., Seite 31.

einen relativ kleinen Personenkreis umfaßten, geht dahin, daß die Aufstiegsmöglichkeit, die in die höheren Ränge der deutschen Wirtschaft führt, gering sei, niedriger jedenfalls als in Amerika oder anderen Ländern. Was Amerika betrifft, so hat eine Umfrage unter 500 führenden Managern der größten amerikanischen Unternehmen, deren Ergebnisse von der amerikanischen Zeitschrift »Fortune« im Mai-Heft 1970 veröffentlicht worden sind, zu der bemerkenswerten Erkenntnis geführt, daß in den Vereinigten Staaten nicht weniger als 45 Prozent aller leitenden Persöblichkeiten Väter hatten, die – so Fortune – »ganz an der Spitze der Unternehmens-Hierarchie standen, sei es, daß sie Gründer, Chairman des Board oder Präsident einer Gesellschaft waren, sei es, daß sie ein eigenes Unternehmen leiteten«. Dort also eine Quote der Selbstrekrutierung von 45 Prozent, hier eine solche von knapp 15 Prozent – wer wollte da bezweifeln, wo die Aufstiegsmöglichkeit größer ist ?

Nun blicken Soziologen nicht nur auf die Zahl der Aufgestiegenen, sondern auch auf die Länge des Aufstiegsweges, das heißt auf den soziologischen Ausgangspunkt einer Karriere. Auch hierüber gibt die Schichten-Statistik Auskunft. Was die Wohlhabenden angeht (Schicht II), die gleichsam schon »in der Nähe des Gipfels geboren« sind und damit soziologisch – nicht auch nach Länge und Dauer der Berufs-Laufbahn im Einzelfall – den kürzesten Weg zur Spitze zurückzulegen hatten, so sind sie in der Tat recht zahlreich vertreten. Die Gruppe umfaßt 594 Vorstands- und Aufsichtsratsmitglieder, das sind 38,8 Prozent der Gesamtzahl (Tabelle 13, Spalten 2 und 7). Sie weist gewisse Parallelen mit Schicht I auf (siehe Spalte 10). So zeigt sich, daß die Männer beider Schichten in relativ großer Zahl Positionen mit einem besonders hohen Maß an Verantwortung für ein Gesamtunternehmen bekleiden. Unter den Vorstandsvorsitzenden sind Angehörige der Schichten I und II mit 54 Prozent zu finden, unter den Vorstandsmitgliedern mit 52, den stellvertretenden Vorstandsmitgliedern nur mit 45 Prozent.

Ohne Zweifel beruht dies vornehmlich auf dem geistigen Erbe und der anders gearteten Erziehung, die den Söhnen vielfach mitgegeben wurde, vor allem aber auf der Art des Studiums: Söhne aus den oberen Bevölkerungsschichten haben sich, teilweise weil auch die Väter Juristen waren, in stärkerem Maße als andere den Rechtswissenschaften zugewandt, und Juristen sind in Deutschland, anders als in Amerika, in besonders großer Zahl gerade in den Spitzenfunktionen der Führungshierarchie zu finden. (Näheres darüber folgt in Abschnitt V.) Bemerkenswert ist übrigens, daß die Unternehmer aus den beiden oberen Schichten besonders zahlreich in Familienunternehmen sowie – nach der Rechtsform der Unternehmen – in Personengesellschaften und Einzelfirmen anzutreffen sind (Tabelle 13, Abschnitte C und D).

Deutschland, Aufstiegsland für das Kleinbürgertum

Die größte Gruppe unter den Aufsichtsrats- und Vorstandsmitgliedern bilden jedoch jene, die aus Schicht III hervorgegangen sind: 608 Personen oder 39,7 Prozent. Der Mittelstand und das einfache Bürgertum, die in dieser Schicht vor allem vertreten sind, erweisen sich damit als das wichtigste Reservoir für Führungspositionen in der Wirtschaft. Diese Menschen haben von Geburt und Elternhaus her keine Verbindung zu den oberen Rängen. Ihnen hat niemand an der Wiege gesungen, daß sie einmal höchste Positionen in der Wirtschaft erreichen würden oder auch nur würden erreichen können. Sie sind in jeder Hinsicht »echte« Aufsteiger, und zwar ganz überwiegend Aufsteiger aus eigener Kraft. Daß es so viele sind, zeugt für eine hohe »Schichtendurchlässigkeit« der deutschen Gesellschaft im wirtschaftlichen Bereich. »Deutschland ist ein Aufstiegsland für das Kleinbürgertum«, stellen Pross/

Boetticher fest, deren Befragung in diesem Punkt zu dem gleichen Ergebnis geführt hat[21]).

Trotz dieses klaren Tatbestandes ist es in der heutigen Soziologie mehr und mehr üblich geworden, die bestehenden Verhältnisse als unbefriedigend darzustellen. Teilweise wird zugegeben, daß die Inhaber der wirtschaftlichen Führungspositionen keine »geschlossene« Gruppe bildeten. Dennoch sei die Bundesrepublik weit entfernt von dem Idealbild einer »offenen« Gesellschaft, die jedem Fähigen, gleich welcher Geburt und Herkunft, die gleichen Chancen zur Entfaltung seiner Talente einräumt. Beweis: Es gelinge nur wenigen Menschen aus den unteren Schichten der Bevölkerung, als Manager an die Spitze von Unternehmen zu gelangen. In Amerika sei das anders. Zwar könnten sich auch die Vereinigten Staaten nicht rühmen, eine wirklich offene Gesellschaft zu sein; aber dieses Land wähle seine führenden Männer doch aus einem breiteren Kreise aus und aktiviere damit die in der Nation vorhandenen Talente wesentlich besser als Deutschland[22]).

Spitzen-Manager aus Arbeiterkreisen

Die Autoren, die so argumentieren, gehen von fragwürdigen Zahlenvorstellungen aus und sehen zudem nur einen Teilaspekt der Wirklichkeit, nicht das Ganze. Nach früheren Umfrage-Ergebnissen sollen in der Bundesrepublik nur 5 Prozent der Spitzen-Manager aus Arbeiterkreisen stammen, während in Amerika, der Darstellung in »Fortune« zufolge, 16 Prozent Söhne von »blue-collar-workers« und »farmers« sind. Zum Teil werden für Amerika sogar Zahlen zwischen 20 und 30 Prozent genannt[23]). Nun hat unsere Umfrage ergeben, daß der

[21]) Pross/Boetticher, Manager ..., Seite 35 und 44.
[22]) Pross/Boetticher, Manager ..., Seite 35 und 38.
[23]) Pross/Boetticher, Manager ..., Seite 34. Eine Quelle für die Zahlen ist dort nicht angegeben.

Anteil derer, die aus einfachsten Verhältnissen kommen (Schicht IV), nicht 5, sondern in Wirklichkeit 7,4 Prozent beträgt. Er ist also fast um die Hälfte größer, als bisher meist angenommen wurde. Andererseits umfassen die 16 Prozent, die »Fortune« genannt hat, auch »farmers«, also Bauernsöhne. Bei uns wurden Bauern dagegen überwiegend nicht zur unteren, sondern zur Mittelschicht gerechnet, weil das landwirtschaftliche Eigentum, wie wir meinen, eine festere Basis der Existenz bildet als die Tätigkeit in einer lohnabhängigen Stellung. Will man vergleichen, so müssen die 34 Bauernsöhne aus Schicht III demnach zur unteren Schicht gezählt werden. Nach dieser Korrektur würde Schicht IV jedoch statt 7,4 fast 10 Prozent (9,6) aller Manager umfassen.

10 Prozent bei uns gegen 16 Prozent in Amerika: Der Abstand ist bei weitem nicht so groß, wie das im einschlägigen deutschen Schrifttum üblicherweise dargestellt wird. Es sind immerhin 147 Männer, die von einem Bauernhof oder aus einem Elternhaus mit beengten, zum Teil ausgesprochen drückenden Verhältnissen stammen und den Weg bis in die Spitzenpositionen der Wirtschaftshierarchie haben zurücklegen können. Wolfgang Zapf nennt sie »die mobilste Gruppe, Homines novi, innerhalb der Elite«[24]), weil sie sämtliche Schichten in einem einzigen Zuge übersprungen haben. Mit erstaunlicher Gleichmäßigkeit sind sie in allen Wirtschaftszweigen, in Firmen aller Rechtsformen und in allen Leitungsfunktionen zu finden, unter Aufsichtsratsmitgliedern ebenso wie in den Vorständen. Auch auf dem Posten des Vorstandsvorsitzenden, also in der höchsten Verantwortung, stehen Arbeitersöhne oder Menschen aus dem »einfachen Volk« ihren Mann.

Wer mit den Verhältnissen in Amerika echt vergleichen will, sollte im übrigen den Blick nicht auf die Arbeiter- und Bauernsöhne beschränken, sondern die soziale Herkunft der Manager

[24]) Wolfgang Zapf, Wandlungen ..., Seite 183.

in ihrer Gesamtheit sehen. Eines fällt sofort auf: drüben sind unvergleichlich viel weniger Menschen aus den Mittelschichten in die Spitzenpositionen gerückt als bei uns, nach der »Fortune«-Umfrage nur 39 Prozent. Was den deutschen Anteil betrifft, so ist, um exakt vergleichen zu können, auch hier zunächst eine Korrektur nötig: Die in Schicht II enthaltenen Väter, die Vorstandsmitglieder mittlerer und kleiner Aktiengesellschaften oder selbständige Unternehmer waren, insgesamt 178 Personen, müssen, da »Fortune« die Unternehmensleiter vollständig zur Oberschicht gerechnet hat, hier herausgenommen und Schicht I hinzugezählt werden. Selbst nach dieser Angleichung erweist sich jedoch die Rekrutierung aus den Mittelschichten in Amerika mit 39 Prozent bedeutend niedriger als in der Bundesrepublik mit 64 Prozent (wobei die Bauern, wie gesagt, nicht zur Mittel-, sondern zur Unterschicht gerechnet sind). Nach der »Fortune«-Klassifizierung, die lediglich zwischen »Oben – Mitte – Unten« unterscheidet, ergibt sich für die Vereinigten Staaten ein Rekrutierungsverhältnis von 45 : 39 : 16, für die Leiter deutscher Großunternehmen ein solches von 26 : 64 : 10.

Amerikas Big Business ist fest etabliert

Der entscheidende Unterschied besteht in dem jeweiligen Anteil der Mittel- und der Oberschichten: In Amerika kommen die meisten Unternehmensleiter aus der Schicht, der sie selbst angehören; der Anteil der Selbstrekrutierung ist fast doppelt so hoch wie in Deutschland (45 gegen 26 Prozent). Dagegen stammt der überwiegende Teil der deutschen Manager, fast zwei Drittel, aus den mittleren Schichten, also dem gehobenen und einfachen Bürgertum, das in Amerika viel geringer repräsentiert ist (mit 39 gegen 64 Prozent). Darin mag sich die andersartige Struktur von Wirtschaft und Gesellschaft widerspiegeln: Drüben ein gesellschaftlich fest etablier-

64

tes »Big Business«, dessen Repräsentanten ein höheres elitäres Bewußtsein und zweifelsohne auch ein stärkeres Zusammengehörigkeitsgefühl haben als deutsche Unternehmer in der Großindustrie und bei Banken. Hier dafür ein breiter und selbstbewußter Mittelstand, getragen insbesondere von einem traditionell »aufstiegsorientierten« Beamtentum, seit hundert Jahren auch jener Stand, aus dem ein wesentlicher – oft besonders fortschrittlicher – Teil des Führungsnachwuchses in Politik, Kultur und Wirtschaft hervorgegangen ist.

Sicher spielen auch andere Faktoren hinein, so vor allem die unterschiedliche Größenordnung der führenden Unternehmen hüben und drüben, die für die Länge der Aufstiegswege im einzelnen maßgebend ist, ferner die anders gearteten Ausbildungs-Möglichkeiten speziell für Manager, die unterschiedlichen Führungstechniken sowie nicht zuletzt die unterschiedliche Mentalität der Bevölkerung in Fragen des business. Gerade auch bei einfachen Menschen ist die Einstellung zum Gelderwerb, das Wachstums-, Gewinn- und Gelddenken drüben ganz anders ausgeprägt als bei uns. Das beweist die breite Streuung amerikanischer Aktien ebenso wie die unvergleichlich viel stärkere Verbreitung der Investmentsfonds in Amerika.

All dies muß berücksichtigen, wer bei einem Vergleich nicht in die Irre gehen will. Die deutschen Soziologen, die eine einzige – noch dazu nicht stichhaltige – Zahl herausgreifen und daraus Rückschlüsse allgemeiner Art auf den inneren Zustand der Gesellschaftsstrukturen ableiten möchten, machen es sich zu einfach. Wenn man sich bemüht, das Bild als Ganzes zu sehen, schneidet die Bundesrepublik im Vergleich zu Amerika nicht gerade schlecht ab. Im Gegenteil, der Anteil der »Aufsteiger«, die den Weg aus unteren und mittleren Bevölkerungsschichten in einem Zuge bis an die Spitze von Großunternehmen haben bewältigen können, ist in Deutschland wesentlich größer als drüben: hier 74, in Amerika 55 Prozent. Die wirtschaftlichen Führungsgruppen sind demnach für Kräfte, die von unten nachdrängen, in Deutschland »offener« als in dem so heiß gelobten Lande Amerika.

Der Weg über drei Generationen

Wäre es möglich, den sozialen Aufstieg gar über drei Generationen hinweg zu verfolgen, also von den Großvätern über die Väter bis zu den heutigen Unternehmern, so würden die deutschen Verhältnisse, verglichen mit Amerika, vermutlich in einem noch günstigeren Licht erscheinen. In unserer Umfrage war nach dem sozialen Status der Großeltern nicht gefragt (weil bei dem gegebenen Raum andere Fragen, die wir für wichtiger hielten, hätten fortbleiben müssen). Aber alles, was darüber aus anderen Stichproben-Erhebungen und aus dem Studium von Unternehmer-Biographien bekannt ist, läßt nur den Schluß zu, daß ein großer Teil der Unternehmer-Eltern selbst schon einen sozialen Aufstieg vollzogen hatte: »Die Schranken, die der Sohn ... nicht überwinden konnte, wurden vom Enkel durchbrochen, sofern der Vater dem Aufstieg wenigstens vorgearbeitet hatte«[25]). Wahrscheinlich hat auch in diesem Punkt Joseph Schumpeter recht, der schon vor dreißig Jahren feststellte, typischerweise vollziehe sich der Aufstieg in die obersten Ränge der bürgerlichen Gesellschaft über drei Generationen.

Die Ergebnisse unserer Umfrage sind eindeutig. Die führenden Unternehmer bilden in der Bundesrepublik keine »homogene und gegenüber Außenseitern abgeschirmte Gruppe, die sich weitgehend aus sich selbst rekrutiert«, wie dies engagierte Sozialkritiker heute so gern und laut verkünden. Es ist auch nicht richtig, daß die überwiegende Zahl jener Männer, die als die deutsche »Wirtschaftselite« apostrophiert werden, aus der Oberschicht stammt, »zumeist aus Familien von Unternehmern oder freiberuflich Tätigen« (so Ralf Dahrendorf). Ständig

[25]) Pross/Boetticher, Manager ..., Seite 36.

66

rücken Kräfte von unten nach, die Gesellschaft ist nicht geschlossen. Nicht Rang oder Reichtum des Vaters, nicht Geburtsurkunde oder Erbschein sind entscheidend, sondern die Leistung. Auch die Schicht der sozial Schwachen trägt ständig zur Ergänzung des Führungspotentials bei. Oft sind zwar drei Generationen nötig, um die Wegstrecke von der Talsohle bis zum Gipfel zu bewältigen. Aber viele schaffen den Aufstieg auch binnen der dreißig oder vierzig Jahre ihres eigenen Berufslebens. Die Karrieren, die in einem Zuge vom Lehrling zum Generaldirektor führen, sind nicht so selten, wie das vielfach behauptet wird.

Bildung allein macht keine Führerpersönlichkeit

Kritiker meinen, die Zahl der Männer, die in einem Arbeiterhaushalt geboren werden und es dann bis zum Vorstandsmitglied bringen, könnte (und müßte) größer sein. Die Manager aus den unteren Schichten seien heute »unterrepräsentiert«, und das liege einzig an dem Mangel an Bildungsmöglichkeiten für Menschen aus dem einfachen Volk: In der Bundesrepublik gebe es eben keine Chancengleichheit. Aber die Forderung nach Gleichheit der Chancen wäre falsch verstanden, wenn sie eine Gleichheit der Menschen voraussetzte. Nicht alles, was eine Führerpersönlichkeit ausmacht, läßt sich durch Ausbildung oder Erfahrung aneignen. Zur Leitung eines Großunternehmens – wie zu jeder überragenden Führungsaufgabe – gehören Fähigkeiten, die nicht erlernbar sind. Bestimmte Anlagen und Talente muß jeder von Hause aus mitbringen, will er Erfolg haben. Das gilt für Unternehmer ebenso wie für Gewerkschaftsführer, für Wissenschaftler, für Politiker. (Wir kommen auf diese Frage am Schluß unserer Betrachtungen über das Studium der Manager – Abschnitt V – zurück.)
Nichts gegen Chancengleichheit und erleichterten Zugang zu den Bildungseinrichtungen. Aber Wissen allein macht keine

Führernatur. Soziologen neigen dazu, die Bedeutung der natürlichen Anlagen eines Menschen geringszuschätzen, weil solche Anlagen nicht quantifizierbar sind und sich damit angeblich »nüchterner Überprüfung entziehen«. Sie können jedoch nichts daran ändern, daß die Aussicht, den Weg bis zur Spitze eines Unternehmens zu bewältigen, am größten für jene Menschen ist, die zum Unternehmer geboren sind und deren Autorität auf natürlichen Anlagen mindestens ebenso fußt wie auf Sach- und Fachverstand. Das gilt jedenfalls so lange, wie die im Erfolg sich dokumentierende Leistung in unserer Gesellschaftsordnung das entscheidende Kriterium für die Auslese bleibt.

IV. SCHUL- UND BERUFSBILDUNG

Immer mehr Abiturienten und Akademiker

DER TYPISCHE WEG in den Vorstand eines Großunternehmens führt über Abitur und Studium. Er ist der häufigste, nicht der einzige Weg. Viele tüchtige Menschen haben den Aufstieg in die Spitzengremien großer Unternehmen auch ohne Reifezeugnis bewältigt. Einige haben nur die Volksschule besucht, andere besitzen die mittlere Reife oder ein ähnliches Abgangszeugnis, nicht jedoch das Abitur. Diese Nichtabiturienten (es sind 177 Männer, 11,7 Prozent der Gesamtzahl) haben zum Teil die allerhöchsten Sprossen auf der Leiter der Managerkarriere erklimmen können; auch unter Vorstandsvorsitzenden und Aufsichtsratsmitgliedern sind sie zu finden, wenngleich seltener als in den unteren Rängen der Vorstandshierarchie. Manche von ihnen (26) haben allerdings auch ein Studium absolviert, meist auf einem der Bildungsgänge, die schon früher begabten und zielstrebigen Menschen ohne Abitur den Weg zur Universität oder Hochschule eröffneten. Fast alle Nichtabiturienten, 167 der insgesamt 177, sind jedoch zunächst in die Lehre gegangen, überwiegend ins kaufmännische Fach. Sie bieten das Idealbild eines Selfmademan, der von der Pike auf gelernt hat und dessen Rüstzeug vornehmlich die Fähigkeiten und Erfahrungen sind, die eine langjährige Praxis vermittelt. Es überrascht nicht, daß die meisten Praktiker aus den unteren sozialen Schichten kommen. Von den Männern aus Schicht IV hat jeder dritte kein Abitur (34,9 Prozent), von denen aus Schicht III jeder sechste (17,2 Prozent), während der Anteil der Nichtabiturienten in den oberen Schichten minimal ist (Tabelle 17, Abschnitt B).

Praktische Erfahrung als Wegweiser

Auch von den Abiturienten ist ein großer Teil nicht zur Universität, sondern sogleich in die Praxis gegangen; es sind 160 von insgesamt 1339 Abiturienten. Damit zeigt sich: Etwa 10 Prozent aller Vorstands- und Aufsichtsratsmitglieder haben nicht studiert, weil sie kein Reifezeugnis besaßen, weitere 10,5 Prozent sind trotz Abitur nicht Student geworden (Tabelle 15, Abschnitt A). Aufs Ganze gesehen hat also von den Männern, die heute an der Spitze der deutschen Großunternehmen stehen, jeder fünfte niemals als Student in dem Hörsaal einer Universität gesessen. Der Anteil der Nichtakademiker ist noch größer, wenn man jene einbezieht, die zwar eine Universität besucht, aber kein Abschlußexamen abgelegt haben. Es sind nochmals reichlich 5 Prozent der Gesamtzahl. Unter ihnen mögen viele sein, die durch äußere Umstände zum vorzeitigen Abbruch des Studiums veranlaßt oder gezwungen waren, manche sicher auch, die von vornherein die Absicht hatten, nur soviel vom Quell der Wissenschaft zu naschen, wie sie es für ihr Berufsziel als erforderlich ansahen.

Alles in allem ergibt sich damit, daß mehr als ein Viertel aller leitenden Männer von Großunternehmen (26 Prozent) kein abgeschlossenes Studium absolviert haben. Der Wegweiser für ihre Berufslaufbahn hieß nicht in erster Linie wissenschaftliche Ausbildung, im Vordergrund stand vielmehr die praktische Erfahrung. Allerdings haben viele von ihnen berufsständische oder sonstige Schulungseinrichtungen besucht, von denen einige durchaus einen Wissensstand vermitteln, der dem einer Universität, soweit es um die Berufsanforderungen geht, kaum nachstehen dürfte.

40 Prozent haben Cicero und Tacitus gelesen

Interessant ist die Zusammensetzung der Abiturienten nach Schularten (Tabelle 16). Entgegen der landläufigen Meinung, die leitende Männer von Großunternehmen vielfach für »Technokraten« oder ausgesprochene Experten hält, verkörpern die meisten nach ihrer Schulbildung den humanistischen Typ. Von zehn Vorstands- und Aufsichtsratsmitgliedern sind jeweils vier in ihrer Jugend aufs Gymnasium gegangen. Sie haben als Schüler Cicero und Tacitus in deren Sprache gelesen, viele sicher auch Homer. Nur etwa jeder dritte kommt aus Schulen des neusprachlichen Typs, jeder vierte aus dem mathematisch-naturwissenschaftlichen Zweig.

Humanisten sind in besonders großer Zahl in den Spitzenpositionen zu finden. Unter den hauptamtlichen Aufsichtsräten und von den Vorstandsvorsitzenden hat jeder zweite das Gymnasium besucht (56,1 und 46,7 Prozent; Tabelle 16). Das hängt sicher auch damit zusammen, daß in diesen Positionen Juristen recht zahlreich vertreten sind; für das Jurastudium ist die Kenntnis der lateinischen Sprache Voraussetzung. Die Humanisten kommen auch in erster Linie aus den höheren sozialen Schichten. Ihr Anteil nimmt von Schicht zu Schicht ab, in Schicht I ist er reichlich doppelt so hoch wie in Schicht IV (55,9 zu 26,8 Prozent; Tabelle 16, Abschnitt B). Das Bürgertum hat seine Söhne gern aufs Gymnasium geschickt, weil diese Schulform als ein Bildungsweg galt, der ein umfassendes, wenig spezialisiertes und damit die künftige Berufslaufbahn wenig präjudizierendes Grundwissen vermittelte und gleichzeitig zu humanistischer Geisteshaltung erzog. Aber der Glanz des Gymnasiums verblaßt mehr und mehr, die Schultypen ändern sich. Die Humanisten unter den Führungskräften gehören vornehmlich den älteren Jahrgängen an. Von denen, die heute über 65 sind, haben mehr als die Hälfte Latein gelernt (55,3 Prozent), von den Männern unter 45 sind es dagegen nur noch 29,0 Prozent; auch hier also fast eine Halbierung (Tabelle 16, Abschnitt C). An die Stelle der Gymnasiasten sind bei den jüngeren Jahrgängen zum Teil die Neusprachler, vor allem aber die Naturwissenschaftler getreten, deren Anteil in der Generationenfolge auf das Zweieinhalbfache gestiegen ist (von 14,0 auf 36,1 Prozent). Vermutlich würde eine gleichartige Umfrage in zehn oder zwanzig Jahren also nicht mehr zu dem Ergebnis führen, daß die Humanisten die größte Gruppe sind. Wenn nicht alles täuscht, macht der humanistisch gebildete Manager zunehmend jenen Männern Platz, deren Schulbildung stärker praxisbetont und von vornherein enger auf die Erfordernisse von Wirtschaft und Technik ausgerichtet ist.

Wie der Anteil der Nicht-Abiturienten, so ist der Anteil der Nichtakademiker im Abnehmen begriffen. Von den Aufsichtsrats- und Vorstandsmitgliedern über 65 Jahre haben 13,6 Prozent kein Abitur und 23,2 Prozent nicht studiert, von denen unter 45 Jahren dagegen nur 6,2 und 13,8 Prozent, etwa halb soviel (Tabellen 16 und 22. Näheres über Fragen des Studiums folgt im nächsten Abschnitt). Das heißt nicht, daß die Entwicklung darauf hinausliefe, die reinen Praktiker in den Vorständen der Großunternehmen vollends zu verdrängen. Ohne Zweifel werden auch in Zukunft Männer, die nicht vornehmlich den Bildungs-, sondern allein den Erfahrungsweg gegangen sind, in den Vorständen der Großunternehmen vertreten sein, vielleicht in ähnlich großer Zahl wie heute. Es gibt Leitungsfunktionen – und es wird sie voraussichtlich immer geben –, für deren Erfüllung praktische Begabung und ein reicher Erfahrungsschatz wichtiger sind als die Fähigkeit zu analytischem Denken, die ein Studium vermittelt. Das gilt besonders – nicht allein – für das »händlerische« Element, auf das kein im Markt operierendes Unternehmen verzichten kann und das in letzter Zeit mehr denn je in den Vordergrund getreten ist.

Großunternehmen brauchen Experten

Auf der anderen Seite sind jedoch mit dem Größerwerden der Unternehmen und Konzerne, mit der geographischen und industriellen Erweiterung ihres Operationsfeldes, mit der zunehmenden Komplizierung der Technik und anderen Entwicklungen die Führungsaufgaben so umfassend geworden, daß es immer schwieriger wird, sie ohne wissenschaftliche Ausbildung zu bewältigen. Schon seit längerer Zeit ist in den Vorständen der Prozeß einer »Verwissenschaftlichung«, einer »Akademisierung« im Gange. Bedingt auch durch das Vordringen der Manager, deren Führungslegitimation entscheidend auf ihrer Qualifikation beruht, wird der »erfahrene« Unternehmer immer mehr abgelöst durch den wissenschaftlich geschulten Unternehmensleiter, der über eine gediegene Bildung verfügt und moderne Techniken beherrscht.

Dieser Prozeß ist in allen Industrieländern zu beobachten, besonders deutlich in Amerika. »Anders als ihre Väter sind die heutigen Unternehmensleiter die erste Generation von Vorständen (executives), die eine College-Erziehung genossen haben«, schreibt die amerikanische Zeitschrift »Fortune« in ihrem Mai-Heft 1970. »Die dreißiger und vierziger Jahre markieren deutlich den Beginn einer Ära, in der junge Amerikaner in einer Zahl, die keine Parallele in irgendeinem anderen Lande der Welt hat, auf das College gegangen sind. Das hängt zum Teil mit der Erkenntnis zusammen, daß die Industrie, indem sie immer komplizierter wird, fähige Spezialisten und Experten braucht. Zu diesem Zweck brachen die Manager scharf mit bisherigen Familien-Traditionen.« Ähnliches gilt für andere Länder, wenngleich die Hinwendung zur Universität teils früher, teils später einsetzte, auch nicht überall mit jener Schärfe, die »Fortune« für Amerika konstatiert. So war es in

Deutschland in vielen Familien – auch in Unternehmerfamilien – schon zu Beginn dieses Jahrhunderts und in der
Zwischenkriegszeit durchaus üblich, daß der Sohn auf die
Universität geschickt wurde und studierte, oftmals Jura (ein
Fach, das bei amerikanischen Managern relativ selten anzutreffen ist). Im übrigen ist die Entwicklung in Deutschland,
stärker als in Amerika, durch die beiden Weltkriege beeinflußt worden, in denen viele junge Leute, statt zu studieren,
Soldat werden mußten.

Der Anteil der Akademiker in den Führungsgremien ist bei
den Großunternehmen mit fast 75 Prozent besonders hoch. In
anderen Unternehmen liegt er niedriger. Eine Auswertung der
biographischen Daten in dem Hoppenstedt-Handbuch »Leitende Männer der Wirtschaft«, die wir vor fünf Jahren vorgenommen hatten, hat bei den selbständigen Unternehmern
einen Akademiker-Anteil von nur 20 Prozent ergeben, bei den
GmbH-Geschäftsführern einen solchen von 33 Prozent, bei
den Vorstandsmitgliedern von Aktiengesellschaften 48 Prozent; der Gesamtdurchschnitt lag bei 31,6 Prozent[26]. Diese
Zahlen mögen etwas zu niedrig gewesen sein, weil aus dem
Quellenmaterial nicht immer eindeutig zu erkennen war, ob
jemand studiert hatte oder nicht; es war also mit einer gewissen »Dunkelquote« zu rechnen. Aber die Tendenz kam
sicher richtig zum Ausdruck: Je gewichtiger die Manager-
Aufgaben, um so höher der Akademiker-Anteil.

Die jetzige Umfrage bestätigt dies: In den Großunternehmen
sind nicht nur die Hälfte (wie im Durchschnitt aller Aktiengesellschaften), sondern sogar fast Dreiviertel der Vorstände
Vollakademiker mit einem abgeschlossenen Studium (Tabelle
22). Fast scheint es, als ob sich in diesen Zahlen ein »Gesetz«
abzeichne: je größer ein Unternehmen, je weiter der Auf-
gabenbereich und je umfassender die damit verbundene Verantwortung, desto größer die Notwendigkeit einer wissen-

[26] Max Kruk, Die oberen 30 000 ..., Seite 60.

schaftlichen Ausbildung der Führungskräfte, weil sie anders den Anforderungen nur schwer gewachsen wären.

Je höher die Position, um so mehr Akademiker

Unsere Zahlen offenbaren diesen Zusammenhang auch darin, daß der Akademiker-Anteil innerhalb der Führungsgruppen bei den höheren Rängen deutlich größer ist als bei den niederen. Von den Vorstandsvorsitzenden haben 75,4 Prozent ein abgeschlossenes Studium absolviert, von den Mitgliedern 73,4 und von den stellvertretenden Mitgliedern 69,1 Prozent; im Durchschnitt liegt die Quote für alle Vorstandsmitglieder bei 73,4 Prozent, für alle Manager (einschließlich der Aufsichtsratsmitglieder) bei 73,9 Prozent (Tabelle 22. Aus Tabelle 17 sind diese Zahlen nicht ersichtlich, weil dort auch diejenigen mitgezählt sind, die ihr Studium nicht abgeschlossen haben, also kein akademisches Diplom vorweisen können; in der Tendenz ist das Bild hier jedoch das gleiche.) Pross/Boetticher, die außer Vorstandsmitgliedern auch Direktoren und Prokuristen befragt haben, wenngleich eine relativ kleine Zahl, haben festgestellt, daß die Akademiker-Quote um so kleiner wird, je niedriger die Position in der Unternehmens-Hierarchie ist[27]. Der Trend scheint sich also nach unten fortzusetzen.

Auslandserfahrungen sind selbstverständlich geworden

Zur Ausbildung unternehmerischer Führungskräfte gehören neben Schule, Lehre und Studium vielfach auch längere Auslandsaufenthalte sowie der Besuch spezieller Schulungseinrichtungen. Das »Umschauen in fremden Ländern« ist eine klassische, die Managerschulung dagegen eine moderne Form der Vorbereitung auf die Aufgaben eines Unternehmensleiters. In früheren Zeiten, in denen auch größere Unternehmen, wenn

[27]) Pross/Boetticher, Manager ..., Seite 63.

sie sich im Familienbesitz befanden, ausgesprochen patriarcha-
lisch geführt wurden, gehörte es vielfach zu den selbstverständlichen Stationen auf dem Ausbildungsweg eines designierten Nachfolgers, daß er für einige Jahre ins Ausland geschickt
wurde. Das hat sich geändert. Einmal hat die politische und
wirtschaftliche Abkapselung Deutschlands von der übrigen
Welt in den dreißiger und vierziger Jahren solche Auslandsaufenthalte erschwert und für längere Zeit unmöglich gemacht.
So haben mehrere Vorstandsmitglieder unsere Frage, ob sie in
der Jugend für längere Zeit im Ausland gewesen seien, mit dem
resignierten Hinweis beantwortet: »War wegen der Wirtschaftskrise (oder im Dritten Reich; der Verfasser) leider nicht
möglich.« In den letzten zwanzig Jahren, in denen die Welt
jedermann offenstand und mit der Entwicklung des Verkehrs
auch ferne Länder immer näherrückten, ist das anders geworden. Aber jetzt hat sich, im Zusammenhang mit dieser
Entwicklung, die Einschätzung von Auslandserfahrungen geändert. Sie werden mehr und mehr als eine Selbstverständlich-
keit betrachtet, weniger als eine besondere »Station« im Gang
der Unternehmer-Ausbildung.

So sind denn leitende Männer, die in jungen Jahren für längere
Zeit im Ausland waren, unter den Nichtakademikern relativ
etwa im gleichen Umfang zu finden wie unter Akademikern;
sie sind auch auf allen Positionen des Managements mit etwa
gleichen Anteilen vertreten (Tabelle 17, Abschnitt A und C).
Hauptsächlich waren es berufliche Gründe oder das Streben,
die Sprache gründlich zu erlernen, die sie ins Ausland führte
(Tabelle 18). Daß dabei die wirtschaftlichen Verhältnisse des
Elternhauses eine Rolle spielten, verwundert nicht: Angehörige der höheren sozialen Schichten sind wesentlich stärker
beteiligt als solche der niederen Schichten (Tabelle 17, Abschnitt B). Insgesamt hat auf diese Weise etwa jeder dritte
Erfahrungen im Ausland sammeln können. Aber diese Durch-
schnittszahl trügt insofern, als der Anteil in den letzten Jahren

deutlich zugenommen hat: von denen, die zwischen 1905 und 1910 geboren sind, deren Ausbildungszeit also noch in die Wirtschaftskrise der dreißiger Jahre hineinragte, sind weniger als 30 Prozent für längere Zeit im Ausland gewesen, von den nach 1930 Geborenen dagegen fast 60 Prozent (Tabelle 20, letzte Spalte). Das deutet darauf hin, daß der Auslandsaufenthalt in jüngeren Jahren – hauptsächlich aus beruflichen Gründen – heute für Führungskräfte kaum noch als Besonderheit empfunden wird.

Manager-Schulen, eine junge Einrichtung

Noch geringer ist, aufs Ganze gesehen, die Zahl derer, die eine spezielle Unternehmer-Ausbildung durchlaufen haben. Im Durchschnitt hat nur etwas mehr als jeder vierte der heute tätigen Vorstands- und Aufsichtsratsmitglieder eine Unternehmer-Akademie oder Manager-Kurse besucht. Die soziale Herkunft spielt dabei eine untergeordnete Rolle, alle Schichten sind recht gleichmäßig beteiligt. Dagegen scheint diese Form der Ausbildung bis zu einem gewissen Grade als »Ersatz« für ein fehlendes Studium gewertet zu werden: Von den Nichtakademikern haben etwa 30 Prozent, von den Akademikern jedoch nur 25 Prozent die Möglichkeit einer solchen Schulung wahrgenommen (Tabelle 17, Abschnitt C).

Auffallend ist dabei das starke Gefälle zwischen niedrigen und hohen Positionsinhabern: Von den Aufsichtsratsmitgliedern, die einem Vorstand weder angehören noch angehörten, haben nur knapp 10 Prozent eine Unternehmer-Ausbildung dieser Art genossen, von den stellvertretenden Vorstandsmitgliedern dagegen fast 30 Prozent, annähernd das Dreifache; dazwischen steigen die Anteilssätze ziemlich gleichmäßig an (Tabelle 17, Abschnitt A). Die Zahlen könnten zu der Annahme verleiten, die Manager-Schulung werde vornehmlich als eine Art Experten-Ausbildung betrachtet, gut geeignet für jene, die spezielle Ressorts in den Vorständen zu verwalten haben, nicht dagegen als ein Weg zur Entwicklung unternehmerischer Fähigkeiten allgemeiner Art oder zum Erlernen von Führungstechniken.

Aber der Schluß wäre falsch. Vielmehr ergibt sich die Erklärung für das Phänomen des starken Gefälles zwischen oben und unten hauptsächlich aus den Altersunterschieden. Ein Vorstandsmitglied älteren Jahrgangs schrieb auf die Frage nach einer speziellen Unternehmer-Ausbildung lakonisch: »Gab es zu meiner Zeit noch nicht.« Manager-Schulen und -kurse haben in Deutschland erst nach dem letzten Krieg stärker an Boden gewonnen, sie sind eine relativ junge Einrichtung. Die Aufteilung nach Altersklassen der Unternehmer (Tabelle 20, vorletzte Spalte) zeigt daher einen deutlichen Sprung bei denen, die heute zwischen 50 und 54 alt sind. Bei den älteren liegt der Anteil durchweg unter dem Durchschnitt, bei den jüngeren darüber, zwischen 40 und 50 Prozent; daß der Anteil bei den unter 40jährigen auf 33 Prozent absinkt, beruht zweifellos vornehmlich darauf, daß diese noch zu jung sind, um in größerem Umfange schon an einer speziellen Unternehmer-Schulung teilgenommen zu haben.

Nach der Art der Unternehmer-Ausbildung überwiegt die Teilnahme an gelegentlichen Veranstaltungen (42 Prozent) sowie an Kursen, die einige Wochen dauern (40 Prozent). Auf einer Unternehmer-Akademie waren nur 12 Prozent der Führungskräfte, darunter vor allem Vorstandsvorsitzende (Tabelle 19). Nicht jeder, der an Veranstaltungen oder Kursen dieser Art teilgenommen hat, kann also wirklich als für Führungsaufgaben »geschult« gelten.

Aber die Entwicklung geht weiter. Es ist zu erwarten, daß die Unternehmer-Schulung in Deutschland, ähnlich wie in Amerika, gerade für den Führungsnachwuchs in den größten Unternehmen des Landes weiter an Bedeutung gewinnen wird.

V. DAS STUDIUM

Volks- und Betriebswirte stark im Kommen

AUF VIER WEGEN haben die leitenden Männer von Großunternehmen den Gipfel erklommen. Der erste ist der Erfahrungsweg. Er beginnt bei der Volks- oder Mittelschule, oft auch beim Abitur, läßt jedoch Studium mit Staatsexamen oder Promotion links liegen und führt geradewegs durch Lehre und praktische Tätigkeit in der Wirtschaft nach oben. Er ist nicht nur die Laufbahn für jene, die soziologisch von »ganz unten« kommen, auch Männer aus höheren sozialen Schichten sind ihn gegangen, wenngleich in unterschiedlicher Zahl. Die anderen drei Wege führen durch eine Universität oder Hochschule: einer über das Studium der Technik oder der Naturwissenschaften, ein anderer über Nationalökonomie oder Betriebswirtschaftslehre, der letzte über die juristische Fakultät. Alle vier Wege sind fast gleich breit, in den Spitzengremien der Großunternehmen gibt es gerade etwa ebensoviel Nichtakademiker wie Techniker, Wirtschaftler und Juristen (Tabelle 21). Aber es sind praktisch die einzigen Aufstiegswege. Die Zahl der Politologen und Soziologen, der Psychologen und Philologen, der Mediziner, Agronomen, Theologen und anderer unter den Aufsichtsrats- und Vorstandsmitgliedern der Großunternehmen ist winzig klein. Sie umfaßt nur 25 von 1530 Personen, 1,6 Prozent der Gesamtzahl.

Daß alle vier Ausbildungswege etwa die gleiche Bedeutung

haben, widerspricht bisherigen Vorstellungen. In der Soziologie überwiegt die Meinung, die Techniker hätten das Übergewicht. »Die Beschreibung der heutigen Manager als einer technokratischen Elite (hat) bei aller Gefahr ideologischer Übertreibung einen wahren Kern«, stellt Wolfgang Zapf – freilich recht vorsichtig – als Resümee seiner Forschungen auf diesem Gebiet fest[28]). Und Henry Dougier, der dem Erscheinungsbild der leitenden Männer in mehreren europäischen Ländern nachgegangen ist, kommt zu dem Schluß, in Europa seien – wie in Amerika – die Ingenieure kräftig auf dem Vormarsch, in Frankreich hätten sie einen Anteil von 60 Prozent erreicht gegenüber 50 Prozent in Amerika[29]). Die futurologische Schreckensvision einer von Technokraten beherrschten Wirtschaft, deren roboterhaft arbeitende Gehirne die Menschen mehr und mehr beherrschen, scheint sich in solchen Befunden wissenschaftlich zu bestätigen.

Aber gerade für die Großunternehmen, auf die dabei die Blicke vornehmlich gerichtet sind, stimmt die These nicht. Weder überwiegen die Techniker, noch sind sie auf dem Vormarsch. In den Vorständen von Großunternehmen halten Ingenieure, wie gesagt, keine größere Zahl von Positionen besetzt als Wirtschaftler, Juristen und Praktiker ohne Studium. Und aus der Altersgliederung läßt sich schließen, daß der Anteil der Techniker in den letzten dreißig Jahren nicht zugenommen hat, mindestens nicht wesentlich. Wenn überhaupt von einem Vormarsch die Rede sein kann, so hat er bei den Volks- und Betriebswirten stattgefunden. Deren Anteil an der Gesamtzahl der Manager in Großunternehmen ist etwa um den gleichen Satz gestiegen, um den der Anteil der Praktiker (der »Unstudierten«) zurückgegangen ist. Es sind die beiden gravierendsten Veränderungen in der Generationenfolge (Tabelle 21, Abschnitt C). Sie sind nicht absolut beweiskräftig,

[28]) Wolfgang Zapf, Die deutschen Manager ..., Seite 140.
[29]) European Business, Paris, Juli 1970.

deuten die Entwicklungstendenz aber ohne Zweifel richtig an.

Studiert, aber kein Examen abgelegt

Die Grenzen zwischen den vier Gruppen lassen sich allerdings nicht so scharf ziehen, wie statistische Betrachtungsweise dies gern wahrhaben möchte. So haben von den 399 Männern, die wir unter dem Rubrum »Kein Studium« aufgeführt haben, immerhin 80 in einem Hörsaal gesessen. Jeder fünfte, der bei uns das Zeichen »Praktiker« trägt, war also einmal Student. Von den 80 haben 34 (oder 42,5 Prozent) Vorlesungen über Wirtschaftsfragen gehört. Jeweils 10 (oder je 12,5 Prozent) haben eine technische Hochschule besucht, juristische Übungen belegt oder sowohl Recht als auch Wirtschaft studiert. Die restlichen 16 haben sich zu gleichen Teilen (das heißt mit je 10,0 Prozent) in den Naturwissenschaften einschließlich der Mathematik sowie in anderen Fächern umgesehen.

Aber diese 80 Personen haben, und das war für ihre Zuordnung zu den »Unstudierten« maßgebend, ihr Studium nicht zu Ende geführt. Sie können kein Diplom, keine Promotionsurkunde vorweisen und zählen in diesem Sinn nicht zu den »Vollakademikern«. Die Tatsache, daß Männer mit abgebrochenem Studium (Pross/Boetticher nennen sie nüchtern die »Abbrecher«) in relativ großer Zahl gerade auch aus Familien der obersten sozialen Schicht stammen und heute in KGs, OHGs oder Einzelfirmen, also vornehmlich in Familienunternehmen, anzutreffen sind (Tabelle 22, Spalte 3), spricht dafür, daß viele junge Leute von vornherein mit der Absicht zur Universität gegangen sind, kein Schlußexamen abzulegen. Umgekehrt sind auch Söhne aus beengten sozialen Verhältnissen (Schicht IV) mit einem überdurchschnittlichen Anteil vertreten; hier dürften zumeist wirtschaftliche Gründe den Abbruch des Studiums erzwungen haben. Welchen Anteil bei alledem auch ein ausgesprochenes Versagen auf dem Felde der Wissenschaft hat (Examina nicht bestanden), ist nicht bekannt und wird sich mittels Fragebogen vollständig wohl nicht erforschen lassen.

Zwei- und Drei-Fach-Studenten

Die Grenzen zwischen den verschiedenen Ausbildungswegen sind auch insofern fließend, als viele Unternehmer nicht nur ein Fach, sondern deren mehrere studiert haben. Die Zahl dieser Männer ist überraschend hoch. Von den 1131 Vollakademikern haben nicht weniger als 217 auf die Frage nach ihrer Studienrichtung mehrere Fächer angegeben, das sind fast 20 Prozent (19,2; übrigens befinden sich auch unter den 80 »Abbrechern« 15 mit einem Doppelstudium, also gleichfalls fast 20 Prozent). 193 Personen nennen zwei Fächer, weitere 24 sogar drei und mehr. Dabei kommen die verschiedensten Kombinationen vor. Weitaus am größten ist die Zahl derer, die sowohl Recht als auch Wirtschaft studiert haben; es sind 125 Fälle, davon 9, bei denen noch ein drittes Fach hinzukommt. Häufig ist auch die Kombination des technischen Studiums mit einem Wirtschaftsstudium (»Wirtschafts-Ingenieure«; es sind 22 Fälle), ebenso die des naturwissenschaftlichen mit einem wirtschaftlichen Fach (13 Fälle), ferner die Kombination von Technik und Naturwissenschaften (18 Fälle), Technik und Recht (9), Naturwissenschaften und Recht (8) sowie von Recht – oder Wirtschaft – und Soziologie (je 10 Fälle). Die Drei-Fach-Studenten sind in diesen Zahlen mitgerechnet; sie können also in zwei verschiedenen Kombinationen erfaßt und insoweit in den obigen Angaben doppelt gezählt sein.

Ein derart hoher Anteil kombinierter Studiengänge war nicht zu erwarten. Die Frage, auf welcher Disziplin das Schwergewicht lag und in welchem Fach das Examen abgelegt wurde, fehlte daher in unserem Fragebogen. Soweit dies aus dem akademischen Titel ersichtlich war, wurde die Zuordnung hiernach vorgenommen. Im übrigen waren wir jedoch auf Erfahrungsgrundsätze angewiesen. Sie besagen zum Beispiel, daß nur in seltenen Fällen ein technisches oder naturwissenschaftliches Fach »nebenbei« bewältigt werden kann; bei einer Kombination mit Wirtschaft oder Recht wurde der Betreffende daher als »Techniker« oder »Naturwissenschaftler« klassifiziert. Ähnlich haben wir das juristische oder das wirtschaftswissenschaftliche Studium, wenn es mit einem Studium der Soziologie oder der Politologie verbunden war, als Hauptstudium gewertet.

Die Vielzahl der Manager, welche die beiden Fächer Recht und Wirtschaft angekreuzt haben, dürfte jedoch nach aller Erfahrung mit einem juristischen Studium begonnen haben, dann zur Wirtschaft übergewechselt sein und in dieser Disziplin schließlich das Examen abgelegt haben. Die meisten wären also nicht »Kombinierer«, sondern »Wechsler«. Für diese Annahme spricht auch die Tatsache, daß der Anteil solcher Studenten gerade unter den Angehörigen der sozialen Schichten I und IV überdurchschnittlich hoch ist (Tabelle 22, Spalte 9). Die aus der Oberschicht mögen das Jurastudium, dem Willen der Eltern folgend, in Angriff genommen, später jedoch zugunsten des Wirtschaftsstudiums aufgegeben haben. Unter denen aus der untersten Schicht sind sicher viele, die den langen Weg einer juristischen Ausbildung aus finanziellen Gründen nicht haben durchhalten können; sie waren gezwungen, auf die kürzere Straße der Wirtschaftler einzubiegen. Dieser Tatbestand legt es nahe, die 125 Unternehmer mit dem Doppelstudium Recht und Wirtschaft den Wirtschaftlern zuzurechnen. Wir haben die Gruppe jedoch wegen ihrer großen zahlenmäßigen Bedeutung in unseren Einzelnachweisen (Tabellen 22 und 23) gesondert ausgewiesen.

I. Die Techniker: Kein Übergewicht

Die These von dem Übergewicht der Techniker, Naturwissenschaftler und Mathematiker in den Spitzengremien der Unternehmen, die auf früheren Untersuchungen basiert, braucht nicht falsch zu sein. Nur muß der Geltungsbereich solcher Aussagen eindeutig abgegrenzt werden. Unsere eigene Auswertung biographischer Daten in dem Hoppenstedt-Handbuch »Leitende Männer der Wirtschaft« hatte vor fünf Jahren ergeben, daß unter den Akademikern keine Gruppe so stark ist wie die der Techniker[30]. Ihr Anteil an den Unternehmern mit Studium stellte sich nach unseren damaligen Feststellungen auf gut 36 Prozent gegenüber 22 Prozent Wirtschaftlern und 19 Prozent Juristen, dies freilich bei mehr als 17 Prozent Akademikern, deren Fachrichtung nicht erkennbar war. Zu ähnlichen Ergebnissen war in den fünfziger Jahren, gleichfalls durch Auswertung biographischen Materials in Handbüchern, Heinz Hartmann gelangt; er bezifferte den Technikeranteil auf 36, den Juristenanteil auf 19, die Wirtschaftler auf 17, die nach Fachrichtung nicht Klassifizierbaren auf 18 Prozent[31].

In der Statistik von 1966/67 hatten wir die Angaben von 31427 Unternehmern ausgewertet (Hartmann hat 6578 einbezogen), jetzt sind es nur 1530. Die früheren Erhebungen umfaßten also einen bedeutend größeren Personenkreis. Daraus erklärt sich im wesentlichen die Verschiedenheit der Ergebnisse (in geringerem Maße auch aus der Tatsache, daß eine Untersuchung, die lediglich die Angabe der akademischen Grade und Titel bei den Namen auswertet, das wirkliche Bild unvollkommen und teilweise verzerrt wiedergibt: der »Dipl.-Ing.« wird dem Namen erfahrungsgemäß häufiger beigefügt als der Titel »Gerichtsreferendar« oder »Dipl.-Volkswirt«, und der Dr. wird häufiger mit dem Zusatz »Ing.« versehen als mit den Zusätzen »jur.« oder »rer.pol.«). Es kann kein Zweifel daran

[30]) Max Kruk, Die oberen 30000 ..., Seite 60.
[31]) Heinz Hartmann, Der zahlenmäßige Beitrag der deutschen Hochschulen zur Gruppe der industriellen Führungskräfte. Zeitschrift für die Gesamte Staatswissenschaft 112/1 (1956). – Derselbe, Die Akademiker in der heutigen Unternehmerschaft. Tradition, Zeitschrift für Firmengeschichte und Unternehmer-Biographie 1959, Heft 3.

bestehen – und unsere Untersuchungen bestätigen es –, daß die angehenden Leiter und Geschäftsführer kleinerer Unternehmen, wenn sie überhaupt studieren, in erster Linie das praxisnahe Studium der Technik wählen, also auf den Ingenieur zusteuern. Nach dem Befund von 1966/67 haben von den selbständigen Unternehmern, soweit diese überhaupt zur Hochschule gegangen sind (was nur jeder fünfte getan hat), 45 Prozent ein technisches Studium absolviert, von den GmbH-Geschäftsführern (unter denen jeder dritte studiert hat) 43 Prozent, von den Vorstandsmitgliedern aller Aktiengesellschaften 40 Prozent[32]), von den leitenden Männern der Großunternehmen dagegen nach unserer jetzigen Umfrage nur 34 Prozent. Es zeigt sich also: Je größer die Unternehmen, um so kleiner der Anteil der Techniker. Das ist auch leicht erklärlich. Nicht nur, daß im mittelständischen Bereich das technische Studium für Betriebsleiter als besonders wichtig und fruchtbringend gilt (oft bildet die technische Begabung des Chefs, sein Erfindungsreichtum, die eigentliche Basis des Unternehmens). Hinzu kommt auch, daß mit wachsender Größe der Unternehmen andere – nichttechnische – Leitungsfunktionen, die in kleineren Firmen meist in der Person des Leiters oder Vorsitzenden vereint sind, als spezielle Vorstandsressorts geführt, also ausgegliedert und gleichsam verselbständigt sind. Das gilt besonders für das Finanzwesen, den Inlands-Vertrieb, den Export, den Einkauf, das Personalwesen. Generell gesagt: In den Vorständen der Großunternehmen ist der Anteil der Techniker schon deshalb niedriger als in kleineren Firmen, weil die Vorstände eine höhere Personenzahl umfassen.

In der Industrie sieht es anders aus

Andere Untersuchungen haben sich umgekehrt auf einen wesentlich kleineren Personenkreis beschränkt. So basieren

[32]) Max Kruk, Die oberen 30 000 ..., Seite 60.

die Ergebnisse von Wolfgang Zapf auf einer Befragung von 318 Vorstandsmitgliedern, die sämtlich in Großunternehmen der Industrie tätig waren oder sind[33]). In der Industrie ist die Situation jedoch grundlegend anders. Die Ingenieure, Bergassessoren, Eisenhüttenleute, Bauräte, Chemiker, Physiker, Mathematiker und andere, die wir unter der globalen Sammelbezeichnung »Techniker« zusammengefaßt haben, sind fast ausnahmslos in der Industrie tätig. Hier beträgt ihr Anteil an den diplomierten oder promovierten Vorstandsmitgliedern in der Tat mehr als die Hälfte (55 Prozent); in den Vorständen der Industrieunternehmen sind also mehr studierte Techniker zu finden als studierte Juristen, Wirtschaftler und andere zusammen. Die Zahl wäre noch höher, wenn wir in den Sammeltopf der »Techniker« nicht auch die Mathematiker hineingetan hätten; von ihnen ist nämlich ein großer Teil außerhalb der Industrie, im Versicherungswesen, tätig (Tabelle 22, Spalte 14). Wer nur auf die Industrie blickt, muß demnach notwendig zu dem Ergebnis kommen, die Techniker dominieren. Darin hat die These von der »Vorherrschaft« der Techniker einen ihrer Ursprünge. Allgemeine Geltung besitzt sie für den Bereich der Großwirtschaft jedoch nicht.

Der Anteil der Techniker – Naturwissenschaftler, Mathematiker und andere stets eingeschlossen – scheint im Laufe der letzten Unternehmer-Generation entgegen landläufigen Vorstellungen auch nicht größer geworden zu sein. Unsere Zahlen über die Aufteilung nach Altersgruppen sind in diesem Punkt zwar nicht absolut schlüssig, weil sie auch durch andere Momente beeinflußt sein können (etwa dadurch, daß Techniker möglicherweise schon in einem früheren Lebensalter als die Juristen oder Wirtschaftler in die Vorstände berufen werden, oder daß Nicht-Techniker länger im Amt bleiben als andere und dergleichen mehr). Aber man darf annehmen, daß sich gravierende strukturelle Veränderungen in der Zusammen-

[33]) Wolfgang Zapf, Die deutschen Manager ..., Seite 137.

setzung der Vorstände über die Jahrzehnte hinweg doch auch deutlich in unterschiedlichen Anteilen innerhalb der Altersgruppen hätten niederschlagen müssen (wie bei den Wirtschaftlern und den Nichtakademikern).

Konstanter Bedarf an Ingenieuren

Das ist jedoch nicht der Fall. Von den Akademikern, die heute 65 Jahre und älter sind, haben 30,2 Prozent technisch orientierte Fächer studiert, unter den »Jungen« bis zu 45 Jahren 29,6 Prozent, praktisch der gleiche Prozentsatz (Tabelle 22, Spalte 14). In den dazwischenliegenden Altersgruppen (von 45–54 und von 55–64) ist ihr Anteil zwar höher (35 und 37 Prozent), aber das sind, was das Studium angeht, keine »normalen« Jahrgänge: Die zwischen 1904 und 1914 Geborenen sind während ihrer Ausbildung vielfach in die Wirtschaftskrise der dreißiger Jahre hineingeraten, die zwischen 1915 und 1924 Geborenen waren in ihrer Berufsausbildung durch den Zweiten Weltkrieg betroffen. Daß in diesen Geburtsjahrgängen der Anteil der Techniker relativ hoch ist, könnte als ein Zeichen dafür gewertet werden, daß der Bedarf an Diplom-Ingenieuren, da sie in den Vorständen der Großunternehmen als Spezialisten schwer zu entbehren sind, weitgehend als eine konstante Größe gelten kann; abgenommen haben in diesen durch Krise und Krieg beeinflußten Jahrgängen die Anteile der Juristen und der Wirtschaftler, zugenommen hat – neben den Technikern – der Anteil der Praktiker (Tabelle 21). Beides ist sicher kein Zufall.

Als symptomatisch kann schließlich auch gelten, daß die Techniker überwiegend aus den Mittelschichten der Bevölkerung hervorgegangen sind. Hier ist der Aufstiegswille besonders stark ausgeprägt, und es scheint, als ob der »praxisnahe« und in der Industrie »unentbehrliche« Beruf des Diplom-Ingenieurs in besonderem Maße als Sprungbrett für den Aufstieg in höhere

Ränge der Unternehmenshierarchie gilt. Vielfach mag auch der Beruf des Vaters für die Wahl des Studienfachs bestimmend gewesen sein: Aus Familien, deren Eltern ein technisches oder naturwissenschaftliches Fach studiert hatten, haben 47 Prozent der Söhne, fast die Hälfte, gleichfalls dieses Fach gewählt (das sind 56 Prozent derjenigen Technikersöhne, die studiert haben; Tabelle 23 und Schaubild).

Über den einfachen Vorstand
kommen viele nicht hinaus

Die Laufbahn der Techniker und Naturwissenschaftler führt allerdings innerhalb der Vorstandshierarchie nicht immer bis in die höchsten Ränge. Unter den Vorstandsvorsitzenden und besonders in den Aufsichtsräten bilden sie die kleinste Gruppe. Das gilt sowohl für die »hauptamtlich« tätigen Aufsichtsratsmitglieder, die vorher dem Vorstand des Unternehmens nicht angehört hatten (Tabellen 21 und 22), als auch für die Gesamtheit aller Männer in den Aufsichtsräten einschließlich der ehemaligen Vorstände sowie derer, die das AR-Mandat nur »nebenamtlich« wahrnehmen: Tabelle 49 (Näheres folgt in Abschnitt XIII). Die meisten Techniker sind als »gewöhnliche« oder als stellvertretende Vorstandsmitglieder tätig; hier dominieren sie klar gegenüber den anderen Gruppen (Tabelle 21, Abschnitt A).

In der Industrie allein ist das Bild freilich anders, mindestens bestehen graduelle Unterschiede. Unter den Vorstandsvorsitzenden haben die Techniker hier eindeutig das Übergewicht. Ihr Anteil an der Gesamtzahl der Vorsitzenden beträgt in der Industrie 39 Prozent, während die akademisch vorgebildeten Wirtschaftler mit 26 Prozent, die Praktiker mit 22, die Juristen mit 12 Prozent vertreten sind (das restliche eine Prozent betrifft Akademiker anderer Studienfächer). Die Industrie mit ihren gewaltigen Produktionsanlagen und ihrem großen Forschungspotential ist die eigentliche Domäne der Ingenieure, der Chemiker und Physiker.

Aber auch wenn der Blick allein auf die Industrie beschränkt bleibt, sind Techniker in den Sesseln »einfacher« Vorstandsmitglieder häufiger zu finden als in den Spitzenpositionen. Unter den stellvertretenden Vorstandsmitgliedern der Industrieunternehmen hat jeder zweite ein technisches Fach studiert (54 Prozent), unter den ordentlichen Vorstandsmitgliedern sind es 42 Prozent, bei den Vorsitzenden dagegen, wie gesagt, 39 Prozent (siehe Tabelle 21, Abschnitt E). Der besonders große Anteil unter den »Stellvertretern« spricht dafür, daß Techniker in der Tat schon relativ früh in die Vorstände berufen werden, wo sie sich dann einige Zeit in den einfacheren Positionen und vermutlich bei spezielleren Aufgaben bewähren. Über den »ordentlichen« Vorstand gelangen viele nicht hinaus. Auch für die Industrie gilt demnach der Satz: Je höher die Position, um so geringer der Anteil jener, die aus der Welt der Technik und der Naturwissenschaften kommen.

II. Die Wirtschaftswissenschaftler:
Bei den Jüngeren dominierend

Ganz anders und in mancher Hinsicht genau entgegengesetzt ist das Bild bei den leitenden Männern, die Betriebswirtschaft oder Nationalökonomie studiert haben. Ihr Anteil an den Spitzenpositionen hat in den letzten zwanzig, dreißig Jahren beträchtlich zugenommen. Von den Männern, die heute 65 Jahre und älter sind, hat jeder vierte ein wirtschaftswissenschaftliches Studium absolviert (25 Prozent), von den »Jüngeren« bis zu 45 Jahren dagegen jeder dritte (33 Prozent; Tabelle 21, Abschnitt C). Unter den jüngeren Vorstandsmitgliedern der Großunternehmen sind die Volks- und Betriebswirte damit zahlreicher vertreten als die Techniker, zahlreicher auch als die Juristen und mehr als doppelt so stark wie die Nichtakademiker. Sie bilden in diesem Kreis die größte Gruppe. Voraussichtlich werden wissenschaftlich vorgebildete Wirtschaftler in Zukunft also noch stärker in den Führungspositionen vertreten sein als heute.

Dabei ist bezeichnend, daß die studierten Wirtschaftler den Raum, den sie im Verlauf der letzten Jahrzehnte gewinnen konnten, praktisch allein den Unstudierten abgenommen haben: der Anteil der Diplomierten ist, nach Geburtsjahrgängen, um acht Prozentpunkte gestiegen (von 25 auf 33 Prozent), der Anteil der Praktiker um neun Prozentpunkte zurückgegangen (von 23 auf 14 Prozent). Beides sind die stärksten Bewegungen, die diese Zahlenreihen aufweisen. Sicher ist es kein Zufall, daß sich Zu- und Abnahme hier gerade etwa entsprechen, während bei den Juristen und bei den Technikern nur kleine Veränderungen eingetreten sind. Soweit die Männer in den Vorständen und Aufsichtsräten nicht studiert haben, dürfte es sich überwiegend um Kaufleute handeln, nur zum Teil um Techniker. Fast alle haben, wie das früher üblich war, eine kaufmännische Lehre durchgemacht, oft auch eine Banklehre; sie sind dann über die verschiedensten Stationen eines kaufmännischen Berufsweges aufgestiegen, vielfach im Verkauf.

Betriebswirte verdrängen die Kaufleute

Wenn also der Anteil der Vorstände ohne Studium zurückgeht, so heißt dies, daß vor allem die Zahl der Kaufleute abnimmt, die aus der Praxis kommen. Mit anderen Worten: unter den Kaufleuten vollzieht sich ein Umschichtungsprozeß. An die Stelle jener, die allein den Erfahrungsweg gegangen sind, treten mehr und mehr Diplomkaufleute oder Diplomvolkswirte, die eine Universität durchlaufen haben. Da die Juristen und Techniker von diesem Vorgang unberührt geblieben sind, könnte es fast so scheinen, als ob die Verteilung der Funktionen in den Führungsgremien der Großunternehmen nach

90

Fachgebieten, aufs Ganze gesehen, über die Jahre hinweg weitgehend konstant bliebe. Die Führung solcher Unternehmen würde hiernach – im groben Durchschnitt und über alle Wirtschaftszweige hinweg – etwa zur Hälfte Kaufleute und je zu einem Viertel Techniker und Juristen erfordern. Das ist zwar mehr eine Hypothese denn eine These; unsere Zahlen reichen nicht aus, um den Satz beweiskräftig zu fundieren. Es handelt sich zudem um eine globale Feststellung, bei der die Unterschiede in der Zusammensetzung der Führungsgremien beispielsweise eines industriellen Großunternehmens und einer Bank außer Betracht bleiben. Dennoch spricht manches dafür, daß die Aussage der Wahrheit recht nahekommt.

Daß die Ablösung unstudierter durch studierte Kaufleute in den Vorständen der Großunternehmen in erster Linie mit der zunehmenden Komplizierung gerade der wirtschaftlichen Aufgaben in den Großunternehmen zusammenhängt, bedarf keiner Betonung. Das Wachstum der Unternehmen, die geographische Ausweitung der Märkte – der Waren- wie auch der Geld- und Kapitalmärkte –, die zunehmende internationale Verflechtung der Konzerne, die sich zu »multinationalen«, zu Weltunternehmen entwickeln, aber auch das enger werdende Geflecht der inneren Organisation, die zu leiten und zu kontrollieren ohne wissenschaftlich durchdachte Methoden und ohne Zuhilfenahme neuzeitlicher Führungs- und Informationstechniken (Datenverarbeitung) kaum noch möglich wäre – das alles erfordert entsprechend ausgebildete Männer an der Spitze. Der Prozeß einer »Verwissenschaftlichung« der Betriebsführung spielt sich vornehmlich im Bereich des Kaufmännischen ab. »Vielleicht drückt sich darin (in dem Vordringen der Wirtschaftswissenschaftler) die wachsende Bedeutung speziell ökonomischer Aufgaben aus, die der technisch geschulte Verstand allein nicht zu lösen vermag«, schreiben Pross/Boetticher[34]. Es wäre nicht verwunderlich. Von Ameri-

[34]) Pross-Boetticher, Manager ..., Seite 67.

ka geht die Forderung nach wissenschaftlicher Betriebsführung aus. Sie zielt in erster Linie auf die wirtschaftlichen Funktionen im Unternehmen ab. Die »speziell ökonomischen Aufgaben« gewinnen in der Tat an Gewicht, und sie werden in der Großwirtschaft so umfassend und kompliziert, daß es spezieller Management-Techniken bedarf, um sie zu meistern.

Männer der Praxis werden weiter gebraucht

Allerdings ist es wenig wahrscheinlich, daß die Männer der Praxis vollends aus den Vorständen der Großunternehmen verschwinden werden. Es gibt Führungsfunktionen – wir wiesen schon in Abschnitt IV darauf hin –, die einen großen Fundus an Erfahrungen voraussetzen und von einem Mann der Praxis oft besser wahrgenommen werden können als von einem Jünger der Wissenschaft. Das gilt besonders für das im engeren Sinne »Kauf«männische, für den Bereich des Kaufens und vor allem des Verkaufens. Hier ist das händlerische Talent das Entscheidende. Dirk Cattepoel, Personalberater für den Führungsbereich der Quandt-Gruppe, hat darauf hingewiesen, daß den Praktikern bisher vor allem der Vertrieb und die »Materialwirtschaft« – das heißt vor allem der Einkauf – offengestanden habe; jetzt siedelten sich dort allerdings auch schon Akademiker an. Aber der Export, so meint er, scheine auch weiterhin dem Nichtakademiker vorbehalten zu bleiben. »Hier genügt noch immer die gute kaufmännische Lehre in einem angesehenen Exportunternehmen, die breite Auslandserfahrung und gründliche Sprachkenntnisse[35].« Auch für führende Positionen im Geld- und Kreditwesen gilt die Banklehre vielfach als unersetzlich und oft als wichtiger denn ein Studium der Nationalökonomie oder der Betriebswirtschaftslehre. Nicht zufällig sind Männer ohne Studium daher

[35]) Dirk Cattepoel, Der Top-Manager – ein Ideal mit vielen Fragezeichen. Die Wirtschaftswoche, Heft 14/1971.

besonders in Handel (und Verkehr) sowie in Kreditinstituten mit überdurchschnittlichen Anteilen vertreten.

Ein Aufstiegsweg für die von ganz unten

Die gelernten Kaufleute haben mit ihren studierten Kollegen eines gemein: Sie stammen in besonders großer Zahl aus den unteren sozialen Schichten. Von den Vorständen und Aufsichtsräten, die in einfachsten Verhältnissen aufgewachsen sind (Schicht IV), hat fast die Hälfte nicht studiert (47 Prozent); mehr als ein Viertel (28 Prozent) hat sich beim Gang zur Universität den Wirtschaftswissenschaften zugewandt (nur 12 Prozent haben Jura studiert, 10 Prozent ein technisches Fach; siehe Tabelle 21). Andererseits haben Diplom-Kaufleute und Diplom-Volkswirte sowie diejenigen, die den akademischen Grad eines Doktors der Wirtschaftswissenschaften erworben haben – sie sind in unsere Aussagen natürlich stets einbezogen –, in besonders großer Zahl auch die Position eines Vorstandsvorsitzenden erreicht. Unter den Generaldirektoren bilden sie die größte Gruppe: 28 Prozent der Männer auf der höchsten Vorstandsstufe sind studierte Wirtschaftler, 24 Prozent haben nicht studiert, weitere 24 Prozent sind Techniker, 22 Prozent Juristen.

Es scheint danach, als ob das Studium der Wirtschaftswissenschaften eine Straße ist, auf der unternehmerisch begabte junge Leute am ehesten den Aufstieg von ganz unten bis ganz oben bewältigen konnten. Zum Teil mag die Karriere derer, die soziologisch mehrere Schichten übersprungen haben und damit den weitesten Weg bis zur Spitze zurückzulegen hatten, auch dadurch begünstigt worden sein, daß in den letzten Jahren aus den geschilderten Gründen – Verwissenschaftlichung der Betriebsführung – die Chancen für Betriebs- und Volkswirte besonders gut waren. Aber der Sprung bis in die Vorstände und auf die Generaldirektoren-Ebene wäre diesen Männern sicher nicht in so großer Zahl gelungen, wenn das Studium der Wirtschaftswissenschaften, richtig betrieben, nicht auch eine besonders gute Schulung für angehende Führungskräfte der Wirtschaft gewesen wäre.

III. Die Juristen: Besonders in Spitzenpositionen

Noch größer als die Zahl der Betriebswirte und National-ökonomen ist die der Juristen in den Führungspositionen der Großunternehmen. Es sind 365 Personen, 24 Prozent der Gesamtzahl aller hier erfaßten Vorstands- und Aufsichtsrats-mitglieder (Tabelle 21) und 32 Prozent der Akademiker. (Tabelle 22.) Dabei sind die 125, die sich neben – oder meist nach – dem juristischen Studium auch den Wirtschaftswissen-schaften gewidmet haben, nicht mitgerechnet; wir haben sie, wie gesagt, in unseren zusammenfassenden Betrachtungen den Wirtschaftlern zugeordnet.

Der Anteil der Juristen ist wesentlich höher, als frühere Untersuchungen ergeben hatten. Die Gründe dafür sind – mit umgekehrten Vorzeichen – die gleichen wie bei den Technikern. Soweit frühere Erhebungen einen größeren Kreis von Unternehmern als unsere jetzige Umfrage einbezogen hatten, ergaben sich vor allem deshalb niedrigere Anteile, weil Juristen in Mittel- und Kleinunternehmen seltener anzutreffen sind als in Großunternehmen: Je größer die Unternehmen, um so höher der Anteil der Juristen – gerade umgekehrt wie bei den Technikern. Soweit frühere Untersuchungen jedoch auf Groß-unternehmen der Industrie beschränkt geblieben waren, spiegelten sie nur einen Ausschnitt aus dem Gesamtbild wieder, in dem die Juristen tatsächlich nicht dominieren. Hier haben die Techniker das Übergewicht, Juristen sind in den Führungs-gremien der Industrie nur mit 14 Prozent vertreten.

Für die Juristen ist charakteristisch, daß ein überdurch-schnittlicher Anteil jeweils die oberen Ränge innerhalb der

Führungsgremien, vor allem ein Aufsichtsratsmandat, innehat. Bei keiner Gruppe ist die aufsteigende Stufenfolge so ausgeprägt und so steil wie hier: Von den stellvertretenden Vorstandsmitgliedern sind nur 19 Prozent Juristen, von den ordentlichen Vorstandsmitgliedern und den Vorstandsvorsitzenden jeweils 22 Prozent, von den Aufsichtsratsmitgliedern dagegen 33 Prozent (einbezogen sind dabei, wie stets in diesem Teil unserer Statistik, nur Aufsichtsratsmitglieder, die das AR-Mandat »hauptamtlich« bekleiden und die nicht zuvor dem Vorstand ihres Unternehmens angehört hatten. Aber auch für die Gesamtheit aller Aufsichtsräte gilt, daß die Juristen überwiegen; ihr Anteil beträgt 31 Prozent. Siehe Abschnitt XIII sowie Tabelle 49). Es scheint also, daß die Juristen innerhalb der Führungshierarchie eine höchst bemerkenswerte »Aufstiegsmobilität« entfalten, wenngleich sich das aus unseren Zahlen nicht schlüssig nachweisen läßt. Jedenfalls gilt für sie auch in diesem Punkt genau die entgegengesetzte These wie für die Techniker: Je höher die Position, um so höher der Anteil der Juristen.

»Schule der deutschen Elite«

Die Zahlen bestätigen für den Bereich der Großunternehmen die – höchst scharfsinnigen – Beobachtungen, die Ralf Dahrendorf allgemein über die Rolle der Juristen in der deutschen Gesellschaft angestellt hat. Je wichtiger die Führungsposition, so meint Dahrendorf, desto größer die Wahrscheinlichkeit, daß sie von einem Juristen besetzt wird. Das hängt nach seiner Auffassung vor allem mit deren Ausbildung zusammen: »In Deutschland (gilt), daß der Entschluß zum Jurastudium für viele zunächst den Verzicht auf fachliche Spezialisierung bedeutet. Der Sinn dieses Verzichts liegt indes nicht in Entschlußlosigkeit oder mangelnder Fähigkeit, sondern im durchaus konsequenten Wunsch nach einer Eliteausbildung; denn Elitepositionen fordern immer auch Austauschbarkeit; an der

Spitze zählt mit gutem Grund nicht die spezielle Fachqualifikation, sondern die allgemeine Führungsqualifikation. So erweist sich der scheinbar negative Entschluß, der Verzicht auf ein Fachstudium, als wirksames Sieb für die Abiturienten, in dem diejenigen hängenbleiben, die von vornherein die Absicht nicht kennen oder (nicht) haben, Experten des Allgemeinen zu werden.« Dahrendorf geht so weit, die juristischen Fakultäten geradezu als die Schulen der deutschen Elite zu kennzeichnen: Sie »leisten für die deutsche Gesellschaft im Prinzip dasselbe wie die exklusiven Public Schools für die englische und die Grandes Ecoles für die französische Gesellschaft. In ihnen wird eine Elite ausgebildet«[36]).

Durch das Elternhaus vorbestimmt

Man mag das für überspitzt halten, die Motivierung für einseitig. Aber in der Erkenntnis, daß übergeordnete Führungspositionen nicht Expertentum, sondern neben anderen Qualitäten eine möglichst umfassende Bildung voraussetzen, sind die Feststellungen gewiß nicht anzuzweifeln. Die Juristen der Großunternehmen entstammen in überdurchschnittlich hoher Zahl den oberen Bevölkerungsschichten, und das hat sicher nicht nur materielle Gründe. Ohne Zweifel wirkt sich hier ein gewisses »Elite-Bewußtsein« der Angehörigen höherer Schichten aus, mindestens die Überzeugung, daß ein juristisches Studium am leichtesten den Zugang zu hohen und höchsten Positionen öffnen kann. Dahrendorf hat auch recht, wenn er meint, daß viele junge Leute allein deshalb Jura studiert haben, weil sie Juristen zu Vätern hatten und damit eine Vorstellung davon besaßen, »was Jurisprudenz ist«. Von den Juristen-Söhnen hat fast jeder zweite (47 Prozent) Jura studiert, das sind 56 Prozent derer, die von ihnen überhaupt den Weg zur Universität gegangen sind und ihn erfolgreich ab-

[36]) Ralf Dahrendorf, Gesellschaft ..., Seite 264f.

geschlossen haben (Tabelle 23 und Schaubild). Die »Berufs-vererbung« ist in diesem Bereich also recht hoch.

Der Anteil der Juristen ist unter den älteren Jahrgängen grö-ßer als bei den jüngeren (35 gegen 30 Prozent), und die Wirt-schaftler sind deutlich im Kommen. Unter den General-direktoren sind sie schon stärker vertreten als die Juristen (in der Industrie gilt das für alle Positionen des Managements, ausgenommen die Aufsichtsräte). Es könnte auch zu denken geben, daß in den Mammutunternehmen der amerikanischen Wirtschaft Juristen in leitenden Positionen relativ selten an-zutreffen sind. Das Jurastudium gilt dort, anders als in Deutsch-land, überwiegend als ein Studium, das für wirtschaftliche Führungsaufgaben weniger taugt. Möglicherweise ist auch bei uns ein Wandel im Gange, der sich allerdings nur langsam vollzieht.

Die meisten Akademiker besitzen den Doktorgrad

Die Akademiker unter den Vorstands- und Aufsichtsratsmit-gliedern der Großunternehmen haben überwiegend den Doktor-grad erworben. Jeweils zwei von drei leitenden Männern sind mit der Promotionsurkunde in der Tasche in die Wirtschaft gegangen, einige von ihnen haben sich auch habilitiert (30 Personen oder 2,7 Prozent; Tabelle 24); nur ein Drittel hat lediglich das Staatsexamen oder ein Diplom – ohne Doktor – vorzuweisen. Die Doktoren sind besonders unter den Älteren (über 65 Jahre) stark vertreten; in den mittleren Jahrgängen ist ihr Anteil niedriger, bei den Jüngeren (unter 45) dann wie-der höher. Aus der neuerlichen Zunahme des Doktortitels, die auch schon bei anderen Befragungen festgestellt wurde, ist ge-folgert worden, daß »seit einigen Jahren die Promotion zu-sätzlichen Wert« für eine Karriere zu gewinnen scheine, sei es, daß die Inhaber des Doktortitels »tatsächlich besser ausge-rüstet sind«, sei es, »daß sie größeres Prestige besitzen und deshalb vorgezogen werden«[37]). Aber damit wird der Tatbestand sicher überinterpretiert. In Wirklichkeit dürfte die Erklärung viel einfacher sein: Die Angehörigen dieser Jahrgänge sind nach 1945 zur Universität gegangen und haben damit, anders als ihre älteren Kollegen, unbeeinflußt von Krise und Krieg ihr Studium vollenden können. Vermutlich beruht der zunehmende Anteil der Doktoren also vor allem darauf, daß eine größere Studentenzahl als früher überhaupt den Doktor hat »bauen« können. Die jüngeren Vorstandsmitglieder ähneln insofern den älteren, die 1904 und früher geboren sind und hauptsächlich in der Zwischenkriegsära der zwanziger Jahre studiert haben.

Der Anteil der Doktoren ist unter den Vorstandsvorsitzenden größer als bei den ordentlichen und den stellvertretenden Vorstandsmitgliedern (Tabelle 24, Abschnitt A). Ebenso fällt ihr Anteil, wenn man die sozialen Schichten betrachtet, ziemlich gleichmäßig von oben nach unten ab (Tabelle 24, Abschnitt B). Die Quintessenz scheint eindeutig. Offenbar hatten die Söhne besser situierter Eltern mehr Möglichkeiten (oder trachteten in höherem Maße danach), den Doktortitel zu erwerben; und anscheinend sind die Doctores eher als andere befähigt, auch in die höchsten Positionen des Managements vorzurücken (was nicht zu bedeuten braucht, daß Vorstandsberufungen etwa auf Grund von Promotionsurkunden vorgenommen würden). Aber auch diese Schlußfolgerungen halten einer näheren Nachprüfung nicht stand.

Eines darf nicht übersehen werden: Die Zahl derer, die den Doktorgrad erworben haben, liegt – nach Studienfächern – bei einer Gruppe sehr wesentlich unter dem Durchschnitt, bei den Ingenieuren. Hier beträgt der Anteil der Doktoren an der Gesamtzahl der Akademiker nur 43 Prozent. Bei den Wirtschaftlern (einschließlich derer, die auch Jura studiert haben) sind es dagegen 66 Prozent, bei den Juristen 69 Prozent (besonders

[37]) Pross/Boetticher, Manager ..., Seite 68.

stark über dem Durchschnitt liegen mit 72 Prozent die Natur-
wissenschaftler; dies dürfte ebenso wie der niedrige Anteil der
Dr.-Ing. eine fachspezifische Erscheinung sein). Gerade die
Techniker sind jedoch in den oberen Rängen des Managements
schwächer vertreten, die Juristen und die Wirtschaftler stärker.
Das bedeutet: Die Unterschiede in der Verteilung der Träger
des Doktortitels erklären sich zum Teil allein aus der unterschiedlichen Verteilung der Fachrichtungen auf die einzelnen
Positionsstufen: Weil der Anteil der Juristen um so höher, der
Techniker um so niedriger ist, je höher die Position ist, gibt es
»oben« mehr Doktoren als weiter »unten«; eines ist das Spiegelbild des anderen. Ähnliches gilt für die soziale Herkunft. Juristen
entstammen in besonders hohem Maße den oberen Schichten,
Techniker den mittleren und unteren. Auch in diesem Punkt ist
also die unterschiedliche Verteilung der Promovierten durch die
unterschiedliche Verteilung nach Fakultäten mitbestimmt.

Mitglieder studentischer Vereinigungen

519 Unternehmer waren während ihrer Studienzeit Mitglied
einer studentischen Vereinigung, das sind 46 Prozent derer,
die studiert und ein Abschlußexamen abgelegt haben, fast die
Hälfte. Die Zahl, die überraschend hoch erscheint, umfaßt nicht
nur Angehörige von Korporationen, sondern auch Mitglieder
politischer, konfessioneller, sportlicher oder anderer Gruppen
an den Universitäten. Daraus mag sich der hohe Prozentsatz
zum Teil erklären. Offenbar haben gerade angehende Unternehmer während ihres Studiums in größerer Zahl Anschluß an
gesellschaftliche Vereinigungen aller Art gesucht.
Die Zahlen über die Mitgliedschaft in studentischen Vereinigungen weisen im übrigen eine ähnliche Abstufung auf wie für
die Inhaber des Doktortitels (Tabelle 24, letzte Zahlenspalte,
Abschnitte A und B): Je höher die Stellung im Unternehmen
und je besser die Situation des Elternhauses, um so größer der

Anteil der Mitglieder studentischer Verbände (nur Schicht I bildet eine Ausnahme). An den Fachrichtungen kann es in diesem Falle nicht liegen. Denn gerade unter den Technikern sind relativ besonders viele ehemalige Verbandsmitglieder zu finden (einschließlich Naturwissenschaftler 53 Prozent). Am niedrigsten ist der Anteil bei den Wirtschaftswissenschaftlern (einschließlich derer, die auch Recht studiert haben, 33 Prozent); von den Juristen war gerade etwa jeder zweite in einem studentischen Verband.

Große Unterschiede nach Altersgruppen

Worauf der hohe Anteil hauptsächlich zurückgeht, offenbart die Aufteilung nach Altersgruppen (Tabelle 24, Abschnitt C). Dort zeigt sich, daß der Gesamtdurchschnitt ganz entscheidend von den älteren Jahrgängen bestimmt wird. Unter den über 65jährigen haben 54 Prozent studentischen Vereinigungen angehört, von denen zwischen 55 und 64 Jahren gar 57 Prozent. Diese Männer haben zumeist vor der NS-Zeit studiert. Bei den Akademikern, die während des Dritten Reiches (zum Teil während des Krieges) in den Hörsälen gesessen haben und die heute zwischen 45 und 54 Jahre alt sind, sacken die Zahlen absolut wie relativ beträchtlich ab. Von ihnen haben nur 29 Prozent angegeben, einer solchen Vereinigung angehört zu haben; die Quote hat sich also fast halbiert. Unter den Nachkriegs-Studenten ist der Anteil wieder etwas höher, 34 Prozent. Es sind also hauptsächlich die Älteren, für die das studentische Verbindungswesen, soweit überhaupt, noch eine gewisse Bedeutung hatte. Bei den Jüngeren, so scheint es, spielt diese Frage keine wesentliche Rolle mehr. Nach dem Ergebnis einer im Winter-Semester 1966/67 vorgenommenen demoskopischen Umfrage gehörten damals von allen Studenten 28 Prozent einer studentischen Gruppe, Verbindung oder Interessengemeinschaft an, davon 5 Prozent einer schlagenden Verbindung,

8 Prozent einer nichtschlagenden Verbindung, weitere 8 Prozent einer konfessionellen Gruppe, 6 Prozent einer politischen Gruppe und 1 Prozent anderer Vereinigungen. Unter den Vorstands- und Aufsichtsratsmitgliedern, die nach dem Kriege studiert haben, beträgt der Anteil, wie gesagt, 34 Prozent, nur sechs Prozentpunkte mehr. Hätten wir nach der Art der studentischen Vereinigung gefragt, so wäre vermutlich ein ähnliches Bild herausgekommen wie für die Gesamtheit aller Studenten.

40 Prozent kennen das Los des Werkstudenten

Schließlich die Frage, wie das Studium finanziert worden ist. Die Antworten offenbaren, daß viele der Männer, die heute in den Vorständen und Aufsichtsräten der Großunternehmen sitzen, auf dem Weg durch die Universität oder Hochschule mancherlei wirtschaftliche Schwierigkeiten haben überwinden müssen. Jeder vierte hat vom Elternhaus oder von anderen Verwandten keine Unterstützung erhalten; er war auf Stipendien angewiesen oder mußte sich Unterhalt und Kolleggelder selbst verdienen (Tabelle 25). Es überrascht nicht, daß dabei die Unterschiede nach der sozialen Herkunft beträchtlich sind: Von den Männern aus Schicht IV war jeder zweite ein Stipendiat oder Werkstudent (56,1 Prozent), von denen aus Schicht III fast jeder Dritte (31,4 Prozent), bei Schicht II nur jeder Fünfte (19,1), bei Schicht I jeder Achte (13,4 Prozent). Rechnet man die Mischfälle hinzu, in denen die Eltern nur einen Teil der Studienkosten tragen konnten, während der andere Teil in irgendeiner Weise vom Sohn selbst aufgebracht werden mußte, so zeigt sich, daß in Schicht IV fast vier Fünftel aller leitenden Männer »Werkstudenten« in diesem Sinne waren, in Schicht III jeder zweite, in Schicht II jeder dritte, in Schicht I jeder vierte. Fast vierzig Prozent aller heutigen Manager in Großunternehmen haben damit während ihres Studiums in

101

der einen oder anderen Weise das Los eines Werkstudenten am eigenen Leibe erfahren.

Die unternehmerische Qualifikation ist das Entscheidende

Die Führungsgremien der deutschen Großunternehmen sind, wie unsere Untersuchung ergeben hat, zu drei Vierteln mit Vollakademikern besetzt, und ihr Anteil wird voraussichtlich weiter steigen. Welche Schlüsse können aus diesem Tatbestand gezogen werden? Ist es richtig, daß für Führungskräfte der Wirtschaft die »sachliche Qualifikation« heute wichtiger ist als die »persönliche Eignung«? Manche Soziologen behaupten es. Sie werten den hohen Akademikeranteil als einen Beweis dafür, daß die Tätigkeit an der Spitze von Großunternehmen mehr und mehr zu einem »Beruf« geworden ist, der erlernbar sei und mit »Berufung«, mit angeborenen Eigenschaften, nichts oder nur wenig zu tun habe. Wer sich auf die »Verschiedenheiten der natürlichen Mitgift«, auf Unterschiede der Veranlagung, also der angeborenen »Anlagen« und damit auf Differenzen in dem »biologischen Potential« beruft, wird von solchen Wissenschaftlern darauf verwiesen, daß er in den »Umkreis der Rassenlehre« gerate[38]). Zum Teil wird sogar behauptet, eine Deutung der spezifisch unternehmerischen Leistung, welche die natürliche Autorität oder andere persönliche Eigenschaften in den Vordergrund rücke, sei nichts anderes als eine Schutzbehauptung der Unternehmer, die dazu diene, »die eigene Tätigkeit gegen die sachliche Durchleuchtung und sachliche Überprüfung abzuschirmen und irrationale Herrschaftsmacht zu bewahren«[39]).

[38]) Pross/Boetticher, Manager ..., Seite 45.

[39]) So Pross/Boetticher unter Berufung auf Feststellungen von Hartmann und Wienold. Ähnlich argumentiert neuerdings Benno Biermann, wenn er feststellt, der Unternehmensspitze bleibe häufig nur noch die Funktion, von Fachleuten vorgefertigte Entscheidungs-

Solche Feststellungen sind absurd und haben mit der Realität nichts zu tun. Käme es allein auf den erlernbaren Sachverstand an, dann müßte der im Examensprädikat sich offenbarende Erfolg eines Studiums das entscheidende Kriterium für den Aufstieg im Unternehmen auf führende Positionen sein (es sei denn, man ginge davon aus, daß Sachverstand in einem Unternehmen von den »Inhabern der Macht« bewußt unterdrückt würde – eine absonderliche Vorstellung). Diejenigen, die ihre Examina mit Glanz bestanden und damit auf wissenschaftlichem Felde den höchsten Sachverstand bewiesen hätten, müßten nach dieser Theorie am besten zur Führung großer Unternehmen geeignet sein. Davon kann in Wirklichkeit keine Rede sein. Ein Naturwissenschaftler kann als Forscher im Unternehmen bahnbrechende Erfindungen machen oder wegweisende Konstruktionen erdenken, ein Jurist die schwierigsten Verträge ausgearbeitet, die heikelsten Prozesse gewonnen haben, und doch können beide hoffnungslos versagen, wenn es darum geht, ein Werk oder eine Tochtergesellschaft aus der Verlustzone herauszubringen, Fusionsverhandlungen zu führen, eine Hauptversammlung mit erregten Kleinaktionären zu leiten oder was der Führungsaufgaben mehr sind. Beobachtungen dieser Art sind nicht auf Unternehmen beschränkt, sie lassen sich in allen Lebensbereichen machen, beispielsweise auch an Universitäten. Sachverstand und Führungsqualitäten sind zwei verschiedene Dinge.

Das Studium ist nicht die einzige Voraussetzung, sozusagen »der« Schlüssel zum Erfolg, den man nur herauszuziehen brauchte, um sich alle Tore für den Aufstieg zu öffnen. Auf dem Wege zum Gipfel gibt es mehrere solcher Tore. Dazu gehört vor allem auch die erfolgreiche Bewährung in Funktionen, in

Alternativen zu sanktionieren, und mit dem Vordringen des „Fachmenschentums" stelle sich für den Unternehmer die Legitimationsfrage mit größerer Deutlichkeit. Benno Biermann, Die soziale Struktur der Unternehmerschaft. Stuttgart 1971, Seite 20.

denen sich unternehmerisches Denken und Handeln durch nachprüfbare Leistungen beweisen kann. Am wichtigsten – und in der Tat unerläßlich – ist jedoch der Besitz jenes Schlüssels, der »Tor Nummer eins« öffnet, die persönlich-individuelle Qualifikation zur Führung. Sie kann durch Schulung und Ausbildung gefördert werden. Aber sie läßt sich nicht entwickeln, wenn sie nicht von Natur aus im Keim vorhanden ist, bei Unternehmern ebensowenig wie bei großen Staatsmännern, Philosophen, Künstlern und – nicht zuletzt – bei überragenden Wissenschaftlern. Es gäbe viele geniale Geister, wenn sich das Genie unabhängig vom »biologischen Potential« hervorbringen ließe.

VI. DAS LEBENSALTER

Die Vorstände — eine Elite der Fünfzigjährigen

IN FRANKREICH WIRD EIN GESETZ ANGESTREBT, wonach alle Vorstandsmitglieder, auch wenn sie auf Präsidentenstühlen sitzen oder Generaldirektoren sind, mit 65 Jahren aus dem Vorstand ausscheiden sollen, sofern die Satzung nichts anderes bestimmt. In den Verwaltungsräten französischer Aktiengesellschaften soll jeweils nur ein Drittel der Mitglieder älter als 70 Jahre sein. Überschreitet die Zahl der über 70jährigen diesen Anteil, so soll automatisch das älteste Verwaltungsratsmitglied sein Mandat verlieren. Das wäre ein hartes Dekret. Auf Verdienste und Reputation, auf Erfahrungen, Können und Wissen des einzelnen nähme es keine Rücksicht. Allein das Geburtsdatum soll entscheiden. Die Überalterung der Führungskräfte in Aktiengesellschaften muß schon Anlaß erheblicher Besorgnis sein, wenn der Gesetzgeber mit derart harter Hand in das Gefüge der innergesellschaftlichen Beziehungen eingreifen will.

In der Tat, nach den Feststellungen von Henry Dougier, der eine Anzahl leitender Männer in allen europäischen Ländern befragt hat, sind die Verantwortlichen in keinem Land, ausgenommen Belgien, so alt wie in Frankreich. Fast die Hälfte der »Presidents«, so ergab seine Umfrage, nämlich 48,5 Prozent, hat dort das 60. Lebensjahr überschritten (in Belgien 49,0 Prozent). In der Bundesrepublik macht der Anteil dieser

Altersgruppe nach seinen Untersuchungen nur 44,7 Prozent aus, in Italien und den Niederlanden etwa 34 Prozent, in England 29,5, in den Vereinigten Staaten 26,4 Prozent[40]). Wir haben die von Dougier ermittelten Zahlen in Tabelle 26 zusammengestellt (die oberen acht Zeilen) und unsere eigenen Ergebnisse hinzugefügt. Wenn sich seine Umfrage auf »Presidents« beschränkt haben sollte, also allein auf Vorstandsvorsitzende – dies scheint der Fall zu sein –, hätte er in puncto Deutschland das Bild etwas zu günstig gezeichnet. Der Anteil der Vorstandsvorsitzenden, die 60 und älter sind, beträgt hier bei den Großunternehmen 49, im Durchschnitt aller Aktiengesellschaften 47 Prozent; umgekehrt ist der Anteil der »Jungen« (unter 50) in Wirklichkeit nur etwa halb so groß wie nach den Dougier-Zahlen.

Aufsichtsräte im Schnitt 63 Jahre alt

Aber in der Bundesrepublik brauchten die Vorstands- und Aufsichtsratsmitglieder ein Gesetz nach dem Muster des französischen Dekrets nicht zu fürchten. Was den Aufsichtsrat angeht, so scheint es zwar, als ob diese Institution auch in Deutschland im wesentlichen ein »Rat der Alten« sei. 60 Prozent aller in unsere Befragung einbezogenen Aufsichtsratsmitglieder sind über 65 Jahre alt, davon 30 Prozent über 70 (der Anteil dieser Gruppe bliebe damit freilich noch immer etwas hinter dem vom französischen Gesetzgeber vorgesehenen Limit von einem Drittel zurück). Noch drückender erscheint das Übergewicht der Älteren, wenn man den Blick allein auf die Aufsichtsratsvorsitzenden richtet. Hier weist unsere Statistik nicht weniger als 80 Prozent jenseits der 65 aus; 37 Prozent davon sind älter als 70 (Tabelle 27, Abschnitt A).

Aber die Zahlen trügen. Sie umfassen nur diejenigen Männer, für die das Aufsichtsratsmandat die Hauptfunktion ist. Wer

[40]) European Business, Paris, Juli 1970.

als Vorstand, Geschäftsführer oder Inhaber eines Unternehmens gleichzeitig auch einem oder mehreren Aufsichtsräten angehört, ist in dieser Statistik nicht als Aufsichtsratsmitglied, sondern mit seiner Hauptfunktion, als Vorstand, gezählt. Das ist jedoch die Mehrzahl. Von den 1057 Mandaten, die alle in diese Statistik einbezogenen deutschen Manager in den Aufsichtsräten von Großunternehmen bekleiden – gleich ob haupt- oder nebenamtlich –, entfallen nur 503 (das ist knapp die Hälfte: 47,6 Prozent) auf Männer, die keine andere Funktion ausüben, 554 jedoch auf aktiv tätige Vorstände, die das Amt als AR-Mitglied nur »nebenbei« wahrnehmen. Diese sind bedeutend jünger als die »hauptamtlichen« Aufsichtsräte (von denen 45 Prozent früher Vorstand des Unternehmens waren, in dessen Aufsichtsrat sie jetzt sitzen). Betrachtet man also die Gesamtheit der Aufsichtsräte, so ist das Bild wesentlich anders, als es sich in Tabelle 27 darbietet: Die meisten Aufsichtsräte, 58 Prozent, haben das Pensionsalter noch nicht erreicht. Das Durchschnittsalter der Aufsichtsräte errechnet sich danach auf 63 Jahre. Näheres in Abschnitt XIII, der sich speziell mit den Aufsichtsräten beschäftigt.

Der kategorische Imperativ:
Mit 65 ausscheiden

Die Vorstände deutscher Großunternehmen brauchten sich über ein Gesetz, das dem französischen nachgebildet wäre, im allgemeinen gleichfalls keine Sorge zu machen. Sieht man von den Generaldirektoren ab, von denen viele noch ein oder zwei Jahre über die Pensionsgrenze hinaus im Amt bleiben, so scheiden fast alle Vorstände mit Vollendung des 65. Lebensjahres aus dem Amt. Mindestens bei den Aktiengesellschaften hat sich diese Übung weithin durchgesetzt. Leider ist in unseren Zahlen die Grenze zwischen dem 65. und dem 66. Lebensjahr nicht exakt zu ziehen. Die Analyse der Altersstruktur, ein

Hauptziel unserer Untersuchung von 1966, stand bei der jetzigen Umfrage nicht im Vordergrund. Wir haben daher nicht eigens nach dem Geburtsjahr gefragt, sondern vor Versendung der Fragebögen die jeweilige Altersgruppe, gegliedert in Fünf-Jahres-Positionen, bei den Angaben zur Person selbst eingesetzt und die Befragten lediglich um Überprüfung der Angaben gebeten. (Auf diese etwas großzügige Handhabung ist es zurückzuführen, daß gerade in diesem Punkt die »Ausfallquote« größer als bei anderen Fragen ist: Von 24 heute tätigen Vorständen ist uns das Alter nicht bekannt, das sind fast zwei Prozent derer, die sonst die Fragebogen beantwortet haben.) Die Gruppeneinteilung bringt es jedoch mit sich, daß sich der entscheidende Einschnitt, die Vollendung des 65. Lebensjahres, in den Zahlen nicht ausprägt. Diejenigen, die im 65. Lebensjahr stehen, die »Vollendung« dieses Jahres also noch nicht erreicht haben, sind in der Gruppe »65 bis 69 Jahre« (oder »65 Jahre und älter«) enthalten. Sie lassen sich aus dieser Gruppe nicht aussondern.

Wo die Pensionsgrenze am wenigsten gilt

Dies vorweggeschickt, bekunden die Zahlen jedoch mit hinreichender Deutlichkeit, daß bei den Vorständen von Großunternehmen die Jahre um – oder kurz nach – 65 weithin als Endpunkt für die aktive Betätigung gelten. Nur 8,6 Prozent der Vorstände sind länger tätig, in erster Linie Vorstandsvorsitzende (14,8 Prozent). Es zeigt sich, daß vor allem bei Versicherungsunternehmen sowie in öffentlich-rechtlichen Kreditanstalten auch Männer jenseits der 64 in relativ großer Zahl zu finden sind, weniger bei privaten Banken, am allerwenigsten in der Industrie (von der kleinen Gruppe der Handels-, Verkehrs- und sonstigen Unternehmen abgesehen). Im Bereich der öffentlich-rechtlichen Unternehmen – nicht nur der Kreditinstitute dieser Rechtsform – scheint die für Beamte

108

geltende Pensionsgrenze erstaunlicherweise am wenigsten eingehalten zu werden.

Selbständige bleiben oft länger im Amt

Ein Vergleich der Altersstruktur bei Großunternehmen mit den Zahlen, die wir 1967 für die Gesamtheit aller Vorstände von Aktiengesellschaften festgestellt hatten, fördert eine zunächst überraschende Erkenntnis zutage. Die Vorstände der Großunternehmen, so zeigt sich, sind aufs Ganze gesehen jünger als die Vorstände in mittleren und kleinen Aktiengesellschaften. Ihr Durchschnittsalter (das allerdings, da nur Fünf-Jahres-Gruppen zur Verfügung standen, nicht mit letzter Feinheit errechnet ist) beläuft sich auf 55 Jahre, das für die Gesamtheit aller Vorstände von Aktiengesellschaften auf 56[41]). Der entscheidende Grund: Der Imperativ, mit 65 in Pension zu gehen, wird bei den großen Unternehmen strikter befolgt als bei kleineren. Im Bereich der Großunternehmen beträgt der Anteil der Männer über 65, wie gesagt, 8,6 Prozent, bei allen Aktiengesellschaften zusammen sind es dagegen 12,5 Prozent[42]). Darin äußert sich der Einfluß von Familienunternehmen, deren Leiter oft weit über das 65. Lebensjahr hinaus in Amt und Würden bleiben. Von den selbständigen Unternehmern war nach der damaligen Erhebung fast jeder vierte über die Pensionsgrenze hinaus tätig (23,0 Prozent).

Wenn dieser Faktor damals statistisch nicht noch stärker zu Buch schlug, so deshalb, weil im Bereich der Familienunternehmen viele Männer auch schon mit sehr jungen Jahren in die Verantwortung hineinkommen. Die hohen Zahlen am Ende der Alterskurve werden also zum Teil (nicht völlig) durch hohe Zahlen am Anfang aufgewogen. Unternehmer in Familienbetrieben verbringen oft beträchtlich mehr Jahre ihres

[41]) Max Kruk, Die oberen 30000 ..., Seite 40.
[42]) Ebenda, Seite 46.

Lebens in der Unternehmensleitung, als dies bei Managern von Großunternehmen der Fall ist. Auch die jetzige Statistik erweist dies, obwohl Eigentümer-Unternehmer an dieser Stelle nicht erfaßt sind, sondern ausschließlich Manager oder Personen, bei denen die Manager-Eigenschaft überwiegt[43]). Sowohl unter den ganz »Jungen« (unter 45) als auch unter den »Alten« übertreffen die Männer an der Spitze von Kommanditgesellschaften, offenen Handelsgesellschaften und Einzelfirmen nach der Höhe ihrer Anteile alle anderen Unternehmergruppen (Tabelle 27, Abschnitt C). In solchen Unternehmen gelten im Hinblick auf die Zugehörigkeit zur Firma offenbar andere Spielregeln, die aus dem oft höheren Maß an innerer Verbundenheit mit der Firma resultieren. Dies prägt sich allerdings nicht bei allen »Unternehmen im Familieneigentum« aus (Tabelle 27, Abschnitt D), weil viele der in diese Gruppe einbezogenen Familienbetriebe nicht als Einzelunternehmen oder Personalgesellschaft, sondern in der Rechtsform einer AG oder einer GmbH geführt werden; bei ihnen ähneln die Verhältnisse mehr dem »echten« Managertum, das für große Aktiengesellschaften charakteristisch ist.

Junges Management in Auslandsfirmen

Der Gegenpol zu den Familienunternehmen mit ihrem mehr auf das Persönliche abgestellten Führungsstil sind die Unternehmen im Auslandseigentum. Sie haben mit Abstand das jüngste Management. Männer über 65 sind in ihren Vorständen so gut wie gar nicht zu finden; jeder zweite ist noch keine 55 Jahre alt. Nur bei den Unternehmen in »sonstigem« Eigentum (Genossenschaften, Vereine, Stiftungen) ist eine ähnlich

---

[43]) Die Gründer und Erb-Unternehmer sind Gegenstand einer gesonderten Betrachtung in Abschnitt XIV. Ihre Altersstruktur unterscheidet sich wesentlich von der der Manager und ähnelt mehr dem Bild, das die kleinen und mittleren Selbständigen bieten.

jugendliche Altersstruktur zu finden, wenngleich nicht ganz so ausgeprägt. Zweifelsohne ist dies der Ausfluß einer bewußten Personalpolitik der ausländischen Muttergesellschaften. Die amerikanische Übung, einen Vorstand spätestens mit 65 – teilweise früher, oft mit 60 – abzulösen, und zwar ohne Rücksicht auf Tüchtigkeit, Verdienste oder persönliche Hochschätzung, wird auch bei deutschen Töchtern konsequent praktiziert. Auf der anderen Seite sind bei diesen Firmen in relativ großer Zahl Männer tätig, die schon früh in die Verantwortung berufen wurden: Der Anteil der Vorstandsmitglieder unter 55 Jahren ist bei keiner anderen Gruppe von Unternehmen so hoch wie bei den Auslandsfirmen (Tabelle 27, Abschnitt D). Das wirkt sich auf das Durchschnittsalter aus; mit 53 Jahren liegt es deutlich unter dem allgemeinen Niveau, das sich etwa um 55 bewegt.

Beträchtliche Unterschiede bestehen zwischen den Vorständen, die in einem Unternehmen groß geworden sind, und jener anderen – kleineren – Gruppe, deren Angehörige vorher Beamter, Angestellter, Rechtsanwalt, Wirtschaftsprüfer, Wissenschaftler oder ähnliches waren und von außen in einen Vorstand berufen wurden. Vielfach besteht die Meinung, diejenigen, die sich nicht als »Pyramidenkletterer« in Unternehmen hochgearbeitet haben, sondern zunächst hohe Positionen in einem freien Beruf in der Wissenschaft, der Politik oder der Verwaltung erreicht hatten, seien im allgemeinen die Älteren. Wolfgang Zapf bezeichnet sie geradezu als »Honoratioren«[44]). In Wirklichkeit ist es gerade umgekehrt. Das Durchschnittsalter der Vorstände mit Unternehmens-Karriere liegt bei 55 Jahren, das der »Außenseiter-Vorstände« bei 52 Jahren. Besonders gravierend ist der Abstand dieser beiden Unternehmer-Typen bei den Vorstandsvorsitzenden (60 zu 54 Jahren Durchschnittsalter), sehr stark aber auch bei den Vorstandsmitgliedern (55 zu 51 Jahren; siehe Tabelle 27, Abschnitt E). Vorstän-

[44]) Wolfgang Zapf, Die deutschen Manager ..., Seite 143.

de, die von außen berufen wurden, sind besonders zahlreich unter den Männern bis zu 55 Jahren zu finden, nur ganz vereinzelt dagegen unter den Älteren über 64.

Woher kommt dieser auffallende Altersunterschied zwischen den verschiedenen Laufbahnen? Die nächstliegende Erklärung wäre die Annahme, unternehmensfremder Führungsnachwuchs würde schon in jüngeren Jahren in die Vorstände berufen. Eine »Laufbahnkarriere« durch Hocharbeiten im eigenen Unternehmen, so könnte man meinen, sei halt länger als der Weg eines besonders begabten Menschen vom unbekannten Fachmann zum »Star«, der auffällt und dem dann der Posten eines Vorstandsmitglieds angeboten wird. Aber die Erklärung stimmt mit der Wirklichkeit nicht überein. Die Vorstände, die von außen kommen, sind bei ihrer Berufung nicht um so viel jünger, daß dies allein den Altersunterschied zu den Vorständen mit Unternehmenslaufbahn erklären könnte. Die Unterschiede zwischen beiden sind im Lebensalter wesentlich stärker ausgeprägt als im Berufungsalter. Das macht das Phänomen nicht einfacher. (Mit der Frage des Berufungsalters befaßt sich der nächste Abschnitt.)

Der Einfluß zweier Weltkriege

Man kommt der Wahrheit näher, wenn man die Jahrgänge betrachtet, um die es sich jeweils handelt. Der »typische« Vorstand, dessen Laufbahn über Unternehmen geführt hat, war zu dem Zeitpunkt, auf den unsere Umfrage abgestellt war (Jahreswechsel 1969/70), 55 Jahre alt; das bedeutet, daß er 1914 geboren wurde. Bei seiner Berufung zum Vorstandsmitglied stand er im 45. Lebensjahr; der Eintritt in den Vorstand vollzog sich also 1959. Der Vorstand jenes Typs, dessen Laufbahn nicht über Unternehmen führte, ist dagegen erst 52 Jahre alt, also Jahrgang 1917. Er ist mit 46 Jahren in den Vorstand berufen worden, das heißt im Jahre 1963. Ein Vergleich der Ge-

burtsdaten zeigt: Bei dem Vorstand mit Unternehmenslaufbahn handelt es sich um den letzten Jahrgang vor Ausbruch
des Ersten Weltkrieges, bei dem Vorstand mit Externlaufbahn
um einen typischen Kriegsjahrgang, der besonders geburten-
schwach war. Der erste ist Ende der fünfziger Jahre in
den Vorstand gekommen, der andere Anfang der sechziger
Jahre.

Sieht man sich die Besetzung der Jahrgänge vor und während
des Ersten Weltkrieges näher an (Tabelle 27, Abschnitt E,
letzte Gruppe »Vorstände«), so offenbart sich ein interessanter
Zusammenhang. Bei den Unternehmern, die ihre Karriere
über den »normalen« Weg eines Aufstiegs im Unternehmen gemacht haben, sind die Vorkriegsjahrgänge 1905–1909 und
1910–1914 wesentlich stärker besetzt als die Kriegsjahrgänge
1915–1919. Die Zahl hat sich halbiert und steigt erst bei den
Nachkriegsjahrgängen 1920–1924 wieder deutlich an. Dagegen
zeigt die Entwicklung bei den Vorständen, die »von draußen«
geholt wurden, tendenziell die umgekehrte Richtung: Am
stärksten besetzt ist hier gerade die Gruppe der Kriegsjahrgänge 1915–1919. Noch deutlicher tritt dies zutage, wenn nicht
die Summe der Vorstände, sondern allein die Gruppe der Vorstandsmitglieder (ohne Vorsitzende und stellvertretende Mitglieder) betrachtet wird. Hier ist die gegenläufige Bewegung
besonders stark ausgeprägt: in dem einen Fall geht die Besetzung von 166 über 158 auf 80 zurück, in dem anderen steigt
sie von 11 über 21 auf 36 an. Bei den Vorstandsvorsitzenden,
die im Schnitt um fünf Jahre älter sind als die Vorstandsmitglieder, tritt der Zusammenhang nicht so deutlich zutage,
wenngleich auch hier unter den Externen keine andere Jahr-
gangsgruppe so stark vertreten ist wie die Jahrgänge von 1910
bis 1919.

Die Deutung liegt nahe. Offenbar hat der Führungsnachwuchs,
den die Großunternehmen aus ihrem eigenen Reservoir schöp-
fen konnten, bei den geburtenschwachen Jahrgängen aus der

Zeit des Ersten Weltkrieges – die auch die Hauptleidtragenden des Zweiten Weltkrieges waren – nicht ausgereicht, um alle Vorstandsposten besetzen zu können. Deshalb haben sich die Firmen, so scheint es, verstärkt nach geeigneten Kräften von außerhalb umgesehen. Da die Berufung in einen Vorstand nach einem ungeschriebenen, aber offenbar sehr wirksamen Gesetz im allgemeinen dann ausgesprochen wird, wenn der Bewerber etwa Mitte vierzig ist (das gilt, wie gesagt, auch für die Berufung Externer), haben sich der Nachwuchsmangel und die verstärkte Hinwendung zu »unternehmensfremden« Kräften besonders im Laufe der sechziger Jahre bemerkbar gemacht, also erst in relativ jüngster Zeit. Die Externvorstände, die in diesen Jahren in die Unternehmen berufen wurden, sind gleichsam an die Stelle der fehlenden Nachwuchsunternehmer aus dem eigenen Bereich getreten. Daher handelt es sich überwiegend um Männer, die im Schnitt um fünf Jahre jünger sind als ihre früher berufenen Vorstandskollegen, die aus den Unternehmen stammen. Ist diese Deutung richtig – und alles spricht dafür –, dann handelt es sich um eine vorübergehende Erscheinung, die vornehmlich durch Kriegsfolgen bedingt ist. In zehn oder fünfzehn Jahren dürften die auffallenden Altersunterschiede zwischen Eigen- und Fremdvorständen wieder verschwunden sein.

Nicht überaltert

Aufs Ganze gesehen kann keine Rede davon sein, daß die Vorstände deutscher Großunternehmen überaltert seien. Ein Gesetz à la France würde hier ins Leere stoßen. Es gibt – vereinzelt – Männer, die schon mit 40 Jahren als Vorstandsvorsitzende an der Spitze eines Unternehmens stehen, und es gibt – ebenso vereinzelt – einige, die dieses Amt noch jenseits der 70 bekleiden. Aber die Masse der Generaldirektoren ist jünger, die meisten sind zwischen 60 und 64 Jahre alt. Der Medianwert, der den »mittleren« Vorstandsvorsitzenden kennzeichnet, liegt bei 59 Jahren; das bedeutet, daß ebenso viele Personen unter 59 wie solche über 59 den Posten eines Vorstandsvorsitzenden bekleiden. Das Durchschnittsalter, errechnet als arithmetisches Mittel, beträgt 58 Jahre.

Von den Vorstandsmitgliedern sind die meisten zwischen 55 und 59 Jahre alt, fast jeder Zweite ist jünger als 55. Ihr durchschnittliches Alter beträgt 54 Jahre, der »mittlere« Unternehmer liegt gerade in der Gruppe der 55jährigen. Und was die stellvertretenden Vorstandsmitglieder angeht, so ist die Gruppe der 40- bis 44jährigen am stärksten besetzt. Im Durchschnitt sind sie 50 Jahre alt, der Median liegt bei 48. Auffallend ist, daß vereinzelt auch stellvertretende Vorstandsmitglieder noch in der Gruppe der 65- bis 69jährigen zu finden sind. Die Statistik der Berufungsalter im nächsten Abschnitt zeigt, daß selbst Männer über 60 hin und wieder noch als »Stellvertretende« zu Vorstandsmitgliedern bestellt werden. Eine normale Vorstandslaufbahn kann in solchen Fällen schwerlich angestrebt werden; offenbar handelt es sich um verdiente Direktoren oder Prokuristen, die kurz vor der Pensionierung noch in den Rang von Vorstandsmitgliedern erhoben werden, wofür ideelle Beweggründe (»Ehrung«) ebenso mitsprechen können wie materielle.

»Die westdeutsche Wirtschaftselite erweist sich, wie die westdeutschen Führungsgruppen insgesamt, als eine Elite der Fünfzigjährigen«, schreibt Wolfgang Zapf[45]). Er hat recht. Die Vorstände der deutschen Großunternehmen sind überwiegend Männer in den fünfziger Jahren. Allerdings bleibt die Zahl derer, die über 60 sind, hinter der Gruppe der Fünfziger nicht weit zurück, ebenso aber auch die Zahl der Jüngeren bis zu 49 Jahren. In Amerika und in England ist dies anders. Dort sind die über 60jährigen zwar nur halb so zahlreich wie die Fünfziger. Aber das gleiche gilt dort auch für die Männer unter 50 (Tabelle 26). Die Altersgruppen verhalten sich in den angel-

[45]) Wolfgang Zapf, Die deutschen Manager ..., Seite 138.

sächsischen Ländern zueinander wie 1:2:1. Dagegen sind in der Bundesrepublik die drei Altersgruppen, die durch die Ziffern ihrer Zehnerstelle markiert werden, fast gleich groß; sie nähern sich der Drittelparität. Das ist, wie uns scheint, ein recht ausgewogenes Verhältnis.

VII. DAS BERUFUNGSALTER

Unternehmerische Begabung setzt sich früh durch

EIN MENSCH, DER DIE TYPISCHEN MERKMALE aller Vorstandsmitglieder deutscher Großunternehmen in sich vereint, müßte
55 Jahre alt sein und vor zehn Jahren, mit 45, erstmals in
einen Vorstand berufen worden sein. In seiner Jugend hätte
dieser Homunculus das Abitur gemacht und studiert, mit 25
wäre er in das Berufsleben eingetreten, mit 65 würde er in den
Ruhestand treten. Seine Karriere verläuft also in Intervallen
von fast geometrischer Regelmäßigkeit. Zwanzig Jahre, vom
25. bis zum 45. Lebensjahr, hat unser Vorstandsmitglied benötigt, um den Gipfel seiner Berufslaufbahn zu erklimmen.
Zwanzig Jahre, vom 45. bis zum 65. Lebensjahr, wirkt er danach als Manager; von diesen zwei Dezennien hat er eines gerade zurückgelegt. So jedenfalls sieht der »typische« Karriereverlauf aus, wie er sich durch Zusammenfügen der Durch-
schnittswerte aus den Zahlen für alle Vorstandsmitglieder von
Großunternehmen ergibt.

Verglichen mit anderen Lebensbereichen, sind zwanzig Jahre
aktiver Betätigung in einer Spitzenposition eine lange Zeit.
Wenn es stimmt, was der Soziologe Wolfgang Zapf auf Grund
umfangreicher Studien über die »Zirkulation deutscher Führungsgruppen 1919–1961« festgestellt hat, ist die Amtsdauer
bei keiner anderen Führungsgruppe der deutschen Gesellschaft,
außer bei kirchlichen Würdenträgern, so lang wie bei Managern

in Großunternehmen. Sie seien nächst den Kirchenführern »die am wenigsten flexible Elitegruppe«, meint er. Der Gegenpol sind politische Spitzenstellungen, bei denen der Verlust einer Position, meist durch Abwahl, »gewissermaßen zum normalen Karriereverlauf gehört«. Dagegen werden Spitzenpositionen im großen Management, so Zapf, »geradezu lebenslänglich vergeben«[46]).

Manager sind mobiler als Eigentümer

In ihrer wörtlichen Bedeutung trifft diese Aussage nicht zu, mindestens nicht generell. Einige herausragende Beispiele, in denen verdiente Männer eines Unternehmens beim Ausscheiden aus dem Vorstand in den Aufsichtsrat überwechseln und dann nach fünf oder zehn Jahren zu dessen »Ehren-Vorsitzenden auf Lebenszeit« ernannt werden, können nicht verallgemeinert werden. Schon der Schritt vom Vorstand in den Aufsichtsrat ist nicht so häufig, wie vielfach angenommen wird. Bei unserer Erhebung haben wir 106 Fälle dieser Art festgestellt, das sind keine zehn Prozent aller tätigen Vorstandsmitglieder (106 von 1091; siehe im einzelnen Tabelle 47). Anders ist es bei Eigentümer-Unternehmern. Ihre Amtszeit ist in der Regel länger, weil viele schon in jungen Jahren in die Verantwortung gelangen und dann oft bis ins hohe Alter tätig sind. Aber Eigentümer-Unternehmer sind im Bereich der Großunternehmen weit in der Minderzahl. Ihre zunehmende Verdrängung durch »angestellte Manager« in den letzten fünfzig Jahren ist der entscheidende Grund dafür, daß wirtschaftliche Führungspositionen jetzt häufiger wechseln als in der Zeit vor dem Ersten Weltkrieg. »Die Zirkulation in den Führungspositionen der Wirtschaftselite hat bis heute kontinuierlich zugenommen«, konstatiert Zapf[47]). Manager sind mobiler als Eigentümer.

[46]) Wolfgang Zapf, Wandlungen ..., Seite 127 und 167.
[47]) Ebenda.

Die Übung, mit 65 Jahren den Vorstandssessel zu räumen und »in Pension« zu gehen, hat sich bei den deutschen Großunternehmen weithin durchgesetzt, auch unter Managern großer Familienkonzerne. Die Pensionsgrenze wird allgemein respektiert, auf ihre Einhaltung wird geachtet. Das beruht nicht zuletzt auf der Erfahrung, daß es für einen Menschen oft um so schwieriger wird, seinen angestammten Amtsbereich zu verlassen, je älter er ist. Jedenfalls hat das Ausscheiden mit 65 unter Managern mehr und mehr den Charakter eines ungeschriebenen Gesetzes angenommen; auch tatkräftige und vor Vitalität strotzende Männer beugen sich dieser Notwendigkeit. (Natürlich gibt es unter Vorständen auch das andere Extrem derer, die sich darauf freuen, mit 65 dem »Joch« entfliehen und die angenehmeren Seiten des Lebens frei von beruflichen Sorgen genießen zu können). Die allgemeine Anerkennung eines »Pensionierungsalters« von 65 Jahren hat jedoch die segensreiche Wirkung, daß Betroffene wie Unternehmen veranlaßt werden, rechtzeitig nach einem geeigneten Nachfolger Ausschau zu halten.

Berufungs- und Pensionsalter

Die Begrenzung der Vorstandstätigkeit nach oben wirkt auf diese Weise auf das Berufungsalter zurück. Auch hier hat sich in der Wirtschaft eine weithin geltende Auffassung als Norm durchgesetzt: Der frisch in den Vorstand Eintretende sollte etwa Mitte 40 oder noch jünger sein, die 50 jedenfalls nicht überschritten haben. Auf Grund von Erfahrungen geht man davon aus, daß jeder Neuling einen Zeitraum von etwa fünf Jahren benötigt, um – möglichst unter Anleitung seines Vorgängers – in seinem neuen Amt »warm zu werden« und die dort auf ihn wartenden Aufgaben in den Griff zu bekommen. Es ist gleichsam die »Kandidatenzeit« des Anwärters, wenngleich der Anwärterstatus nach außen natürlich nicht in Erscheinung tritt. Dann sollte er jedoch mindestens zehn bis fünfzehn Jahre in seinem Amt wirken können, bis er – mit 65 – ausscheidet.

Häufiger Führungswechsel tut nicht gut

Die Konstanz der Unternehmensführung gilt in der Wirtschaft mit Recht als eine wichtige Vorbedingung des Unternehmenserfolgs. Mit dem politischen Bereich ist das nicht zu vergleichen, wenngleich auch dort, wie zahlreiche Beispiele erweisen, allzu häufige Regierungswechsel von Schaden sein können. Ein Unternehmen braucht aus sachlichen Erfordernissen eine beständige Führung. Wo Vorstände rasch wechseln, die »Zirkulation« also hoch ist, leidet der Betrieb. Das gilt in besonderem Maße für Großunternehmen, deren Vorstände Entscheidungen zu treffen haben, die oft weit in die Zukunft hineinwirken.

Unser Homunculus erweist sich also durchaus nicht als völlig abstraktes Wesen. Indem er nach den Durchschnittsmaßen gebaut ist, entspricht er gleichzeitig der Normvorstellung für den zeitlichen Ablauf einer Vorstandskarriere. Bei vielen Managern gleicht der Berufsweg tatsächlich diesem Bild. Freilich ist die Wirklichkeit in den Durchschnittszahlen nur sehr grob abgebildet. Insbesondere gehen darin die Verschiedenheiten zwischen Vorstandsvorsitzenden und »einfachen« Vorstandsmitgliedern unter. Deren Karrieren verlaufen keineswegs gleich: Vorstandsvorsitzender wird man zwischen 45 und 50 (im Durchschnitt mit 49 Jahren), Vorstandsmitglieder werden zumeist zwischen 40 und 45 (durchschnittlich mit 44) berufen. Bei gleichem Pensionsalter sind die Generaldirektoren also etwa 16 Jahre auf diesem Posten tätig, die anderen 21 Jahre als Vorstandsmitglied (siehe die Zeichnung zu Tabelle 28 im Anhang).

Was die Generaldirektoren angeht, so haben die meisten zwei Bestellungen hinter sich: die zum Vorstandsmitglied und die zum Vorsitzenden dieses Gremiums. In 75 Fällen sind Vorsitzende freilich auch in dieses Amt berufen worden, ohne vorher »einfaches« Vorstandsmitglied gewesen zu sein. Zum Teil handelt es sich um Personen, die »von draußen« geholt wurden, zum Teil um solche, die zwar aus Unternehmen stammen, aber vorher nicht einem Vorstand angehörten, sondern beispielsweise Generalbevollmächtigter oder Werksleiter waren. Die meisten, nämlich 272, sind jedoch die normale Stufenleiter emporgestiegen, über eine Vorstandstätigkeit zur Spitzenposition. Da die Statistik die Vorstandsvorsitzenden in ihrer Funktion als »Vorsitzende« erfaßt, ist von diesen Männern das Alter bei ihrer zweiten Berufung, der zum Vorsitzenden, in die Gesamtzahlen eingegangen, ein Wert, der natürlich über dem Alter bei der Erstberufung in einen Vorstand liegt. Dadurch wird der Gesamtdurchschnitt in die Höhe gezogen. Würde man bei Vorsitzenden nicht die zweite, sondern die erste Berufung zugrunde legen, so ergäbe sich für die Gesamtheit aller Vorstände als durchschnittliches Berufungsalter ein Wert, der um ein Jahr unter der von uns ausgewiesenen Zahl für alle läge: 44 statt 45 Jahre.

Spätere Generaldirektoren sitzen mit 40 im Vorstand

Um der Wirklichkeit näherzukommen, muß also das künstliche Gebilde eines »Durchschnittsvorstands«, von dem wir ausgegangen waren, in jene Bestandteile aufgespalten werden, aus denen es sich zusammensetzt. Da ist zunächst, wie gesagt, der Generaldirektor, der über die normale Vorstandslaufbahn auf seinen Posten gekommen ist. Sein typischer Berufsweg sieht – gemessen an den Durchschnittswerten – so aus, daß er mit 40 Jahren in einen Vorstand berufen wurde, etwa zehn Jahre als »gewöhnliches« Vorstandsmitglied gewirkt hat, mit 50 Vorsitzender wurde und mit 65 ausscheiden wird. Er ist also insgesamt 25 Jahre als Manager tätig, davon 15 als Generaldirektor. Dabei ist nicht gesagt, daß er seine Vorstandslaufbahn in einem einzigen Unternehmen absolviert hätte. Die Erstberufungen zum Mitglied und zum Vorsitzenden können durchaus in verschiedenen Firmen ausgesprochen worden sein. In unserem Fragebogen war nach dem Zeitpunkt der ersten Bestellung zum Mitglied »eines« Vorstands oder in die Geschäftsführung »eines« Unternehmens gefragt, und gerade bei Generaldirektoren ist, wie noch zu zeigen sein wird, die Zahl der Wechsel von einem zum anderen Unternehmen relativ hoch.

Die präsumtiven Generaldirektoren sind überwiegend sehr früh in ein Vorstandsamt gelangt (Tabelle 28, Abschnitt A, erste Zeile). Jeder fünfte von ihnen (19,9 Prozent) ist zum Vorstand bestellt worden, als er noch keine 35 Jahre alt war. Fast die Hälfte dieser Männer (48,5 Prozent) saß schon mit 39 an einem Vorstandstisch, fast Dreiviertel (73,2 Prozent) war bei der Berufung unter 45. Bei den Vorständen, die es nicht zum Vorsitzenden gebracht haben, ist die Zahl der in jungen Jahren Berufenen unvergleichlich viel niedriger. Offenbar machen sich unternehmerische Führungsqualitäten also schon sehr früh bemerkbar. Ausgeprägte Eignung für leitende Funktionen lenkt gerade bei Jüngeren vielfach die Aufmerksamkeit auf sich und setzt sich dann auch durch, worin die alte Volksweisheit des »Früh krümmt sich« eine Bestätigung findet. Wer jedoch mit 35 bereits einem Vorstand angehört (es braucht nicht der eines Großunternehmens zu sein), hat eine doppelt so hohe Chance wie die anderen, dermaleinst als Vorsitzender an der Spitze eines Großunternehmens stehen zu können. Aufs Ganze gesehen verhält sich die Zahl der Vorstandsmitglieder, soweit diese später Vorsitzende wurden (272), zu den »einfachen« Vorständen (844) wie 1 : 3, bei den Jungen beträgt die Relation jedoch 2 : 3.

Direkt an die Spitze berufen

Der zweite Typ nach der Art der Laufbahn ist jener Generaldirektor, der direkt auf diesen Posten berufen worden ist, ohne zuvor eine »gewöhnliche« Vorstandstätigkeit ausgeübt zu haben. Dieser Mann war bei der Bestellung im Schnitt um fünf Jahre jünger als sein Kollege, der die Stufenleiter im Unternehmen emporgestiegen ist. Er war 45 Jahre alt, führt ein Unternehmen in der Regel also etwa zwanzig Jahre. Offensichtlich sprechen bei der Bestellung solcher Männer vielfach ähnliche Erwägungen mit wie bei der Bestellung »einfacher« Vorstandsmitglieder: Er braucht, auch wenn seine Qualifikation überragend ist, einige Jahre Praxis auf dem Chefposten, bis er fest im Sattel sitzt, und sollte deshalb, wie es scheint, möglichst erst Mitte Vierzig sein, wenn er sein Amt antritt. Das 45. Lebensjahr, so scheint es nach diesem Befund, hat bei Vorstands-Berufungen fast den Charakter einer »magischen Zahl«. Bemerkenswert ist, daß Persönlichkeiten, die das 60. Lebensjahr erreicht haben, in keinem Fall mehr auf dem direkten Weg an die Spitze eines Großunternehmens gelangt sind; wohl aber gibt es unter den Vorsitzenden mit Vorstands-Vergangenheit 25 Fälle dieser Art. Im übrigen ist an die Analyse der Lebensalter im vorigen Abschnitt zu erinnern, bei der sich gezeigt hatte, daß ein auffallend hoher Anteil derjenigen, deren Laufbahn nicht über Unternehmen geführt hat, den geburtenschwachen Kriegsjahrgängen angehört. Hier bestehen ohne Zweifel innere Zusammenhänge, wenngleich die direkt Berufenen nicht immer »Unternehmensfremde« zu sein brauchen. (Die absoluten Zahlen in der vorliegenden Statistik sind zwar mit denen der Alters-Statistik in Abschnitt VI nicht vergleichbar, weil die Personengruppen nicht identisch sind: In der Statistik der Lebensalter waren nur diejenigen erfaßt, die im Zeitpunkt der Umfrage einem Vorstand angehört hatten; die Statistik der Berufungsalter enthält dagegen – wie sonst alle Tabellen – auch solche Personen, die früher Vorstand waren, heute jedoch ein Mandat im Aufsichtsrat ihres Unternehmens bekleiden. Die Vergleichbarkeit der Zahlen über die prozentuale Verteilung der Personen auf die einzelnen Gruppen nach

Lebens- und nach Berufungsalter ist dadurch jedoch nicht wesentlich beeinträchtigt.)

Die es nicht zum Vorsitzenden bringen

Die dritte Gruppe sind die ordentlichen Vorstandsmitglieder. Für sie errechnet sich das Durchschnittsalter bei der Erst-Bestellung (die zunächst auch eine Bestellung zum stellvertretenden, nicht gleich zum ordentlichen Vorstandsmitglied sein kann) insgesamt auf 43 Jahre. Aber dabei sind die späteren Generaldirektoren mitgezählt, die, wie gesagt, sehr früh in die Vorstände kommen, im Schnitt schon mit 40 Jahren. Läßt man sie heraus und beschränkt den Blick auf jene, die über das »einfache« Vorstandsmitglied nicht hinausgelangt sind, so beträgt das durchschnittliche Berufungsalter 44 Jahre. Jedes zweite Vorstandsmitglied (54,7 Prozent) hatte das 45. Lebensjahr noch nicht überschritten, als es in den Vorstand kam. Jeder vierte (25,5 Prozent) war bei der Bestellung zwischen 40 und 45 Jahre alt – es ist die größte Gruppe.

Die stellvertretenden Vorstandsmitglieder schließlich scheinen insofern nicht in das Gesamtbild zu passen, als die Statistik ihr Berufungsalter im Durchschnitt höher ausweist als das der ordentlichen Vorstandsmitglieder, mit 45 gegen 44 Jahren. Dieser Befund, so möchte man meinen, stimmt mit dem üblichen Karriereverlauf nicht überein: Normalerweise liegt die Ernennung zum »Stellvertreter«, also zur ersten Stufe einer Vorstandslaufbahn, vor der Ernennung zum »Ordentlichen«.

Die meisten waren zunächst nur »Stellvertreter«

Aber solche Betrachtungsweise würde übersehen, daß es sich in beiden Fällen um den gleichen Tatbestand handelt. Auch diejenigen, die heute ordentliche Vorstandsmitglieder sind,

124

waren zu einem erheblichen Teil zunächst stellvertretende Mitglieder und haben daher, indem sie ihr Alter bei der ersten Berufung angaben, das Alter bei ihrer Ernennung zum »Stellvertreter« genannt. Das gleiche kann für die Erstberufung eines Generaldirektors zum Vorstandsmitglied gelten, auch er kann zunächst »Stellvertreter« gewesen sein. Faktisch läßt sich also nur zwischen Erstberufung in einen Vorstand und – bei Vorsitzenden – Berufung zum Vorsitzenden unterscheiden.

Die zuletzt erreichte Vorstandsposition des Betreffenden ist dabei ohne Belang. Rechnet man so, dann ergibt sich für alle drei Personengruppen – die direkt berufenen Vorsitzenden nicht mitgezählt – das durchschnittliche Alter bei der Erstberufung als Vorstandsmitglied mit 43 Jahren. Ohne die späteren Generaldirektoren, also nur für die heutigen ordentlichen und stellvertretenden Vorstände, sind es 44 Jahre. Das sind dieselben Werte wie für die ordentlichen Vorstände allein.

Stellvertreter ehrenhalber

In einem Punkt ist die gesonderte Betrachtung der heutigen »Stellvertreter« allerdings aufschlußreich. Sie zeigt nämlich, daß selbst in Altersbereichen, in denen von einer normalen Vorstandskarriere im Regelfall kaum noch die Rede sein kann, nämlich jenseits der 55 und selbst jenseits der 60, durchaus Bestellungen zu stellvertretenden Vorstandsmitgliedern ausgesprochen werden, relativ sogar in einem höheren Umfange als Bestellungen zu ordentlichen Vorstandsmitgliedern. Die Vermutung liegt nahe, daß es in solchen Fällen vornehmlich darum geht, altverdienten Führungskräften des Unternehmens wenige Jahre vor ihrer Pensionierung eine Anerkennung zuteil werden zu lassen, wobei im Einzelfall materielle Beweggründe ebenso mitsprechen mögen wie ideelle. Mit Laufbahnfragen hat dies wenig zu tun. Es ist aber die Erklärung dafür, daß das durchschnittliche Berufungsalter der stellvertretenden höher erscheint als das der ordentlichen Vorstandsmitglieder.

In allen Branchen ziemlich gleich

Die Ansichten über jenes Alter, das ein Aspirant beim Eintritt in den Vorstand etwa haben sollte, besitzen in der Wirtschaft offenbar ziemlich allgemeine Geltung. Sie sind weder an die Branche noch an andere Merkmale des Unternehmens gebunden; jedenfalls bestehen in diesem Punkt relativ geringe Unterschiede. Was die Gliederung nach Wirtschaftszweigen betrifft (Tabelle 28, Abschnitt B), so zeigen nur die Kreditinstitute, soweit sie nicht öffentlich-rechtlichen Charakter haben, sowie die Versicherungen gewisse Abweichungen. Gemessen an den Durchschnittswerten der Berufungsalter für die einzelnen Positionsgruppen (für Vorsitzende ist die Berufung zum Vorsitzenden zugrunde gelegt, nicht die Erstberufung), werden bei Kreditinstituten einschließlich der in unserer Statistik enthaltenen Privatbanken Bestellungen in einen Vorstand oder zum Geschäftsführungsmitglied recht früh ausgesprochen, durchschnittlich im Alter von 43 Jahren; fast sechzig Prozent aller Männer in solchen Gremien waren noch keine 45 Jahre alt, als sie die Bestellungsurkunde erhielten. Umgekehrt sind bei diesen Instituten die Vorsitzenden oder Sprecher der Vorstände erst relativ spät in dieses Amt berufen worden. Das durchschnittliche Berufungsalter ragt hier mit 52 Jahren deutlich über das allgemeine Niveau hinaus, mehr als die Hälfte der Vorsitzenden (51,6 Prozent) war 55 oder älter, als sie diese Position antraten. Relativ früh kommt auch das Management von Versicherungsunternehmen in die Verantwortung hinein; das gilt hier, anders als bei Banken, nicht nur für die »einfachen« Vorstände (43 Jahre), sondern auch für die Spitzenpositionen (47 Jahre).

Nicht ganz so dicht um den Gesamtdurchschnitt geschart sind

die Werte in der Aufteilung nach Eigentumsverhältnissen der Unternehmen (Tabelle 28, Abschnitt C). Hier fällt auf, daß bei Börsengesellschaften die Vorstandsmitglieder zwar in dem »üblichen« Alter von durchschnittlich 44 Jahren berufen werden, die Vorsitzenden jedoch später als in anderen Unternehmen, durchschnittlich mit 50. Jeder dritte Generaldirektor einer solchen Gesellschaft (32,8 Prozent) ist erst bestellt worden, als er schon das 55. Lebensjahr erreicht oder überschritten hatte; allgemein trifft das nur für jeden vierten Vorsitzenden zu (26,2 Prozent). Da in dieser Gruppe die nach Umsatz und Geschäftsvolumen bedeutendsten Gesellschaften vertreten sind, könnte dies ein Hinweis darauf sein, daß der Weg zum Generaldirektor um so länger ist, je größer die Unternehmen sind.

Am frühesten erfolgen Vorstandsbestellungen in Familiengesellschaften (41 Jahre), auch die Vorsitzenden liegen hier mit ihrem Berufsalter (47) unter dem Durchschnitt. Besonders rasch scheinen Karrieren zum Spitzenmanager in Gesellschaften zu verlaufen, die von einem Konzern beherrscht werden (was darauf beruhen könnte, daß die unternehmerische Verantwortung eines Vorstandsvorsitzenden hier wegen der Weisungsbefugnis der Obergesellschaft oft kleiner ist): Schon mit 46 Jahren hat der »Durchschnittstyp« in einem Konzernunternehmen die oberste Vorstandsposition erreicht. Dagegen liegen die Auslandsfirmen in dieser Hinsicht nicht weit vom allgemeinen Durchschnitt entfernt. Ihr Management erscheint zwar, wie im vorigen Abschnitt gezeigt wurde, besonders jung, weil die Gruppe der Älteren – jenseits der 55 oder 60 – hier schwächer vertreten ist als anderswo. Aber die Vorstände und Vorsitzenden in diesen Unternehmen sind durchaus nicht auch in entsprechend früherem Lebensalter in ihr Amt berufen worden. Sie waren nur – im Durchschnitt – zum Zeitpunkt dieser Erhebung eine kürzere Zeit im Vorstand tätig als andere, und sie werden voraussichtlich auf Grund abweichender Pensionierungsregeln früher daraus scheiden. Die Zahl der Amtswechsel, die »Zirkulation«, scheint hier also größer zu sein.

Noch keine zehn Jahre im Amt

Aus der Korrelation von Lebens- und Berufungsalter läßt sich schließlich ermitteln, in welchen Kalenderjahren jeweils die erste Berufung in einen Vorstand oder zum Vorstandsvorsitzenden erfolgte. Das ist in der vorliegenden Statistik zwar nicht mit letzter Exaktheit möglich, weil das Geburtsjahr nur in der Einteilung nach Fünf-Jahres-Gruppen vorliegt, nicht auf die Jahreszahl genau. Außerdem muß beachtet werden, daß Personen einbegriffen sind, die heute ihre Vorstandstätigkeit nicht mehr ausüben, sondern dem Aufsichtsrat angehören. Anders wäre es nicht zu erklären, daß 4,3 Prozent aller in dieser Statistik erfaßten Vorstandsmitglieder und 6,9 Prozent der Vorsitzenden schon vor dem Zweiten Weltkrieg im Vorstand eines Unternehmens gesessen haben: das Jubiläum einer dreißigjährigen Dienstzeit als Vorstand kommt nur in relativ seltenen Fällen vor. Aus den Kriegs- und ersten Nachkriegsjahren (1940–1949) stammen fast 10 Prozent der Vorstände. Insgesamt hat also fast jeder Siebte (14,0 Prozent) seine Erstbestellung vor 1950 erhalten (Tabelle 29).

Die Massierung der Berufungen wird um so stärker, je mehr man sich der Gegenwart nähert. Jeder Dritte (31,1 Prozent) ist erst in den letzten fünf Jahren Vorstandsmitglied oder Generaldirektor geworden, jeder Vierte (26,7 Prozent) in dem Jahrfünft davor. Die meisten Männer, die heute in der Verantwortung stehen, haben demnach noch keine zehn Jahre als Vorstand hinter sich.

VIII. LAUFBAHN-MERKMALE

Die meisten sind im Unternehmen aufgestiegen

IN GROSSUNTERNEHMEN ist es nicht immer einfach, geeignete Männer für die Spitze zu finden. Die Leitung eines weitverzweigten Konzerns mit vielen Werken im In- und Ausland, mit Tochtergesellschaften in aller Welt erfordert andere Fähigkeiten als die Führung einer mittleren Firma, die für zwei Augen noch überschaubar ist. Mit zunehmender Größe der Unternehmen verfestigen sich auch die Strukturen im Personalwesen. Der Apparat wird bürokratischer. Damit erwachsen der Führungsauslese besondere Schwierigkeiten. Wer soll aus Zehntausenden von Mitarbeitern die Fähigen herausfinden? Und welche Chancen hat ein nach Anlagen und Fähigkeiten für Führungsaufgaben geeigneter Anwärter, sich gegenüber dem Gesetz der Masse durchzusetzen und den Weg zur Spitze zu finden? Energie, Willensstärke, Zielstrebigkeit reichen meist nicht aus; es gehören andere Faktoren dazu – oft auch eine Portion Glück –, um als kleines Rädchen im Getriebe des Verwaltungsapparates die Aufmerksamkeit jener Männer auf sich zu lenken, von deren Entscheidungen die Auswahl des Führungsnachwuchses abhängt.

In Amerika, wo diese Fragen angesichts des Umfangs der Unternehmen wesentlich größeres Gewicht haben als in Deutschland, besteht die Meinung, trotz allen planmäßigen »Management Trainings« sei der Aufstieg eines Mannes innerhalb des gleichen Konzerns bis zum Top Management heute nahezu unmöglich geworden. Die meisten blieben im mittleren Management hängen. Vance Packard, Autor des Buches über die »Pyramidenkletterer«, hält dies fast für ein Naturgesetz. Das mittlere Management ist nach seiner Meinung für wirkliche Führerpersönlichkeiten schon deshalb eine unübersteigbare Barriere, weil für die mittlere Garnitur andere Forderungen gälten als für Top Manager; deshalb seien die Auslesekriterien im mittleren Bereich gar nicht auf überragende Spitzenkräfte abgestimmt. Er rät unternehmerisch begabten jungen Leuten, zunächst besser eine eigene Firma zu gründen oder in einem freien Beruf tätig zu werden, also gleichsam einen Umweg zu wählen. Die Chance, dadurch die Aufmerksamkeit auf sich zu lenken, sei wesentlich größer, als wenn man ein Körnchen in dem großen Sandhaufen der Angestellten bleibe: »Bei der Suche nach kühnen Führerpersönlichkeiten werden die Großunternehmen möglicherweise mehr und mehr auf die kleineren Gesellschaften blicken müssen, falls das Klima im eigenen Hause die Entwicklung tatkräftigen Führungsnachwuchses hemmt«[48]).

Betriebsverbundenheit, ein wichtiger Faktor

In Deutschland mag es bis zu einem gewissen Grade ähnlich sein, wenngleich die Zahlen zunächst das Gegenteil zu bekunden scheinen. Die Männer, die heute in den Vorständen der Großunternehmen sitzen, sind überwiegend aus dem gleichen Unternehmen oder aus einem Unternehmen der gleichen Gruppe (des gleichen Konzerns) berufen worden, an dessen Spitze sie heute stehen. Das braucht jedoch nicht zu heißen, daß sie ihren gesamten Berufsweg in diesem Unternehmen zurückgelegt hätten. Viele haben vorher die Firmen gewech-

[48]) Vance Packard, Die Pyramidenkletterer, München - Zürich 1970, Seite 123.

selt, oft mehrfach. Nach den Feststellungen von Pross/Boetti-
cher ist von je drei befragten Managern nur einer ohne Unter-
brechung bei dem Unternehmen geblieben, in das er zu Beginn
seiner Laufbahn eingetreten war; etwa 40 Prozent haben die
Firma ein- oder zweimal gewechselt, der Rest, also gut 25
Prozent, dreimal oder häufiger[49]).

Aber der entscheidende Schritt, die Berufung in den Vorstand,
wurde von den meisten innerhalb des gleichen Unternehmens
oder der gleichen Unternehmensgruppe getan. Insofern ist die
Bestellung von Führungsnachwuchs aus dem eigenen Bereich
das Übliche, sie überwiegt gegenüber der Heranziehung von
Unternehmensfremden. Sehr viele von ihnen sind auch
echte »Laufbahn-Unternehmer«, die klein angefangen und es
über eine Reihe von Zwischenstationen bis zum Manager gebracht haben. Offenbar gilt es deutschen Unternehmen als
wichtig, daß der Anwärter mit dem Betrieb vertraut und allmählich in seine spezielle Führungsaufgabe hineingewachsen
ist: Betriebsverbundenheit hat unter den Auswahlkriterien
einen hohen Stellenwert. Für Spitzenkräfte (Vorstandsvorsitzende) gilt diese Feststellung freilich, wie sich zeigen wird,
nur mit Einschränkungen.

Kein beamtenhaftes Ersitzen

Der Berufsweg der »Aufsteiger« unter den Vorständen – der
»Konzernbürokraten«, wie sie zuweilen mit einem Unterton
von Geringschätzung genannt werden – ist jedoch alles andere
als beamtenhaft. Soziologen neigen vielfach einer solchen
Charakterisierung heutiger Managerkarrieren zu. »In der Großindustrie beginnt man als technischer, juristischer oder wirtschaftlicher Spezialist, erhält bei Führungsbegabung Prokura,
anschließend vielleicht die Direktion über eine Betriebseinheit,
und wird dann im Stammbetrieb oder bei einer Konkurrenz-

[49]) Pross/Boetticher, Manager ..., Seite 74.

131

firma Vorstandsmitglied«. So einfach und schematisch vollzieht sich das. Und Wolfgang Zapf, von dem dieses Zitat stammt, zieht daraus an anderer Stelle den Schluß, der Aufstieg der deutschen Manager folge quasi–bürokratischen Mustern: »Es gibt fixierte Etappen des Aufstiegs ... Es gibt etablierte Regeln der Anciennität«[50]). Pross/Boetticher sagen es noch pointierter: »Die Berufsgeschichte leitender Angestellter in Großunternehmen gleicht heute eher der von Beamten in einer öffentlichen Verwaltung als dem Lebensweg des Unternehmens aus der Epoche der Industrialisierung. Sie ist Karriere, eine mehr oder minder gesicherte stufenweise Entwicklung nach oben«[51]).

Daran ist eines richtig: Für die Auswahl der Manager spielt die auf Eignung beruhende Qualifikation eine entscheidende Rolle. Eignung ist jedoch nur durch Bewährung an Führungsaufgaben wachsender Schwierigkeitsgrade zu erweisen. Das bedingt jene »stufenweise Entwicklung nach oben«, die bei Befragungen so häufig in Erscheinung tritt. Die Stufenleiter innerhalb des Unternehmens ist zwar nicht mit den Risiken jenes Weges behaftet, den frühere Pionierunternehmer zu gehen hatten, aber durchaus mit dem Risiko eines Fehlschlags. Ein Versagen gegenüber einer begrenzten Führungsaufgabe verbaut nicht nur den weiteren Aufstieg, sondern führt oft sogar zum Abstieg und ist insofern ein echtes Berufsrisiko. Von »fixierten Etappen« des Hochdienens im Sinne beamtenhafter Beförderungen kann jedenfalls unter den Bedingungen des Leistungswettbewerbs nicht entfernt die Rede sein, ebensowenig von »etablierten Regeln der Anciennität«, nach denen Ältere gegenüber Jüngeren prinzipiell bevorzugt würden. Hier wirkt kein Automatismus. Es gibt für Manager kein Ersitzen oder Erdienen. Es gibt, wenn man dies schon in einem einzigen Wort

[50]) Wolfgang Zapf, Wandlungen ..., Seite 157; Derselbe, Die deutschen Manager ..., Seite 143.
[51]) Pross-Boetticher, Manager ..., Seite 72.

umschreiben will, nur ein »Erringen«. Im übrigen sind Blitzkarrieren gar nicht so selten, wie manche Soziologen dies offenbar annehmen. Für überragende Führungskräfte sind sie sogar die Regel.

Nicht immer geradlinig

Bei alledem darf nicht übersehen werden, daß die Berufswege nicht immer so gradlinig »von unten nach oben« verlaufen, wie das den üblichen Vorstellungen über den Ablauf einer Manager-Karriere entspricht. Oft spielt sich der berufliche Werdegang eines Menschen in Wellen ab, wobei Höhen wie Tiefen vielfach abrupt nebeneinanderstehen. Besonders Menschen, deren Lebensschicksale durch Kriege und wirtschaftlichen Niedergang oder durch unmittelbare politische Einwirkungen bestimmt wurden, entziehen sich weitgehend einer Einordnung in typisierende soziologische Schemata. Es gibt Männer, die nach 1933 vor dem Nichts standen, als selbständige Kaufleute ihr Glück im Ausland versuchten, dort Erfolg hatten und schließlich als Manager eines Großunternehmens nach Deutschland zurückkehrten. Andere wurden 1945 aus dem Osten vertrieben, manche waren in Kriegsgefangenschaft oder jahrelang von den Besatzungsmächten inhaftiert, ehe sie ihren Berufsweg fortsetzen konnten. Wieder andere waren Berufsoffizier und haben sich nach dem Krieg ohne Spezialkenntnisse und Studium vom einfachen Vertreter bis zum Vorstandsmitglied hochgearbeitet. Wie bunt ein Leben sein kann, zeigt der Lebenslauf eines führenden Mannes (wir haben seine Angaben schon in Abschnitt I zitiert), der zunächst Jura studiert hat, dann den Ersten Weltkrieg als aktiver Offizier mitmachte, nach 1918 eine Landwirtschaftslehre absolvierte, anschließend Agrarwissenschaften studierte, als Direktor einer Landwirtschaftskammer arbeitete und erst nach 1933 auf Grund der politischen Entwicklung in die Industrie ging. Wie will man solche Karriere-Verläufe auf einen Nenner bringen, ohne ihnen durch schematisierende Zuordnung Zwang anzutun? Es ist kaum möglich.

Wer nur eindeutige Fakten erfassen will, muß sich mit wenigen Punkten bescheiden. Eindeutig feststellbar ist in der Regel der Zeitpunkt, zu dem die erste Berufung in einen Vorstand oder eine Geschäftsführung erfolgte; darüber handelte der vorige Abschnitt. Was davor auf dem Berufsweg lag, ist nur insoweit mit einiger Sicherheit erfaßbar, als es unmittelbar mit der Vorstandsbestellung zusammenhängt. Dazu gehört vor allem die Position direkt vor der Berufung, also die Frage, ob der Betreffende »von draußen« berufen wurde oder zu diesem Zeitpunkt schon dem Unternehmen angehörte, das ihn zum Vorstand oder Geschäftsführer bestellte. Sofern es sich um einen Unternehmensfremden handelt, läßt sich in der Regel auch sagen, ob er aus einem anderen Unternehmen kam oder ob ihn sein Weg bisher nicht über Unternehmen geführt hat. (Bei dieser Frage können freilich schon Schwierigkeiten auftreten: Ein Vorstandsmitglied, das von 1945 bis 1950 in einem mitteldeutschen Internierungslager saß, war vor 1945 sowohl in einer Behörde als auch in Unternehmen tätig, hatte aber keinem Vorstand angehört, und ist 1950, nach der Haftentlassung, direkt in den Vorstand eines neu gegründeten westdeutschen Unternehmens berufen worden. Wie soll dieser Mann die – schematische – Frage nach seiner Tätigkeit unmittelbar vor der ersten Berufung in einen Vorstand beantworten?) Für die Vorstände, die vor ihrer Berufung keinem Unternehmen angehört haben, läßt sich im allgemeinen auch die bis dahin ausgeübte Berufstätigkeit ermitteln. Mit einiger Sicherheit kann schließlich bei denen, die über Unternehmen aufgestiegen sind, zumeist der Ausgangspunkt der Karriere festgestellt werden, nämlich die erste Position, die der Befragte in einem Unternehmen eingenommen hat. Das kennzeichnet soziologisch die Länge des jeweiligen Weges bis zur Spitze: Vom Lehrling bis zum Vorstand ist eine höhere Aufstiegsleiter zu bewältigen als beispielsweise vom Direktions-Assistenten bis zum General-direktor.

Im eigenen Unternehmensbereich
zum Vorstand bestellt

Die Manager von Großunternehmen stammen, wie gesagt, überwiegend aus dem vertrauten Bereich des eigenen Unternehmens. Wieviel es effektiv sind, hängt davon ab, wo die definitorische Grenzlinie gezogen wird. Wirklich aus dem eigenen Unternehmen – im engeren Sinn – wurden 729 Männer zum Vorstand berufen (Tabelle 30); das ist zwar mehr als die Hälfte aller Vorstände (55 Prozent), aber doch nicht so viel, daß von einem gravierenden Übergewicht der Laufbahn-Unternehmer gesprochen werden könnte. Wirklichkeitsnahe Betrachtung erfordert jedoch, auch jene Vorstandsmitglieder zu dieser Gruppe zu zählen, die vor ihrer Berufung nicht dem berufenden Unternehmen, wohl aber einem anderen Unternehmen des gleichen Konzerns angehört haben; meist handelt es sich bei solchen Berufungen um den Schritt von einer Tochter- zur Muttergesellschaft. Es sind weitere 112 Vorstände (8 Prozent). Blickt man dabei nicht nur auf »Konzernunternehmen« im aktienrechtlichen Sinn, sondern wertet auch jene Vorstandsbestellungen als »intern«, bei denen der Berufene vorher in einem wirtschaftlich nahestehenden Unternehmen tätig war (Beispiel: Bestellung eines Sparkassen-Angehörigen zum Vorstandsmitglied einer Girozentrale), so kommen weitere 23 Vorstände hinzu (2 Prozent). Schließlich müssen auch jene Fälle einbezogen werden, in denen die Berufung zum Vorstand eines Großunternehmens zeitlich – und meist auch ursächlich – mit der Angliederung einer Gesellschaft an diesen Konzern zusammenhing: 25 Vorstände oder nochmals 2 Prozent.

Alles in allem sind es 889 Vorstände, die vor ihrer Berufung dem eigenen Unternehmen oder der eigenen Unternehmensgruppe (im weitesten Sinne) angehört haben. Das bedeutet,

135

daß von je drei Vorstandsmitgliedern gerade etwa zwei die entscheidende Phase ihre Aufstiegs, nämlich die Zeit unmittelbar vor der Bestellung zum Vorstand, im eigenen Unternehmensbereich zurückgelegt haben (66,8 Prozent). Wenn sich der Führungsnachwuchs der deutschen Großunternehmen zu zwei Dritteln aus dem eigenen Bereich rekrutiert, so will es scheinen, als ob der Auslese-Mechanismus für die oberste Führungsgarnitur in Deutschland recht gut funktioniert. Die Verkrustung der personellen Strukturen innerhalb der Unternehmen scheint keineswegs so weit fortgeschritten zu sein, daß die Befürchtungen, die aus Amerika an deutsche Ohren dringen, auch bei uns schon akut wären.

Kleinere Firmen als Reservoir für Führungsnachwuchs

Dieser Schluß wäre richtig, wenn die zwei Drittel, die aus dem eigenen Unternehmensbereich in den Vorstand gelangt sind, tatsächlich auf Grund eines umfassenden Ausleseprozesses in diesem Unternehmen aufgestiegen wären. Das ist jedoch keineswegs sicher. In Wirklichkeit dürfte die Stufenleiter, wie schon mehrfach betont, nur für einen Teil dieser Männer innerhalb des gleichen Unternehmens von ganz unten – oder von einer mittleren Position – bis ganz nach oben geführt haben. Viele von denen, die dem Unternehmen vor der Vorstandsbestellung schon angehört haben, dürften vielmehr aus anderen Unternehmen (oder Bereichen) stammen und nur die obersten Sprossen der Leiter in dem Unternehmen zurückgelegt haben, das sie zum Vorstand bestellt hat. Es gibt Beispiele, in denen sich Vorstandsmitglieder führender Unternehmen ihre Sporen vielfach zunächst in kleineren Firmen verdient haben, ehe sie von einem großen »entdeckt« wurden. Offenbar sind gerade auch Firmen, die nicht zu den Größten im Lande gehören, ein wichtiges Reservoir für den Führungsnachwuchs der Großunternehmen – ähnlich wie in der Generationenfolge der Mittelstand das wichtigste Reservoir für unternehmerische Führungskräfte bildet. Diesen Zusammenhängen nachzuspüren, wäre eine reizvolle Aufgabe, wenngleich wegen der Vielfalt der beruflichen Einzelschicksale nicht einfach.

Der Anteil derer, die aus dem eigenen Unternehmen oder der eigenen Unternehmensgruppe zum Vorstand berufen wurden, ist bei den stellvertretenden Vorstandsmitgliedern wesentlich größer als bei ordentlichen Vorstandsmitgliedern (78 gegen 68 Prozent; siehe Tabelle 31, Abschnitt B), bei diesen wiederum größer als bei den Vorstandsvorsitzenden (68 gegen 61 Prozent). Je höher die Position, um so mehr spielen also »Fremd-Berufungen« eine Rolle. Was die Vorstandsvorsitzenden angeht, so gilt die entsprechende Feststellung auch für die Unterscheidung zwischen jenen, die zunächst »einfaches« Vorstandsmitglied waren (das sind 273 Personen oder 78,4 Prozent), und den anderen, die direkt an die Spitze berufen wurden (das sind 75 Personen oder 21,6 Prozent; Tabelle 32). Von den Vorsitzenden mit Vorstands-Laufbahn haben vor ihrer ersten Bestellung (also der zum »einfachen« Vorstandsmitglied) 67 Prozent dem berufenden Unternehmen angehört, von den direkt Berufenen nur 37 Prozent. Diese 37 Prozent (28 Personen) waren also in ihrem Unternehmen oder Konzern als Generalbevollmächtigte, Werks-, Niederlassungs-, Abteilungsleiter oder in einer anderen leitenden Position tätig, als sie – unter Überspringen einer »einfachen« Mitgliedschaft im Vorstand – direkt an die Spitze gestellt wurden. Das Bild kompliziert sich bei den Vorstandsvorsitzenden noch dadurch, daß diejenigen, die vorher schon einem Vorstand angehörten, natürlich auch bei der Bestellung zum Vorsitzenden das Unternehmen gewechselt haben können; in 14 Fällen lag eine »Fremd-Berufung« dieser Art vor (Tabelle 32, Abschnitt Ia). Solche Fälle sind, um eine Doppelzählung von Personen zu vermeiden, in unseren Gesamtzahlen nicht berücksichtigt.

Die Zahlen zeigen, daß sich in der Industrie, im Handel und

Verkehr sowie besonders in der Versicherungswirtschaft der Vorstands-Nachwuchs in relativ hohem Umfang aus dem eigenen Unternehmen rekrutiert, während in der Kreditwirtschaft und hier besonders bei öffentlich-rechtlichen Kreditinstituten der Anteil der Vorstände aus dem eigenen Bereich deutlich unter dem Durchschnitt liegt (Tabelle 31). Die Firmen, die sich ihren Führungsnachwuchs in überdurchschnittlichem Maß von draußen holen, sind außer öffentlich-rechtlichen Unternehmen vor allem auch Personalgesellschaften, die dem Bereich der Familienunternehmen im weitesten Sinn zuzurechnen sind. Hier schlagen sich wohl vor allem die Verhältnisse in bedeutenden Privatbankhäusern nieder, deren Geschäftsführer, soweit es sich nicht um die Eigentümer handelt, ihren Weg häufig nicht im eigenen Haus gemacht haben.

Die von draußen kommen

Unter den Vorständen, die nicht aus dem eigenen Unternehmen oder Konzern, sondern »von draußen« kamen, war reichlich die Hälfte vor der Berufung in einem anderen Unternehmen tätig. Auch diese 233 Männer (17,5 Prozent der Gesamtzahl) stammen also aus der betrieblichen Sphäre, die meisten sind vermutlich einen ähnlichen Weg gegangen wie jene, die bei der Berufung im gleichen Unternehmen geblieben sind. Alles in allem haben also 1122 Vorstände eine Unternehmens-Laufbahn hinter sich, das sind mehr als fünf Sechstel (84,3 Prozent). Das zeigt: Der Aufstieg zur Spitze der Großunternehmen ist in Deutschland vornehmlich »vertikal« orientiert, er verläuft für die meisten innerhalb der Unternehmen von unten nach oben. Die Zahl derer, die ihre Karriere zunächst in anderen Lebensbereichen gemacht haben und dann, nachdem sie in der Verwaltung, im Verbandswesen, in der Wissenschaft, in einem freien Beruf oder anderswo eine angesehene Position erreicht hatten, in den Vorstand eines

Unternehmens übergewechselt sind, ist demgegenüber vergleichsweise gering. Insgesamt hat etwa jeder sechste bis siebte Vorstand einen solchen gleichsam »horizontalen« Berufswechsel hinter sich. Es sind 209 Personen oder 15,7 Prozent (Tabellen 30 und 31).

Allerdings liegt die Quote der »Unternehmensfremden« bei den Vorstandsvorsitzenden wesentlich höher. Hier war fast jeder vierte (24,4 Prozent) vor seiner Berufung nicht in einem Unternehmen tätig, unter den Spitzenmanagern der Privatbanken fast jeder dritte, bei den öffentlich-rechtlichen Kreditinstituten sogar jeder zweite. Die Fremdberufungen sind also wesentlich auf Spitzenpositionen konzentriert, und hier besonders auf die Kreditwirtschaft. Auch die »gewöhnlichen« Vorstands- oder Geschäftsführerpositionen sind bei Banken in überdurchschnittlich hohem Umfange von Männern besetzt, deren Laufbahn nicht über Unternehmen geführt hat. Dagegen sind es in der Industrie nur relativ wenige, hier stehen die Manager mit Unternehmenslaufbahn eindeutig im Vordergrund. Unter den Vorstandsvorsitzenden ist der Anteil der »Außenseiter« zwar auch hier beachtlich (19,0 Prozent, also fast jeder fünfte), er bleibt jedoch hinter dem Durchschnitt zurück. Bei ordentlichen und stellvertretenden Vorstandsmitgliedern haben Berufungen aus der nichtunternehmerischen Sphäre in der Industrie weitgehend den Charakter von Ausnahmefällen.

Nach den Ausbildungsmerkmalen bestehen zwischen den beiden Gruppen von Vorständen interessante Unterschiede (Tabelle 33). Unter den Vorständen mit Unternehmenslaufbahn sind Männer ohne Abitur und ohne Studium wesentlich häufiger zu finden als bei den Vorständen, deren Berufsweg nicht über Unternehmen geführt hat. Praktiker machen also ihre Karriere überwiegend im Betrieb, die genaue Kenntnis der Materie, die Vertrautheit mit dem Unternehmen und seinen Besonderheiten und Erfordernissen treten hier bis zu einem gewissen Grade an die Stelle des fehlenden Studiums. Das gleiche gilt für die studierten Techniker, die Ingenieure also, die gleichfalls vornehmlich im Betrieb, im ständigen Umgang mit dem Apparat groß werden. Dagegen werden Juristen und Wirtschaftswissenschaftler in überdurchschnittlichem Maße von »draußen« berufen; für sie scheinen also allgemeine Kenntnisse und Erfahrungen mindestens als ebenso wichtig zu gelten wie die Vertrautheit mit den speziellen Bedingungen des Unternehmens. Freilich sind Fremdberufungen, wie gesagt, vornehmlich Berufungen auf Vorsitzerposten, und sie betreffen besonders die Kreditwirtschaft, vor allem deren öffentlich-rechtlichen Zweig. Es handelt sich also um Positionen, für die Juristen und Wirtschaftswissenschaftler allgemein als besonders geeignet gelten. Aus den gleichen Zusammenhängen erklärt sich auch im wesentlichen die Herkunft dieser Gruppe von Vorständen: Mehr als die Hälfte derer, die von draußen berufen wurden, stammt aus der öffentlichen Verwaltung: Sie waren vorher Beamte.

IX. VORSTÄNDE MIT
UNTERNEHMENS-LAUFBAHN

Der Weg zum Gipfel führt oft über mehrere Firmen

DIE MANAGER, DIE VOR IHRER BERUFUNG zum Vorstand schon dem jetzigen Unternehmen oder Konzern angehörten, sind durchaus nicht alle die geregelte Stufenleiter einer betrieblichen Hierarchie Sprosse für Sprosse emporgestiegen. Ihre früheren Berufswege liefen häufig kreuz und quer. Sie führten oft auch durch Landschaften, in denen kein unternehmerisches Klima herrschte: über eine Tätigkeit in Staatsstellen, Aufsichtsbehörden, Wirtschaftsverbänden oder anderen Institutionen, zuweilen über ein Angestellten-Dasein in der Verwaltung, über Rechtsanwalts-, Beratungs- oder andere freiberufliche Tätigkeiten, über die Laufbahn eines Wissenschaftlers, häufig auch über Auslands-Engagements. Vermutlich sind die Lebensläufe von führenden Männern in keinem anderen Bereich so heterogen wie bei Managern. Die Wege der Hochschulprofessoren, der Ministerialdirektoren, der Gerichtspräsidenten, der kirchlichen Würdenträger – von Generälen ganz zu schweigen – sind wesentlich fester vorgezeichnet, ihr Verlauf ist geradliniger als der von Vorstandsmitgliedern in Großunternehmen.

Selbst Vorstände, die ausschließlich in den Mauern einer einzigen Firma großgeworden sind, deren Karrieren also der üblichen Vorstellung von einer beamtenhaft festgelegten Stufenleiter zu entsprechen scheinen, sind die verschiedensten

141

Pfade gegangen, krumme oder gerade, lange oder kurze, glatte oder beschwerliche, rasche oder zeitraubende. Manche sind als Lehrling eingetreten und haben sich mühsam über die verschiedenen Stufen der Unternehmens-Leiter hochgearbeitet, andere hatten das Glück, gleich nach dem Studium einem maßgebenden Mann zu begegnen, der ihre Begabung erkannte und sie rasch förderte. Der eine hat in der Fabrik, in der Forschungs- oder Entwicklungsabteilung, im Verkauf oder auf einem Auslandsposten begonnen und durch herausragende Leistungen die Aufmerksamkeit auf sich gelenkt, ein anderer ist nach dem Studium bald in die Stellung eines Direktions-Sekretärs und damit schon früh »in die Nähe des Gipfels« gelangt. Viele sind dem gleichen Unternehmen treu geblieben, das sie zum Vorstandsmitglied bestellt hat, für andere begann die eigentliche Karriere erst nach Erreichen dieser Sprosse: Sie haben das Unternehmen danach noch zwei-, dreimal oder häufiger gewechselt und sind auf diesem Wege in immer größere Unternehmens-Dimensionen und in Aufgaben mit immer weiterem Verantwortungsbereich hineingewachsen.

Lang-, Mittel- und Kurzstreckenläufer

Die erste Position, die ein Vorstandsmitglied in einem Unternehmen eingenommen hat, kennzeichnet zugleich die Länge seines Aufstiegsweges. Von den heutigen Vorständen, die in Unternehmen großgeworden sind (nicht von draußen berufen wurden), hat gerade etwa jeder dritte einmal auf dem ungepolsterten Stuhl eines Lehrlings oder Praktikanten gesessen (32,8 Prozent). Ein weiteres Drittel (etwas weniger, nämlich 31,9 Prozent) ist von einer untergeordneten oder mittleren Position aufgestiegen. Und nur das letzte Drittel (etwas mehr: 35,3 Prozent) hat seine Laufbahn als Direktions-Assistent, als Mitarbeiter eines leitenden Mannes oder in einer höheren Position begonnen, das heißt in den oberen Rängen eines Unternehmens. Die »Lang-, Mittel- und Kurzstreckenläufer« sind also recht gleichmäßig verteilt. Auf jede Gruppe entfällt annähernd die gleiche Zahl von Vorständen (Tabelle 34). Demnach kann keine Rede davon sein, daß die heutigen Vorstände von Großunternehmen etwa nur die Direktions-Etage oder das Stockwerk darunter kennengelernt hätten – wie das einer verbreiteten Stereotyp-Vorstellung entspricht.

Als Lehrling begonnen

Auf der untersten Stufe eines Lehrlings haben vor allem die Praktiker unter den Vorständen den Aufstieg begonnen, also jene Männer, die ihren Weg ohne Abitur und ohne Studium gegangen sind (Tabelle 35, Spalte 1). Nähere Betrachtung zeigt, daß sie zum erheblichen Teil aus kleinbürgerlichen oder beengten sozialen Verhältnissen stammen (Schichten III und IV). Soweit die Männer mit einem Lehrlings-Start auch studiert haben, überwiegen die Wirtschaftler, was zum Teil mit den Studien-Voraussetzungen zusammenhängen mag; ihre Kollegen von den Technischen Hochschulen oder den juristischen Fakultäten haben wesentlich seltener als Lehrling oder Praktikant angefangen. In relativ großem Umfange sind Angehörige der älteren Generation vertreten (fast zwei Drittel sind 55 und älter). Erstaunlich viele sind im privaten Bankgewerbe tätig, vor allem wohl in Privatbankhäusern; die Banklehre gilt im Kreditwesen bis in die heutigen Tage als ein solides Fundament für eine leitende Tätigkeit, wenngleich vor allem bei Aktienbanken das Vordringen von Akademikern in den Vorständen – besonders Juristen – unverkennbar ist.

Techniker starten meist auf halber Strecke

Untere und mittlere Stufen der Unternehmens-Hierarchie sind die Startbasis vor allem für Ingenieure, Naturwissenschaftler

143

und Mathematiker (Tabelle 35, Spalten 2 und 3). Sie beginnen ihre Laufbahn vielfach auf Stellungen mit einem begrenzten Aufgaben- und Verantwortungsbereich, in der Produktion, als Konstrukteur oder Projekt-Ingenieur, in der Forschung, in Laboratorien (Chemiker) oder ähnlichen Positionen. Soziologisch kommen sie überwiegend aus dem Kleinbürgertum (Schicht III). Sie werden relativ früh in die Vorstände berufen, bleiben jedoch vielfach länger an den Status eines stellvertretenden Vorstandsmitglieds gebunden und erreichen weniger häufig als andere die Generaldirektor-Position. Die meisten »Mitteläufer« sind in der Industrie zu finden, eine Folge des Vorherrschens der Techniker in diesem Bereich. Aber auch unter den Vorständen im Versicherungswesen haben überdurchschnittlich viele ihre Laufbahn in einer unteren oder mittleren Position begonnen, hauptsächlich wohl als Versicherungs-Kaufleute oder Versicherungs-Mathematiker.

Direktions-Assistenten rascher am Ziel

Bleiben die beiden Gruppen der »Kurzläufer«, die entweder als Gehilfen der obersten Führungsgremien (Direktions-Assistenten, Sekretäre, Mitarbeiter einer leitenden Persönlichkeit) oder unmittelbar in einer betrieblichen Leitungsfunktion angefangen haben (Direktoren, Prokuristen, Betriebs-, Abteilungsleiter, Verkaufschefs und dergleichen). Diese beiden Gruppen haben eines gemeinsam: die Nähe der Ausgangsposition zum Gipfel und damit die Kürze der Wegstrecke bis zum Top Management. In anderen Punkten unterscheiden sie sich jedoch wesentlich. Direktions-Assistenten (Tabelle 35, Spalte 4) erreichen diese Funktion in aller Regel schon in jüngeren Jahren; entsprechend groß ist die Chance, relativ früh in den Vorstand berufen zu werden. Das Berufungsalter liegt daher für eine überdurchschnittlich hohe Zahl dieser Männer recht niedrig, ebenso ihr heutiges Lebensalter. Viele stammen aus den oberen sozialen Rängen (Schichten I und II), und viele von ihnen bringen es bis zum Vorstandsvorsitzenden. Sie sind vor allem in der Industrie zu finden, weniger in anderen Wirtschaftszweigen. Es handelt sich fast ausschließlich um Akademiker; bei keiner anderen Ausgangsposition ist die Zahl derer, die kein Abitur gemacht und nicht studiert haben, so klein wie hier. In erster Linie sind Wirtschaftler vertreten, fast jeder dritte Volks- oder Betriebswirt mit abgeschlossenem Universitätsstudium (70 von 230) ist auf dem Weg über ein Direktions-Sekretariat in den Vorstand gelangt.

Nur die letzten Sprossen im Unternehmen

Ganz anders ist das Bild jener Vorstände, deren Unternehmenslaufbahn mit einer leitenden betrieblichen Position begonnen hat (Tabelle 35, Spalte 5). Hier ist die Zahl der Älteren (über 55 Jahre) überdurchschnittlich hoch, viele sind erst in den Vorstand gekommen, als sie schon jenseits der 50 waren. Besonders zahlreich sind diese Männer in der Industrie, relativ häufig auch in öffentlich-rechtlichen Kreditinstituten zu finden. Ihrer sozialen Herkunft nach stammen sie vornehmlich aus wohlhabenden bürgerlichen Kreisen (Schicht II). Soweit sie studiert haben, handelt es sich vor allem um Techniker und Juristen.

Alter und Berufsbild machen deutlich: Zu dieser Gruppe dürften vornehmlich Männer gehören, die schon längere Zeit an anderer Stelle tätig waren, ehe sie ihre Laufbahn in einem Unternehmen begonnen haben. Ohne fundierte Kenntnisse und Fähigkeiten, ohne Erfahrungen und erwiesene Befähigung könnten solche Männer beim Eintritt in ein Unternehmen auch schwerlich sogleich mit einer leitenden Aufgabe betraut worden sein. Sie haben in der Regel eine erfolgreiche Berufslaufbahn außerhalb von Unternehmen hinter sich und steigen nur noch die letzten Sprossen der Aufstiegsleiter im Unternehmensbereich selbst empor. Vielen mag bei ihrer Anstellung die Vorstands-Position schon in Aussicht gestellt worden sein. Je kürzer ihre Aufstiegsphase innerhalb der Unternehmen, um so mehr ähneln sie also jenen Vorständen, die ihren Weg zur Gänze außerhalb von Unternehmen zurückgelegt haben und direkt in einen Vorstand berufen wurden. Die Grenzen sind hier offenbar fließend. (Die Männer, die in einer leitenden Position beginnen, werden als »Sprinter« in Abschnitt XI gesondert betrachtet.)

Wie Manager ihre Laufbahn einschätzen

Die Etappen der individuell geprägten Berufslaufbahnen sind in einem Fragebogen nicht zu erfassen, ihr Verlauf nicht im einzelnen nach objektiven Merkmalen zu katalogisieren. Dazu sind die Wege zuwenig uniform, die Berufs- und Lebensschicksale zu vielfältig, die wirklichen Bestimmungsgründe einer Karriere von außen zu schwer – oder gar nicht – erkennbar. Um dennoch einen Einblick zu gewinnen, haben wir die Vorstände gefragt, wie sie ihren Aufstieg selbst beurteilen. Die Antworten – durch Ankreuzen vorgegebener Antwortmöglichkeiten in dem Fragebogen – sind nicht immer eindeutig. Nur knapp 60 Prozent (58,9) haben sich für einen einzigen Faktor entschieden, der nach ihrer Meinung für ihre Laufbahn bestimmend gewesen ist; gut 40 Prozent (41,1) haben dagegen mehrere Antwort-Möglichkeiten angekreuzt (30,2 Prozent zwei Antworten, 8,6 Prozent drei, 2,3 Prozent vier und mehr Antworten).

Außerdem sind Urteile dieser Art natürlich stets subjektiv gefärbt. In der Regel wird die Tendenz überwiegen, die eigene Leistung an der Bewältigung des Aufstiegs höher einzuschätzen als etwa die wohlwollende Förderung durch eine maßgebende Persönlichkeit. Gelegentlich ist allerdings auch das Umgekehrte der Fall. So schreibt uns ein Vorstandsmitglied – und man spürt die Ehrlichkeit der Aussage –: »Nach einigen Überlegungen habe ich mich doch entschlossen, meine ganze Karriere auf Familienbeziehungen aufzubauen, obwohl ich

146

früher immer sehr stolz darauf war, zu erzählen, daß ich (meinem einflußreichen Onkel) gesagt habe, ich sei (ohne sein Zutun) Leiter der Berliner Niederlassung und Vorstandsmitglied geworden.« Bei ehrlicher Selbstprüfung kann also die eigene Einschätzung der Laufbahn durch die Vorstände, wie dieses Bekenntnis zeigt, besonders aufschlußreich sein. Die Selbstbeurteilung kann die Wurzeln einer Karriere sogar deutlicher bloßlegen als eine formale Analyse äußerer Laufbahn-Merkmale durch Dritte, besonders wenn auch persönliche Momente im Spiel sind.

Der Katalog der von uns vorgegebenen Antwortmöglichkeiten ist aus Textspalte und Kopf von Tabelle 36 ersichtlich. Dort sind auch die Ergebnisse zusammengefaßt. Nach der Zahl der Antworten ergibt sich hier wiederum annähernd eine Dreiteilung (siehe die unteren vier Zeilen der Tabelle): Fast jedes dritte Vorstandsmitglied (31,9 Prozent) hat die Antwort »allgemeine unternehmerische Befähigung« angekreuzt, die eine Art Generalklausel in dem Strauß der Antwortvorgaben darstellt. Ein weiteres Drittel erklärt, sich über mehrere Positionen »hochgedient« zu haben (31,3 Prozent). Das letzte Drittel umfaßt alle anderen Fälle: Fast ein Viertel (24,0 Prozent) hat die einander nahestehenden Antworten »Langjährige Bewährung in einer Position« und »Kenntnisse und Erfahrungen auf einem Spezialgebiet« gegeben; die restlichen etwa 12 Prozent der Befragten halten das Vorliegen »glücklicher Zufälle« oder persönliche Momente, vor allem die Förderung durch eine maßgebende Persönlichkeit, für maßgebend. Zwischen den beiden Einschätzungen besteht, wie noch zu zeigen sein wird, eine innere Verwandtschaft.

Leistung – der entscheidende Motor des Aufstiegs

Stellt man auf die Zahl der Personen – nicht die der Antworten – ab und wertet, soweit mehrere Antworten gegeben wurden,

den jeweils spezielleren Tatbestand als den entscheidenden, so verschiebt sich das Bild wesentlich. Das liegt vor allem daran, daß die generelle Aussage »allgemeine unternehmerische Befähigung«, die von sehr vielen Vorständen neben anderen Faktoren als zweites oder drittes angekreuzt worden ist, nach diesen Kriterien erst an letzter Stelle steht und damit statistisch entsprechend an Gewicht verliert: Die Zahl derer, die sich für eine spezielle Antwort nicht entscheiden konnten und allein die Generalklausel gewählt haben, schrumpft bei dieser Betrachtungsweise auf 20 Prozent zusammen (Tabelle 36, Spalte 11). Weitere 11 Prozent der Vorstände verdanken die Laufbahn ihren Beziehungen zur Eigentümerfamilie oder zu maßgebenden Männern des Unternehmens oder führen sie auf Faktoren zurück, die sie als »Glück« oder »Zufall« umschreiben. 69 Prozent aller Vorstände, also der Hauptteil, hält Bewährung für das Entscheidende, sei es, daß sie sich über mehrere Positionen hochgedient haben (die eigentlichen »Aufsteiger« – 46 Prozent), sei es, daß nach ihrer Meinung spezielle Kenntnisse oder Erfahrungen für die Vorstandsberufung maßgebend waren (die »Spezialisten« – es sind gerade etwa halb soviel wie Aufsteiger: 23 Prozent).

Etwa jedes zehnte Vorstandsmitglied, so zeigt sich, führt seine Karriere also auf persönliche Beziehungen (7,8 Prozent) oder auf andere Faktoren zurück, die nicht der eigenen Leistung entspringen (3,6 Prozent). Das sind, wie gesagt, höchst subjektive Aussagen. Eine objektive Prüfung des Sachverhalts würde, wenn sie möglich wäre, vielleicht weitere Fälle ans Tageslicht bringen, in denen bei der Vorstandsbestellung persönliche Momente mitsprachen oder ausschlaggebend waren. Aber niemals würde diese Zahl so ins Gewicht fallen, daß sie etwa das Gesamtbild bestimmen würde. Gute Beziehungen, volkstümlich als »Vitamin B« umschrieben, spielen nicht entfernt die Rolle, die ihnen in der Öffentlichkeit vielfach zugeschrieben wird. Das entscheidende Aufstiegskriterium für Manager ist die Leistung, wo immer deren Wurzeln im Einzelfall auch liegen mögen.

Persönliche Faktoren und ein Quentchen Glück

Das bedeutet nicht, daß die Bekanntschaft mit einer einflußreichen Persönlichkeit einer Karriere nicht förderlich sein könnte. Natürlich ist dies der Fall. Die meisten Vorstände dieser Gruppe sind schon sehr früh in die Verantwortung gelangt. Sie haben ihre erste Vorstands- oder Geschäftsführerposition angetreten, als sie noch keine 40 Jahre alt waren: es sind 58 Prozent (Tabelle 35, Spalte 7) gegenüber nur 25 Prozent im Gesamtdurchschnitt aller Vorstandsmitglieder (Tabelle 35, Spalte 13). Noch größer ist der Anteil der jung Berufenen bei denen, die ihre Karriere einem glücklichen Zufall zu verdanken glauben, nämlich 62 Prozent (Tabelle 35, Spalte 11). Bei beiden Gruppen liegt auch der Anteil derer, die es bis zum Vorstandsvorsitzenden gebracht haben, deutlich über dem Durchschnitt. Andererseits wäre es falsch, anzunehmen, daß sich die Bekanntschaft (oder Verwandtschaft) mit einem leitenden Mann stets auch in einer hohen Anfangsposition im Unternehmen niederschlagen würde: Zwar haben relativ viele von diesen Vorständen als Direktions-Assistenten oder Mitarbeiter eines leitenden Mannes begonnen; aber auch der Anteil derer, die zunächst Lehrling oder Praktikant waren, ist überdurchschnittlich hoch (Tabelle 37, rechter Teil, Abschnitt A). Überwiegend sind Juristen oder Wirtschaftler vertreten, ein großer Teil von ihnen stammt aus Familien der obersten Gesellschaftsränge (Schicht I). Das alles gilt, wie gesagt, sowohl für die Vorstände mit persönlichen Beziehungen als auch für jene, die sich vom Glück begünstigt sehen. Die Parallelität zwischen diesen beiden Gruppen ist so auffallend, daß sich die Vermutung aufdrängt, das »Glück«, das viele als Basis ihrer Karriere werten, habe oft einfach darin bestanden, daß sie sich schon früh der

Förderung durch eine maßgebende Persönlichkeit hatten erfreuen dürfen – ohne dies dem Fragesteller zu offenbaren. (Viele Vorstände dieser Gruppe gehören zu den »Springern«, die wir als eine typische Erscheinungsform außergewöhnlicher Karrieren in Abschnitt XI speziell untersuchen.)

Die Unternehmer-Talente

Fast doppelt so groß ist die Zahl der zweiten Gruppe; ihr gehören jene an, die ausschließlich ihre unternehmerische Befähigung für maßgebend halten, ohne speziellere Motivationen anzugeben. Jeder fünfte zählt zu dieser Gruppe (19,7 Prozent), darunter überdurchschnittlich viele Generaldirektoren. Für Top Manager sind in der Tat allgemeine unternehmerische Qualitäten der entscheidende Faktor. Diese Männer sind meist schon relativ früh in die Vorstands-Positionen aufgerückt. Viele haben Volks- oder Betriebswirtschaftslehre studiert, auch reine Praktiker sind in erstaunlich großer Zahl vertreten (Tabelle 35, Spalte 12). Ein ansehnlicher Teil hat in den oberen Rängen der Unternehmens-Hierarchie begonnen, für sie war also nur ein relativ kurzer Aufstiegsweg im Unternehmen zu bewältigen (Tabelle 37).

Die Spezialisten

Fast jeder vierte aller Befragten gibt – drittens – an, Spezialkenntnisse (12,0 Prozent), die Bewährung in einer Position (9,8 Prozent) oder andere leistungsbezogene Faktoren (1,2 Prozent) seien die Basis seiner Laufbahn gewesen. Hier sind vor allem die Techniker zu finden; von ihnen hält jeder zweite seine »Kenntnisse und Erfahrungen auf einem Spezialgebiet« – so die Formulierung der Antwort-Vorgabe – für das ausschlaggebende Moment (52,7 Prozent; Tabelle 35, Spalte 10). Die andere Antwort, »langjährige Bewährung in einer Position«,

150

haben vor allem Wirtschaftler und Juristen gegeben (Tabelle 35, Spalte 9). Ein sehr großer Teil dieser Männer hat seine Unternehmens-Laufbahn in einer leitenden Position begonnen (Tabelle 37). Das Bild scheint in diesem Punkt fast gesetzmäßig: Mit der Höhe der Anfangsposition wächst die Zahl der Vorstände, die ihre Laufbahn auf langjährige Bewährung und auf Spezialkenntnisse zurückführen: Von denen, die als Lehrling begonnen haben, geben nur 14 Prozent diese Faktoren als maßgebend an, von den Aufsteigern aus einer unteren Position 21 Prozent, aus einer mittleren Position 27 Prozent, aus einer leitenden Position dagegen 37 Prozent (die Direktions-Assistenten liegen mit einem Anteil von 23 Prozent fast genau auf der arithmetischen Mitte). Darin zeigt sich: Je höher die Anfangsposition, um so spezieller ist die Aufgabe, die dem Betreffenden gestellt ist. Umgekehrt ist, wer weit unten beginnt, in der Regel kein »Spezialist«; er bleibt auf seinem Weg nach oben zumeist nicht nur einer Aufgabe verhaftet, sondern durchläuft verschiedene Stationen.

Als Generaldirektor-Anwärter
wenig Chancen

Die »Bewährer« und die »Spezialisten« haben ganz überwiegend studiert; Praktiker sind hier seltener als in anderen Gruppen zu finden. Die meisten erreichen die Vorstandsposition erst relativ spät, sie gehören daher auch überwiegend den Älteren in diesem Gremium an. Viele stammen aus wohlhabenden Kreisen (Schicht II), sind in der Industrie tätig (Spezialisten häufig auch in Versicherungsunternehmen: Mathematiker) und haben offenbar nur eine recht geringe Chance, als Generaldirektor die Führung zu übernehmen: Von den Spezialisten hat es lediglich jeder achte zum Vorstandsvorsitzenden gebracht (12,2 Prozent), ein Zeichen dafür, daß für übergeordnete unternehmerische Aufgaben in erster Linie andere

151

Qualitäten als Spezialkenntnisse auf einem bestimmten Gebiet erforderlich sind.

Fast jeder zweite hat sich hochgedient

Die größte Gruppe – die vierte – sind die »Aufsteiger«, die sich in ihrer Laufbahn über mehrere Stufen allmählich hochgedient haben. Fast die Hälfte aller Vorstände (45,9 Prozent) und etwa doppelt soviel wie die »Bewährer« und die »Spezialisten« (23,0 Prozent) halten dies für den entscheidenden Faktor ihrer Karriere. Die meisten von ihnen haben als Lehrling oder in einer untergeordneten Position begonnen. In diesem Punkt bilden sie das genaue Gegenbild zu der vorigen Gruppe: Der Anteil der »Hochdiener« ist um so niedriger, je höher die Anfangsposition ist (Tabelle 37). Selbst von den Männern, deren Unternehmens-Laufbahn in einer leitenden Position begann, gibt freilich jeder Dritte an, er habe sich allmählich hochgedient, was nur dadurch zu erklären ist, daß diese Vorstände unausgesprochen auch ihre »vor-unternehmerische« Laufbahn in die Betrachtung einbezogen haben. Zu den »Aufsteigern« in diesem Sinne gehören besonders viele Praktiker, die ohne Abitur und Studium ihren Weg gemacht haben (Tabelle 35, Spalte 8). Ebenso sind Techniker recht zahlreich vertreten, nur in geringerem Umfange Wirtschaftler und Juristen.

Die Aufsteiger erreichen die Vorstandsposition vielfach erst in späteren Lebensaltern. Nach ihrer sozialen Herkunft stammen die meisten aus den unteren Schichten, aber sie steigen oft bis zur höchsten Sprosse, der des Generaldirektors, auf und überspringen damit alle sozialen Schichten in einem Zuge. Nimmt man hinzu, daß von den Vorsitzenden, die in Unternehmen großgeworden sind, fast jeder dritte seine Laufbahn als Lehrling oder Praktikant begonnen hat (76 von 245, das sind 31,0 Prozent), so kann kein Zweifel daran bestehen, daß auch die höchsten Manager-Positionen in Großunternehmen heute allen wirklich Befähigten offenstehen. Die soziale Herkunft ist für eine Karriere nicht ausschlaggebend.

Den Vorstandsstuhl gewechselt

Daß sich der Aufstieg von ganz unten nach oben nicht immer innerhalb des gleichen Unternehmens vollzieht, wurde betont. Oft haben die Vorstände auch nach der ersten Bestellung zum Vorstandsmitglied die Unternehmen noch gewechselt. Das ist zwar nicht die Regel, aber die Zahl derer, die als Vorstand die Stellung gewechselt haben, ist doch erstaunlich groß: Gut jeder fünfte gehört dazu (21,3 Prozent; Tabelle 37, Abschnitt B). Die meisten »Wechsler« sind dabei unter den Vorstandsvorsitzenden zu finden. Von ihnen hat jeder dritte (sogar etwas mehr: 37,6 Prozent) seinen Vorstandssessel ein- oder mehrmals getauscht, ehe er sein heutiges Amt antrat. Unter den »einfachen« Vorstandsmitgliedern ist ihr Anteil nicht halb so hoch (16,9 Prozent), bei den »Stellvertretern« sind es gar nur 12,9 Prozent.

Der Wechsel ist also wesentlich eine Aufstiegsform für die höchsten Positionsinhaber. Auch die Zahl der Vorstandswechsel pro Kopf ist bei ihnen höher. Gleich ob die Zahl der »Sprünge« an der Zahl der »Springer« gemessen wird (das ist in Tabelle 37, Abschnitt B im unteren Teil, Zeile II 1 geschehen) oder ob als Bezugsgröße alle in dieser Statistik erfaßten Vorstände gewählt werden (Tabelle 37, Zeile II 2): Stets sind die Zahlen um so kleiner, je niedriger die Position innerhalb des Vorstands ist.

Die »Wechsler« sind unter denen, die ihre Laufbahn als Lehrling begonnen haben, recht zahlreich vertreten; aber sie sind ebenso zahlreich oder noch häufiger auch bei den ehemaligen Direktions-Assistenten und Inhabern leitender Positionen zu finden (Tabelle 37, rechter Teil). Die Anfangsposition gibt also keinen näheren Hinweis auf spezielle Merkmale dieser Männer.

Ebensowenig führt der Blick auf die »Selbsteinschätzung« weiter (Tabelle 38). Die Hochdiener haben zwar ziemlich oft gewechselt; aber noch wesentlich häufiger haben es jene Vorstände getan, die ihre Karriere persönlichen Faktoren, ihrer unternehmerischen Befähigung oder glücklichen Zufällen zuschreiben. Die »Glückskinder« stehen in dieser Hinsicht sogar weit an der Spitze. Fast könnte man meinen, sie hätten es gut verstanden, das »Glück«, das sich ihnen bot, auch herzhaft beim Schopfe zu fassen: durch häufiges Wechseln von einem Unternehmen zum anderen.

Bezeichnend ist ferner, daß es sich bei den »Wechslern« in hohem Maße um ältere Jahrgänge handelt, von denen viele schon relativ jung in die Vorstands- oder Geschäftsführerposition hineingelangt sind (Tabelle 35, Spalten 14 bis 17). Die meisten haben also auch zeitlich eine besonders lange Vorstandslaufbahn hinter sich. Das gleiche gilt in soziologischer Sicht: Der Anteil der Vorstände aus Schicht IV ist überdurchschnittlich hoch, ebenso der Anteil derer, die keine höhere Schule besucht oder am Studium nur »genippt« haben, ohne es bis zum Abschlußexamen fortzuführen. Soweit sie ein abgeschlossenes Universitätsstudium besitzen, stehen die Wirtschaftler im Vordergrund, während Techniker nur relativ schwächer vertreten sind.

Drängler, die sich nicht bremsen lassen

Wenn mehr als ein Drittel aller Vorstandsvorsitzenden mit Unternehmens-Laufbahn ihr heutiges Amt erst erreicht haben, nachdem sie als Vorstand ein- oder mehrmals das Unternehmen gewechselt haben, dann liegt die Vermutung nahe, daß eine Spitzenposition in vielen Fällen den Wechsel geradezu voraussetzt. Das ist auch verständlich: Wo ein Mann für das höchste Führungsamt im eigenen Hause nicht gefunden werden kann, fällt der Blick der Verantwortlichen natürlich in erster Linie auf Vorstände anderer Unternehmen, die sich dort bewährt haben und geeignet erscheinen, die Zügel in die Hand zu nehmen. Der Wechsel von Vorstand zu Vorstand ist in solchen Fällen nichts Ungewöhnliches. Er kann Kennzeichen einer Karriere sein, die auf jeder neuen Stufe zu einer Erweiterung des Tätigkeits- und Verantwortungsbereichs führt.

Es gibt aber auch Männer, die sich für höhere Aufgaben berufen fühlen und die in weniger verantwortlichen Funktionen nicht für längere Zeit zu halten sind. Sie streben voran und wechseln den Platz, wenn ihnen das eigene Unternehmen die erhofften Aufstiegsmöglichkeiten nicht – oder nicht rasch genug – bietet. Der mehrmalige Wechsel ist in ihren Augen die einzige Chance, höhere Positionen zu erreichen (wobei freilich jene, die ihre Kräfte überschätzen, auch scheitern können). In diesem Sinne gibt es geradezu den »Typ« des Wechslers. Er ist der »Drängler, der sich nicht binden und nicht bremsen läßt«. Nicht alle Vorstände sind »Drängler« oder »Springer«. Die meisten bleiben dem Unternehmen treu, in dem sie aufgestiegen sind, und in vielen großen Firmen gilt es als ein unumstößlicher Grundsatz, daß auch der Vorstandsvorsitzende stets aus den eigenen Reihen hervorzugehen hat. Daß gerade Generaldirektoren häufig eine »Springer«-Vergangenheit haben, zeugt im übrigen für die Vielfalt der Chancen in diesem System. Befähigte Männer kommen auch auf Umwegen nach oben, wenn ihnen der direkte Weg innerhalb eines einzigen Unternehmens verschlossen ist. (Näheres in Abschnitt XI.)

X. VORSTÄNDE OHNE
UNTERNEHMENS-VERGANGENHEIT

Vom Staatssekretär zum Generaldirektor

FÜHRUNGSPOSITIONEN WERDEN BEI DEUTSCHEN UNTERNEHMEN in aller Regel mit Männern besetzt, die dem unternehmerischen Bereich entstammen. Daß ein Universitätsprofessor, ein General, ein Politiker an die Spitze eines Konzerns berufen würde, ist hierzulande fast undenkbar, jedenfalls eine seltene Ausnahme. »Es gibt keinen freien Austausch innerhalb der Elite«, schreibt Wolfgang Zapf; »sie ist in Deutschland in feststrukturierte Einheiten von langer Tradition und weithin ähnlichen Schicksalen ... getrennt«[52]).

Im Ausland ist das zum Teil anders. MacArthur, Salinger, McNamara und andere sind Beispiele dafür, daß in Amerika der Berufsweg durchaus von führenden Positionen militärischer zu solchen wirtschaftlicher Art, von wissenschaftlichen zu politischen Spitzenstellungen und umgekehrt führen kann. Auch in England kann jemand in seinem Leben nacheinander Professor der klassischen Philologie, danach General, dann Parlamentsabgeordneter, Direktor eines Investment Trust und schließlich Gesundheitsminister werden. Ralf Dahrendorf, der auf dieses Beispiel verweist, meint zwar, Sprünge in dieser Häufung und Buntheit seien selbst für England eine Ausnahme. Aber allein die Möglichkeit eines solchen Wechsels durch die Spitzenpositionen höchst verschiedener

[52]) Wolfgang Zapf, Wandlungen ..., Seite 199f.

156

Bereiche dokumentiere »die Geschlossenheit einer selbstbewußten politischen Klasse«[53]). In Deutschland gibt es keinen solchen »Austausch von Menschen über die Grenzen der einzelnen Elitesektoren hinweg«. Der Professor, der General, der Manager, der Minister fühlen sich in erster Linie ihrer speziellen Aufgabe und damit dem angestammten Berufsstand zugehörig. Zwischen ihnen gibt es keine sozialen Bindungen. Dahrendorf meint sogar, die Spitzen der deutschen Gesellschaft seien sich »im Grunde fremd«. Der Soziologe sieht darin seinen Verdacht bestätigt, daß es in Deutschland »eigentlich keine Elite mehr« gibt. Die Elite, so sagt er, ist hierzulande »eine bloße Kategorie der Soziologie ohne soziale Realität«[54]).

Kein Austausch zwischen den Elite-Sektoren

Daß überhaupt Männer in den Vorstand eines Großunternehmens berufen werden, die zuvor keinem Unternehmen angehört hatten, hat fast immer spezielle Gründe. Entweder es handelt sich um Experten für besondere Aufgaben. Oder man will die Verbindungen, über die der neu Berufene auf Grund seiner bisherigen Tätigkeit verfügt, für das Unternehmen nutzen. Oder es ist eine Spitzenposition zu besetzen, für die in dem eigenen oder einem anderen Unternehmen kein geeigneter Bewerber gefunden werden kann; oft entstehen solche Situationen durch unvorhersehbare Ausfälle in den eigenen Reihen. Und in der öffentlichen Wirtschaft handelt es sich vielfach darum, daß Minister oder hohe Verwaltungsbeamte nach Ablauf ihres Mandats oder bei Veränderungen der politischen Szenerie auf einen Vorstandssessel überwechseln, weil darin die Möglichkeit für eine ädaquate Fortsetzung ihrer Berufstätigkeit gesehen wird. Meist sind die Personen, die von draußen berufen werden, dem Unternehmen auch nicht fremd:

[53]) Ralf Dahrendorf, Gesellschaft ..., Seite 300.
[54]) Ebenda.

Sie hatten bisher schon Kontakte zu dieser Firma und ihren leitenden Männern und kennen die Verhältnisse. Mit einem »Austausch zwischen den Elite-Sektoren« im Sinne von Dahrendorf oder Zapf haben solche Berufungen nichts zu tun. Von den heutigen Vorstandsmitgliedern deutscher Großunternehmen sind, wie schon dargelegt (Abschnitt VIII), 1122 Personen über eine Unternehmenslaufbahn an die Spitze gekommen (»vertikaler Aufstieg«), während 209 ihre eigentliche berufliche Laufbahn außerhalb von Unternehmen zurückgelegt haben, bevor sie dann (»horizontal«) in einen Vorstand berufen wurden. Etwa jeder sechste bis siebente Vorstand kommt also von draußen (15,7 Prozent), und von diesen 209 Männern mit »horizontaler Mobilität« waren wiederum 112, das heißt mehr als jeder zweite, vorher Beamte (53,6 Prozent; Tabelle 39). Die ehemaligen Beamten sind damit weitaus die stärkste Gruppe unter den von außerhalb Berufenen, jedes zwölfte Vorstandsmitglied deutscher Großunternehmen (8,4 Prozent) hat früher einmal in einer Verwaltung oder Behörde gesessen. Die meisten von ihnen, 49 Personen oder 44 Prozent, sind heute im Bereich der öffentlichen Wirtschaft tätig, davon 45 bei öffentlich-rechtlichen Unternehmen und hiervon wiederum allein 43 bei öffentlich-rechtlichen Kreditanstalten.

Frühere Beamte auf dem Vorstandsstuhl

Die Beamten sind, was die Motive für ihre Berufung in einen Vorstand angeht, mit zweierlei Augen zu sehen. Viele von ihnen, besonders jene 63 Männer (oder 56 Prozent), die heute in der Privatwirtschaft tätig sind, wurden aus den gleichen Gründen auf den Vorstandsposten berufen wie jemand, der vorher beispielsweise Rechtsberater oder Wirtschaftsprüfer des Unternehmens war. Maßgebend war in diesen Fällen die Vertrautheit mit der Materie, die Wertschätzung, die dem Betreffenden persönlich wie dank seiner Fähigkeiten entgegengebracht wird, seine Kenntnis des Unternehmens und dessen Eigenheiten, oft verbunden mit Mangel an Führungsnachwuchs im eigenen Bereich. Aber nicht immer ist bei Beamten die Initiative ausschließlich von dem berufenden Unternehmen ausgegangen, vielfach lag sie auch bei dem Bewerber. Es gibt eine Reihe ehemaliger Beamter unter den Vorständen, die vornehmlich aus politischen Gründen in die Wirtschaft gegangen sind, teils wegen der Verhältnisse in der Hitler-Zeit, teils nach dem Umbruch 1945. Es gibt ebenso Beamte, die von ihrer früheren Dienststelle »hinweggelobt« wurden. Und es gibt schließlich jene, denen nach ehrenvoller Tätigkeit im Staatsdienst ein nicht minder ehrenvoller Vorstandsposten in einem der Behörde nahestehenden oder unterstellten Unternehmen angedient wird. Bei manchen öffentlich-rechtlichen Unternehmen gelten die Präsidentenstühle fast traditionell als vornehmlich »politische Posten« in diesem Sinne.

Für Außenstehende lassen sich die Vorstands-Berufungen ehemaliger Beamter nicht nach »normalen« und solchen unterscheiden, die hauptsächlich außerökonomisch bedingt waren. Die Ämterpatronage unter Beamten im Bereich der öffentlichen Wirtschaft darf freilich nicht überschätzt werden. Selbst wenn man annähme, daß die Bestellung von Beamten zu Vorständen im öffentlichen Bereich ausnahmslos nicht ökonomisch, sondern im wesentlichen »politisch« bedingt wäre, würde sich das Gesamtbild der Fremd-Berufungen nur graduell verschieben, nicht in seiner Struktur verändern. Der Anteil der Beamten an der Gesamtzahl aller Vorstände schmölze zwar bei dieser Betrachtung von 8,4 auf 5,5 Prozent zusammen. Damit wären sie jedoch noch immer die größte Gruppe unter den von draußen Berufenen. Ohne den öffentlichen Bereich würde auch der Anteil aller aus Nicht-Unternehmen kommenden Vorstände nicht 15,7, sondern nur etwa 12,5 bis 13 Prozent betragen (Tabelle 40; dort sind die Zahlen, die sich ohne Berücksichtigung des öffentlichen Bereichs ergeben, den Durchschnittszahlen jeweils hinzugefügt). Unter Ausschaltung der öffentlich beherrschten Unternehmen wäre also nicht jedes sechste oder siebente, sondern nur jedes achte Vorstandsmitglied nach seiner beruflichen Laufbahn ein »Externer«. Aber auch dies ist ein nicht unerheblicher Anteil. Er zeigt jedenfalls, daß die echten Berufungen, bei denen die Initiative von den Unternehmen ausgeht, gegenüber Fällen einer »Posten-Verteilung« unter Beamten weit überwiegen. Sie beherrschen das Gesamtbild.

Jeder vierte Generaldirektor kommt von draußen

Eine ähnliche Massierung wie die der Beamten auf einen bestimmten Bereich – in diesem Fall den öffentlichen – ist bei anderen Gruppen der von draußen Berufenen nicht festzustellen. Deren Zahl ist auch wesentlich kleiner als die der Beamten. Von den insgesamt 209 Vorständen, deren Laufbahn nicht über Unternehmen geführt hat, war, wie gesagt, jeder zweite vorher ein Beamter (53,6 Prozent), aber nur jeder fünfte ein Angestellter (20,6), jeder sechste ein freiberuflich Tätiger oder Selbständiger (17,2) und jeder zwölfte ein Wissenschaftler oder nicht Berufstätiger (8,6 Prozent).

Dabei sind die von draußen Berufenen unter den Vorstandsvorsitzenden etwa doppelt so häufig zu finden wie unter den einfachen oder den stellvertretenden Vorstandsmitgliedern. Von allen Vorstandsvorsitzenden der Großunternehmen stammt im Schnitt gerade etwa jeder vierte von draußen, eine erstaunlich hohe Zahl: Nicht weniger als 85 von den insgesamt 348 Vorsitzenden, die unsere Statistik umfaßt, sind nicht auf dem Wege über Unternehmen aufgestiegen, sondern aus einer nichtunternehmerischen Tätigkeit in einen Vorstand berufen worden, das sind 24,4 Prozent. Bei den 983 »einfachen« Vorstandsmitgliedern, die stellvertretenden mitgerechnet, kommen dagegen nur 124 aus Nicht-Unternehmen, also etwa jeder achte (12,6 Prozent; Tabelle 40). Läßt man den öffentlichen Bereich außer Betracht, so vermindern sich zwar die Anteile der aus Nicht-Unternehmen Berufenen bei den Vorsitzenden auf knapp 20 Prozent, bei den Nicht-Vorsitzenden auf etwa 10 Prozent. Aber die Relation zueinander bleibt, wie man sieht, auch bei dieser Betrachtung etwa die gleiche (2:1).

In allen Branchen das gleiche Bild

Generaldirektoren stammen also doppelt so häufig wie einfache Vorstandsmitglieder von draußen. Das Verhältnis gilt zwar nicht generell. Aber in allen Bereichen, in der Industrie wie auch bei Banken und Versicherungen, in Aktiengesellschaften wie bei Personalfirmen, in öffentlich kontrollierten Unternehmen wie in Börsen-, Familien- oder Auslandsgesellschaften, überall sind Männer, die ihre Karriere außerhalb von Unternehmen gemacht haben, unter den Spitzen-Managern wesentlich häufiger anzutreffen als bei anderen Vorstandsmitgliedern (nur die kleine Gruppe der Vorstände in Handels-, Verkehrs- und sonstigen Unternehmen bildet eine Ausnahme; Tabelle 40). Das zeigt: Wenn Männer von außen berufen werden, handelt es sich in einer großen Zahl von Fällen um ausgesprochene Spitzenkräfte. Diese Männer werden entweder gleich bei der Bestellung auf den Generaldirektor-Sessel berufen, oder sie gelangen im Verlauf ihres weiteren Weges schließlich dorthin. In der öffentlichen Wirtschaft mit ihrem hohen Beamten-Anteil ist die Zahl der Externen besonders hoch, hier stammt jeder zweite Vorstandsvorsitzende von draußen. Bei Aktien- und Privatbanken hat immerhin jeder dritte, in der Industrie jeder fünfte Vorstandsvorsitzende seinen Weg außerhalb von Unternehmen gemacht (Tabelle 40). Vor allem Personalgesellschaften und Einzelfirmen – unter ihnen hauptsächlich Privatbanken – haben ihre führenden Persönlichkeiten in hohem Maße (zu 46 Prozent) nicht im eigenen oder einem fremden Unternehmen gesucht, sondern von draußen geholt (Aktiengesellschaften nur zu 17 Prozent). Es wäre reizvoll, den Ursachen dieser Erscheinung im einzelnen nachzuspüren.

Hauptsächlich Juristen und Wirtschaftler

Die meisten Vorstände mit »Extern-Laufbahn« – jetzt wieder unter Einschluß auch der einfachen Vorstandsmitglieder – sind Juristen oder Wirtschaftler. Fast drei Viertel aller von außerhalb Berufenen entfallen auf diese beiden Gruppen: 38 Prozent haben Jura studiert, 36 Prozent Nationalökonomie oder Betriebswirtschaft (Tabelle 41). Der hohe Anteil entspricht früheren Befunden dieser Erhebung: Wirtschaftler und Juristen, so hatte sich gezeigt, beweisen insgesamt eine höhere Mobilität als Techniker und Praktiker, von denen die meisten ausgesprochen betriebsverbunden sind; sie erreichen auch in höherem Umfange als jene die Position eines Vorstandsvorsitzenden. Daß die von außen berufenen Vorstände im Durchschnitt relativ jung sind, jünger jedenfalls als Vorstände mit Unternehmenslaufbahn, war schon in einem früheren Zusammenhang dargestellt worden, ebenso die Tatsache, daß ihre Berufungsalter eher etwas höher liegen (Tabelle 41, Abschnitt G und H). Beides dürfte vornehmlich aus den Einflüssen der beiden letzten Kriege auf die Alterspyramide zu erklären sein: Geburtenschwache Jahrgänge haben offenbar die Berufung unternehmensfremder Männer in die Vorstände begünstigt.

Nicht jeder Manager, der von außen kam, ist sogleich in die heutige Position bei einem Großunternehmen oder unmittelbar in den Rang eines Generaldirektors berufen worden. Viele haben, nachdem sie erst einmal aus dem früheren Bereich in eine Vorstandsposition übergetreten waren, mehreren Unternehmen nacheinander als Vorstand angehört. Was die Vorstandsvorsitzenden angeht, so ist der Anteil der »Wechsler« hier allerdings kleiner als bei denen, die innerhalb von Unternehmen aufgestiegen sind (23,5 gegen 37,6 Prozent). Soweit Männer von draußen sogleich auf den Generaldirektor-Stuhl berufen werden, wechseln sie das Unternehmen dann meist nur noch selten. Die »Wechsler« unter den heutigen Vorsitzenden dürften vielmehr vornehmlich in dem Kreis jener Vorstände zu suchen sein, die von einem mittleren oder höheren Beamtenrang zunächst zum »einfachen« Vorstandsmitglied bestellt wurden und dann über mehrere Unternehmen hinweg weiter aufgestiegen sind. Das ist besonders bei solchen Männern der Fall, die bereits vor 1945 oder bald nach dem Krieg aus einer Behörde in die Wirtschaft gegangen sind, die also schon relativ lange als Vorstand wirken (oder gewirkt haben und heute einem Aufsichts- oder Verwaltungsrat angehören).

Der Eintritt eines »Unternehmensfremden« in den Vorstand ist kaum denkbar, ohne daß vorher schon mehr oder weniger enge Kontakte bestanden haben. Kein Aufsichts- oder Verwaltungsrat könnte einen Mann, der ihm nicht persönlich und auf Grund seiner bisherigen Tätigkeit bekannt ist, ohne weiteres in das Spitzengremium des Unternehmens berufen. Insofern sind solche Kontakte stets – wie bei jeder Neueinstellung, auf welcher Ebene auch immer – letztlich persönlicher Natur. Aber sie sind dies nur selten allein und ausschließlich, bei Vorständen ebensowenig wie sonst auch. Fast immer sind die Männer, die von draußen kommen, einem Vorstands- oder Aufsichtsratsmitglied oder einer anderen leitenden Persönlichkeit – meist mehreren zugleich – schon auf Grund ihres bisherigen Zusammenwirkens mit dem Unternehmen in Sachfragen bekannt. Die »guten Beziehungen« haben als Katalysator oder gar als Berufungsgrund nicht entfernt die Bedeutung, die ihnen von dritter Seite gern zugeschrieben wird.

Berufung meist auf Grund sachlicher Kontakte

Von den 209 Vorständen aus Nichtunternehmen haben auf unsere Frage nach früheren Kontakten nur 18 erklärt, ihre

Bestellung zum Vorstandsmitglied sei allein auf die persönliche Bekanntschaft mit leitenden Männern des Unternehmens zurückzuführen, sachliche Kontakte hätten nicht bestanden (Tabelle 42). Diese 18 machen noch keine 10 Prozent der Gesamtzahl aus (8,6 Prozent). Allerdings haben weitere 53 Personen (das sind fast genau 25 Prozent) die Frage nach früheren Kontakten in keinem Punkt mit »Ja« beantwortet, sondern sie verneint oder offengelassen. Darin könnte eine gewisse »Dunkelquote« vermutet werden. Gerade im Hinblick auf die hier interessierende Frage ist die Zahl der Zweifelsfälle jedoch gering. Denn von diesen 53 Personen haben 48 ausdrücklich erklärt, persönliche Kontakte hätten nicht bestanden, nur 5 haben die Frage nicht beantwortet (2 Vorstandsvorsitzende, 3 Vorstandsmitglieder). Selbst wenn diese 5 ihr Vorstandsamt ausschließlich persönlichen Kontakten verdanken sollten, wären das insgesamt nur 23 Personen oder 11 Prozent – kein ins Gewicht fallender Anteil. Das zeigt: Berufungen allein auf Grund persönlicher Beziehungen sind bei Vorständen, die von draußen kommen, weit in der Minderzahl.

Zwei Drittel aller Befragten – 138 von 209 – geben dagegen an, sie hätten vor der Berufung zum Vorstand sachliche Kontakte zum Unternehmen gehabt (66 Prozent), oft verbunden auch mit persönlichen Kontakten (wegen solcher Doppel- und Dreifach-Antworten ist die Zahl der Antworten beträchtlich höher als die der befragten Personen; siehe Tabelle 42). Die Art der Kontakte hängt, wie die Zahlen bestätigen, wesentlich von der früheren Tätigkeit des Betreffenden ab. Bei den ehemaligen Beamten beruht die Verbindung zum Unternehmen in 72 von 112 Fällen – das sind wiederum gerade etwa zwei Drittel – darauf, daß diese Beamten früher einem Bundes- oder Landesministerium, einer internationalen Institution, einem Aufsichtsamt, einer Kommunalverwaltung, einer Behörde oder einer Dienststelle anderer Art angehört haben, in der sie mit dem Unternehmen oder dessen Tätigkeitsbereich schon befaßt

waren. Ebenso sind 26 von insgesamt 43 ehemaligen Angestellten – erneut knapp zwei Drittel – früher durch ihre Tätigkeit in Wirtschaftsverbänden oder Kammern beziehungsweise
als Wissenschaftler mit der Firma in Berührung gekommen.
Unter den Freiberuflern steht, wie nicht anders zu erwarten,
die frühere Beratertätigkeit als Rechtsanwalt, Wirtschaftsprüfer, Steuerberater für das Unternehmen im Vordergrund,
wenngleich nicht so ausgeprägt wie bei Angehörigen der anderen Gruppen deren frühere Funktion; es sind nur 12 von 36
Vorständen, also gerade ein Drittel, die diese Fragen bejaht
haben. Die Chancen der Berater aller Art, in einen Vorstand
berufen zu werden und in das Führungsgremium eines Großunternehmens zu gelangen, sind ohnehin nicht so groß, wie das
zuweilen angenommen wird. Der Anteil der Vorstände mit
dieser Berufsvergangenheit ist insgesamt recht niedrig. Auch
unter Einschluß der Angestellten von Beratungsfirmen liegt er
unter zehn Prozent. Es gibt zwar herausragende – und bekannte – Beispiele dieser Art unter den Managern von Großunternehmen, aber sie dürfen, wie ersichtlich, nicht verallgemeinert
werden.

Weg über eine Brücke

Die Antworten auf die Frage nach der Art der früheren Kontakte lassen einen weiteren interessanten Zusammenhang erkennen. Beamte aus obersten Bundes- und Landesbehörden,
so zeigt sich, sind überwiegend auf Vorsitzerposten zu finden,
Beamte aus nachgeordneten Behörden sowie Angestellte aus
Verbänden und Kammern dagegen vornehmlich auf »einfachen« Vorstandsposten. Inhaber höchster Funktionen mit
umfassender Verantwortung und größerem Einflußbereich gelangen demnach bei ihrem Eintritt in die unternehmerische
Sphäre vielfach in ausgesprochene Spitzenpositionen, während
Männer aus weniger herausragenden Stellungen es oft nur zum
»gewöhnlichen« Vorstandsmitglied bringen. Die Brücken, die

einen fähigen Mann aus solchen Institutionen in den Vorstand eines Unternehmens führen, verlaufen also zumeist waagerecht. Ihre Benutzung garantiert nicht gleichzeitig auch einen Aufstieg im Sinne einer Verbesserung des beruflichen Status. Jedenfalls scheint dies nicht die Regel zu sein.

XI. AUSSERGEWÖHNLICHE KARRIEREN

Die Springer und die Sprinter

ZWEI GRUPPEN VON VORSTÄNDEN sind nicht die üblichen Laufbahnen gegangen. Weder haben sie, wie die meisten ihrer Kollegen, die Stufenleiter eines Aufstiegs im gleichen Unternehmen
Sprosse für Sprosse erklommen, noch sind sie nach vorange-
gangener Tätigkeit als Beamter, Angestellter oder Freiberufler
»von draußen« auf den Vorstandssitz berufen worden. Ihre
Karrieren verliefen abseits dieser Pfade des Normalen. Gerade
darum sind sie besonders interessant.

Beide Gruppen sind uns in den vorangegangenen Betrachtungen dieses Buchs schon begegnet (Abschnitte VIII und IX).
Die einen sind die »Springer«, von uns so benannt, weil ein
Hauptmerkmal ihrer Karriere der häufige Wechsel von Firma
zu Firma ist. Die Vorstände dieser Gruppe sind sämtlich aus
einem anderen Unternehmen oder Konzern gekommen, als sie
ihren ersten Ruf auf einen Vorstands- oder Geschäftsführer-
posten erhielten. Sie waren »fremd« in dem Unternehmen, das
sie erstmals an seine Spitze berief. Es ist zu vermuten, daß
diese Männer auch vorher schon – auf ihrem Weg über die verschiedenen Etappen eines betrieblichen Aufstiegs hinweg – ihre
Anstellungen gewechselt haben, manche mehrfach. Angaben
darüber besitzen wir nicht, unsere Betrachtung setzt – entsprechend der Zielsetzung dieser Umfrage – erst bei der erst-
maligen Bestellung zum Vorstands- oder Geschäftsführungs-

mitglied ein. Doch das Erreichen des ersten Vorstandspostens war bei diesen Männern, wie gesagt, stets mit einem Wechsel des Unternehmens verbunden. »Berufung aus einem nicht konzerngehörigen Unternehmen« ist das Auswahlkriterium dieser Gruppe.

Durch Firmenwechsel bis zur höchsten Spitze

Bemerkenswerterweise haben gerade diese Vorstände, die von einem fremden Unternehmen »entdeckt« worden sind, auch nachher, als wohlbestallte Vorstandsmitglieder, besonders häufig ihr Wirkungsfeld gewechselt. In keiner anderen Gruppe von Vorstandsmitgliedern ist die Zahl derer, die nach ihrer ersten Bestellung nochmals zu einem anderen Unternehmen gegangen sind, so hoch wie hier. Viele von ihnen waren nacheinander in zwei, drei oder mehr Unternehmen als Vorstände tätig. Und das Erstaunlichste: Relativ die meisten Springer – mit den häufigsten Sprüngen – finden sich unter denen, die es im Verlauf ihrer Karriere zum Vorsitzenden eines Vorstandes gebracht haben. Gerade der Wechsel von Firma zu Firma scheint also oft den Weg derer zu kennzeichnen, die bis zum obersten Gipfel aufsteigen. Der Gedanke liegt nahe, daß es sich um besonders ehrgeizige Männer handelt, denen die Karriere über alles geht und die es nirgends lange aushalten, bevor sie nicht die angestrebte Position erreicht haben. Aber das wäre nur die halbe Wahrheit, wahrscheinlich weniger. In Wirklichkeit sind in dieser Gruppe vor allem die tüchtigen und begabten, die »geborenen« Unternehmer zu finden, deren Führungs-Qualitäten schon früh sichtbar werden und die daher rasch Karriere machen. Schnelles Vorankommen setzt jedoch den Wechsel oft geradezu voraus, weil nur so der Widerstand im Betrieb, der auf dem Denken in hierarchischen Kategorien beruht, überspielt werden kann: Wenn ein fähiger junger Mann von draußen kommt, wird er von den Betriebsangehörigen eher als Vorgesetzter akzeptiert, als wenn er im eigenen Unterneh-

168

men »unter Mißachtung wohlerworbener Rechte« an ihnen vorbei nach oben gelangt.

Die andere Gruppe mit ungewöhnlichen Karrieren umfaßt alle Vorstände, deren Weg im Unternehmen sogleich auf einer leitenden Position begonnen hat. Diese Männer sind den Aufstiegspfad innerhalb des berufenden (oder eines fremden) Unternehmens also nur auf seinem obersten Teilstück gegangen, dicht unterhalb des Ziels. Ihre Laufbahn im betrieblichen Bereich war entsprechend kurz, sie können im übertragenen Sinne als »Kurzstreckenläufer« oder – mit einem knapperen Ausdruck – als »Sprinter« gekennzeichnet werden. Unter ihnen mag es viele geben, bei denen die leitende Position, mit der sie zunächst betraut wurden, von vornherein als eine Etappe zur Einarbeitung, als »Warteposition« bis zum Ausscheiden eines anderen Vorstandsmitgliedes, jedenfalls als Durchgangsstation gedacht war. Insofern ähneln sie jenen von draußen kommenden Männern, die direkt zum Vorstandsmitglied bestellt worden sind.

Von der Qualifikation dieser Männer muß die einstellende Firma überzeugt gewesen sein; sonst hätte sie den Neuen nicht sogleich mit einer leitenden Aufgabe betreuen können. Er war ihr schon vorher als Fachmann auf technischem, juristischem oder wirtschaftlichem Gebiet bekannt. Anders als bei den Springern dürfte hier in den meisten Fällen nicht die überragende unternehmerische Befähigung für die Berufung maßgebend gewesen sein, sondern in erster Linie das fachliche Wissen und Können. Sprinter, so darf man folgern, sind vor allem Spezialisten und Experten.

Vier Laufbahnen – vier Unternehmer-Typen

Insgesamt lassen sich also unter den Vorständen nach der Art der Laufbahn vier Gruppen unterscheiden. Die größte bilden jene, die sich auf dem üblichen Geleise, durch Bewährung im eigenen Unternehmen oder Konzern hochgedient haben. Gerade Großunternehmen pflegen ihren Führungsnachwuchs üblicherweise im eigenen Bereich zu suchen. Es ist das Nächstliegende und Normale. In manchen Konzernen gilt es sogar als unumstößliches Prinzip, Anwärter auf Führungspositionen ausschließlich aus dem Kreise solcher Männer auszuwählen, die dem Unternehmen seit den Anfängen ihrer Berufslaufbahn angehören und ihm seitdem treu geblieben sind. Die Berufung eines »Fremden« würde in diesen meist sehr traditionsbewußten Unternehmen als Verstoß gegen den Geist des Hauses empfunden werden. Andere Firmen denken nicht so. Sie wählen den Fähigsten aus, gleich wo er sich findet, wenn nicht im eigenen Hause, dann anderswo. Viele begrüßen sogar »Blutzufuhr« von außen und meinen, dies sei der beste Weg, um Erstarrung und Betriebsblindheit entgegenzuwirken. Oft führen auch unerwartete Ereignisse – Krankheit oder Tod des designierten Nachfolgers – zu Situationen, die nur durch rasche Berufung eines Unternehmensfremden gemeistert werden können. Es gibt weitere Momente, die das Heranholen eines Mannes von draußen nahelegen oder gar unausweichlich machen.

Die Zahl der Vorstände, die auf dem normalen Weg einer Berufung aus den eigenen Reihen an die Spitze gelangt sind – man könnte sie mit einer Kurzbezeichnung »Laufbahn-Vorstände« oder »Langläufer« nennen – macht etwas mehr als die Hälfte der Gesamtheit aller Vorstände von Großunternehmen aus, 56,8 Prozent; bei den Vorsitzenden allein ist es ziemlich genau die Hälfte, 50,9 Prozent (Tabelle 43). Die übrigen 43,2 Prozent der Vorstände – und 49,1 Prozent der Vorstandsvorsitzenden – sind auf anderen Wegen an die Spitze gelangt, in erster Linie durch Direktberufung. Mit dieser Gruppe haben wir uns im letzten Kapitel ausführlich befaßt. Auch im einschlägigen soziologischen Schrifttum wird auf sie verwiesen, angeblich als einzige Ausnahme von dem normalen Weg eines Aufstiegs

»innerhalb der Industriebürokratie nach quasi-bürokratischen Mustern«[55]). Diese Männer, die vorher als Beamte, Angestellte oder in einem freien Beruf tätig waren und die dann unmittelbar, ohne Zwischenstation als leitende Angestellte im Unternehmen, ein Vorstandsamt übertragen bekamen, könnte man nach der Art ihrer Berufung als »Extern-Vorstände« oder »Außenseiter« bezeichnen (wenngleich die Begriffe nicht ganz den Kern treffen). 15,7 Prozent aller Vorstände von Großunternehmen sind diesen Weg gegangen, unter den Vorsitzenden war es fast jeder vierte (24,4 Prozent).

Bleiben 28 Prozent, die auf die Springer und die Sprinter entfallen. Erstere sind mit 15, die anderen mit 13 Prozent beteiligt. Insgesamt läßt sich also – mit einiger Vergröberung – sagen, daß gut die Hälfte aller Vorstände den normalen Weg des Hocharbeitens im eigenen Unternehmen oder Konzern gegangen ist, die zweite – knappe – Hälfte verteilt sich zu je einem Drittel auf die anderen drei Wege; bei den Sprintern sind es etwas weniger, bei den Außenseitern etwas mehr.

Eine Typologie der Manager

Das Phänomen des Springers ist den Soziologen bei empirischen Untersuchungen schon früher begegnet. Wolfgang Zapf, der sie »Überwechsler« nennt und als eine Residualgruppe wertet (ohne dies zu begründen), hat sie in seinem »Karrieremuster der deutschen Manager« ausdrücklich als besondere Gruppe aufgeführt, freilich als Unterfall des »Bürokraten« (so bezeichnete er etwas abschätzig die Gruppe der Langläufer); ihre Karrieremerkmale seien nicht auf einen Nenner zu bringen, meint er[56]). Dagegen ist der Sprinter bisher als besonderer Karriereweg nicht klassifiziert worden. Beide sind jedoch, wie unsere weitere Betrachtung zeigen wird, in ihren Merkmalen

[55]) Wolfgang Zapf, Die deutschen Manager ... Seite 143.
[56]) Ebenda, Seite 144f.

klar voneinander abgegrenzt, untereinander wie auch gegenüber den Gruppen der Langläufer und der Außenseiter. Mehr noch, die vier Gruppen unterscheiden sich nicht nur nach der Art ihrer Laufbahn, sondern auch in anderen wesentlichen Fragen, nach ihrer sozialen Herkunft, ihrer Ausbildung, ihrem heutigen Status. Ihre Eigenheiten sind so charakteristisch und insgesamt so deutlich ausgeprägt, daß in dem Langläufer, dem Springer, dem Sprinter und dem Außenseiter fast »Idealtypen« im Sinne Max Webers gesehen werden können. Aus der Analyse der Laufbahnen läßt sich so – mit gewissen Einschränkungen – eine Typologie der Manager in Großunternehmen entwickeln.

Für die Bergtour unterschiedlich gerüstet

Eine erste überraschende Erkenntnis unseres »Karrieremusters« – um den Ausdruck von Zapf zu übernehmen – eröffnet sich bei der Betrachtung der unterschiedlichen Ausbildungsgrade, gemessen jeweils an dem Anteil der Nichtabiturienten und der Nichtakademiker an der Gesamtzahl. Hier zeigen die vier Laufbahn-Typen in der genannten Reihenfolge das Bild einer fast regelmäßigen Stufenfolge. Von den Langläufern haben 14 Prozent der Vorstände kein Abitur, von den Springern 12 Prozent, von den Sprintern 10, von den Außenseitern nur 7 Prozent. Ebenso sinkt die Zahl derer, die kein abgeschlossenes Studium absolviert haben, in der gleichen Folge beständig ab, von 32 über 27 und 21 auf 12 Prozent (Tabelle 44, Abschnitte D und E; in dieser Tabelle sind die Zahlen für die vier Laufbahn-Typen in der genannten Reihenfolge jeweils in den Spalten 1, 2, 3 und 4 wiedergegeben). Je stärker die Laufbahnen von dem »Normalen« und »Üblichen« eines allmählichen Aufstiegs im gleichen Unternehmen oder Konzern abweichen, um so mehr setzen sie also eine fundierte wissenschaftliche Ausbildung voraus. Wer nicht die ausgetretenen Pfade wandelt, muß für die Bergtour besser gerüstet sein. Die Laufbahn-Statistik

offenbart dies in einer geradezu überraschend augenfälligen
Weise.

I. Die Läufer: Betriebsverbundene Praktiker

Damit ist gleichzeitig ein wichtiges Merkmal der im Betrieb
Aufsteigenden genannt: Unter ihnen ist der Anteil der Praktiker mit Abstand am größten; er beträgt, wie gesagt, 32 Prozent, fast ein Drittel. Das nackte Zahlenbild trügt allerdings
insofern etwas, als auch diejenigen einbezogen sind, die zwar –
als Student oder Gasthörer – eine Universität besucht, jedoch
kein Schlußexamen abgelegt haben. Sie nennen sich selbst gern
»Schmalspur-Studenten«. Außerdem gibt es berufsständische
oder betriebliche Schuleinrichtungen, besonders in der öffentlichen Verwaltung und im Kreditwesen, die durchaus einen
hohen, meist auf die Praxis abgestellten Wissensstand vermitteln können. Mehrere Vorstände haben solche Schulen absolviert, sie werden aber in unserer Statistik den reinen »Praktikern« zugerechnet. Die Mehrzahl der Vorstände dieser Gruppe dürfte mit der Bezeichnung »Praktiker« allerdings im wesentlichen richtig gekennzeichnet sein. Das entscheidende Fundament ihrer Karriere ist die Bewährung im Unternehmen und
die Vertrautheit mit dem Betrieb. Die Fähigkeiten dieser
Männer sind besonders für den Bereich des Kaufens und des
Verkaufens wichtig, oft unentbehrlich, aber auch im technischen Bereich von großem, oft unschätzbarem Wert. Langläufer sind daher relativ am häufigsten in der Industrie zu
finden, daneben mit überdurchschnittlichem Anteil auch im
Versicherungswesen, das – stärker, als vielen bewußt sein
dürfte – auf die Akquisition, das »Verkaufen von Versicherungs-
leistung«, angewiesen ist. In beiden Bereichen sitzen auch auf
dem Vorsitzerposten viele Männer, die im eigenen Unternehmen aufgestiegen sind.
Langläufer kommen vielfach aus kleinbürgerlichen Verhältnissen (Schicht III). Soweit sie auf die Universität gegangen

173

sind, haben sie die der betrieblichen Praxis zugewandten Fächer Technik oder Wirtschaftswissenschaften bevorzugt; Juristen sind seltener anzutreffen. Ihr Durchschnittsalter ist hoch, keine andere Gruppe hat soviel Vorstände jenseits der 54, ja sogar jenseits des 64. Lebensjahres aufzuweisen wie die Langläufer; das gilt in noch stärkerem Maße für die Vorsitzenden dieser Gruppe. Dagegen weicht der Zeitpunkt, zu dem sie erstmals zum Vorstand bestellt worden sind, nicht wesentlich von dem Berufungsalter aller in dieser Statistik erfaßten Vorstände ab. Die meisten sind also länger als andere im Amt, und nirgends dürfte die Zahl derer, die noch über das 65. Lebensjahr hinaus auf ihrem Posten bleiben – wenn auch nur für ein, zwei Jahre – so groß sein wie in dieser Gruppe.

Über die Hälfte hat auf die Frage, welchem Umstand sie vornehmlich ihre Karriere zuschreiben, das »Hochdienen« als wesentlichen Faktor angegeben. Es ist für diesen Laufbahn-Typ charakteristisch. Auch die Tatsache, daß nur relativ wenige nach ihrer ersten Vorstandsbestellung zu einem anderen Unternehmen gegangen sind, entspricht dem Wesenszug dieser Vorstände. Ihre Bindung an den angestammten Betrieb ist eine Basis des beruflichen Erfolgs.

II. Die Springer: Unternehmerische Naturtalente

Ganz anders und in mancher Hinsicht geradezu entgegengesetzt ist das Erscheinungsbild der Springer. Es sind die Leichtfüßigen unter den Vorständen, die unternehmerisch Begabten, oft auch vom Glück Begünstigten. Fast jeder vierte von ihnen – mehr als die Vorstände irgendeiner anderen Gruppe – hält seine allgemeine unternehmerische Befähigung für das entscheidende; auch der Anteil derer, die ihre Karriere glücklichen Zufällen zu verdanken glauben, ist höher denn irgendwo anders. Betriebsverbundenheit ist bei ihnen weniger ausgeprägt, dagegen ist für sie ein erstaunlich rasches Fortkommen

174

kennzeichnend. Mühelos scheinen sie schon in jungen Jahren die Vorstände zu erobern: jeder dritte von ihnen (im Durchschnitt aller Manager ist es nur knapp jeder vierte) war noch keine 40 Jahre alt, als er zum ersten Mal an einem Vorstandstisch saß, und fast 85 Prozent (im Gesamtdurchschnitt nur 70 Prozent) sind vor Erreichen des 50. Lebensjahres erstmals berufen worden. Entsprechend niedrig ist das Lebensalter dieser Männer: Weit mehr als die Hälfte (57 Prozent) haben ihren 55. Geburtstag noch nicht begangen; im Gesamtdurchschnitt sind dagegen nur 45 Prozent aller Vorstände unter 55 Jahre alt.

Das »Springen« ist offenbar auch die typische Laufbahn, über die befähigte Menschen aus einfachen sozialen Verhältnissen besonders häufig den Aufstieg in die höchsten Ränge bewältigen. Keine andere Gruppe weist einen so hohen Anteil von Vorständen aus der untersten Schicht auf, fast jeder Zehnte von ihnen (9,6 Prozent) hat in der Jugend Armut und Not kennengelernt (im Gesamtdurchschnitt kommen nur 7,4 Prozent aus Schicht IV); von den heutigen Generaldirektoren, soweit sie zur Gruppe der Springer gehören, stammt sogar etwa jeder siebte bis achte aus der tiefsten sozialen Schicht (13,6 Prozent). Unter den Akademikern dieser Gruppe ist der Anteil der Techniker und der Wirtschaftler besonders hoch, höher noch als bei den Langläufern. Schon bei früherer Gelegenheit (Seite 93) war festgestellt worden, daß das Studium dieser betriebsnahen Fächer offenbar am ehesten einem Aufstieg von Menschen einfacher Herkunft bis in die Vorstandsebene dienlich zu sein scheint.

Daß die Vorstände dieser Gruppe auch nach der ersten Berufung häufig noch ihre Position wechseln, gehört zu den Hauptmerkmalen des Laufbahn-Typs: Jeder dritte (35,0 Prozent) hat während seiner Vorstandstätigkeit einen anderen Posten angenommen (im Schnitt aller Gruppen nur jeder fünfte: 21,0 Prozent). Geradezu frappierend ist jedoch die Zahl der Wechsler (und die der Wechsel) bei den Generaldirektoren des Springer-Typs: Von ihnen haben fast drei Viertel (72,7 Prozent) als Vorstand mehrere Unternehmen kennengelernt, jeder vierte war in zwei Firmen Vorstandsmitglied oder -vorsitzender (27,3 Prozent), jeder sechste in drei, jeder fünfte in vier und jeder zehnte sogar in fünf oder mehr Unternehmen (die Anteile lauten 27,3 – 15,9 – 20,4 – 9,1 Prozent). Dabei ist bemerkenswert, daß die Zahl der Vorstandsvorsitzenden, die ihren Vorstandssitz dreimal und häufiger gewechselt haben (zusammen 29,5 Prozent), höher ist als der Anteil der Einmal-Wechsler (27,3 Prozent).

Ausgesprochene Senkrecht-Starter

Die Merkmale machen deutlich, daß in der Gruppe der Springer vor allem jene Männer zu finden sind, denen die Natur überragende Führungstalente in die Wiege gelegt hat. Es sind die geborenen Unternehmer. Ihre Qualitäten treten meist schon in jungen Jahren zutage und fallen den Verantwortlichen früh auf, manchmal bei einer zufälligen Begegnung, die der so »Entdeckte« als eine glückliche Fügung empfinden mag. Aber wenn irgendwo, dann gilt auf diesem Gebiet, daß Glück auf die Dauer nur dem Tüchtigen winkt. Die Begabung wäre sicher auch sonst nicht verborgen geblieben.

Wem jedoch der Ruf vorausgeht, ein hochtalentierter, für Führungsaufgaben hervorragend befähigter Kopf zu sein, der macht auch rasch seinen Weg, wobei die hemmenden Einflüsse festgefügter hierarchischer Betriebsstrukturen mit ihren an Lebensalter und Berufs-Verdiensten orientierten Maßstäben vielfach nur durch einen Wechsel von Firma zu Firma überwunden werden können. Auf die soziale Herkunft des »Senkrecht-Starters« kommt es dabei ganz und gar nicht an. Die Springer verkörpern so das Idealbild einer offenen Gesellschaft. Ihre Existenz ist ein Beweis dafür, daß in unserem freiheitlichen System jedem Tüchtigen, gleich welcher Herkunft, ein Aufstieg bis in höchste Positionen möglich ist.

III. Die Sprinter: Spezialisten und Experten

Wiederum von grundlegend anderer Art ist die dritte Gruppe, die der Sprinter (oder Kurzläufer). Hier überwiegen die Söhne wohlhabender Eltern: Die meisten (45 Prozent) entstammen nach ihrer sozialen Herkunft Schicht II. Sie sind zur Technischen Hochschule gegangen oder haben ein naturwissenschaftliches Fach studiert, Chemie etwa oder theoretische Physik. Auf diesem Felde haben sie sich so viel Kenntnisse und Fähigkeiten angeeignet, daß die Unternehmen sie sogleich mit einer leitenden Position und entsprechender Verantwortung haben betrauen können. (Soweit Techniker als ihre erste Position die eines wissenschaftlich arbeitenden Ingenieurs, eines Technikers in der Entwicklung, eines Chemikers in der Forschung oder dergleichen angegeben haben, wurde ihre Anfangsposition von uns nicht als »leitend«, sondern als eine »mittlere Tätigkeit« klassifiziert; diese Männer, die also nicht sogleich die Verantwortung für einen bestimmten Bereich im Unternehmen erhielten, sind hier nicht mitgezählt.) Überdurchschnittlich viele sind auch Juristen. Deren Qualifikation ist nicht spezifisch betrieblicher Art, was es den Firmen oft erleichtert, solche als Führungsnachwuchs geeignete Kräfte bei der Anstellung sofort relativ weit oben innerhalb der Betriebshierarchie anzusiedeln. Viele mögen als Justitiar oder Syndikus, als Mitarbeiter des Chef-Juristen, als Leiter der Rechtsabteilung oder eines anderen Fachressorts begonnen haben und von hier aus nach Bewährung in den Vorstand aufgerückt sein.

Die Bestellung zum Vorstandsmitglied haben die meisten Sprinter freilich erst ziemlich spät erlebt. Jeder Dritte war schon über 50 Jahre alt, als er erstmals in einen Vorstand eintrat; umgekehrt liegt der Anteil derer, die schon ihren 40.

Geburtstag als Vorstandsmitglied haben begehen können, in keiner Laufbahn-Gruppe so niedrig wie hier (18,9 Prozent gegen 24,6 im Gesamtdurchschnitt). Darin äußert sich der längere Karriereweg außerhalb von Unternehmen, dem zumeist erst ein gewisser Erfahrungsweg im Betrieb zu folgen hatte, ehe der Schritt in den Vorstand getan werden konnte. Entsprechend hoch ist das Lebensalter dieser Männer. Mit einem Anteil der über 55jährigen von 60,8 Prozent ähnelt das Bild dem der Langläufer (61,5 Prozent); beide liegen weit über dem Durchschnitt (55,0). In hohem Maße sind Sprinter gleichzeitig auch Wechsler: Jeder vierte von ihnen hat nach der Vorstandsbestellung noch seinen Posten gewechselt, unter den späteren Vorstandsvorsitzenden dieser Gruppe ist es sogar jeder zweite. Offenbar gehören einige Koryphäen unter den Angehörigen dieser Gruppe gleichzeitig zu den Männern mit großem Führungstalent. In diesem Punkt – nur in diesem – ähnelt ihr Erscheinungsbild dem der Springer.

Es entspricht dem Gesamtbild dieses Karrieretyps, daß eine besonders große Zahl von Vorständen die »Bewährung in einer Position« als entscheidend für die eigene Laufbahn hält. Auch die Antwort »Kenntnisse und Erfahrungen auf einem Spezialgebiet« ist überdurchschnittlich oft gegeben worden. Zusammen sind es fast 36 Prozent aller Befragten, die diese Punkte angekreuzt haben, mehr als in jeder anderen Gruppe. Die Antworten machen deutlich, daß hier in erster Linie Spezialisten für bestimmte Fachgebiete zu finden sind. Relativ viele von ihnen, hauptsächlich Techniker, hatten im Zeitpunkt dieser Umfrage zudem erst den Status eines stellvertretenden Vorstandsmitglieds erreicht, relativ wenige waren bis zum Vorsitzenden aufgestiegen. Auch dies bestätigt: Es handelt sich um Männer, die auf Grund ihres Sach- und Fachverstandes – gepaart natürlich mit der Fähigkeit zu unternehmerischem Denken und Handeln – in erster Linie für die Leitung eines bestimmten Unternehmensbereichs, nur in geringerer Zahl auch für die Übernahme der Gesamtverantwortung geeignet sind. Offenbar sind Sprinter vornehmlich zum Ressortchef prädestiniert, weniger auch zum Generaldirektor.

IV. Die Außenseiter: Männer mit Meriten

Die vierte Gruppe, die der Extern-Vorstände oder Außenseiter, ist im letzten Abschnitt dargestellt worden. Rekapitulieren wir kurz: Hier sind vor allem Juristen und Wirtschaftler zu finden – sie machen zusammen fast 75 Prozent aus –, die sich beruflich bereits ihre Meriten im Verwaltungsdienst, im Verbandswesen, als Rechtsanwalt oder in ähnlichen Funktionen erworben haben. Sie sind heute vor allem im Kreditwesen tätig, hier besonders bei öffentlich-rechtlichen Instituten. Mehr als die Hälfte waren vorher Beamte. Die meisten sind auf dem Generaldirektorsessel zu finden. Wieweit dabei im öffentlichen Bereich Ämterpatronage eine Rolle spielt, läßt sich statistisch nicht belegen. Die im Schrifttum geäußerte Meinung, daß es sich im wesentlichen um »Honoratioren« handele, weckt jedoch falsche Assoziationen. Selbst wenn solche Berufungen im öffentlichen Bereich zum Teil »honoris causa« erfolgen sollten, weist nichts darauf hin, daß diese Männer nach Persönlichkeit, Ausbildung und Berufserfahrung nicht für ihre Aufgabe voll qualifiziert wären. Auch außerhalb öffentlich-rechtlicher Unternehmen, in der Industrie, bei Aktienbanken und anderswo sind ehemalige Beamte oder Angehörige anderer Berufe in nicht geringer Zahl anzutreffen. Auf sie trifft die Kennzeichnung als »Honoratioren« ganz gewiß nicht zu.

Führungskräfte sind austauschbar

Die unterschiedlichen Managertypen, wie sie sich aus dieser Laufbahnanalyse herauskristallisiert haben, heben sich klar voneinander ab. Die Betriebsverbundenen und Ausdauernden

unterscheiden sich wesentlich von den leicht und rasch Voran-
eilenden, diese wiederum sind von anderer Art als die vornehmlich intellektuell geprägten »Egg-heads« mit ihrem überragenden Sachverstand. Am schwersten zu katalogisieren sind die
»Außenseiter«. Ihr Weg in die Vorstände der Großunternehmen gleicht auch weniger einer »Lauf«-Bahn, er ähnelt mehr –
um ein soeben gebrauchtes Bild zu wiederholen – dem Gang
über eine Brücke, die sie waagerecht von einer hohen Position
zur anderen führt.

Die faszinierendste Erscheinung bei alledem ist der Wechsel,
faszinierend besonders deshalb, weil solche Mobilität der Vorstände im Gegensatz zu den üblichen Vorstellungen über die
innere Bindung eines Vorstandsmitglieds an seine Aufgabe im
Unternehmen zu stehen scheint. In Wahrheit offenbart sich
in diesem Wechsel die spezifische Qualität der Führungsfunktion, die in allen Unternehmen, gleich welcher Art, verwandter Natur ist. Ein wenig von dem, was Ralf Dahrendorf
allgemein an der deutschen Elite vermißt, findet hier – innerhalb des Bereichs der unternehmerischen Wirtschaft – seinen
Ausdruck: die Austauschbarkeit führender Personen über die
angestammten Bereiche hinweg. Ein solcher Austausch ist um
so eher möglich, je mehr der Befreffende mit Führungsaufgaben allgemeiner Art befaßt, je weniger er einem Spezialgebiet
verhaftet ist. Sicher hängt es – neben anderen Faktoren –
nicht zuletzt auch damit zusammen, daß Vorsitzende wesentlich häufiger ihren Platz wechseln als »einfache« Vorstandsmitglieder.

Wechsler gibt es überall

Wechsler sind nicht nur in jener Gruppe von Vorständen zu
finden, die wir wegen der Häufigkeit der Wechselvorgänge
ausdrücklich als »Springer« bezeichnet haben. Auch Vorstände
mit Unternehmenslaufbahn sowie Kurzläufer, selbst die Au-

ßenseiter sind zum Teil nach der ersten Vorstandsbestellung noch zu anderen Firmen gegangen. Wegen der Bedeutung der Wechsler für ein Erkennen der Laufbahnzusammenhänge haben wir diese Gruppe von Vorständen unabhängig von dem Laufbahntyp, dem sie im einzelnen angehören, gesondert untersucht. Das Ergebnis ist in den Spalten 4, 5 und 6 der Tabelle 45 dargestellt. Es bringt einige zusätzliche Aufschlüsse. So zeigt sich, daß nach der sozialen Herkunft bei keiner Bevölkerungsgruppe der Anteil der Wechsler so groß ist wie bei den Söhnen sozial Schlechtergestellter: Von den Vorständen der Schicht IV haben 29 Prozent die Position gewechselt, von denen der Schichten I und III nur je 19 Prozent (Durchschnitt 21 Prozent). Relativ die meisten Wechsler sind unter denen zu finden, die eine Volks- oder Mittelschule besucht haben, ebenso unter den Studenten ohne Abschlußprüfung. Soweit sie ein Examen absolviert haben, handelt es sich vornehmlich um Jünger der Wirtschaftswissenschaften. Was die heutige Position angeht, so sind Wechsler am stärksten an den Vorständen von Industrieunternehmen beteiligt, am wenigsten an Bankvorständen, von der kleinen Gruppe der »sonstigen« Wirtschaftszweige (Handel, Verkehr, Dienstleistungen) abgesehen.

Der Befund läßt darauf schließen, daß Menschen, denen nach Geburt und Bildungsweg die künftige Führungsposition nicht auf der Stirn geschrieben steht, sich den Weg nach oben vielfach auf eine recht mühsame Art erkämpfen müssen: Nur der Wechsel von einer (Vorstands-)Position zur anderen bringt sie Schritt für Schritt voran. Nicht zufällig ist, wie die Angaben über die Aufnahme der ersten Kontakte vor der Vorstands-Bestellung zeigen (siehe weiter unten), bei den Wechslern der Anteil der Männer, die ihre Vorstandsposition eigener Initiative, vor allem einer Bewerbung, verdanken, höher als in anderen Gruppen. Andererseits sind die Zahlen aber auch ein klarer Beweis dafür, daß sich angeborene unternehmerische Begabung auf diesem Wege unaufhaltsam Bahn bricht und schließlich auch dann durchsetzt, wenn die vielfach als unerläßlich angesehenen Voraussetzungen einer entsprechenden Schulbildung und eines abgeschlossenen Studiums fehlen. Gerade der Wechsel ist, daran kann nach diesem Ergebnis kein Zweifel sein, eine Straße, auf der Männer, die als »geborene« Unternehmerpersönlichkeiten bezeichnet zu werden pflegen, die ihnen gemäße Position erreichen.

Altgediente haben häufiger gewechselt

Ein zweites ist bemerkenswert. Der Anteil der Wechsler an der Gesamtzahl der Vorstände ist bei den Männern, die schon in jungen Jahren ihre Vorstandsbestellung in Händen hielten, wesentlich größer als bei den erst spät Berufenen. Er nimmt mit zunehmendem Berufungsalter konstant ab, von 32 über 20 auf 13 Prozent und fast 0 Prozent bei den 60jährigen (Tabelle 45, Abschnitt H). Umgekehrt steigt der Anteil mit dem Lebensalter der Vorstände. Auch diese Zahlenfolge ist absolut regelmäßig, wenngleich die einzelnen Stufen hier flacher, die Abstände also nicht so ausgeprägt sind: 18,8 – 19,2 – 21,3 und 25,4 Prozent, letzteres bei den Vorständen jenseits des Pensionsalters. Das bedeutet, daß die Wechsler heute überwiegend schon relativ lange als Vorstände tätig sind. Die meisten sind jung berufen worden, stehen aber bereits in einem recht hohen Alter.

Offenbar ist die Zahl der Wechsler also eine Funktion der Dauer des Vorstandsamts: Je länger die Vorstände im Amt sind, um so höher die Zahl derer, die ihre Position gewechselt haben. Damit spricht die Wahrscheinlichkeit dafür, daß – da im Zeitablauf beständig neue Wechsel hinzukommen – der Anteil der Wechsler an der Gesamtzahl der Vorstände nicht allzu stark schwankt, vielleicht sogar weitgehend konstant sein dürfte. Mit anderen Worten, man kann davon ausgehen, daß unsere Zahlen kein mehr oder minder zufälliges Ergebnis sind, sondern vermutlich den Normalzustand widerspiegeln. Es scheint die Regel zu sein, daß unter den Vorständen von Großunternehmen insgesamt etwa jeder fünfte, davon unter den Vorstandsvorsitzenden jeder dritte, seine letzte Position erst nach einem – oder nach mehrmaligem – Wechsel der Vorstandstätigkeit erreicht.

Vorstand durch eigene Initiative

Eine interessante Frage ist auch, in welchem Umfange Vorstandsmitglieder selbst die Initiative ergriffen haben, um eine Vorstandsposition zu erreichen. Soweit es sich bei der Bestellung um einen betriebsinternen Vorgang, also um die Berufung eines bisherigen Angestellten handelt, zielt eine solche Frage natürlich meist ins Leere; hier wirken in aller Regel Kräfte, auf die der Betroffene direkt kaum Einfluß nehmen kann. Vornehmlich war bei dieser Frage also an jene Vorstände gedacht, die nicht im eigenen Unternehmen groß geworden sind. Diese Männer können sich selbst beworben haben (etwa auf ein Inserat des Unternehmens oder eines Personalberaters), sie können persönliche Kontakte gesucht oder einen Dritten, zum Beispiel einen Unternehmensberater, beauftragt haben, für sie tätig zu werden, oder sie können noch andere Aktivitäten in dieser Richtung entfaltet haben.

Das Ergebnis war insofern überraschend, als Antworten in großer Zahl gerade von solchen Vorstandsmitgliedern eingingen, an die sich diese Frage nicht in erster Linie richtete. 79 Personen, meist vom »Läufer-Typ«, nahmen den Punkt zum Anlaß, um – teilweise sehr ausführlich – darzulegen, daß sie eben nicht durch persönliche Kontakte oder irgendeine andere Art von Eigeninitiative in die Führung des Unternehmens gelangt seien, sondern allein »durch harte, konsequente Arbeit«, durch »unermüdlichen Einsatz«, durch »Strebsamkeit und Fleiß«, durch »Leistung und Verantwortungsbereitschaft«, durch »Arbeit voller Einsatz«, durch »Initiative und Erfolge, die zur Anerkennung zwangen«, durch »Bewährung in langjährigem Dienst« – und was solcher Antworten mehr waren. Wir erwähnen diese unerwartete Reaktion, weil sie zeigt, wie sehr sich die Vorstände unter dem Trommelfeuer ideologisch gefärbter Angriffe aus linksgerichteten Kreisen heute veranlaßt sehen, die Leistung als entscheidende Basis ihres Aufstiegs im Unternehmen zu betonen. Wer aus eigener Kraft, durch Fleiß und Einsatzbereitschaft, oft ohne Rücksicht auf Gesundheit und Privatleben etwas erreicht hat, muß sich verunsichert fühlen, wenn eine neue Generation plötzlich die »Leistungsgesellschaft« verdammt und Leistung als bloßes Mittel eines Terrors der Herrschenden darstellt.

Was die verwertbaren Antworten angeht, so ist das Ergebnis in Tabelle 44, Abschnitt K, und (ausführlicher) in Tabelle 45, Spalten 7 bis 10, niedergelegt. Es zeigt sich, daß jeder sechste bis siebte (15,3 Prozent) selbst Aktivitäten entfaltet hat, um zu dem angestrebten Vorstandsamt zu gelangen. Da die Frage sehr ins Persönliche ging, ist nicht auszuschließen, daß viele der Befragten sie nicht beantwortet haben, obwohl der Tatbestand auf sie zutraf. Die 15,3 Prozent dürften also ein Mindestwert sein. Weitere fast 5 Prozent (4,9) haben angegeben, ihre Berufung sei der Initiative Dritter zu verdanken. Insgesamt war also bei jeder fünften Vorstandsbestellung (20,2 Prozent) persönliche Eigen- oder Fremdinitiative im Spiel.

Springer suchen sich oft selbst andere Posten

Besonders häufig war dies – wie zu erwarten – bei der Berufung von Vorsitzenden der Fall (22,1 Prozent), am wenigsten bei stellvertretenden Vorstandsmitgliedern (16,5 Prozent). Deutliche Abstufungen zeigen sich auch nach der sozialen Herkunft: Der Anteil derer, die sich selbst beworben haben oder die auf

184

Initiative Dritter bestellt wurden, ist bei den Angehörigen
unterer Schichten wesentlich größer als bei den oberen. Er
nimmt von Schicht zu Schicht fast regelmäßig zu: in der obersten Schicht beträgt er 8,7 Prozent, in der untersten 16,0 Prozent, fast das Doppelte. Im Einklang damit zeigt sich auch bei
den Absolventen der Wirtschaftswissenschaften – bevorzugtes
Studienfach der Söhne sozial schlecht Gestellter – ein über-
durchschnittlicher Anteil der Männer, die durch eine Bewerbung zu ihrem Vorstandsposten gekommen sind.

Domänen direkter Bewerbung: Banken und Versicherungen

Bezeichnend ist weiterhin, daß die Aufnahme persönlicher
Kontakte zwecks Erlangung eines Vorstandsamts bei Industrie-
vorständen eine relativ untergeordnete Rolle spielt, dagegen
bei Banken und Versicherungen weit über dem Durchschnitt
liegt. Die Kredit- und die Versicherungswirtschaft sind offenbar Domänen direkter Bewerbung und – vor allem – individuel-
ler Fühlungnahmen. Was die Unterschiede in der Altersgliederung angeht, so zeigen sich tendenziell ähnliche Abstufungen
wie bei den Vorständen mit häufigem Unternehmenswechsel:
Je niedriger das Berufungsalter, um so größer der Anteil der
Männer, die bei der Vorstandsbestellung Eigeninitiative entfaltet haben oder sich der Initiative Dritter haben erfreuen
können. Die Parallele ist kein Zufall: In der Tat sind unter den
Wechslern – und in noch wesentlich höherem Maße unter den
Vorständen des Laufbahn-Typs der »Springer« – mit weitem
Abstand relativ die meisten Männer zu finden, die selbst Kontakte herbeigeführt haben oder deren Bestellung auf die Initia-
tive Dritter zurückging. Bei den Wechslern sind es 30,7, bei
den Springern gar 44,2 Prozent, also wesentlich mehr als das
Doppelte des Gesamtdurchschnitts von 20,2. Auch bei den
Extern-Vorständen liegt diese Zahl übrigens mit 23,9 Prozent
deutlich über dem Durchschnitt, wobei allein das Suchen per-

sönlicher Kontakte mit dem Hauptanteil von 11,5 Prozent beteiligt ist.

Jeder dritte Vorstandsvorsitzende ist finanziell unabhängig

Eine weitere interessante Frage war schließlich auf die Vermögensverhältnisse der Vorstände gerichtet. Wir suchten zu ergründen, in welchem Umfange die Leiter der Großunternehmen durch Besitz von Vermögen so gesichert sind, daß sie ihre Führungsfunktion in absoluter – auch finanzieller – Unabhängigkeit ausüben können. Es ist eine heikle Frage: Wer gibt Fremden schon gern über seine Vermögenslage Auskunft, noch dazu schriftlich und keineswegs anonym. Aber fast alle haben geantwortet. Und wieder zeigt sich, daß es gerade etwa jeder fünfte war, der die Frage nach erworbenem Vermögen bejahte (22,2 Prozent); unter Einschluß ererbten Besitzes verfügt jeder vierte (26,1 Prozent) über Beteiligungs- oder sonstiges zinstragendes Vermögen, das ihm finanzielle Unabhängigkeit sichert.

Aber in diesem Punkt bestehen enorme Unterschiede im einzelnen. Von den Vorsitzenden ist jeder dritte finanziell gesichert (31,9 Prozent), von den »gewöhnlichen« Vorstandsmitgliedern jeder fünfte (20,6), von den Stellvertretern nur jeder zwölfte (7,9 Prozent; siehe Tabelle 45, die beiden letzten Spalten). Am größten ist der Anteil der Vermögenden unter den Bankdirektoren (27,4 Prozent), dann folgen die Industrievorstände mit 25,2 Prozent, während sich die Leiter öffentlich-rechtlicher Kreditanstalten nur zu 6 Prozent als vermögend bezeichnen – ein gewaltiger Abstand. (Bei all diesen Angaben sind lediglich Vorstände mit erworbenem Vermögen gezählt, nicht mit ererbtem Vermögen.) Und das erstaunlichste: Relativ die größte Zahl der Vermögenden findet sich unter jenen Vorständen, die keine höhere Schule besucht, kein Abitur gemacht, nicht studiert haben und die ihren Berufsweg als Praktiker

186

gegangen sind. Bildung, so will es danach scheinen, ist dem Erwerb von Vermögen eher hinderlich als förderlich. Aber das wäre ein Trugschluß. Des Rätsels Lösung liegt mindestens zum Teil darin, daß unsere Statistik auch die Leiter einiger Privatbankhäuser umfaßt (nämlich soweit sie ein Mandat in dem Aufsichtsrat eines Großunternehmens wahrnehmen). Unter den Bankiers ist der Anteil derer, die nicht studiert oder ihr Studium nicht abgeschlossen haben, relativ groß. Gerade sie gehören jedoch zum Kreis derer, denen ein Vermögen finanziellen Rückhalt gewährt.

Vermögen – eine Frage des Lebensalters

Im übrigen machen die Zahlen deutlich, daß Vermögensbesitz weitgehend eine Frage des Lebensalters ist. Die Jüngeren – bis 45 Jahre – verfügen nur zu 9 Prozent über Vermögen, die Älteren – über 64 Jahre – dagegen zu 42 Prozent; dazwischen steigen die Anteile mit absoluter Regelmäßigkeit an. Das gleiche Bild zeigen – nicht ganz so regelmäßig und gleichsam in den Komplementärfarben – die verschiedenen Berufungsalter: Je früher die Bestellung zum Vorstand, desto höher der Anteil der Vermögenden. Ebenso bestätigt sich die Sonderstellung der Vorstände, deren Weg über mehrere Unternehmen geführt hat, auch in diesem Punkt: Von ihnen verfügt fast jeder dritte über Vermögen (31,4 Prozent), sie ragen damit deutlich über die anderen Vorstände hinaus. Bei den Laufbahn-Typen schlägt sich das freilich kaum nieder. Hier ist der Einfluß der Zeit übermächtig: Die Quote der Vermögensbesitzer nimmt mit der Länge der im Unternehmen zurückgelegten Laufbahnen ziemlich gleichmäßig zu: Bei den von draußen Berufenen beträgt sie 17 Prozent, bei den Laufbahn-Vorständen dagegen 25 Prozent; die Springer und die Sprinter liegen mit Anteilen um die 20 Prozent ziemlich in der Mitte (Tabelle 44, Abschnitt L).

Die im Unternehmen aufsteigenden Führungskräfte kommen im Vergleich zu ihren Vorstandskollegen, die auf schnelleren Laufbahnen nach oben gelangt sind, zumeist erst relativ spät in Amt und Würden. Aber sie können sich damit trösten, daß sie dafür die größere Chance haben, dermal einst finanzielle Unabhängigkeit zu erlangen. So zahlt sich die langsamere Gangart in dieser Weise für sie aus.

XII. DIE GENERALDIREKTOREN

Ohne unternehmerische Begabung geht es nicht

DER EINZIGE WANDSCHMUCK in seinem Arbeitszimmer war ein Ölgemälde, auf dem Ackerpferde dargestellt waren – eine ländliche Idylle inmitten dieser Welt von Stahl und Elektrotechnik. Der Mann dort hinter dem Schreibtisch hing an dem Bild. Es erinnerte ihn an seine Jugend. Kurt Lotz, der erste Mann bei Brown, Boveri, dann vier Jahre lang Generaldirektor des Volkswagenwerks, war als Bauernsohn in einem nordhessischen Dorf aufgewachsen.

Sein Nachfolger in Wolfsburg, Rudolf Leiding, hätte an dem Bild vermutlich ebenfalls seine Freude. Auch er stammt vom Lande. Er ist in einem kleinen Ort in der Altmark geboren, fühlte sich allerdings schon als junger Mensch weniger von Pferden als von der Faszination des Automobils angezogen, ging in die Lehre, wurde Kraftfahrzeug-Mechaniker, besuchte eine Maschinenbauschule und trat nach dem Kriege als Betriebs-Ingenieur beim Volkswagenwerk ein.

Und der »Mächtigste« bei diesem Unternehmen, der als Aufsichtsratsvorsitzender noch »über« dem Generaldirektor thront? Keine Sorge, auch Josef Rust kommt aus ländlich-einfachen Verhältnissen. Sein Vater war Rektor einer Volksschule in dem damals noch verträumten Ort Blumenthal an der Weser, heute zum Stadtstaat Bremen gehörig.

Keinem der drei Männer war es an der Wiege gesungen worden,

189

daß er dermaleinst an der Spitze des größten deutschen Unternehmens stehen und über ein gewaltiges Industrie-Imperium gebieten würde. Keiner von ihnen hatte einen Unternehmer zum Vater, auch nicht einen Gutsbesitzer, einen Minister, einen Angehörigen der gesellschaftlichen Oberschicht. Alle drei haben sich aus eigener Kraft, ohne Protektion oder gute Beziehungen, ohne unmittelbare Hilfe des Elternhauses hochgearbeitet. Und sie bilden darin keine Ausnahme. Wer die Lebensläufe prominenter Wirtschafts-Manager studiert, sucht unter den Vätern vergebens nach Generaldirektoren oder Repräsentanten der Führungsschicht vergangener Epochen. Man findet sie nicht.

Von Abs bis Zahn

Weder Hermann J. Abs noch Joachim Zahn (von Daimler), weder Beitz noch Vogelsang (beide von Krupp), weder Hansen noch Sammet oder Timm (die »Generäle« der drei großen Chemiekonzerne), weder Plettner (Siemens) noch Groebe (AEG), weder Kemper von der Veba noch Sohl von Thyssen, weder Overbeck von Mannesmann noch Schmücker von Rheinstahl, weder Ulrich von der Deutschen oder Ponto von der Dresdner Bank noch Poullain von der Westdeutschen Landesbank – niemand von all diesen Männern, die ein Soziologe gewiß unter die »Mächtigen der Wirtschaft« einreihen würde, wurde in sein Amt hineingeboren. Ihre Väter waren (in willkürlicher Reihenfolge, um eine vielleicht unerwünschte Identifizierung auszuschließen) Getreidehandelskaufmann, Oberingenieur bei der Reichsbahn, Kaufmann in einem Automobilwerk, kleiner Beamter, leitender Angestellter einer Hamburger Exportfirma, Rechtsanwalt, Militärjurist, Oberstudiendirektor, Hauptgeschäftsführer einer Handelskammer, noch einmal Kaufmann, noch einmal Rechtsanwalt, Arzt, kaufmännischer Angestellter in einer Chemiefabrik, Prokurist, Handwerker,

Bankbeamter. Es sind durchweg bürgerliche Berufe. Kein General, kein Adliger, kein Staatsmann oder Diplomat. Die Oberschicht des Kaiserreichs hatte für ihre Söhne andere Ideale als die »gemeine Welt« der Wirtschaft und Finanzen. Sollen wir noch mehr Namen nennen? Die Liste könnte beliebig fortgesetzt werden. Unsere Statistik umfaßt bekanntlich 349 Männer an der Spitze von Großunternehmen aller Wirtschaftszweige, eingeschlossen auch Sprecher der Vorstände und stellvertretende Vorstandsvorsitzende, ebenso ehemalige Generaldirektoren, die heute den Aufsichtsräten ihrer Unternehmen angehören. (Nur zu einem kleineren Teil handelt es sich auch um Leiter von Personalgesellschaften, also Männer, die gemeinhin nicht mit dem Titel »Generaldirektor« bedacht zu werden pflegen.) Wir könnten gern noch fünfzig, hundert oder mehr aufzählen. Auch als Gruppe haben wir die Generaldirektoren schon unter den verschiedensten Aspekten beleuchtet. Die elf vorangegangenen Kapitel haben das Erscheinungsbild des Vorstandsvorsitzenden stets besonders herausgehoben. Insofern müssen wir unsere Leser um Nachsicht bitten: Wir können ihnen in diesem zwölften Kapitel nichts grundlegend Neues bieten.

Aber diese Männer stehen nun einmal mehr als andere Vorstände im Scheinwerferlicht der Öffentlichkeit. Wo immer über die Großen der Wirtschaft gesprochen oder geschrieben wird, sind in erster Linie jene an der obersten Spitze der Unternehmen gemeint, nicht so sehr das Heer ihrer Helfer in den Vorständen, die Ressortchefs. Es könnte uns vorgeworfen werden, indem wir das Management der Großunternehmen lediglich als Kolossalgemälde gezeichnet hätten, brächten wir die Einzelheiten, auf die es ankomme, nicht genügend zur Geltung: Die Generaldirektoren seien die eigentlich Wichtigen. Deshalb glauben wir, die Vorstandsvorsitzenden als Verkörperung der »Wirtschafts-Prominenz« – so wie sie sich beispielhaft in den soeben wiedergegebenen Namen manifestiert – gesondert unter die Lupe nehmen zu sollen. Jene Leser, die in den folgenden Feststellungen Bekanntes, schon Gesagtes wiederfinden, mögen das Kapitel als ein Resumé bisheriger Erkenntnisse gelten lassen. Im übrigen hat auch der Blick durch ein Vergrößerungsglas manchmal seinen Reiz. Er eröffnet zuweilen neue Perspektiven.

Die Söhne folgen ihren Vätern nicht

Wir haben also unter den 349 Vorstandsvorsitzenden nach Männern Ausschau gehalten, bei denen verwandtschaftliche Beziehungen mitgeholfen haben könnten, dem Jüngeren in den Sattel zu helfen. Bei weitherzigster Auslegung dessen, was unter verwandtschaftlichen Banden und geschäftlichen Beziehungen verstanden werden kann, haben wir ganze 20 gefunden, darunter 7, die ihren Vätern bei dem gleichen Unternehmen im Vorstand gefolgt sind, also gerade etwa 2 Prozent der Gesamtzahl (siehe Tabelle 6). Es dürfte kaum einen anderen Berufsstand geben, bei dem so wenige Söhne in die Fußstapfen ihrer Väter treten. Die Behauptung maßgebender Soziologen, die überwiegende Zahl der Manager stamme aus der Oberschicht, und Berufsvererbung sei in keiner Gruppe so hoch wie unter Wirtschaftsführern, ist einfach nicht wahr – ganz zu schweigen von dem Klischeebild linksintellektueller Gesellschaftskritiker unserer Tage, das die »Kapitalisten« als eine geschlossene Gruppe – sie sagen »Clique« – von Etablierten zeichnet, die niemanden aus den breiten Schichten des Volkes in ihre geheiligten Höhen aufsteigen lassen.

Die Wahrheit ist, daß 85 Prozent aller Männer, die der Berufsweg bis an die Spitze der bedeutendsten deutschen Unternehmen geführt hat, einen sozialen Aufstieg vollzogen haben. Ginge man nicht von dem Status der Väter, sondern von dem der Großväter aus, so würde sich wahrscheinlich zeigen, daß fast alle aus kleinen Verhältnissen stammen, vom Lande oder aus dem Kleinbürgertum. Ständig rücken fähige Kräfte von unten nach, während die Söhne von Generaldirektoren, was weniger beachtet wird, oftmals der Welt der Wirtschaft wieder den Rücken kehren, weil sie nicht zum Unternehmer taugen, oder ihre Interessen in andere Richtungen gehen.

Soziale Auffrischung der Führungsschichten

Dieser Umschichtungsprozeß, der für eine unablässige soziale Auffrischung der Führungsschichten sorgt, ist nur deshalb möglich, weil sich das Eigentum von Großunternehmen heute nur selten in der Hand einzelner Personen befindet und weil auch dort, wo dies der Fall ist, der Eigentümer nicht immer die Leitungsfunktion selbst ausübt. Die Führung der Großunternehmen liegt ganz überwiegend – zu mehr als 90 Prozent – in Händen kapitalloser Manager, deren Stellung nicht an Familie und Eigentums-Titel, nicht an Reichtum und ererbten Besitz gebunden ist, sondern allein auf deren Können basiert. Manager haben nur eine Legitimation: ihre Fähigkeiten. Jeder Fähige kann deshalb auch zum Manager aufsteigen. Was immer gegen das Manager-System der modernen Wirtschaft vorgebracht werden mag, es hat den einen großen Vorzug, daß es prinzipiell keine Standesgrenzen oder sozialen Schranken kennt. Ohne Manager könnte von einer offenen Gesellschaft in diesem Bereich keine Rede sein.

Worin die spezifischen Eigenschaften und Talente bestehen, die einen Generaldirektor auszeichnen und ihn für seine Position legitimieren, ist konkret schwer zu umreißen. Es gibt darüber eine umfangreiche Literatur, die von Max Weber und Joseph Schumpeter bis zu Nationalökonomen unserer Tage reicht[57]). Eine eindeutige und allgemeingültige Antwort ist

---

[57]) Aus neuerer Zeit sind vor allem die Untersuchungen von Fritz Redlich zu nennen. Siehe dessen Buch »Der Unternehmer. Wirtschafts- und sozialgeschichtliche Studien.« Mit einem Nachwort von Edgar Salin. Göttingen 1964.

jedoch nicht zu finden, weil die Frage zuviele Aspekte hat und diese sich zudem ständig ändern. Eines ist sicher: Zum Unternehmen gehören Fähigkeiten und Eigenschaften, die sich nicht erlernen und erwerben lassen. Sie müssen von Natur gegeben sein. Das wird an dem Umkehrbild greifbar deutlich: Ein gehemmter Mensch, schüchtern, unsicher, kontaktarm, menschenscheu veranlagt, wäre als Generaldirektor eines Weltunternehmens gewiß fehl am Platze, auch wenn er mit hoher Intelligenz begabt wäre und alle Examina summa cum laude bestanden hätte. Vor dem unwägbaren Etwas, das die große Persönlichkeit ausmacht – den überragenden Politiker ebenso wie den begnadeten Künstler, den scharf denkenden Wissenschaftler ebenso wie den schöpferischen Unternehmer – versagt die moderne Psychologie mit ihren Test-Methoden.

Keine Genies aus der Retorte

Für manche Psychologen und Soziologen darf jedoch nicht sein, was nicht in Zahlen zu fassen ist. Also gibt es für sie keine »geborenen« Unternehmer. Wer solches behauptet, so sagen sie, berufe sich auf das »biologische Potential« und gerate damit in den »Umkreis der Rassenlehren«; das Gerede von der »Persönlichkeit« sei zudem eine bloße Schutzbehauptung der Unternehmer, ähnlich der These vom »Gottesgnadentum« früherer Monarchen. Aber solcher Zynismus kann nichts an den Realitäten ändern. Ohne natürliche Anlagen bringt es kein Mensch zu herausragenden Leistungen, auch nicht mit einer noch so guten Ausbildung. Genies lassen sich nicht in der Retorte züchten.

Wer für die Besetzung der Führungspositionen in einem Unternehmen verantwortlich ist – in der Regel der Vorsitzende des Aufsichtsrats oder ein Aufsichtsrats-Gremium – braucht bei der Auswahl der Anwärter meist auch keine psychologischen Teste. Er kann die bisherigen Leistungen und Erfolge eines

194

Mannes als Maßstab, mindestens als Anhalt für sein Urteil über dessen Führungsqualitäten nehmen. Das ist besonders dann möglich, wenn der Kandidat aus dem eigenen Unternehmen stammt. Solche Berufungen sind das Nächstliegende und Normale. Die meisten Generaldirektoren, fast genau die Hälfte (50,9 Prozent; Tabelle 43), sind aus dem Unternehmen oder Konzern hervorgegangen, an dessen Spitze sie heute stehen. So hat der heutige Vorstandsvorsitzende des Volkswagenwerks, Leiding, bei »seinem« Unternehmen in einer mittleren Position begonnen; die erste größere Führungsaufgabe erhielt er als Leiter eines deutschen Zweigwerks (Kassel), dann stand er nacheinander an der Spitze einer deutschen Tochtergesellschaft (Audi), des größten ausländischen VW-Werks (Brasilien), darauf wieder bei der inzwischen mit NSU vereinigten deutschen Audi-NSU, bis er schließlich, mit 57 Jahren, die Nachfolge von Lotz als Generaldirektor des Konzerns antrat.

Ähnlich sieht der Weg für viele im Betrieb aufsteigende Männer aus. Fast immer fangen sie relativ weit unten an, oft als Lehrling oder kleiner Angestellter, passieren mehrere Stationen wachsender Selbständigkeits- und Verantwortungsgrade, an denen sich ihre Führungsqualitäten erweisen und bewähren können, und erreichen erst ziemlich spät die Vorsitzerposition (allerdings früher als Leiding, im Durchschnitt mit 50 Jahren); manche sind dann allerdings auch über das 65. Lebensjahr hinaus tätig. In großen Industriekonzernen, die ihren Führungsnachwuchs planmäßig im eigenen Bereich heranbilden, ist der Weg über die Leitung verschiedener Werke oder Tochtergesellschaften in aller Welt fast schon zu einer Art Normal-Laufbahn für Spitzenkräfte geworden, übrigens auch in Amerika.

Vorstandsvorsitzender ohne Abitur

Auf diesem Wege gelangen besonders viele Männer ohne Abitur und ohne Universitäts-Studium nach oben. Daß dies möglich ist, widerlegt allein schon die These, Bildung sei ein unentbehrlicher Schlüssel für den Aufstieg in die obersten Ränge der Wirtschaft. Unter den heutigen Generaldirektoren gibt es 38 Männer ohne jede »Bildung« im Sinne moderner Bildungsforderungen; das ist etwa jeder zehnte (11 Prozent). Sie haben nur die Volks- oder Mittelschule besucht oder sind auf einer höheren Schule gewesen, aber nicht bis zum Abitur gegangen. Noch größer ist die Zahl derer, die nicht studiert haben oder die zwar Vorlesungen und Seminare besucht, aber das Studium nicht mit einem Abschlußexamen beendet haben. Es sind annähernd 25 Prozent (Tabellen 16, 22 und 44).

Fast jeder vierte Generaldirektor besitzt also weder Diplom noch Doktorhut, sondern hat seinen Weg völlig außerhalb der Universität gemacht. Hier sind die Betriebspraktiker zu finden – Fachschul-Ingenieure ebenso wie praktische Kaufleute –, die ihren Aufstieg vor allem ihrem Führungstalent sowie den im Geschäfts- und Berufsleben gewonnenen Erfahrungen danken. Besonders zahlreich sind sie, wie gesagt, unter denen, die – wie Leiding – in einem einzigen Unternehmen großgeworden sind. Von den Männern dieses Laufbahn-Typs hat sogar fast jeder dritte kein abgeschlossenes Universitäts-Studium hinter sich (31,1 Prozent).

Humanistische Bildung als Basis

Das Normale ist jedoch der Weg über Abitur und Studium. Am Beginn des Ausbildungsweges stand dabei für Spitzen-Manager vielfach das altvertraute humanistische Gymnasium. Fast die Hälfte aller Generaldirektoren, 47 Prozent, haben Latein oder Griechisch gebüffelt; bei den Vorständen, die es nicht bis zum Vorsitzenden gebracht haben, ist es nur jeder dritte (34 Prozent; Tabelle 16). Zum Teil mag der Unterschied durch die Altersschichtung bedingt sein: Die Humanisten sind hauptsächlich Männer jenseits der 65. Je jünger, um so mehr treten die Neusprachler und die Naturwissenschaftler in Erscheinung.

Verwissenschaftlichung der Betriebsführung

Was das Studium angeht, so eröffnen nur drei Fachrichtungen begründete Aussicht auf einen Aufstieg bis zur Vorstandsebene: die Wirtschaftswissenschaften, die Technik und das Recht. Andere Fächer wie die Philosophie, die Soziologie, die Psychologie, die Medizin, die Pharmazie kommen bei Inhabern der Führungspositionen nur ganz vereinzelt vor (insgesamt 7 Fälle oder 2 Prozent aller Vorstandsvorsitzenden einschließlich derer, die nicht studiert haben; Tabellen 21 und 22). Unter den Generaldirektoren überwiegen Diplom-Kaufleute und Nationalökonomen mit einem Anteil von 28 Prozent (Tabelle 21); 5 Prozent von ihnen haben außerdem Jura studiert, eine bei Vorständen häufig anzutreffende Kombination. Die Gruppe derjenigen, die Wirtschaft studiert haben, ist damit unter Vorstandsvorsitzenden, also auf der höchsten Stufe der Vorstands-Hierarchie, relativ umfangreicher als bei den »einfachen« Vorständen (28 gegen 22 Prozent). Offenbar sind Wirtschaftler mit Studium also am ehesten für übergeordnete Führungsaufgaben geeignet – oder umgekehrt: Wer sich im Wirtschaftsleben zu Höherem berufen fühlt, wählt schon in jungen Jahren diesen Studienzweig. Die Altersschichtung zeigt auch, daß im Generationen-Wechsel der letzten zwanzig, dreißig Jahre Kaufleute mit Studium ständig an Bedeutung gewonnen, Kaufleute ohne Studium dagegen an Raum verloren haben – Ausdruck einer zunehmenden »Verwissenschaftlichung« der Betriebsführung speziell im kaufmännischen Bereich.

Techniker fast nur in der Industrie

Der Anteil der Juristen und der Techniker an den Vorsitzenden ist etwa gleich groß (22 und 24 Prozent). Dabei sind die

Juristen vor allem im Kreditwesen zu finden, während technisch vorgebildete Generaldirektoren fast auschließlich auf die Industrie konzentriert sind. Was die Chancen eines Aufstiegs bis in die höchste Position betrifft, so sind sie bei den Juristen relativ größer als bei den Technikern. Soviel Techniker und Naturwissenschaftler es auch sind, die in Industriebetrieben zum Vorstandsvorsitzenden berufen werden, gemessen an der Zahl der in den Vorständen vorhandenen »Kandidaten« gelangen weniger Ingenieure auf den Sitz des Generaldirektors, als dies bei Juristen und Diplom-Kaufleuten der Fall ist. Wer will, mag daraus Wahrscheinlichkeits-Koeffizienten für den Aufstieg zum Generaldirektor ableiten. Er beträgt für einen Techniker 0,28, für einen Juristen 0,38, für einen Wirtschaftler 0,45, ist also für Juristen etwa um ein Drittel und für Wirtschaftler fast um 60 Prozent höher als für Techniker.

Direkt an
die Unternehmensspitze

Soweit die Generaldirektoren nicht die Aufstiegsleiter im eigenen Unternehmen erklommen sind, sondern »von draußen« kamen, haben sie sich zuvor in anderen Bereichen bewährt. Die meisten waren vorher Beamte und sind hier den üblichen Karriereweg gegangen, andere sind als selbständige Geschäftsleute im In- oder Ausland tätig gewesen, kennen als frühere Verbandsgeschäftsführer die Branche in allen Ecken und Winkeln oder verfügen als Rechtsanwälte, Wirtschaftsprüfer, Steuerberater über einschlägige Erfahrungen, waren vielleicht in dieser Eigenschaft gar schon für das berufende Unternehmen tätig.

Die Zahl der Vorstandsvorsitzenden, die auf diese Weise direkt an die Unternehmensspitze geholt wurden, ist erstaunlich groß: Fast jeder vierte gehört dazu (24,4 Prozent; Tabelle 43). Besonders hoch ist ihr Anteil bei Unternehmen öffentlich-rechtlichen Charakters, hier kommt jeder zweite Vorsitzende von draußen. Aber auch wenn man die öffentlich-rechtlichen Unternehmen ausklammert und allein die privatwirtschaftlich organisierten Firmen betrachtet (einschließlich der genossenschaftlichen Großunternehmen und der Versicherungsvereine auf Gegenseitigkeit), ist fast jeder fünfte Generaldirektor von draußen berufen worden (19,4 Prozent; Tabelle 40). Die meisten kamen auch hier aus dem Staatsdienst.

Wie Leiding für die im Unternehmen Aufsteigenden, so bietet Josef Rust ein Beispiel für den Typ des von außen berufenen Generaldirektors. Er begann seine Berufslaufbahn nach Studium und kurzer Rechtsanwalts-Tätigkeit im Reichswirtschaftsministerium in Berlin, wurde 1948 in das Niedersächsische Finanzministerium geholt, kam ein Jahr später als Leiter der Abteilung Wirtschaft und Finanzen in das Bundeskanzleramt, wechselte 1952 in das Bonner Wirtschaftsministerium, wurde 1955 zum Staatssekretär in das Verteidigungsministerium berufen – und ging dann 1959 als Generaldirektor zu Wintershall; seit 1966 ist er zugleich Aufsichtsratsvorsitzender des Volkswagenwerks.

Nicht alle ehemaligen Beamten unter den Generaldirektoren hatten es, wie Rust, vorher bis zum Staatssekretär gebracht. Aber fast alle waren Beamte des höheren Dienstes. Viele sind schon vor 1945 oder bald nach Kriegsende in die Wirtschaft gegangen, insbesondere Männer aus dem Wirtschafts- und dem Finanzministerium, ebenso hohe Beamte anderer öffentlicher Institutionen, unter anderem der Reichsbank. Es sind Persönlichkeiten mit einem ausgesprochen hohen Bildungsniveau. Die Zahl der Nicht-Abiturienten und der Nicht-Akademiker ist hier besonders gering, kleiner als bei jeder anderen Gruppe von Generaldirektoren. Die meisten sind Juristen (41 Prozent), auch Wirtschaftswissenschaftler sind häufig zu finden (34 Prozent; Tabelle 44). Daß es sich keineswegs nur um »Honoratioren« handelt, wie im einschlägigen

Schrifttum behauptet wird, geht allein aus dem niedrigen Berufungsalter hervor: Mit 45 Jahren liegt es im Schnitt wesentlich unter dem durchschnittlichen Berufungsalter aller anderen Generaldirektoren (50 Jahre).

Die Egg-heads unter den Vorständen

Eine dritte Gruppe von Generaldirektoren ist den von draußen Kommenden nach Laufbahn und Berufsmerkmalen ähnlich. Diese Männer haben, als sie ihre Tätigkeit in einem Unternehmen aufnahmen, zwar nicht sogleich im Vorstand oder als Vorstandsvorsitzender begonnen, aber doch auf einer leitenden Position: als Betriebs- oder Abteilungsleiter, als Verkaufschef, Direktor, Prokurist, Generalbevollmächtigter oder dergleichen. Oft mag die Tätigkeit von vornherein als eine Zwischenstation gedacht gewesen sein, zum Vertrautmachen mit den Gegebenheiten im Unternehmen, oder auch als »Warteposition« bis zum Ausscheiden des Vorstands, an dessen Stelle sie treten sollten.

Keine Firma könnte einen Unternehmensfremden sogleich mit einer leitenden Funktion betrauen, wenn sie nicht von dessen Qualifikation überzeugt wäre. Solche Männer müssen also, wie die direkt in den Vorstand Berufenen, an anderer Stelle schon überzeugende Leistungen vollbracht haben, in internationalen Institutionen, im Verbandswesen, vor allem aber wohl auf dem Felde der Wissenschaft. Der Bildungsstand, gemessen an der Zahl der Abiturienten, der Diplomierten und Promovierten, ist hier ähnlich hoch wie bei der vorigen Gruppe. Überwiegend handelt es sich um Ingenieure, fast jeder dritte von ihnen ist Techniker, Chemiker, Physiker, Mathematiker oder einer ähnlichen Fachrichtung zugehörig (31 Prozent). Es sind die Spezialisten und Experten unter den Vorständen, gleichsam die »Egg-heads«: mit überdurchschnittlichem Fachwissen begabt und damit die geborenen »Fachminister«. Unter den Generaldirektoren bilden sie die kleinste Fraktion, nur knapp jeder Achte gehört ihr an (12,1 Prozent).

Von einer fremden Firma entdeckt

Das restliche Achtel (etwas mehr: 12,6 Prozent) besteht aus Männern, die zwar ihren Weg innerhalb von Unternehmen gemacht haben, die sich aber von der ersten Gruppe, den im Betrieb Aufgestiegenen, dadurch unterscheiden, daß die erste Berufung auf einen Vorstandssitz nicht von ihrem eigenen, sondern von einem anderen Unternehmen ausgesprochen worden ist. Sie wurden also von einer »fremden« Firma entdeckt, die den bisherigen Angestellten als Vorstand zu sich holte. Dieser Wechsel erweist sich als ein sehr wesentliches Laufbahn-Merkmal. Denn der Schritt zu einem anderen Unternehmen bei der ersten Vorstandsbestellung, so zeigt sich, ist für viele nicht der einzige dieser Art geblieben. Sie haben auch danach, als wohlbestallte Vorstandsmitglieder, noch gewechselt, oft mehrfach. Und am häufigsten haben es diejenigen getan, die schließlich den Generaldirektor-Posten erreicht haben.

Die Zahlen sind frappierend. Nur jeder vierte Generaldirektor, dessen Erst-Bestellung zum Vorstand mit einem Unternehmens-Wechsel verbunden war, ist dem Unternehmen, das ihn entdeckt hat, dann auch treu geblieben (27,3 Prozent). Dreiviertel sind weitergewandert. Diejenigen, die ihren Wirkungsbereich auf dem weiteren Wege nur noch ein zweites Mal gewechselt haben, machen wiederum lediglich ein gutes Viertel aus (nochmals 27,3 Prozent); vielfach mag der zweite Sprung mit der Berufung zum Vorstandsvorsitzenden verbunden gewesen sein.

Weitaus die meisten sind jedoch sehr viel häufiger gewechselt (45,4 Prozent). Sie haben in drei, vier, manchmal in noch mehr Unternehmen am Vorstandstisch gesessen, bevor sie ihre jetzige Stellung erreicht haben. Bei anderen Vorständen und

Vorsitzenden sind die Springer nicht entfernt so häufig und die Sprünge nicht so zahlreich wie hier. Kein Zweifel, wer sogleich mit einem vollen Satz in das Vorstands-Dasein hineinspringt, unterscheidet sich auch in seiner weiteren Laufbahn oft von anderen Vorständen. Er repräsentiert einen Vorstandstyp ganz bestimmter Prägung, dessen Erscheinungsbild sich deutlich von dem der »Läufer« abhebt.

Die Springer, so zeigt sich, sind unter Generaldirektoren dreimal so häufig anzutreffen wie unter »einfachen« Vorstandsmitgliedern; ihr Anteil beträgt hier 73, dort 24 Prozent. Offenbar gehören zu dieser Gruppe von Vorständen also viele Männer, die nach Anlagen und Talenten in ganz besonderem Maße zur Übernahme höchster Führungspositionen geeignet sind. Andererseits sind in keiner anderen Gruppe von Vorstandsvorsitzenden soviel Männer aus den unteren Bevölkerungsschichten vertreten wie hier. Jeder siebte bis achte Generaldirektor dieses Typs (13,6 Prozent gegen 7,5 Prozent im Gesamtdurchschnitt) stammt aus einem Elternhaus, in dem Not und Armut herrschten.

Mühelos und behende hochgeklettert

Gerade diese Männer aus sozial schlechtgestellten Familien, die soziologisch den weitesten Weg – von ganz unten bis zum Gipfel – zurückzulegen hatten, sind jedoch oft schon jung in die Verantwortung gelangt, früher als Männer in anderen Laufbahnen. Fast jeder vierte von ihnen (22,7 Prozent) saß auf einem Vorstandssessel, als er noch keine 40 Jahre alt war; im Durchschnitt aller Generaldirektoren trifft dies nur für jeden achten zu (12,3 Prozent). Auch an Lebensalter sind sie die jüngsten unter den Generaldirektoren. Mühelos und behende scheinen sie schon in jungen Jahren bis zu den Vorstands-Etagen emporzuklettern, als sei dies die selbstverständlichste Sache der Welt.

Woran liegt das ? Auf der Seite der Bewerber spielt sicher eine gute Portion Ehrgeiz mit. Vielfach handelt es sich um Männer mit einem ausgeprägten Aufstiegswillen, die um einer raschen Karriere willen das Risiko eines Wechsels nicht scheuen und ohne Zögern zu einer anderen Firma gehen, wenn sie dort größere Chancen zu sehen glauben. Nicht zufällig ist auch die Zahl derer, die sich auf Inserate oder über Unternehmensberater um einen Vorstandsposten beworben haben, nirgends so groß wie in dieser Gruppe. Viele haben dabei auch ohne Universität oder über das praxisnahe Studium der Wirtschaftswissenschaften ihren Weg gemacht, zielsicher oder intuitiv, je nach persönlicher Veranlagung. Offenbar ist der häufige Wechsel für solche geborenen Unternehmertalente, besonders wenn sie aus den unteren Bevölkerungsschichten stammen, der Weg, auf dem sie am ehesten den Gipfel erreichen können.

Jüngere werden bevorzugt

Auf der anderen Seite würden junge Leute dieses Typs aber gewiß nicht so rasch vorankommen, wenn die für Vorstands-Besetzungen Verantwortlichen, die Aufsichtsräte also, nicht ständig nach unternehmerischen Talenten Ausschau hielten. Das gilt zwar nicht für alle Unternehmen in gleichem Maße, am wenigsten für jene, die Führungsnachwuchs grundsätzlich im eigenen Bereich suchen. Aber selbst in solchen Unternehmen kann es passieren, daß ein unternehmerisch hochqualifizierter Mann von draußen geholt und einem Anwärter des eigenen Hauses vorgezogen wird. Warum ? Einzig und allein, weil der Fremde jünger ist. Seine soziale Herkunft ist dabei ohne Belang.

Das Streben, die Führung eines Unternehmens zu verjüngen, wann immer sich die Gelegenheit dazu bietet, ist überall wirksam. Unter allzu häufigem Wechsel würde die Kontinuität der Unternehmungspolitik leiden. Der Aufsichtsrat möchte auch der Notwendigkeit enthoben sein, alle drei oder fünf Jahre erneut über die Besetzung des höchsten Amtes beraten zu müssen. Am liebsten soll der Neue um die 40 oder nicht viel älter sein, damit er nach Einarbeitung als einfaches Vorstandsmitglied das Unternehmen dann noch mindestens fünfzehn oder zwanzig Jahre lang verantwortlich leiten kann.

Wie einige Beispiele aus der letzten Zeit deutlich gemacht haben, wird selbst bei Berufungen von Männern aus dem eigenen Hause zuweilen der Jüngere bevorzugt, was in Unternehmen mit hierarchisch festgefügten Strukturen und oft beamtenhaften Rang- und Beförderungsvorstellungen zu starken Spannungen führen kann. Leichter ist eine Verjüngung der Unternehmens-Spitze erreichbar, wenn jemand von draußen geholt wird. Der Fremde, dem der Ruf eines trotz seiner Jugend hervorragenden Mannes vorausgeht, erwirbt sich bei der Belegschaft eher Achtung und Autorität als ein Betriebsangehöriger, der rasch – nach Meinung der »Benachteiligten« allzu rasch – avanciert. Das ist die Erklärung dafür, daß die besonders Befähigten so häufig wechseln und daß der Wechsel gerade bei Generaldirektoren so oft den Weg des Aufstiegs kennzeichnet.

Mit 40 an der Majorsecke vorbei

Wie also wird man Generaldirektor? Von jeweils acht Männern, die das Ziel erreicht haben, sind vier über die Hauptstraße eines Aufstiegs im Unternehmen dorthin gelangt, drei über die beiden Parallelstraßen einer Karriere im Staatsdienst oder im freien Beruf, von denen die eine direkt, die andere auf dem Umweg über einen leitenden Angestelltenposten zum Ziel führt. Nur einer ist den schmalen Pfad gegangen, der kreuz und quer verläuft, am schlechtesten gepflastert ist und daher manche Gefahren birgt. Die auf der Hauptstraße haben mehrere Ampeln zu passieren und kommen dabei meist nur langsam voran. Rascher geht es auf einer der Parallelstraßen.

Aber am schnellsten schaffen es die auf dem Nebenpfad. Sie beginnen die Wanderung freilich oft auch schon früh, viele haben mit 35 bereits den heiligen Bezirk der Vorstands-Etage erreicht. Wer jedoch mit 35 Jahren einem Vorstand angehört – es braucht nicht der eines Großunternehmens zu sein –, für den ist die Wahrscheinlichkeit, dermaleinst an der Spitze eines Großunternehmens zu stehen, doppelt so groß wie für die anderen, die später berufen werden. Unter Juristen kursiert das Wort: Wer nicht spätestens mit 40 aus der Rechtsabteilung in den Vorstand kommt, dessen Karriere scheitert wie die eines Offiziers an der Majorsecke. Das mag überspitzt sein. Aber auch für Generaldirektoren gilt: Je früher das Häkchen sich krümmt, um so größer die Chance.

XIII. DIE AUFSICHTSRÄTE

Nicht immer ein »Rat der Alten«

DIE MÄNNER, DIE IN DEN AUFSICHTSRÄTEN der Unternehmen die Kapitaleigner vertreten, können je nach ihrer Stellung zu diesem Unternehmen in drei Gruppen unterteilt werden. Ein Teil von ihnen war und ist sonst in keinem Unternehmen leitend tätig. Weder haben sie dem Unternehmen, in dessen Aufsichtsrat sie jetzt sitzen, früher als Vorstand angehört, noch gehören sie gegenwärtig dem Vorstand einer anderen Firma an. Aus der Sicht des Unternehmens, dessen Geschäftsführung sie im Rahmen des Aufsichtsrats jetzt zu beaufsichtigen haben, sind sie also »nicht-unternehmerische« oder – wenn man so will – »reine« Aufsichtsratsmitglieder: Ihre Tätigkeit im unternehmerischen Bereich beschränkt sich auf das Aufsichtsrats-Mandat. Das schließt natürlich nicht aus, daß sie außerhalb von Unternehmen wichtige Aufgaben wahrnehmen; oft liegt dort das Schwergewicht ihres beruflichen Wirkens.

Zu den Aufsichtsräten dieser Art zählen beispielsweise Vertreter des Staates in öffentlich kontrollierten Unternehmen (etwa die Niedersächsischen Minister Greulich und Heinke oder der Bonner Staatssekretär Schöllhorn im Aufsichtsrat des Volkswagenwerks), Repräsentanten der öffentlichen Hand in Energieversorgungs-Unternehmen, Vertreter der Eigentümer-Familien in Familienunternehmen und andere. Häufig werden auch

Männer allein auf Grund überragender persönlicher Leistungen mit einem Aufsichtsratsmandat betraut, oft mit dem Aufsichtsvorsitz. So sind prominente Juristen in diesen Gremien zu finden (beispielsweise Philipp Möhring bei der Commerzbank), ebenso Wirtschaftsprüfer (Wilhelm Elmendorff bei der Preussag, Hermann Karoli bei BMW) oder Wissenschaftler (Adolf Butenandt bei Bayer und Siemens, Werner Heisenberg bei AEG-Telefunken).

Eine zweite Gruppe von Aufsichtsratsmitgliedern umfaßt die ehemaligen Vorstandsvorsitzenden oder -mitglieder des Unternehmens, die bei ihrer Pensionierung in den Aufsichtsrat übergetreten sind. Der Schritt vom Vorstand in den Aufsichtsrat liegt besonders dann nahe, wenn es sich um verdiente Männer handelt, die das Unternehmen lange Jahre geleitet, ihm vielleicht den Stempel ihrer Persönlichkeit aufgedrückt haben. Der Wechsel entspricht auch allseitigem Interesse: Der aus dem Joch des täglichen Dienstes Ausscheidende bleibt dem Unternehmen weiterhin verbunden, die Gesellschaft kann sich seines Rates bedienen und seine Erfahrungen nutzen, und oft finden nachrückende jüngere Kräfte bei dem »Alten« auch erwünschten Rückhalt, wenn es um Konflikte im Betrieb oder mit anderen geht. Die Möglichkeit eines Übertritts in den Aufsichtsrat macht es besonders aktiven und vitalen Vorständen zudem psychologisch leichter, mit Erreichen des 65. Lebensjahres dem ungeschriebenen Gesetz zu folgen und aus dem Vorstand auszuscheiden. Das Einhalten dieser Regel hat sich für die Personalpolitik der Unternehmen im Führungsbereich von unschätzbarer Bedeutung erwiesen. Sie wird bei Großunternehmen heute im allgemeinen strikt befolgt.

Die dritte und letzte Gruppe von Aufsichtsratsmitgliedern bilden jene, die das Mandat gleichsam »nebenamtlich« wahrnehmen. Im Hauptberuf sind sie Vorstand eines anderen Unternehmens oder gehören dem Aufsichtsrat eines anderen Unternehmens an, dem sie auf Grund ihrer früheren Tätigkeit enger verbunden sind. Hierher gehört, um das bekannteste Beispiel zu nennen, Hermann J. Abs, der heute »hauptamtlich« als Aufsichtsratsvorsitzender der Deutschen Bank fungiert, gleichzeitig jedoch weiterhin eine größere Zahl von Aufsichtsrats-Mandaten in anderen Unternehmen wahrnimmt. Überwiegend handelt es sich in dieser Gruppe um Vertreter von Konzern-Obergesellschaften bei ihren Schwester- oder Tochterunternehmen, um Bank-Vorstände oder selbständige Bankiers in den Aufsichtsräten von Nicht-Banken, oft auch um Mandate bedeutender Unternehmensleiter bei befreundeten Firmen, die auf die Zugehörigkeit gerade dieser Männer zu ihrem Aufsichtsrat Wert legen. Statistisch kann diese Gruppe von Aufsichtsratsmitgliedern unterteilt werden nach Männern, die in ihrer Hauptfunktion Aufsichtsräte, Vorsitzende eines Vorstands oder »einfache« Vorstandsmitglieder sind.

Politiker und andere Nicht-Unternehmer

Von den in diese Statistik einbezogenen Managern der Großunternehmen, insgesamt 1530, gehören genau 300 »hauptberuflich« dem Aufsichtsrat eines Großunternehmens an, 248 bekleiden als Vorstände »nebenamtlich« gleichzeitig ein oder mehrere Aufsichtsratsmandate in Großunternehmen. Von den 300 »Hauptamtlichen« sind knapp zwei Drittel, 194, »nichtunternehmerische« oder »reine« Aufsichtsräte im Sinne der ersten Gruppe unserer Einteilung; sie waren also früher in diesem Unternehmen nicht leitend tätig. Dagegen waren die anderen 106, bevor sie in den Aufsichtsrat übertraten, Vorsitzende oder Mitglieder der Vorstände dieser Unternehmen; sie gehören nach unserer Klassifizierung als zu Gruppe 2. Im Vergleich zu den Vorständen von Großunternehmen, denen alle bisherigen Betrachtungen über Manager in diesem Buch galten (eingeschlossen waren fast bei allen Betrachtungen auch jene, die heute in Aufsichtsräten sitzen), ist der Repräsentationsgrad unserer Zahlen bei den 194 »reinen« Aufsichtsräten relativ niedriger: Von den Vorständen haben fast 85 Prozent der Befragten unseren Fragebogen ausgefüllt zurückgeschickt, von den Aufsichtsräten nur 65 Prozent. Das liegt zum Teil darin begründet, daß den Aufsichtsräten vielfach Männer angehören, denen wegen ihres hohen Alters und aus anderen Gründen die Ausfüllung eines Fragebogens kaum zugemutet werden kann (was besonders in Familienunternehmen manchmal der Fall ist). Aber vor allem: In diesen Gremien sitzen auch Männer, die mit den Fragen beim besten Willen nichts anzufangen wußten, weil das Hauptfeld ihres beruflichen Wirkens weitab vom Unternehmerischen liegt und niemals unternehmerischer Natur war. Auf einen Politiker wie beispielsweise den Berliner Regierenden Bürgermeister, der als Aufsichtsratsvorsitzender der Bewag fungiert, war unsere Umfrage natürlich nicht gemünzt. Das Gleiche gilt für Minister, Staatssekretäre, Landräte, Bürgermeister und andere, die in den Aufsichtsräten vor allem öffentlicher Unternehmen zu finden sind. Sie stehen jenseits der Grenzen jenes Bereichs, auf den unsere Umfrage abzielte. Nicht-Unternehmer konnten und sollten nicht einbezogen werden.

Jeder dritte ein Jurist

Für Unternehmer-Aufsichtsräte dürften die Zahlen aber nicht minder repräsentativ sein als für Vorstände. Befassen wir uns zunächst mit jenen 300, für die das Aufsichtsrats-Mandat die Hauptfunktion bildet (die Zahlen der Tabellen 46 und 47 beziehen sich ausschließlich auf diese »hauptberuflich« amtierenden Aufsichtsräte). Es zeigt sich, daß sie in höherem Umfang als die Vorstände aus oberen gesellschaftlichen Rängen stammen. Das gilt sowohl für die 194 »nichtunternehmerischen« Aufsichtsräte (Tabelle 46, erste vier Spalten), als auch – sogar in noch stärkerem Maße – für jene 106, die aus den

Vorständen der Unternehmen kommen (Tabelle 46, die nächsten vier Spalten): Von ihnen ist annähernd jeder vierte nach seiner sozialen Herkunft Schicht I zugehörig. Zu einem Teil mag dies damit zusammenhängen, daß für die Übernahme eines Aufsichtsrats-Mandats Juristen offenbar ganz besonders prädestiniert sind. Jeder dritte hat Rechtswissenschaft studiert; bei denen, die vorher nicht im Vorstand waren, sind es sogar 40 Prozent. Das Jurastudium ist jedoch, wie schon bei früherer Gelegenheit verschiedentlich festgestellt, ein von Söhnen wohlhabender Eltern bevorzugtes Fach; es gilt bis in die jüngste Zeit hinein als eine Ausbildung, die am ehesten den Weg in hohe Positionen ebnet, speziell im Staatsdienst. Auf der anderen Seite darf nicht übersehen werden, daß Männer aus ärmlichen Verhältnissen (Schicht IV) unter den hauptamtlichen Aufsichtsräten nicht minder häufig anzutreffen sind als unter Vorständen, sogar etwas mehr (7,7 gegen 7,5 Prozent). Das ist dem Einfluß der aus dem Betrieb Aufgestiegenen zuzuschreiben. Schwach vertreten ist dagegen die aus dem Kleinbürgertum stammende Mittelgruppe, aus der, wie bekannt, vor allem oft Techniker und Betriebspraktiker hervorgehen. Besonders Ingenieure sind in den Aufsichtsräten, gemessen mit anderen Fachrichtungen, seltener anzutreffen.

Ehrenvorsitzende auf Lebenszeit

Die weitverbreitete Vorstellung, daß der Aufsichtsrat als »Rat der Weisen« in den meisten Fällen auch ein »Rat der Alten« sei, scheint sich in unseren Zahlen zunächst zu bestätigen. Wenn die Aufsichtsräte ausschließlich aus hauptamtlichen Vertretern bestünden, so wäre diese Einschätzung sogar absolut richtig. Zwar sind unter denen, die nicht aus dem Betrieb kommen, auch Jüngere anzutreffen, einige unter 55, manche sogar unter 45 Jahren; das gilt hauptsächlich für Unternehmen im Familieneinfluß (zusammen sind es 17,5 Prozent, also etwa jeder sechste, Tabelle 46, Abschnitt F). Aber bei den ehemaligen Vorständen überwiegen eindeutig und mit großem Abstand die Männer über 65. Dabei ist die Zahl derer zwischen 70 und 80 Jahren nicht geringer als die der 65- bis 70jährigen; beide zusammen machen mehr als vier Fünftel aus (je 41 Prozent). Unsere Statistik weist zudem 16 Personen auf, die schon die Schwelle der 80 überschritten haben; sie sind zumeist zum Ehrenvorsitzenden auf Lebenszeit bestellt.

Nimmt man alles in allem, so erscheint das Durchschnittsalter der hauptamtlich tätigen Aufsichtsratsmitglieder unter diesen Umständen mit 66 Jahren sogar noch relativ niedrig. Hier zeigt sich jedoch besonders deutlich, wie weit die beiden Gruppen auseinanderklaffen: Die aus dem Vorstand Kommenden sind im Schnitt 71 Jahre alt (dies mit nur geringen Unterschieden zwischen AR-Vorsitzenden und AR-Mitgliedern), die anderen jedoch nur 63 Jahre, wobei die Aufsichtsratsvorsitzenden mit 67 Jahren deutlich über dem Durchschnittsalter der stellvertretenden Vorsitzenden (65 Jahre) und vor allem der »einfachen« Aufsichtsratsmitglieder mit ihren 61 Jahren liegen (Tabelle 46, Abschnitt G).

Die Motivation des Mandats

Die Mitgliedschaft im Aufsichtsrat hat – abgesehen von der im Aktiengesetz festgelegten Funktion, die aus der inneren Verfassung der Aktiengesellschaft folgt – häufig spezielle Gründe, sei es, daß der Betreffende diesem Gremium als Repräsentant einer natürlichen oder juristischen Person, einer Körperschaft, eines Vereins angehört, sei es, daß seine Fähigkeiten als Wissenschaftler oder Spezialist, seine Zugehörigkeit zu bestimmten Institutionen oder ähnliche Gründe für seine Wahl maßgebend waren. Eine dahin zielende Frage unseres Fragebogens konnte sich freilich nur an die hauptamtlich tätigen Aufsichts-

räte richten, nicht auch an aktiv tätige Vorstände, die »nebenamtlich« einem oder mehreren Aufsichtsräten angehören, beispielsweise als Vertreter der Konzernspitze, eines Kreditinstituts oder anderer Unternehmen; gerade bei der letzten
Gruppe wäre jedoch ein Hinweis des Betreffenden auf die
Motivation seines Mandats unter Umständen besonders
interessant und aufschlußreich gewesen.

Auch unter den »Hauptamtlichen« war eine Antwort von denen,
die aus dem Vorstand des Unternehmens kommen, nicht zu erwarten (und von uns auch nicht erbeten). Denn diese Männer
nehmen im Aufsichtsrat vor allem die Interessen des Unternehmens war, das sie jahre- oder jahrzehntelang geführt hatten oder an dessen Leitung sie maßgeblich beteiligt waren. Da
dies nach dem Buchstaben des Gesetzes kein legitimer Grund
für ein Aufsichtsrats-Mandat ist, haben solche Männer, sofern
sie diese Frage überhaupt beantwortet haben (was, wie gesagt,
nicht vorgesehen war), meist nur allgemeine Hinweise gegeben:
»Von der Hauptversammlung gewählt« oder »Ich empfinde
mich als Sachwalter aller Aktionäre«. (Diese Antworten wurden von uns nicht gewertet, sind also in der Statistik bis auf
eine Ausnahme – ein spezieller Fall – nicht enthalten.)

Vertreter der öffentlichen Hand

Von den anderen, die nicht aus dem Vorstand hervorgegangen
sind, bekannten sich 40 (fast jeder dritte) als Vertreter der
öffentlichen Hand, 35 (oder 28 Prozent) als Repräsentant der
Eigentümer-Familie und 14 (rund 11 Prozent) als Wissenschaftler oder Spezialisten. Nur 2 Personen dieser Gruppe gehören
den Aufsichtsräten auf Grund ihrer Position in Kleinaktionärs-
Vereinigungen an, weitere 3 sind ausdrücklich zur Wahrnehmung der Interessen von Kleinaktionären gewählt worden;
sie wurden von uns mit 17 anderen, die ihre Verantwortung
gegenüber den Kleinaktionären oder der Gesamtheit aller

Aktionäre betont haben, zu der Gruppe »Allgemeine Aktionärs-Interessen« zusammengefaßt (Tabelle 46, Abschnitt H).

Bei der Pensionierung in den Aufsichtsrat

Die Zahl der ehemaligen Vorstände in den Aufsichtsräten kann zu der Zahl der heute tätigen, der »aktiven« Vorstände in Beziehung gesetzt werden. Es zeigt sich dann, daß von den früheren Vorstandsvorsitzenden 69 in den Aufsichtsrat ihres Unternehmens übergetreten sind, während 280 heute noch aktiv wirken; von den »gewöhnlichen« Vorstandsmitgliedern (ohne die stellvertretenden) sitzen 37 heute im Aufsichtsrat, 811 sind tätig. Daraus kann die »Wahrscheinlichkeit« eines späteren Wechsels in den Aufsichtsrat abgeleitet werden. Unter sonst gleichen Umständen hätte danach von den heute Tätigen im Durchschnitt etwa jeder vierte Vorsitzende (24,6 Prozent) und knapp jedes zwanzigste Mitglied (4,6 Prozent) die Aussicht, später einmal in den Aufsichtsrat des Unternehmens zu gelangen (Tabelle 47, letzte und drittletzte Zahlenspalte).

Diese Rate schwankt allerdings von Wirtschaftszweig zu Wirtschaftszweig ganz wesentlich. Sie ist am höchsten für die leitenden Männer im privaten Bankgewerbe (35 Prozent bei den Vorsitzenden, 12 Prozent bei den anderen), in der Industrie (31 und 3 Prozent), am niedrigsten bei öffentlich-rechtlichen Kreditinstituten (10 und 0 Prozent). Nach Laufbahn-Typen stehen unter den Generaldirektoren auch in dieser Beziehung die Springer mit 25,0 Prozent obenan, gefolgt von den Sprintern (21,4). Beide werden nach der Pensionierung also relativ häufig in die Aufsichtsräte gewählt. Allerdings ist bei den im Betrieb aufgestiegenen Vorstandsvorsitzenden der Anteil derer, die später in den Aufsichtsrat gelangen, nicht wesentlich niedriger (18,6 Prozent), ebenso bei den direkt Berufenen (18,8 Prozent). Unter Einbeziehung auch der einfachen Vorstandsmitglieder zeigt sich, daß die

Faktoren, die für die Art der Vorstands-Laufbahn maßgebend sind, für einen späteren Wechsel in den Aufsichtsrat
offenbar doch nur untergeordnete Bedeutung haben (siehe
Tabelle 44, Abschnitt M).

Viele Vorstände gleichzeitig in Aufsichtsräten

Neben den 300 hauptamtlichen Mitgliedern sind in den Aufsichtsräten jedoch, wie gesagt, weitere 248 Männer zu finden,
deren Hauptfunktion in der Vorstands- (oder Aufsichtsrats-)
Tätigkeit für ein anderes Unternehmen besteht. Von ihnen sind
111 hauptberuflich Vorsitzende, 133 Mitglieder und 4 stellvertretende Mitglieder ihrer Vorstände (Tabelle 47, Spalte 2
und 5; Tabelle 48, erste Zahlenspalte). Das bedeutet, daß von
der Gesamtheit aller aktiv tätigen Vorsitzenden etwa 40
Prozent gleichzeitig mindestens ein Aufsichtsratsmandat bekleiden, von den aktiv tätigen Vorstandsmitgliedern rund 16
Prozent, beides relativ hohe Anteilssätze. Aber auch hier
handelt es sich um Durchschnitte aus Zahlen, die für die
einzelnen Wirtschaftsbereiche weit auseinanderklaffen: Im
privaten Bankgewerbe sitzt fast zwei Drittel aller Vorstandsvorsitzenden (65 Prozent) und jedes dritte Vorstandsmitglied
(37 Prozent) – die Inhaber, Teilhaber, persönlich haftenden
Gesellschafter von Privatbankhäusern eingeschlossen – gleichzeitig auf einem oder auf mehreren Aufsichtsrats-Sesseln
anderer Unternehmen. Für die Industrie-Manager lauten die
entsprechenden Anteile 41 und 15 Prozent, sind also gleichfalls
ziemlich hoch, für die Versicherungen 38 und 8 Prozent. Auch
bei den öffentlich-rechtlichen Kreditanstalten ist die gleich-
zeitige Wahrnehmung von Aufsichtsrats-Mandaten weit ver-
breitet: 25 Prozent der Vorsitzenden und 8 Prozent der anderen
Vorstände gehören einem Aufsichtsrat an (Tabelle 47, viert-
letzte und zweitletzte Zahlenspalte).
Nun sagt die Zahl der Vorstände mit Nebenfunktionen in

Aufsichtsräten allein wenig aus, solange nicht bekannt ist, wie groß die Zahl der Mandate in jedem Einzelfall ist. Daß sie weit divergieren kann, ist bekannt; mancher Vorstand einer Bank hat drei, vier, fünf oder mehr Aufsichtsratsposten, andere Vorstände sind nur in einem oder zwei Unternehmen vertreten. Um auch über diese Frage ein Bild zu gewinnen, haben wir für jeden in die Statistik einbezogenen Manager – nicht nur für die Vorstände, sondern auch für alle hauptamtlich tätigen Aufsichtsräte – festgestellt, in welchem Unternehmen der Betreffende ein (weiteres) Aufsichtsrats-Mandat bekleidet. Dabei wurde nur der Kreis jener Großunternehmen berücksichtigt, deren führende Männer in die Umfrage einbezogen wurden. Die von uns ermittelte Zahl der Aufsichtsratsposten jedes Managers braucht also nicht der Gesamtzahl seiner Aufsichtsratssitze zu entsprechen. Gezählt sind lediglich Sitze in »Großunternehmen«, wobei der Begriff mit dem für unsere Umfrage allgemein gezogenen Rahmen identisch ist. Für diesen Bereich geben unsere Zahlen ein geschlossenes Bild.

Die meisten haben nur ein Mandat

Weitaus die meisten Männer, die neben ihrer Haupttätigkeit als Vorstand eine Aufsichtsrats-Tätigkeit ausüben, verfügen nur über ein Mandat. Einschließlich der hauptamtlich tätigen Aufsichtsräte, die lediglich einem einzigen Aufsichtsrat angehören, sind es 340 von insgesamt 548 Managern, also 62 Prozent, fast zwei Drittel (Tabelle 48). Männer mit zwei oder drei Aufsichtsratsmandaten sind schon wesentlich seltener, sie erreichen zusammen nicht die Zahl der »einsitzig« Engagierten (bei weitem nicht: 145 gegen 340). Immerhin scheint die Übernahme von insgesamt drei Aufsichtsratsposten für fähige Männer noch weitgehend im Rahmen des Üblichen zu liegen. Danach, also bei vier oder mehr Mandaten pro Kopf, fallen die Zahlen rapide ab. Nur noch jeder Achte vereint mehr als drei

Aufsichtsrats-Tätigkeiten in seiner Person, es sind vornehmlich Bank-Vorstände. Andererseits schlagen Manager mit einer hohen Zahl von Mandaten natürlich bei einer Addition aller Aufsichtsrats-Posten entsprechend stärker zu Buch. Wenn es mehr Männer wie Hermann J. Abs gäbe, der mit seinen weit über zehn Aufsichtsratsmandaten – einschließlich derer in Nicht-Aktiengesellschaften wie der Bundesbahn, der Lufthansa, der Kreditanstalt für Wiederaufbau – in diesem Punkt eine einsame Ausnahmestellung in der deutschen Wirtschaft einnimmt, so würde unsere Statistik zwar nicht nach der Zahl der Personen, wohl aber nach der Gesamtzahl der Aufsichtsratsposten anders aussehen.

Die Addition der Mandate führt zu dem Ergebnis, daß die in unserer Statistik enthaltenen Manager insgesamt 1057 Aufsichtsratssitze in deutschen Großunternehmen einnehmen. Damit ist ganz ohne Zweifel die überwiegende Zahl aller für Kapitalseigner verfügbaren Aufsichtsrats-Mandate in diesen Unternehmen erfaßt. (Die Arbeitnehmer-Vertreter blieben entsprechend der Zwecksetzung unserer Umfrage, die nur auf »Unternehmer« abzielte, außer Betracht, ebenso Ausländer; über letztere siehe Abschnitt XV.) Aus den Zahlen läßt sich ohne Schwierigkeit ein Überblick über die personelle Zusammensetzung der Aufsichtsräte von Großunternehmen entwickeln. Hierzu ist ledigklich erforderlich, statt auf die Personen auf die Mandate abzustellen. Wenn also beispielsweise ein Vorstand gleichzeitig in drei Aufsichtsräten sitzt, so werden dessen Merkmale über soziale Herkunft, Schulbildung, Berufsweg und Lebensalter dreimal gezählt. Nur die Angaben über den Wirtschaftszweig können auf diese Weise nicht verwertet werden: Die Aufsichtsratssitze eines Bankvorstandes in Industriefirmen würden bei dieser Methode im Wirtschaftszweig »andere Kreditinstitute« erscheinen, statt im Wirtschaftszweig »Industrie«. Das Ergebnis wäre ohne Aussagewert. (Die Wirtschaftszweige der Unternehmen, in denen die Befragten eine Nebentätigkeit – meist als Aufsichtsrat – ausüben, wurden bei der Auswertung der Fragebögen nicht registriert.)

Alle Gruppen fast gleichmäßig vertreten

Nach der Zahl der Mandate, so zeigt sich, sind die nebenamtlich tätigen Männer in den Aufsichtsräten etwa ebenso häufig anzutreffen wie die anderen beiden Gruppen (Tabelle 49, letzte vier Spalten). Sie überwiegen sogar leicht: Aktive Vorstandsvorsitzende sind an diesen Gremien mit 27, aktive Vorstandsmitglieder mit 25 Prozent beteiligt, die aktiv tätigen Vorstände zusammen also mit 52 Prozent. Dagegen machen die Sitze der »reinen« Aufsichtsräte etwa 26, die der ehemaligen Vorstände 22 Prozent aus. Die Verteilung ist also erstaunlich gleichmäßig, jede Gruppe steuert etwa ein Viertel zur Besetzung aller Aufsichtsratsposten bei Großunternehmen bei, die früheren Vorstände etwas weniger, die »reinen« Aufsichtsräte sowie die aktiven Vorstandsvorsitzenden etwas mehr. Insofern weicht das Bild deutlich von der Darstellung ab, die sich bei einer Betrachtung allein nach der Zahl der Personen ergibt (Tabellen 46 und 47); danach entfielen auf die aktiven Vorstandsvorsitzenden 20 Prozent, auf die aktiven Vorstandsmitglieder 25, auf die ehemaligen Vorstände 20 und auf die »Nur-Aufsichtsräte« 35 Prozent, also weitaus der größte Anteil. Weitere Unterschiede zeigen sich in der sozialen Herkunft und dem Bildungsweg. Der hohe Anteil der Männer aus den oberen Gesellschaftsschichten, die wir eingangs für die hauptamtlich tätigen Aufsichtsräte und dabei besonders für die ehemaligen Vorstände unter ihnen registriert hatten, erscheint hier in wesentlich gemilderter Form. Auf die Gesamtheit der Aufsichtsratssitze betrachtet, ragt deren Gewicht nicht mehr so überdurchschnittlich aus dem Gesamtbild heraus wie bei einer Betrachtung allein der Personen; umgekehrt erscheint der Anteil der Männer aus kleinbürgerlichen Verhältnissen hier nicht ganz so niedrig (Tabelle 49, fünftletzte Spalte, verglichen mit Tabelle 46, letzte Spalte). Das Strukturbild nähert sich in diesem Punkt also mehr dem Durchschnitt für die Gesamtheit aller Manager an, wenngleich der höhere Anteil der Männer aus Schicht I ebenso wie der niedrigere derer aus Schicht III unverkennbar bleibt und offenbar als ein besonderes Merkmal der Aufsichtsräte zu gelten hat. Überdurchschnittlich viele stammen allerdings auch bei dieser Betrachtung aus Schicht IV.

Ebenso nivellieren sich die Unterschiede im Anteil der Manager-Typen nach Ausbildungswegen: Der Anteil der Juristen an den Aufsichtsräten ist – auf Ganze gesehen – mit 31 Prozent nicht ganz so stark, wie es unsere auf die Personen abgestellten Zahlen erscheinen ließen (33 Prozent; Tabelle 46, letzte Spalte), besonders im Hinblick auf die »reinen« Aufsichtsräte (40 Prozent; Tabelle 46, vierte Zahlenspalte). Dennoch bilden sie mit Abstand die größte Gruppe: Kein anderer Akademikertyp ist in den Aufsichtsräten so stark vertreten wie Juristen, sie sind auf 328 von 1057 Mandaten zu finden. Ihnen folgen als zweitstärkste Gruppe die Betriebswirte und Nationalökonomen (27 Prozent), dann die Nicht-Akademiker (22 Prozent) sowie die studierten Techniker (18 Prozent). Die Praktiker und die Techniker sind in der Sicht nach Aufsichtsratsmandaten also stärker vertreten als bei einem Blick auf die Personenzahl, die Juristen und die Wirtschaftswissenschaftler schwächer. Das bedeutet vor allem, daß die »Unter-Repräsentierten« in den Aufsichtsräten, die Techniker und Naturwissenschaftler, in Wirklichkeit nicht ganz so dünn gesät sind, wie das nach den früheren – auf die Person abgestellten – Befunden erscheinen mußte.

Durchschnittsalter: 63 Jahre

Am gravierendsten ist jedoch die Veränderung des Bildes im Hinblick auf die Alters-Zusammensetzung. Zwar stellen auch

218

hier die 65- bis 70jährigen mit 30 Prozent das größte Kontingent. Aber fast ebenso zahlreich sind die Männer zwischen 60 und 65 (28 Prozent), während die jenseits der 70 bei weitem nicht so stark vertreten sind (12,7 Prozent gegen 29,7 Prozent bei der Personen-Betrachtung). Das zeigt sich deutlich im Durchschnitts-Alter: Es liegt in der Gesamtschau aller Mandate um 3 Jahre niedriger, bei 63 Jahren. Offenbar vereinen also gerade auch relativ jüngere Männer eine erhebliche Zahl von Aufsichtsrats-Mandaten auf sich. Natürlich kann der Aufsichtsrat, das oberste Kontroll- und Entscheidungs-Gremium eines Unternehmens, nicht nur aus jungen Männern bestehen, jünger vielleicht als der Vorstand. Zur verantwortlichen Führung eines Großunternehmens gehören neben Autorität auch Reife und Erfahrung. Aber das leicht abschätzige Wort vom »Rat der Alten« wird den Aufsichtsräten der deutschen Großunternehmen insgesamt doch nicht gerecht.

XIV. DIE EIGENTÜMER-UNTERNEHMER

Wenige Gründer, viele Unternehmer-Erben

WO IST HEUTE der Unternehmer, der eine Firma gründet und sie aus einfachsten Anfängen bis in die Dimensionen eines Großunternehmens führt? Es gibt ihn kaum noch. Alfred Krupp, Werner Siemens, Robert Bosch und andere »Pionier-Unternehmer« des 19. und des beginnenden 20. Jahrhunderts haben, meist basierend auf einer umwälzenden technischen Idee, gewaltige Unternehmen aufgebaut. Ihre Zeit ist vorbei. Technische Erfindungen revolutionärer Art entspringen nur selten noch den Köpfen einzelner Menschen, und wenn, dann fehlt es diesen Männern an dem notwendigen Kapital, um ihre Ideen in die Tat umzusetzen. Konrad Zuse, Felix Wankel oder Walter Bruch, der Erfinder des PAL-Farbfernsehens, sind Beispiele dafür, daß es heute der Anlehnung an ein Großunternehmen oder dessen schützender und nährender Hülle bedarf, um einen technisch genialen Einfall industriell zu nutzen und am Markt durchzusetzen. Dabei spielt auch eine Rolle, daß die Anforderungen an die »Marktreife« eines neuen Produkts, seine technische Ausgereiftheit wie seine wirtschaftliche Nutzbarkeit unter Kosten- und Preis-Gesichtspunkten, unvergleichlich viel höher sind als vor fünfzig oder hundert Jahren.

So kommt es, daß im Kreise der deutschen Großunternehmen heute nur 18 Unternehmer zu finden sind, die ihre Firmen selbst gegründet und zu ihrer heutigen Bedeutung emporgeführt haben. 18 von insgesamt 1662 Männern an der Spitze von Großunternehmen – das ist eine winzig kleine Gruppe. Unter ihnen ist nicht einer, bei dem eine revolutionierende technische Idee am Anfang gestanden hätte – wie etwa bei Krupp die Nutzung und Anwendung des Gußstahlverfahrens, bei Siemens die Erfindung des elektrischen Telegraphen und der Dynamomaschine, bei Bosch die Entwicklung des Zündapparates für Benzinmotoren. Für die heutige Generation der Gründer ist nicht in erster Linie die Technik die Triebkraft des Aufstiegs. Vielmehr sind es jetzt meist unternehmerische Initiativen im kaufmännischen Bereich oder neuartige Ideen auf wirtschaftlichem Gebiet. Von den 18 Gründern sind nur acht überhaupt auf industriellem Gebiet tätig, zehn haben dagegen Unternehmen mit Dienstleistungs-Charakter gegründet, Handelsfirmen oder Banken. Bei einigen dieser 18 Firmen ist der rasche Aufstieg mindestens zum Teil auch durch die besonderen Verhältnisse in den ersten Wiederaufbau-Jahren nach 1945 begünstigt worden. Ihre Gründer haben vor 25 Jahren die Chancen einer einmaligen Konstellation zu nutzen gewußt.

Nicht jeder »Gründer« hat die Firma selbst gegründet

Im übrigen muß berücksichtigt werden, daß der Begriff des »Gründers« nicht mit absoluter Schärfe zu umreißen ist. Einmal können der wirtschaftliche und der rechtliche Tatbestand auseinanderfallen. Juristisch wäre es zum Beispiel falsch, Alfred Krupp als den Gründer des Krupp-Konzerns zu bezeichnen; er hat die von seinem Vater, Friedrich Krupp, gegründete Firma, die bei dessen Tode fast vor dem Ruin stand, als Erbe übernommen, dann jedoch zu einem führenden Unternehmen der deutschen Industrie entwickelt. Auch Carl Fürstenberg, der »Vater« der Berliner Handels-Gesellschaft, war bei juristischer Betrachtung nicht deren Gründer; die Firma bestand schon, als er an ihre Spitze trat – sie war ein relativ unbedeutendes Unternehmen. Ähnlich lagen die Dinge bei einigen der Firmen, deren Inhaber in die vorliegende Betrachtung einbezogen sind. Obwohl sie formell ihre Firma nicht selbst gegründet haben, haben wir nicht gezögert, diese Männer entsprechend dem wirtschaftlichen Tatbestand als »Gründer« zu klassifizieren.

Eine weitere Abgrenzungsschwierigkeit, auf die in dieser Aufsatzreihe schon bei anderer Gelegenheit hingewiesen wurde, ergibt sich aus der Unbestimmtheit der Maßstäbe zur Festlegung der Unternehmensgröße. Prinzipiell sind in diese Untersuchung nur Männer an der Spitze von »Großunternehmen« einbezogen. Das schließt jedoch nicht aus, daß auch Inhaber kleinerer Unternehmen berücksichtigt sind, wenn sie dem Aufsichtsrat eines Großunternehmens angehören. So sind unter den »Gründern« unserer Statistik drei Privatbankiers zu finden, die, wenn es allein nach dem Geschäftsvolumen ihrer Firmen ginge, nicht als Leiter von Großunternehmen anzusprechen wären.

Schließlich gibt es Männer, die ein Unternehmen zwar gegründet, aber keine eigenen Mittel dafür eingesetzt haben. Ohne die Tatkraft und Initiative dieser Männer wären die Unternehmen nicht entstanden, aber die Initiatoren sind weder Eigentümer dieser Firma noch auch nur mit einem Pfennig daran beteiligt. Zwei der von uns befragten Personen haben sich in diesem Sinne als »Gründer« bezeichnet. Wir haben sie, ihrem Votum folgend, trotz gewisser Bedenken unter die Gründer eingeordnet, dies vor allem aus der Erwägung, daß sich das Gesamtbild der Statistik nicht nennenswert ändern würde, wenn wir diese beiden als Manager erfaßt hätten. Aber man muß wissen, daß die Zahl der Gründer bestehender Großunternehmen im engeren und eigentlichen – wirtschaftlichen – Sinne nicht 18, sondern in Wirklichkeit nur 13 beträgt. Zwei weitere »echte« Gründer hatten wir um Auskunft gebeten, aber keine Antwort erhalten; das ergibt zusammen 15 Männer dieser Kategorie.

Der geborene Unternehmer ist ein Mann der Praxis

Das soziologische Erscheinungsbild der Gründer ist in wesentlichen Zügen anders als das der Manager. Es beweist, daß unternehmerische Leistung entgegen der These moderner Soziologen nicht in erster Linie Bildung und Ausbildung, nicht Wissen und analytisches Denkvermögen verlangt, sondern jene angeborenen Talente, die nur mit dem Begriff des »Unternehmerischen« zu umschreiben sind.[58] Allerdings bedienen sich die Gründer, soweit sie heute an der Spitze von Großunternehmen stehen, durchaus der Mitarbeit erfahrener Männer in der Leitung. Schon die großen Unternehmer des 19. Jahrhunderts hatten »angestellte Direktoren« herangezogen, als mit dem wachsenden Umfang des Geschäfts die Führungsaufgaben nicht mehr von einem einzigen Menschen zu bewältigen waren. Es waren die Vorläufer der heutigen Manager, und der bekannte Konflikt zwischen dem alten Krupp und seiner »Procura«, die immer mächtiger wurde, kann als eines der frühesten Beispiele für den Widerstreit der Interessen zwischen Eigentümer und »angestellten« Unternehmensleitern gesehen werden (wenngleich im Falle Krupp auch viel Persönliches mitsprach).

Nur wenige haben studiert

Die Gründer von heute, deren Firmen sich zu Großunternehmen entwickelt haben, sind überwiegend Männer der Praxis.

[58]) Es gibt Forscher, die einen großen Teil ihrer Lebensarbeit der Aufgabe gewidmet haben, das Wesen des Unternehmers und des Unternehmerischen zu ergründen, in neuerer Zeit vor allem Fritz Redlich. Siehe dessen schon erwähntes Buch ,,Der Unternehmer. Wirtschafts- und sozialgeschichtliche Studien". Mit einem Nachwort von Edgar Salin, Göttingen 1964.

Nur acht von ihnen haben studiert (Tabelle 50). Beschränkt man den Blick auf die 13 »eigentlichen« Gründer im engeren Sinne, so sind es gar nur vier. Viele stammen aus einfachen Verhältnissen. Unter den Vätern finden sich Handwerker, Einzelhändler, Bauern, ein Werkmeister, ein Kohlengroßhändler. In einem Fall war der Vater gestorben, als der Sohn sechs Jahre alt war, in einem anderen liegt ein typisches Schicksal der Zwischenkriegs-Ära vor: der Vater war Inhaber bedeutender Gaststätten, die jedoch 1935, bei Beginn der Berufsausbildung des Sohnes, durch Insolvenz verlorengingen – die Mutter war Jüdin. Zwei Gründer kommen aus der oberen Schicht, die Väter waren Unternehmer und Hochschullehrer, sieben aus dem wohlhabenden Bürgertum mit Geschäftsführern, höheren Angestellten oder mittleren Beamten (Oberbaurat) als Vätern. Insgesamt kein Milieu, von dem sich sagen ließe, die Söhne hätten den unternehmerischen Geist schon mit der Muttermilch eingesogen oder vom Vater eingeimpft bekommen. Mit der Milieu-Theorie allein ist das Phänomen der großen Unternehmer-Persönlichkeiten ebensowenig zu fassen wie mit der angeblichen Unentbehrlichkeit einer gediegenen Ausbildung.

Eigentum und Führungsfunktion in einer Hand

Die meisten Männer, die heute als Eigentümer oder maßgeblich Beteiligte an der Spitze von Großunternehmen stehen, haben jedoch die Firmen nicht selbst gegründet, sondern das Eigentum als Erbe ihrer Väter übernommen oder eine Erbin geheiratet. Manchmal sind solche Firmen schon in der dritten, vierten oder fünften Generation im Besitz der gleichen Familie. Nicht alle Erb-Eigentümer sind selbst in den Geschäftsführungen ihrer Unternehmen tätig. Es gibt viele Großunternehmen in Familienbesitz, die ausschließlich von Managern geleitet werden, sei es, daß sich unter den Nachkommen des

Gründers kein unternehmerisch begabter Sohn – oder Schwiegersohn – findet, sei es, daß die Eigentümer die Geschäftsführung bewußt Männern anvertrauen, von deren Wirken sie sich die bestmögliche Entwicklung und Entfaltung ihrer Firma versprechen (das ist häufig der Fall). Die Zahl der Erb-Eigentümer, die ihre Firmen selbst leiten und an der Geschäftsführung aktiv teilnehmen, oder die die Geschicke des Unternehmens vom Aufsichtsrat aus überwachen und beeinflussen, ist jedoch im Bereich der Großunternehmen keineswegs gering. Wir haben 151 solche Männer festgestellt, von denen 114 auf unsere Fragen geantwortet haben (Tabelle 50). Einschließlich der 18 Gründer sind also insgesamt 132 Eigentümer-Unternehmer bei uns vertreten (7,9 Prozent der Gesamtzahl aller in dieser Statistik erfaßten Personen). Sie verkörpern den Unternehmer in seiner alten klassischen Erscheinungsform: Eigentums- und Führungsfunktion sind in einer Hand vereint. Um genau zu sein, müßten bei dieser Aussage allerdings 14 Personen abgesetzt werden, die den Aufsichtsräten von Familien-Unternehmen angehören, also nicht aktiv tätig sind; von ihnen haben fünf niemals eine Leitungsfunktion ausgeübt, neun waren vorher in der Geschäftsführung tätig.

Auch bei den Erb-Unternehmern gibt es Abgrenzungsschwierigkeiten. Davon folgt eine aus unserer Begriffsbestimmung der Gründer: Wenn als Gründer auch solche Männer angesehen werden, die ein Unternehmen als relativ kleine und wenig bedeutende Firma übernommen und sie dann erst durch ihren unternehmerischen Elan zu ihrer heutigen Bedeutung geführt haben, müßte bei genauerer Kenntnis der Sachlage manch ein Unternehmer, den wir als Unternehmer-Erben klassifiziert haben, in Wirklichkeit zu den Gründern gerechnet werden. An der Gesamtzahl der Eigentümer-Unternehmer würde sich dadurch freilich nichts ändern. Zum zweiten: Auch unter den Erb-Eigentümern erscheinen in der Statistik Männer an der Spitze solcher Firmen, die im eigentlichen Sinne nicht zu den Großunternehmen gehören. Das gilt besonders für einige (beileibe nicht alle) Privatbankhäuser, deren Vertreter Aufsichtsmandate in Großunternehmen bekleiden.

Und drittens: Nicht immer ist für Außenstehende eindeutig erkennbar, ob in Personengesellschaften ein persönlich haftender Gesellschafter – in Kapitalgesellschaften ein Geschäftsführer oder Vorstand, der an dem Unternehmen beteiligt ist – in seinem tatsächlichen Verhältnis zum Unternehmen auch wirklich als Eigentümer oder maßgeblicher Anteilseigner zu sehen ist. Oft ist der Kapitalanteil bei einer KG nur gering und von formaler Bedeutung, der Aktienbesitz nicht viel größer als der irgendeines Kleinaktionärs. Es war also in vielen Einzelfällen abzuwägen, ob die Eigentümer- oder die Manager-Eigenschaft überwiegt. Bei einigen Männern war das nur durch ausdrückliche Rückfrage zu klären.

In das Unternehmen eingeheiratet

Die Erb-Eigentümer sind soziologisch anders zusammengesetzt als die Gründer, anders auch als die Manager. Mehr als die Hälfte entstammt der oberen Bevölkerungsschicht; einschließlich derer, die aus dem wohlhabenden Bürgertum kommen, sind es fast sieben Achtel. Nur ein Achtel von ihnen ist in kleinbürgerlichen oder ärmlichen Verhältnissen aufgewachsen; es sind »angeheiratete« Eigentümer, also Schwäger oder Schwiegersöhne. Daß die Väter der Erb-Eigentümer größtenteils vermögend waren und durch Krieg und Inflation nur einen Teil ihres Vermögens, nicht das Ganze, verloren haben, ist fast selbstverständlich: Es folgt aus der Definition dieser Gruppe als »Erb«-Unternehmer. Eher könnte umgekehrt überraschen, daß hier überhaupt Söhne vermögensloser Väter zu finden sind, immerhin 28 Personen oder jeder vierte (24,5 Prozent). Auch dies wird nur durch das Phänomen der Einheirat erklärlich.

Immerhin haben manche der Eigentümer mit bekannten Namen – heute von soziologischen Eiferern gern als Prototypen der »Reichen« und der »Superreichen« angeprangert – einen Gärtner, einen Handwerker, einen Forstmeister, einen Straßenbahn-Angestellten, selbst einen Bergmann zum Vater (willkürlich herausgegriffen). Auf der anderen Seite finden sich unter den Vätern dieser Gruppe außer selbständigen Unternehmern, die natürlich das Hauptkontingent bilden, auch ein königlich preußischer Unterstaatssekretär, ein Gesandter im Auswärtigen Amt, ein Geheimer Justizrat, ein Ministerial-Direktor, ein Regierungs-Präsident, das Vorstandsmitglied einer Bank, mehrere Universitätsprofessoren und ein aktiver Major. So bunt gemischt ist das Bild.

Aufs Ganze entspricht der soziale Hintergrund der Erb-Unternehmer etwa dem Bild, das die Soziologie – zu Unrecht – für die Gesamtheit der Manager in Großunternehmen zu zeichnen pflegt. Hier überwiegen tatsächlich die Nachkommen des Besitz- und des Bildungsbürgertums früherer Zeiten. Wenn Ralf Dahrendorf und Wolfgang Zapf ihre Feststellungen, daß die meisten Unternehmer aus der Oberschicht stammten, allein auf die relativ kleine Gruppe der Erb-Unternehmer gemünzt hätten, wäre ihrer These schwerlich zu widersprechen. Für die Gesamtheit der führenden Männer in Großunternehmen, von denen 92 Prozent Manager sind, stimmt sie nicht.

Praxis wichtiger als Theorie

Der Erbe eines Familienunternehmens braucht um seinen Führungsanspruch im allgemeinen weder zu bangen noch zu kämpfen. Anders als ein Manager ist er schon durch seine Geburt legitimiert. (Daß zwischen Erben untereinander oder zwischen Angehörigen der Unterfamilie und dem Management oft harte Auseinandersetzungen um den Führungsanspruch ausgefochten werden, hat mit der prinzipiellen Verschiedenheit der Führungslegitimation eines Erben und eines angestellten Geschäftsführers nichts zu tun.) Ohne Zweifel hängt es mit diesem unterschiedlichen Charakter des Führungsanspruchs zusammen, daß Eigentümer in wesentlich geringerem Maße als Manager ein Studium absolviert haben. Während von den Managern rund drei Viertel ein Diplom oder den Doktorhut vorweisen können, ist es bei den Erbunternehmern noch nicht einmal die Hälfte. 14 Prozent von ihnen haben kein Abitur, 38 Prozent haben sich nie als Student oder Gasthörer einschreiben lassen, 13 Prozent haben zwar Vorlesungen gehört – manche fünf, sechs oder mehr Semester hindurch –, aber kein Schlußexamen abgelegt.

Daß dies nicht allein auf die andersgeartete Einstellung zum Beruf, auf die geringere Neigung zu wissenschaftlicher Tätigkeit oder ähnliche Motive zurückzuführen ist, braucht nicht betont zu werden. Oft mag auch das väterliche Vorbild oder dessen unmittelbarer Einfluß von Bedeutung gewesen sein, besonders wenn der Vater selbst ohne Studium und ohne wissenschaftliches Rüstzeug das Unternehmen gegründet und emporgeführt hat. Frühe Betätigung des Erben »in der Firma«, ausgiebige Auslandstätigkeit und andere Möglichkeiten, sich auf die künftigen Führungsaufgaben vorzubereiten, mögen manchen Vätern wie auch ihren Söhnen als wichtiger erschienen sein denn ein »Vollstopfen mit dem abstrakten Kram wissenschaftlicher Theorien«.

Soweit die Söhne zur Universität gegangen sind, haben sie zumeist die Wirtschaftswissenschaften oder ein technisches Fach studiert; Recht kommt seltener vor, in größerem Umfange nur bei den Erben von Bankhäusern. In der weitverbreiteten Abneigung gegen ein Studium und in der Bevorzugung praxisnaher Fächer bei denen, die eine Universität besuchen, zeigen die Erb-Unternehmer an der Spitze von Großunternehmen Züge, die den Inhabern von Familienunternehmen allgemein eigen sind. Das ergibt sich aus einem Vergleich mit Ergebnissen unserer früheren Untersuchung, die auf dem Hoppenstedt-Handbuch »Leitende Männer der Wirtschaft« basierte[59]). Danach ist die Akademiker-Quote nirgends so niedrig wie bei den selbständigen Unternehmern: Von 10722 Personen dieser Gruppe hat nur jeder fünfte ein abgeschlossenes Studium vorzuweisen (20,3 Prozent).

Gründer und Eigentümer ohne Pensionsgrenze

Der Einfluß des vornehmlich »familiär« bestimmten Unternehmertyps wird bei den Erb-Unternehmern auch in der Alters-Zusammensetzung deutlich. Unsere damalige Untersuchung hatte erwiesen, daß keine andere Gruppe von Unternehmern so früh in die Verantwortung eintritt, andererseits aber auch so lange das Heft in der Hand behält wie die Selbständigen[60]). Das gleiche zeigt sich jetzt bei den Erb-Eigentümern in Großunternehmen. Einige standen schon mit 35 Jahren in der Verantwortung (5,8 Prozent), die Zahl der Männer unter 45 Jahren macht hier 29 Prozent aus; bei Vorständen von Großunternehmen (einschließlich der Vorsitzenden) sind es nur 15 Prozent. Umgekehrt sind die Manager, die als Vorstände tätig sind, in den Altersgruppen von 55 bis 64 Jahren am stärksten besetzt, danach schrumpft die Zahl der Aktiven geradezu ruckartig zusammen. Von den Eigentümern ist jedoch mehr als jeder vierte (27 Prozent) noch jenseits der 64 tätig, jeder sechste bis siebte ist sogar 70 und älter (die in den Aufsichtsräten nicht mitgerechnet). Dies ist ein wesentliches Merkmal jener Männer, die wegen ihres Reichtums viel beneidet, wegen ihres angeblichen »Ausbeutertums« viel gescholten sind: Eine Pensionsgrenze kennen die meisten nicht.

[59]) Max Kruk, Die oberen 30000 . . ., Seite 60.
[60]) Ebenda, Seite 46.

XV. ADLIGE, PROFESSOREN, AUSLÄNDER, FRAUEN

Adlige in Banken, Professoren in der Industrie

DER GLANZ DES ADELS ist noch nicht erloschen. Mehr als fünfzig Jahre sind vergangen, seitdem die Weimarer Verfassung die Privilegien des Adels aufgehoben und den Adelstitel nur noch als Bestandteil des bürgerlichen Namens zugelassen hat. Die politische Vorrangstellung des Adels ist seitdem in Deutschland endgültig gebrochen. Aber merkwürdig, im Bewußtsein vieler Menschen haftet den Adligen noch immer ein Rest jener Gloriole an, die dem einstigen Anspruch der Aristokratie als »Elite des Volkes« entsprang. Auch der verbürgerlichte Adlige, selbst wenn er sich von anderen Menschen nur durch das Wörtchen »von« in seinem Namen unterscheidet, wird von Mitmenschen oft mit besonderen Augen betrachtet, weil er »aus besserem Hause stammt«. Das Bild einer von unterschiedlichen Rängen geprägten Gesellschaft ist offenbar tief verwurzelt und hat bis heute der rational-aufklärerischen Idee, daß alle Menschen gleich seien, in verborgenen Winkeln der Volksseele standgehalten. Vielleicht sind solche eingewurzelten Denkvorstellungen im tiefsten Grunde auch mitverantwortlich für jene These, mit der wir uns in diesem Buch schon mehrfach auseinandergesetzt haben, daß die leitenden Männer von Großunternehmen eine in sich abgeschlossene »Kaste« seien, innerhalb derer das Amt jeweils vom Vater auf den Sohn vererbt werde – eine These, die sich am Leben hält, obwohl Erfahrung wie Logik ihr widersprechen.

Daß Adlige heute an der Spitze von Großunternehmen anzutreffen sind, beruht nicht auf der einstigen Stellung der Aristokratie als privilegierter Gesellschaftsschicht. Der Hochadel war im Deutschland des 19. Jahrhunderts, also in den Geburtsjahren der Industrialisierung, gegenüber der Wirtschaft eher feindlich eingestellt. Daß sich ein Fürst etwa an Aktien-Emissionen oder Börsen-Spekulationen beteiligen könnte, war fast undenkbar; es widersprach geheiligten Standesgrundsätzen. Aristokratischer Geist schien mit kapitalistischem Gewinnstreben unvereinbar. So gibt es in Deutschland, anders als in anderen europäischen Ländern, keine »Adels-Unternehmen«, die, von einer Adelsfamilie gegründet, bis heute im Besitz dieser Familie geblieben wären. Einige Versuche dieser Art endeten bald im Zusammenbruch, so vor allem der sogenannte »Fürstenkonzern« (Beteiligung an kolonialen Gründungen). Andere Adelskonzerne lagen in Schlesien und sind 1945 verlorengegangen. Die einzige Gründung dieser Art auf dem Gebiet der Bundesrepublik war die Henrichshütte der Grafen zu Stolberg-Wernigerode; sie ist kurze Zeit nach ihrer Gründung in andere Hände übergegangen.

Fürsten und Grafen nur selten zu finden

So sind Fürsten und Grafen als Eigentümer oder als Manager von Großunternehmen eine seltene Ausnahme. Nach unseren Feststellungen sind nur 12 Angehörige des früheren Hochadels, also ehemals fürstlicher oder gräflicher Häuser, an der Spitze von Großunternehmen zu finden, davon 1 als Eigentümer, 3 in Aufsichtsräten und 8 in Vorständen (2 Aufsichtsratsmitglieder haben unseren Fragebogen nicht beantwortet, sind hier aber mitgezählt). Sie machen damit noch nicht einmal ein Prozent aller leitenden Männer aus (0,6 Prozent; siehe

Tabelle 51). Soweit sie an den Unternehmen beteiligt sind, wurden die Anteile entweder für Zwecke der Vermögensanlage erworben oder die Beteiligung ist durch Einheirat zustande gekommen. Der Ehepartner war dabei in einigen Fällen seinerseits bereits dem Adel zugehörig, wenn auch vielfach einem »niedrigeren« Stand.

Etwas zahlreicher sind die Angehörigen ehemals freiherrlicher Häuser vertreten (31 Personen oder 1,5 Prozent), am stärksten jedoch die »anderen« Adligen (73 Personen oder 3,6 Prozent), die nur durch das »von« im Namen als adlig erkennbar sind. (Dabei sind stets auch diejenigen mitgerechnet, die unseren Fragebogen nicht beantwortet haben.) Eine Zuordnung ist nicht immer eindeutig möglich, weil das Genealogische Handbuch des Adels, der bekannte »Gotha« – praktisch das einzige umfassende Verzeichnis der Adelsfamilien – wegen Schwierigkeiten bei der genealogischen Forschungsarbeit nicht vollständig ist. Es ist also nicht ausgeschlossen, daß einige Männer, die wir als »andere Adlige« erfaßt haben, in Wirklichkeit Abkömmlinge eines freiherrlichen oder gräflichen Geschlechts sind (nur die Fürstenhäuser sind im »Gotha« weitgehend erfaßt). An der Gesamtbetrachtung ändert dies wenig.

Uradel und Briefadel

In den »niederen« Bereichen des Adels hat die Betätigung als Unternehmer in aller Regel andere Wurzeln. Hier ist oft das Kaufmännische das Originäre: Die Väter und Vorväter waren ursprünglich »bürgerlich«, sie wurden erst später vom Landesherren in den Adelsstand erhoben, und zwar auf Grund ihrer Leistungen und Erfolge als Kaufleute, Erfinder oder Bankiers. Wenn noch heute, wie unsere Statistik ausweist, Angehörige des Adels nirgends in so hohem Maße vertreten sind wie unter Privatbankiers, so ist das nicht zuletzt ein Nachklang jener Zeiten, in denen gerade Bankmänner häufig geadelt worden sind, weil sie dem Regenten in finanziellen Angelegenheiten manchen Dienst erwiesen hatten. Auch Industrielle und andere bedeutende Unternehmer bekamen im 19. Jahrhundert als Anerkennung und zum Dank für ihre Verdienste vielfach das Adelsprädikat verliehen. Es ist der sogenannte »Briefadel«, im Gegensatz zum »Uradel«, der sich dadurch ausweist, daß seine Stammbäume mindestens bis zum Jahre 1400 zurückreichen. Der Gegensatz ist bis zum heutigen Tage spürbar. Nicht zufällig wurden die durch landesherrlichen »Brief« Geadelten, soweit sie aus dem Wirtschaftsleben stammten, oft mit einem unüberhörbaren Unterton von Geringschätzung als »Geldaristokraten« bezeichnet.

Der Titel nicht Grundlage der Existenz

Die meisten Adligen, die heute in den Führungsgremien von Großunternehmen tätig sind, dürften sich freilich über Kategorien wie Uradel, Briefadel, Hochadel, niederer Adel erhaben fühlen. Sie führen zwar den Adelstitel als Namensbestandteil, begreifen sich aber nicht als standesbewußte Vertreter eines alten oder eines »uralten« Adelsgeschlechts, sondern als Glieder der bürgerlichen Gesellschaft, in der sie sich durch Leistung zu bewähren haben wie andere auch. Sie haben die Konsequenzen aus dem Wandlungsprozeß seit 1919 gezogen, indem sie einen »bürgerlichen« Beruf ergriffen und meist auch keineswegs »ebenbürtig« im Sinne der alten Standesordnungen geheiratet haben. Allein durch Begabung und Tüchtigkeit haben sie den Aufstieg bis an die Spitze eines Unternehmens bewältigt. Dem einen oder anderen mag zugute gekommen sein, daß es Unternehmen gibt, die den Träger eines klangvollen Adelsprädikats nicht ungern in den Reihen ihres Vorstands sehen. Besonders Banken wird eine solche Neigung nachgesagt, möglicherweise als Reaktion auf das Vorhandensein konkurrierender Privatbankhäuser vorwiegend adligen Charakters. Im übrigen sind diese Adligen jedoch Manager wie andere auch. Der Adelstitel ist nicht Grundlage ihrer Existenz, sondern ein schmückendes Beiwort ihres Namens. Sie sind adlig dem Namen nach, nicht in ihrem Wesen und in der Einstellung zu den gesellschaftlich-wirtschaftlichen Fragen der Gegenwart.

Je höher die Funktion, desto mehr Adlige

Die 91 Adligen, die unseren Fragebogen ausgefüllt haben, machen 5,5 Prozent aller in die Statistik einbezogenen Personen aus. (Nach der Zahl der Befragten ist der Anteil etwas höher, 5,7 Prozent; Tabelle 51, letzte und drittletzte Zeile.) Eine Vergleichsmöglichkeit fehlt, weil es keinen statistischen Überblick über die Gesamtheit der Adligen in der Bundesrepublik gibt. Die amtliche Bevölkerungsstatistik registriert die Adligen nicht gesondert; private Erhebungen liegen nicht vor, einzig eine Schätzung, die von 50000 Adligen spricht. Wäre sie richtig, dann würde sich unter 1000 Bürgern der Bundesrepublik nur ein Adliger finden (sogar etwas weniger). Aber die Zahl ist zu vage, als daß statistische Rechnungen darauf gegründet werden könnten. Die einzige konkrete Vergleichszahl bietet unsere mehrfach zitierte Erhebung vor fünf Jahren. Damals zeigte sich, daß unter 31427 in diesem Handbuch aufgeführten Personen 688 einen Adelstitel oder das »von« im Namen führten, das sind 2,2 Prozent. Bei den selbständigen Unternehmern machten die Adligen nach der damaligen Statistik 1,62 Prozent aus, bei den GmbH-Geschäftsführern 2,17, bei den Vorständen von Aktiengesellschaften 2,24 und bei Aufsichtsräten 3,49 Prozent[61]). Je umfassender die Funktion und je größer die Unternehmen, desto höher also der Anteil der Adligen.

Unser jetziges Ergebnis bestätigt diese Aussage für den Be-

---

[61]) Max Kruk, Die oberen 30000 ..., Seite 116.

reich der Großunternehmen. Hier beträgt der Anteil der Adligen, wie gesagt, 5,5 Prozent, das ist mehr als in irgendeiner Gruppe von Unternehmern der damaligen Untersuchung. Offenbar sind die Adligen also, soweit sie sich in der Wirtschaft betätigen, in besonders starkem Maße auf Ämter mit einem hohen Verantwortungsbereich konzentriert: in Großunternehmen und hier wiederum vornehmlich auf Aufsichtsratsposten (Anteil 7,7 Prozent), weniger in den Vorständen und Geschäftsführungen (Anteil 3,5 Prozent). Am höchsten ist ihr Anteil bei den Eigentümer-Unternehmern. Aber dabei darf nicht übersehen werden, daß dieses Bild wesentlich durch die Privatbankiers bestimmt ist; sie machen etwa ein Drittel aller Adligen in unserer Umfrage aus. Unter den Privatbankhäusern gibt es jedoch einige, die – wie mehrfach betont – genaugenommen nicht zum Kreis der Großunternehmen in dem hier gezogenen Rahmen gehören. Sie wurden nur deshalb in diese Statistik aufgenommen, weil ihr Leiter im Aufsichtsrat eines industriellen Großunternehmens vertreten ist. Würde man solche Aufsichtsratsmitglieder außer Betracht lassen und von den Firmen und Konzernen nur die wirklich Großen in die Betrachtung einbeziehen, so läge der Anteil der Adligen an der Gesamtzahl der Unternehmer unter den 5,5 Prozent, die sich aus unseren Zahlen ergeben.

Vornehmlich in Familienunternehmen

Von den 91 Adligen sind 25 Eigentümer, 23 hauptamtlich Aufsichtsräte, 43 Vorstände, Geschäftsführer oder geschäftsführende Gesellschafter (Tabelle 51, Abschnitt A). Der Zahl nach sind die meisten von ihnen also aktiv tätig. In der Relation zur Gesamtheit aller Unternehmer in diesen Positionen kehrt sich das Bild jedoch um: Der Anteil der Adligen an den Vorständen beträgt, wie gesagt, nur 3,5 Prozent, bei den Aufsichtsräten ist er gut doppelt so hoch, 7,7 Prozent. Für Vorstände und Aufsichtsräte zusammen bedeutet dies, daß von allen Managern der Großunternehmen nur etwa jeder fünfundzwanzigste ein Adliger ist (4,3 Prozent). Unter den Gründern und Unternehmens-Erben sind Adlige jedoch vier- bis fünfmal so häufig anzutreffen: Hier ist jeder fünfte bis sechste adlig (18,9 Prozent).

Wie die Eigentümer, so sind auch adlige Manager vornehmlich in Familien-Unternehmen anzutreffen: Es sind 39 von 91 Adligen, also 43 Prozent. Das Familienunternehmen, so zeigt sich, ist die eigentliche Domäne der Adligen. (Der jeweilige Anteil der Adligen an der Gesamtzahl der von uns erfaßten Unternehmer ist für jede wesentliche Position dieser Statistik in den Tabellen 51 und 52, jeweils in den rechten Zahlenspalten, wiedergegeben. Wir haben die Gelegenheit benutzt, zu jedem für unsere Betrachtung relevanten Punkt gleichzeitig die Gesamtzahlen für alle in die Erhebung einbezogenen 1662 Unternehmer aufzuführen, aufgegliedert nach Eigentümern, Aufsichtsräten, Vorstandsvorsitzenden, Vorstandsmitgliedern und Vorständen insgesamt. Diese Zahlen finden sich in Tabelle 52, Spalten 1 bis 6).

Privatbankhäuser, ein Dorado der Adligen

Dabei ragen die privaten Kreditinstitute als Dorado der Adligen deutlich über alle anderen Unternehmen hinaus. Von den Eigentümern, Teilhabern oder geschäftsführenden Gesellschaftern der Privatbankhäuser ist jeder dritte ein Adliger (34,1 Prozent). Es ist mit Abstand der höchste Adels-Anteil, der in irgendeinem Bereich der Wirtschaft festzustellen ist. Auch in Banken, die als Aktiengesellschaften oder in anderen privatwirtschaftlichen Rechtsformen geführt werden (nicht als KG, oHG oder Einzelfirma und nicht als öffentlich-rechtliche Unternehmen), sind Adlige häufiger als anderswo anzutreffen; hier hat jeder zwölfte ein Adelsprädikat (8,0 Prozent).

Die private Kreditwirtschaft erweist sich damit als das Hauptbetätigungsfeld adliger Unternehmensleiter: Jeder achte Eigentümer oder Manager bei Banken dieser Art ist adlig (12,4 Prozent), während es in der Industrie, im Handel und Verkehr nur knapp jeder zwanzigste ist, bei Versicherungen und in öffentlich-rechtlichen Kreditinstituten noch weniger[62]). Soweit sich Adlige außerhalb der Bankwelt betätigen, geschieht dies gleichfalls in hohem Maße in Nicht-Aktiengesellschaften und in Familienunternehmen. Es sind die Bereiche, in denen der Adligen-Anteil jeweils weit über dem Gesamt-Durchschnitt liegt (Tabelle 52, Gruppen B, C und D, die letzten sechs Spalten).

Mehr Juristen als Wirtschaftler und Techniker zusammen

Fast alle Adligen haben das Abitur gemacht. Viele haben jedoch nicht studiert oder ihr Studium nicht mit einem Examen abgeschlossen. Das gilt besonders für die Eigentümer-Unternehmer, bei denen der Anteil der Nicht-Akademiker bekanntlich auch sonst allgemein höher ist als bei den Managern (siehe den vorigen Abschnitt). Es gilt aber auch für jene Adligen, die in Aufsichtsräten sitzen oder als Vorstandsvorsitzende tätig sind, nicht dagegen für die »einfachen« Vorstandsmitglieder. Je höher die Funktion, um so größer der Adligen-Anteil unter den Nicht-Studierten (Tabelle 52, Abschnitt F). Soweit sie studiert haben, handelt es sich meist um ein Studium der Rechtswissenschaft; die Zahl der Wirtschaftswissenschaftler und der Techniker unter den Adligen erreicht zusammen nicht die Zahl der Juristen. Das stimmt mit der These überein, wonach Jura das bevorzugte Studium von Söhnen oberer Gesellschaftsschichten ist: Fast 90 Prozent der Adligen kom-

---

[62]) Eine deutliche Konzentration der Adligen auf die private Kreditwirtschaft hatten wir schon in unserem Buch »Die oberen 30000« festgestellt. Siehe dort Seite 116.

men aus Schicht I und II. Nach dem Lebensalter sind besonders viele Adlige unter den Jüngeren (unter 45 Jahren) wie auch unter den Älteren (65 und mehr) anzutreffen, während sie in der Mittelgruppe unterdurchschnittlich vertreten sind – eine Bestätigung dafür, wie sehr das Erscheinungsbild der Adligen durch charakteristische Merkmale der Eigentümer-Unternehmer geprägt ist.

Professoren ohne Universitätslaufbahn

Neben den Adligen lassen sich aus der Gesamtheit der in diese Untersuchung einbezogenen Unternehmer die Professoren, die Ausländer sowie die Frauen als spezifische Gruppen klassifizieren. Was die Professoren angeht, so stehen sie klar abgegrenzt neben den Adligen: Es gibt unter den leitenden Männern von Großunternehmen unserer Statistik keinen Professor, der zugleich adlig wäre (wohl aber eine adlige Unternehmerin). Die Aristokraten des Geistes, so zeigt sich, sind von anderer Art als die Aristokraten von Geblüt.

Die Zahl der Männer, die den Professor-Titel führen, ist unter den Vorständen – zufällig – genauso groß wie die der Adligen (43), unter den Aufsichtsräten um einen größer (24 gegen 23), unter den Eigentümern jedoch wesentlich niedriger (6 gegen 25). Insgesamt sind 73 Professoren vertreten, das sind 4,4 Prozent der Gesamtzahl aller Unternehmer. Nach der Zahl der Befragten, also einschließlich derer, die den Fragebogen nicht beantwortet haben, sind es 81 von 2053, also prozentual etwas weniger: 3,9 Prozent (Tabelle 53). Interessant ist, daß sich von den 73 in der Statistik erfaßten Professoren nur 25 habilitiert haben, also reichlich jeder dritte (34,2 Prozent). Die anderen zwei Drittel – 46 Personen – dürften den Professor-Titel also überwiegend nicht auf dem Wege über eine Universitäts-Laufbahn erworben, sondern durch Verleihung erhalten haben. Es sind »Honorar-Professoren« im weitesten Sinne des Wortes.

Manche haben, soweit bekannt, niemals einen Lehrauftrag wahrgenommen und lehren auch nach Verleihung der Professur nicht an Universitäten oder Hochschulen. Fünf von ihnen haben nicht promoviert, zwei nicht einmal ein abgeschlossenes Studium absolviert.

In erster Linie Naturwissenschaftler

Viele sind Naturwissenschaftler oder Mathematiker (26, das ist reichlich ein Drittel: 35,6 Prozent); es gibt keine andere Fachrichtung, bei der der Anteil der Professoren so hoch wäre wie hier (15,3 Prozent). Über dem Durchschnitt liegt der Professoren-Anteil auch bei den Ingenieuren (5,9) und bei den Wirtschaftlern (5,3 Prozent); dagegen sind unter den Juristen Professoren seltener zu finden (2,9 Prozent). Etwa Dreiviertel aller Professoren, darunter fast alle Naturwissenschaftler und Techniker, sind in der Industrie tätig; am niedrigsten ist ihr Anteil im privaten Bankgewerbe – auch dies ein Punkt, in dem sich Adlige und Vertreter des Geistes wesentlich unterscheiden. Daß unter den Professoren die Älteren überwiegen, liegt nahe: Fast 80 Prozent sind über 54 Jahre alt, davon hat die Hälfte das Pensionsalter schon überschritten. Sie sind vornehmlich in den Aufsichtsräten zu finden.

Ausländer meist in Aufsichtsräten

Die Zahl der Ausländer in unserer Statistik ist gering. Nur 6 Personen haben eine ausländische Staatsangehörigkeit. Es sind 3 Vorstandsvorsitzende und 3 Vorstandsmitglieder; unter den von uns erfaßten Eigentümern und Aufsichtsräten findet sich kein Ausländer. Das bedeutet natürlich nicht, daß an der Spitze deutscher Großunternehmen Ausländer kaum vertreten wären. Daß sie in dieser Statistik fast völlig fehlen, hat einen anderen Grund: Wir haben Personen, die als Ausländer erkennbar waren, keinen Fragebogen übersandt, weil unsere Fragen auf deutsche Verhältnisse zugeschnitten waren. Festgestellt haben wir bei der Vorbereitung dieser Umfrage 110 Ausländer in den Vorständen und Aufsichtsräten von Großunternehmen. Hinzu kommen jene 6, deren ausländische Staatsangehörigkeit uns nicht bekannt – und nicht erkennbar – war und die den Fragebogen ausgefüllt zurückgesandt haben. Insgesamt gibt es also 116 Ausländer an der Spitze deutscher Großunternehmen. Die meisten sitzen in Aufsichtsräten, vornehmlich bei Firmen im Auslandsbesitz. Es sind 90 Personen, mehr als Dreiviertel aller ausländischen Manager (77,6 Prozent). 9 von ihnen stehen als Vorsitzende an der Spitze eines Aufsichtsrats, 15 sind stellvertretende Vorsitzende, 66 Aufsichtsratsmitglieder. Die anderen 26 Ausländer bekleiden Vorstands- oder Geschäftsführer-Positionen, davon 8 als Vorsitzende, 18 als Mitglieder.

Die meisten Ausländer kommen aus der Schweiz (34 Männer oder 29 Prozent), viele auch aus den Niederlanden (23), den Vereinigten Staaten von Amerika (22) und Frankreich (14). Diese vier Länder stellen zusammen 93 leitende Männer, das sind vier Fünftel aller in deutschen Großunternehmen tätigen Ausländer. Es folgen Großbritannien mit 8, Schweden mit 5, Luxemburg mit 4, Belgien mit 3, Italien mit 2 und Österreich mit 1 Vorstands- oder Aufsichtsratsmitgliedern in deutschen Großunternehmen.

Hätten wir uns entschlossen, auch die 110 Ausländer in unsere Umfrage einzubeziehen, so hätte die Zahl der versandten Fragebögen nicht 2053 betragen, sondern 2163. Daraus ergibt sich, daß der Anteil der Ausländer an den leitenden Männern deutscher Großunternehmen reichlich 5 Prozent ausmacht (5,4). In den Aufsichtsräten ist mehr als jeder fünfte derer, die dort »hauptamtlich« sitzen, ein Ausländer (90 von 390, das sind 23,1 Prozent); wenn jeder von ihnen, was anzunehmen ist, nur ein Mandat in Großunternehmen bekleidet, beträgt ihr

Anteil an den Aufsichtsratssitzen jedoch nur 7,8 Prozent (90 von 1147). Der Anteil an den Vorständen ist noch wesentlich kleiner; es sind 26 von 1250, also gerade etwa 2 Prozent. Unsere Auszählung des Hoppenstedt-Handbuchs vor fünf Jahren hatte einen Ausländer-Anteil von 3,0 Prozent ergeben[63]). 5,4 Prozent bei den Großunternehmen gegen 3,0 im Gesamtdurchschnitt aller Firmen – das bedeutet, daß in der Bundesrepublik Manager ausländischer Herkunft in Großunternehmen relativ häufiger anzutreffen sind als bei mittleren und kleinen Firmen.

Frauen stehen ihren Mann

Schließen wir diese Untersuchung mit einem Blick auf das weibliche Element im Unternehmertum. Es ist im Bereich der Großwirtschaft nur schwach vertreten. 9 Frauen hatten wir um Auskunft gebeten, 6 haben geantwortet. Von ihnen sitzen 3 in Aufsichtsräten (2 als Vertreter der Eigentümer-Familie, 1 als Repräsentantin von Kleinaktionären); die anderen 3 sind aktiv tätig, eine als Teilhaberin eines Familienunternehmens, die beiden anderen als »echte« Manager – beide promovierte Juristinnen. Daß wir in diesem Buch nur von leitenden »Männern« gesprochen haben, ist eine sprachlich vereinfachende Formel, für die wir die Unternehmerinnen um Nachsicht bitten müssen. Die Leistung der Frauen, die an der Spitze von Großunternehmen die gleiche Verantwortung tragen wie alle Männer um sie herum, sollte damit nicht gemindert werden. Die Frau inmitten der von Männern geprägten Welt der Wirtschaft verdient jede Hochachtung.

[63]) Max Kruk, Die oberen 30000..., Seite 94.

VERZEICHNIS DER UNTERNEHMER

Das Verzeichnis gibt die Namen der Unternehmer und Firmen sowie die Positionen, in denen sie tätig waren, nach dem Stand bei Versendung der Fragebögen wieder (Sommer 1969). Inzwischen eingetretene Änderungen sind nicht berücksichtigt.

Abelmann, Dr. Franz, VV,
  Ciba AG
Abs, Dr. rer. pol. h. c.
  Hermann J., ARV,
  Deutsche Bank
Abtmeyer, Hermann, ARV, SEL
Ackers, Dr. Ewald, VM,
  Bad. Landeskreditanstalt
Adams, Peter, VM,
  Salzgitter Hüttenwerke
Adenauer, Max, VM,
  Rhein-West-Boden
Adler, Gerhard, VM,
  Edeka-Zentrale
Adler, Dr. Waldemar, ARM,
  Alte Leipziger Leben
Agatz, Prof. Dr. Arnold, ARM,
  Klöckner-Werke
Ahrens, August-Wilhelm,
  ARM, Ilseder Hütte
Albers, Gunther, VM, DKV
Albert, Dr. Fritz, ARV,
  Woolworth
Alberts, Klaus G., VM, Bosch
Albrecht, Prof. Dr.-Ing.
  Herbert, ARM,
  Kraftübertragung Rheinfelden
Alt, Dipl.-Ing. Fritz, VM, Varta
Alzheimer, Dr. jur. Alois, ARV,
  Münchener Rück

Amedick, Dr. Klaus B., VM,
  Ford
Amrehn, Bürgermeister a. D.
  Franz, ARM, Bewag
Anderheggen, Dr.-Ing. E. h.,
  VV, Steinkohlenbergwerk
  Friedrich Heinrich
Andersen, Dr. Hermann, ARM,
  ATH
Andresen, Karl, VV,
  Kabelmetal
Appel, Karl Otto, Stv. VM,
  Iduna Ver. Leben
Arendt, Fritz, VM,
  Handelsunion
Arendts, Dr. Wilhelm, VM,
  Hypo-Bank
Arndt, Staatssekretär
  Dr. Klaus-Dieter, ARM, Veba
Arnswaldt, Dr. Hans-Dietrich v.,
  VM, Landw. Rentenbank
Auer, Clemens, Pers. haft. Ges.
  d. Auer-Mühlenwerke
Auer, Hans Heinrich, Pers. haft.
  Ges. d. Auer-Mühlenwerke
Aumer, Generalkonsul a. D.
  Hermann, ARV, Diamalt AG

Bach, Dr. Heinz, VM,
  Volkswohl Krankenvers.

243

Bacher, Dr.-Ing. Hans,
Stv. VM, Bosch
Backsmann, Horst, VM,
VW-Werk
Bächle, Dr. Wilhelm, VM, Viag
Bäumer, Arno Paul, Stv. VM,
Allianz Vers.-AG
Baillou, Thomas Freiherr von,
Dr. med., ARM, Merck
Balan, E.-J., Gen.-Bevoll-
mächtigter d. Fa. Münemann
Balke, Prof. Dr. Siegfried,
ARM, Schering
Ballerstedt, Prof. Dr. Kurt,
ARM, Rheinstahl-Hütten-
werke
Bamberg, Charlotte, ARM,
Dierig
Bandler, Ralph,
Ehrenamtl. VM, Baywa
Barchewitz, Adolf, VM,
Badische Bank
Barich, Dr. h. c. Karl, VV,
Stahlwerke Südwestfalen
Bartels, Dr. Walter,
Grubenvorstand d.
Gewerkschaft Elwerath
Barth, Dipl.-Ing. Otto, VM,
Salamander
Barthelmeh, Hans A., VM,
Ford
Bartsch, Harry, Stv. VM,
Gothaer Leben
Barz, Dr. Carl Hans,
Rechtsanwalt und Notar,
ARV, Metzeler
Bauknecht, Gert, GF,
Bauknecht
Bauknecht, Günter, GF,
Bauknecht
Baumann, Dr. Hansgeorg,
Energieversorg. Ostbayern AG
Baumann, Anwalt Dr. Horst,
Stv. Vors. d. Verw.-Rats d.
Dt. Genossenschaftskasse

Baumann, Theodor, Stv. VM,
Siemens
Baumhoff, Hans-Walther, VM,
KHD
Baur, Dr. Bruno, VM, KfW
Baur, Prof. Dr. Fritz, ARM,
Zahnradf. Friedrichsh.
Baur, Dr. Georg Friedrich,
ARM, Gothaer Leben
Baurichter, Kurt, ARM, ATH
Baurs-Krey, Dr. h. c. Reinhold,
VM, Raiffeisen Allg.
Bayer, Dr. Hans, Stv. VM,
Hypo-Bank
Bayer, Prof. Dr. Otto, ARV,
Farben Bayer
Bayer, Rudolf, Pers. haft. Ges.
d. Bankh. H. Aufhäuser
Bechtolf, Dr. Hans Joachim,
VM, Vereinsbank Hbg.
Beck, Dr. Dieter, VM,
Gothaer Feuer
Becker, Dr. Ernst, ARM, VEW
Becker, Günter,
Geschäftsinhaber der BHG
Becker, Helmut, Stv. VM,
Siemens
Becker, Horst, VM,
Iduna Ver. Leben
Becker, Kurt, VM,
Neunkircher Eisenwerk
Becker, Willy, VM,
Industriekreditbank
Beckmann, Friedrich, VM,
Hbg. Landesbank
Beermann, Kurt, VM,
Ciba AG
Behr, Winrich, Vors. d. GF,
TuN
Behrens, Werner, VM,
Beiersdorff
Beitz, Berthold, Stv. ARV,
Krupp
Bellstedt, Dr. Folkert, VM,
Dynamit Nobel

244

Bellwinkel, Dr. Carl, VV,
Rütgers

Belzer, Hans, Mitgl. d. GF,
Röchling-Eisen

Bender, Dr. Kurt, VM,
Klöckner-Werke

Benke, Dr.-Ing. Robert, VM,
Union Rheinische Br.

Benken, Dr. Hermann, VV,
Nürnberger Leben

Bennemann, Minister a. D.
Otto, ARM, Ilseder Hütte

Bennigsen-Foerder, Rudolf v.,
Stv. VM, Veba

Benning, Dr. Bernhard,
Mitgl. d. Direktoriums d.
Deutsche Bundesbank

Bentz, Horst, Alleininh. d.
Melitta-Werke

Berenberg-Goßler, Dr. Günter
von, ARM, GBAG

Berg, Fritz, Alleininh. d. Firma
Wilh. Berg

Berg, Dr. Herbert, Mitgl. d.
GF, Wacker-Chemie

Berger, Dr. Robert, Stv. Mitgl.
d. GF, Alfred Teves

Berghes, Ferry von, ARM,
DEA

Bergmann, August, Sprecher
Barmenia Kranken-Vers.

Bergmann, Dr. Heinrich, VM,
Staatl. Kreditanst.
Oldb.-Bremen

Bergsteiner, Josef, VM, Baywa

Berlichingen, Dittrich von,
Stv. VM, Dt. Fiat

Berlin, Dr. Helmut, VM,
Beiersdorff

Bernau, Dr. Kurt, VM,
Frankona Rück- u. Mitvers.

Berndt, Hans, GF,
Henkel & Cie.

Bernhard, Dr. Alfred, VM,
BfG

Bernhardt, Reg.-Baumeister
Wilhelm, VM, EVS

Berning, Staatssekretär a. D.
Dr. Paul, VV, Oldenburgische
Landesbank AG

Bernstein, Dipl.-Ing. Lennart,
Stv. Vors. d. GF, SKF

Bertram, Ernst, Stv. VM,
Albingia

Bertram, Friedrich, VM,
Metzeler AG

Bertram, Richard, VM,
Norddeutscher Lloyd

Bethmann, Freiherr Johann
Philipp von, Gesch.führender
Komplementär d. Bankhaus
Gebrüder Bethmann

Bielfeldt, Dr. Klaus, VM, VAW

Bieling, Dr. Franz, VV,
Zentralkasse Württ. Volksbanken eGmbH

Bieneck, Dr.-Ing. E. h.
Edmund A., VV, Didier

Bier, Dr. Gerhard, VM,
Dynamit Nobel

Bierich, Dr. Marcus, VM,
Mannesmann

Biermann, Oberkreisdirektor
Albert, ARM, Preussenelektra

Bigge, Dr. Rudolf, VM,
Salzgitter Hüttenwerke

Binder, Josef, VM,
Raiffeisen Allg.

Binding, Dr. Kurt, VM,
Concordia Leben

Bingold, Dr. Claus, Stv. VM,
Bayer. Landesboden

Birck, Prof. Dr. Heinrich,
Stv. d. Präs. d. Dt. Genossenschaftskasse

Birnbaum, Hans, VV, Salzgitter

Birrenbach, Dr. Kurt, ARV,
ATH

Bismarck, D. Klaus von,
ARM, Rheinbraun

245

Bismarck, Dr. Philipp von,
VM, Kali-Chemie
Blank, Hans Helmut, VM,
Eternit AG
Blank, Dr. Martin, ARM,
Gerling-Leben
Blank, Otto, VM, Demag
Blankenagel, Dr. Karl, VV,
Rheinstahl-Hüttenwerke
Blaschka, Dr. Bruno, Stv. VM,
Aschaffenb. Zellstoffwerke
Bleiss, Dr. Paul, VM,
Salzgitter
Blessing, Dr. h. c. Karl,
Präs. d. Deutsche Bundesbank
Blume, Herwarth, VM,
Brinkmann
Boch-Galhau, Dr.-Ing. Luitwin
von, Gesch.führender
Gesellschafter Villeroy & Boch
Boden, Constantin, ARM,
RWE
Boden, Dr. Hans C., ARV,
AEG-Telefunken
Böhme, Erhard, VM,
Gerling-Allgemeine
Böhme, Herbert,
Gesch.führender Dir. d.
Spk. Berlin-West
Bömers, Heinz, ARV,
Dt. Dampfschiff-»Hansa«
Bösenberg, Walther A., Vors. d.
GF, IBM Deutschland
Boesler, Erwin, VV,
Bauspk. Schwäbisch-Hall
Bösmiller, Fritz, Stv. VM,
Dt. Fiat
Bogner, Dr. Josef, ARM,
Maxhütte
Bohl, Dr. Franz, ARM,
Beiersdorff
Bohn, Dr. Karlheinz, VM,
Barmenia Kranken-Vers.
Bolz, Dr., Mitgl. d. GF,
Byk Gulden

Bomhard, Dr.-Ing. Franz
Josef von, VM,
Fichtel & Sachs
Bongers, Hans M., ARM,
Dt. Lufthansa
Borchart, Dr. Joachim,
Pers. haft. Ges. d. Bankhaus
Friedrich Simon
Borner, Dr. Wilhelm, ARM,
Dt. Centralboden
Bornhofen, Ludwig, VM,
Hüls
Bosch, Robert, VM, Bosch
Bothe, Gustav, Stv. VM,
Hess. Landesbank
Braess, Prof. Dr. Paul,
Stv. ARV, Agrippina
Brandes, Senator Gerhard,
Stv. ARV, HEW
Brandes, Hermann, VM,
Brandi, Dr. Dr. Hermann Th.,
VM, ATH
Kabelmetal
Brands, Dr. Helmut, VM,
Commerzbank
Brauchitsch, Eberhard von,
Pers. haft. Gesellsch. d.
Friedrich Flick KG
Braun, Curt, VM,
Triumph International
Braun, Dr. Günter, ARM,
Victoria Feuer
Braun, Dr. Hans, Stv. VM,
Handels- u. Gewerbebank
Braun, Dr. Heinz, Stv. VM,
Allianz Vers.-AG
Braun, Dr. Herbert, VM,
Triumph International
Brecht, Christoph, VM,
Ruhrgas AG
Breitbarth, Dr. Walter, VM,
Frankf. Vers.-AG
Brellochs, Walter, Stv. VM,
SEL
Breme, Gerhard, ARM, VAW

Bremeier, Ditwald, Stv. VM,
  Siemens
Brenschede, Dr. Wilhelm, VM,
  Farben Bayer
Bresges, Kurt, Pers. haft. Ges.
  d. Fa. A. Bresges
Breuer, Wilhelm, VM,
  Gerling-Allgemeine
Brinckmann, Dr. Christian,
  Pers. haft. Ges. d. Bankhaus
  Brinckmann, Wirtz & Co.
Brinckmann, Dr. Rudolf,
  Pers. haft. Ges. d. Bankhaus
  Brinckmann, Wirtz & Co.
Brög, Hans-Georg, VM,
  Nordstern Allg.
Bröse, Johann, VM, Bewag
Brötz, Prof. Dr. Walter,
  Mitgl. d. Haupt-GF d. Lurgi
Broich, Prof. Dr. Franz, VV,
  Hüls
Bruckhaus, Dr. Friedwart,
  VM, Buderus
Brugger, Dr. Werner, VM,
  Allianz Vers.-AG
Brunck, Dr. Richard, ARM,
  Gasolin
Buchetmann, Dr. Franz, VM,
  Münchener Rückvers.
Buchholz, Dr. Heinrich, VM,
  Gasolin
Buchholz, Walter, VM, Varta
Buddenberg, Dr. Hellmuth,
  VM, BP
Büchner, Georg, Stv. VM,
  Württ. Feuer
Büchting, Dr. Carl-Ernst, VV,
  Kleinwanzlebener Saatzucht
Bühler, Dr. rer. pol. Hans,
  VV, AEG-Telefunken
Büsselberg, Wolfgang, VM,
  Industriekreditbank
Burckhardt, Dr.-Ing. c. h.
  Helmuth, ARV,
  Eschweiler Bergw.-Verein

Burk, Dr. Rudolf, Rechtsanwalt
  und Notar, ARM,
  Allg. Rentenanstalt
Burkhardt, Walter, VM,
  Allg. Rentenanstalt
Buschmann, Dr. Hugo,
  Stv. ARV, Eternit AG
Bustorf, Dr. Hilde, VM,
  Landesbank Schl.-Holstein
Butenandt, Prof. Dr. phil.
  Adolf, ARM, Siemens
Butschkau, Dr. h. c. Fritz,
  Ehrenvors. d. Verwaltungsrats
  d. Westdeutsche Landesbank

Caesar, Otto Paul, VV,
  Rheinmetall, Berlin
Carus, Dr. Erich, Stv. VV,
  National Allg.
Casper, Dr. h. c. Walther, VM,
  Metallgesellschaft
Castell-Castell, Prosper Graf zu,
  VV, Frankf. Vers.-AG
Christians, Dr. F. Wilhelm,
  VM, Deutsche Bank
Cipa, Dr. Walter, VM, GBAG
Clausen, Dr. Friedrich Wilhelm,
  VM, Rheinmetall
Claussen, Georg W., VV,
  Beiersdorff
Clerc, Dr. Reinhard, Stv. ARV,
  Schering
Coenen, Dr. Hans, VM,
  Karstadt
Conrad, Dr. Jakob, VM, IHB
Conrad, Finanzminister a. D.
  Dr. Wilhelm, Präs. d.
  Hess. Landesbank
Conradt, Hans, VM,
  Kabelmetal
Cordes, Prof. Dr. Walter, VM,
  ATH
Creutz, Carl, VM, Württ. Feuer
Culmann, Dr. Herbert, VM,
  Dt. Lufthansa

Cuno, Dipl.-Ing. Otto,
Stv. Mitgl. d. GF, TuN
Curtius, Wolfgang, ARM,
Haniel

Dabisch, Hans, VM,
Dt. Genossenschaftskasse
Därmann, Dipl.-Ing. Dr. Otto,
VM, Rheinstahl-Hüttenwerk
Damm, Günther, VM,
Dt. Herold Allg. Vers.-AG
Danert, Dr. Günter, Stv. VM,
SEL
Daniels, Karl, VM,
Spinnerei Kolbermoor
Danz, Dr. Willi, VM, BASF
Darge, Dr. Johannes, ARM,
Dt. Conti-Gas
Dau, Herbert, VV,
Hamburg-Mannheimer
Decken, Dr. Christoph von der,
VM, Hbg. Landesbank
Deckers, Dr. Peter-Josef, VM,
Ruhrgas AG
Deierling, Emil, Signal
Krankenvers.
Deisenhofer, Dr. August, ARV,
Barmenia Kranken-Vers.
Delbrück, Adelbert, Pers. haft.
Ges. d. Bankhaus
Delbrück & Co.
Delden, Gerrit Jan von, ARM,
Westfäl. Jute
Delden, Rembert van, VM,
Westfäl. Jute
Delden, Dr. Willy van, VM,
Westfäl. Jute
Delfs, Dr. Detlef, VM,
Farben Bayer
Deneffe, Staatsrat Prof. Dr.
Peter, ARM, HEW
Denzel, Dr. Ernst, VM,
Wintershall
Depenheuer, Otto, Stv. Mitgl.
d. GF, Alfred Teves

Derigs, Paul, VM, Karstadt
Dessauer, Guido, Stv. ARV,
Triumph International
Deuss, Dr. rer. pol. Hanns,
ARV, Commerzbank
Deuss, Dr. Walter, VM, Karstadt
Dewall, Dr. Hans Werner von,
ARV, Veba-Chemie
Dhom, Robert, VM,
Commerzbank
Diederichs, E. H., VV,
Edeka-Zentrale
Diehl, Karl, Pers. haft. Ges. u.
GF d. Firma Diehl
Diehm, Dr. Walter, VM,
Bayer. Staatsbank
Diel, Rolf, Stv. VM,
Dresdner Bank
Dierig, Dr. Hans Christian,
ARM, Dierig
Dierks, Dipl.-Ing. Jürgen,
Mitgl. d. GF, SKF
Dieter, Jakob, VM, Württ. Hyp.
Dietz, Konsul Fritz, Inh. d.
Firma Gebr. Dietz
Dittrich, Dr. Gottfried, VM,
Bayer. Versicherungsbank
Doehring, Dr. Johannes, ARM,
GBAG
Döring, Kurt, ARM, Preussag
Doese, Kurt, VM, ATH
Dohrn, Dr. Klaus, Geschäftsinh.
d. BHG
Dongen, Louis van, VM,
Deutsche Shell
Dorn, Dr. Friedrich, VV,
Waldhof
Dorschner, Dr.-Ing. Oskar,
Mitgl. d. Haupt-GF d. Lurgi
Dotzenrath, Wolfgang,
Stv. VM, Dt. Conti-Gas
Dräger, Hans, Stv. VM,
Schmalbach-Lubeca
Draeger, Dr. Rolf, Mitgl. d.
GF, Byk Gulden

Draheim, Prof. Dr. Georg,
Präs. d. Dt. Genossenschafts-
kasse
VM, Dyckerhoff-Zement
Drasen, Dipl.-Ing. Edmund,
VM, Waldhof
Drechsler, Dr. Wolfgang,
Stv. VV, VDM
Dreger, Fritz, VM, Gothaer
Allgemeine
Dreher, Boris Rob. M., VM,
Münchener Rückvers.
Dressel, Dr.-Ing. Werner, GF,
Dt. Solvay-Werke
Dressler, Wolfgang, VM,
Waldhof
Dubberke, Dr. Hans-Achim,
VM, Rewe
Dubusc, Dipl.-Ing. Werner,
ARV, Steag
Dümmler, Dr. Hans Wilhelm,
VV, Bayer. Versicherungsbank
Dünbier, Prof. Dr.-Ing. Otto,
VV, Schachtbau Thyssen
GmbH
Dünnbier, Wernher, Stv. VM,
Hypo-Bank
Dufhues, Josef Hermann,
Rechtsanwalt u. Notar,
ARM, Krupp-Hüttenwerke
Duncke, Hans, VM, BfG
Duppré, Fritz, Präsident,
Landeszentralbank
Rheinland-Pfalz
Duvernell, Prof. Helmut,
ARM, Mannesmann
Dyckerhoff, Harald, VV,
Dyckerhoff-Zement
Dyckerhoff, Dr. Robert,
ARM, Dyckerhoff-Zement
Dyckerhoff, Dipl.-Ing. Wilhelm,
VM, Dyckerhoff-Zement

Ebert, Dr. Alfred, VM,
Glanzstoff

Eckert, J. Byron, VV,
Mobil Oil
Eckert, Oskar, VM, Bayer.
Landesanst. f. Aufbau-
finanzierung
Eckhardt, Dr. Felix, ARV,
Dortmunder Union-Br.
Eden, Dr. Carsten,
Mitgl. d. GF d. Firma
Jenaer Glaswerk
Eger, Gerhard, VV, Aral AG
Eggemann, Dr. Willy, VM,
Rheinstahl
Ehrhardt, Heinz, VM,
Hbg. Sparcasse 1827
Ehrhart, Prof. Dr. phil. Gustav,
Stv. ARV, Farbwerke
Hoechst
Eichinger, Franz, Präs. u.
Mitgl. d. Vorstandes d.
Deutschen Bundesbahn
Eiden, Hans,VM, Eschw.
Bergw.-Verein
Eigenbrodt, Karl, VM,
Brinkmann
Einnatz, Dr. Alfred, VM, RWE
Eisfeld, Dr. Kurt, VM,
Dynamit Nobel
Elbrecht, Dr. Lothar, VM,
Industriekreditbank
Elkmann, Dipl.Kfm. Gerhard,
VM, Hoesch
Ellscheid, Prof. Dr. Robert,
ARM, ATH
Elmendorff, Dr. Wilhelm,
Wirtschaftsprüfer, ARV,
Preussag
Elting, Dr. Walther, Stv. GF,
Henkel & Cie.
Emminger, Dr. Otmar,
Mitgl. d. Direktoriums d.
Deutsche Bundesbank
Endres, Wilhelm, VM, Baywa
Engel, Dr. E. Frederico,
Stv. VM, Hüls

Engel, Prof. Ernst, Stv. VM,
Landesbank Schl.-Holstein

Engelberg, Dr. Fritz von,
Ehrenvors. d. AR
Dyckerhoff-Zement

Engelhardt, Dr. Friedrich,
Stv. VM, Beiersdorff

Engelhardt, Dr. Oskar, VM,
Leipziger Feuer

Englert, Walter, Mitgl. d. GF,
Wüstenrot

Entholt, Dr. Reinhard, Stv. VM,
Stl. Kreditanst. Oldb.-Bremen

Enzberg, Dr. Nikolaus Frhr. von,
ARM, EVS

Erasmus, Friedrich Carl, VM,
Ruhrkohle AG

Erhard, Dipl.-Ing. Walter,
Mitgl. d. GF, SKF

Ernst, Dr.-Ing. Dietrich,
Stv. VM, Preussag

Ernst, Dr. Gernot, Pers. haft.
Ges. d. Bankhaus
Delbrück & Co.

Ernst, Dr. Waldemar, ARV,
Dyckerhoff-Zement

Ernstberger, Dr. Anton,
Sprecher d. V., Hypo-Bank

Ertel, Wolfgang, VM, VDM

Escherich, Dr. Rudolf, VM, VAW

Etzel, Dr. h. c. Franz,
Gesch.führender Inh. d.
Bankhaus Friedrich Simon

Evers, Hans-Joachim, VV,
L. Possehl & Co.

Eversmann, Rudolf Wilhelm,
VM, Allianz Vers.-AG

Ewaldsen, Dipl. sc. pol. Hans L.,
VV, Babcock

Ewerling, Dr. Johannes, ARM,
Hypo-Bank

Ewers, Staatssekretär a. D. Carl,
ARM, Veba-Chemie

Eychmüller, Gerhard, VM,
Gothaer Leben

Faber, Fritz, GF, Raab-Karcher

Fabian, Helfried, VM,
Dt. Siedlungs- u. Landes-
rentenbank

Fabricius, Dr. Helmut,
Carl Freudenberg

Fahrbach, Senator h. c. Georg,
VV, Württ. Hyp.

Falch, Dr. Wolfgang, VM,
Metzeler AG

Falk, Alfred, VM, Prov. Feuer
Rheinprovinz

Falkenhausen, Dr. Bernhard
Freiherr von, Pers. haft. Ges.
d. Bankhaus Burckhardt & Co.

Falkenhausen, Dr. Gotthard
Frhr. von, Vors. d. Verw.rats
d. Bankhaus Burckhardt & Co.

Falkenheim, Senator Ernst,
ARV, Fichtel & Sachs

Fanger, Kurt, ARM,
Karlsruher Leben

Fehres, Wilfried, VM,
Westfalenbank

Feick, Dr. Hans, VM, Rütgers

Feith, Dr. Hans, VM,
Deutsche Bank

Feldmann, Dr. Claus, VM,
Frankf. Vers.-AG

Feldmann, Heinz, VM,
Feldmühle

Fernholz, Dr. Ernst Hermann,
VV, Grünzweig + Hartmann

Fessler, Ernst, Präs. d. LZB
Nordrhein-Westfalen

Feury, Otto Freiherr von,
ARM, Bayer. Versicherungsbank

Finck von Finckenstein,
Karl-Wilhelm, Reichsgraf
Pers. haft. Ges. d. Bankhaus
Burckhardt & Co.

Finsterwalder, Dr.-Ing. Ulrich,
Pers. haft. Ges. d.
Dyckerhoff & Widmann

Fischer, Josef, VM, Hoesch
Fischer, Dr. Kurt, VM,
Gerling-Leben
Fischer, Dr. Norbert, VM,
Westdeutsche Landesbank
Fischer, Paul, VM, Zentralkasse
Südwestdt. Volksbanken AG
Fischer, Dr.-Ing. Richard,
ARM, HEW
Fischer, Theodor, VM, Baywa
Fischer-Menshausen, Herbert,
Stv. VV, Esso AG
Fischer-Zernin, Dr. Lars, VM,
Demag
Fisser, Dr. Frank M., Mitgl. d.
GF, Klöckner & Co.
Flammer, Dr. Helmuth E.,
ARM, Handels- u. Gewerbe-
bank
Flecken, Dr. Gerhard,
Ehrenmitgl. d. AR Gerling-
Allgemeine
Flick, Dr. Friedrich Karl,
Pers. haft. Ges. d. Friedrich
Flick KG
Flügge, Walter, Vors. d. GF,
GEG
Foerstner, Dr. Heinz, VM,
Salzdetfurth
Forberg, Prof. Dr. jur. h. c.
Kurt, Vors. d. Verw.rats d.
Bankhaus C.G. Trinkaus
Forchmann, Horst, VM,
Rheinbraun
Fonk, Dr. Hans-Joachim, VM,
GBAG
Fonk, Hans, VM, Rheinelektra
Fox, Herbert W., VM,
Wintershall
Frahm, Staatssekretär Heinrich,
ARM, HEW
Franck, Dr. Heinz-Gerhard,
VM, Rütgers
Francke, Dr. Jürgen, Stv. VM,
Vereinsbank Nbg.

Frank, Minister a. D. Dr.
Dr. h. c. Karl, Stv. ARV,
Wüstenrot
Frank, Philipp, ARM,
Frankona Rück- u. Mitvers.
Frank, Dr. phil. Rudolf, VM,
Farbwerke Hoechst
Franken, Staatsminister a. D.
Joseph P., ARM, Gerling-
Allgemeine
Freiensehner, Dr. Hans,
Stv. VV, BASF
Freisberg, Heinrich, Stv. VM,
Ferrostaal
Freitag, Dr. Joachim, ARM,
Ilseder Hütte
Freudenberg, Dieter, Pers. haft.
Ges. d. Firma Carl Freuden-
berg
Freudenberg, Dr. Hans Erich,
Pers. haft. Ges. d. Firma
Carl Freudenberg
Freudenberg, Hermann, Pers.
haft. Ges. d. Firma Carl
Freudenberg
Freudenberg, Dr. h. c. Richard,
Vors. d. Ges.-Ausschusses
Carl Freudenberg
Frey, Prof. Emil, VV,
Mannheimer Leben
Frey, Helmuth W., GF,
Gebr. Spohn GmbH
Frey, Dr. Peter, Stv. VM,
Bayer. Rück
Frick, Dr. Erich, VM,
National Allg.
Friedenthal, Dr. Ernst, ARM,
Dt. Centralboden
Friedländer, Ernst, VM,
Agfa-Gevaert
Friedrich, Dr. rer. pol. h. c.
Otto A., Pers. haft. Ges. d.
Friedrich Flick KG
Fries, Dr. Karl, VM,
Bayer. Gemeindebank

Fries, Dr.-Ing. Wilhelm, VV,
Wedag
Frieß, Dr. Otto, Stv.VM,
Landesbank Rheinland-Pfalz
Fritsche, Victor, VM,
Münchener Rückversicherung
Fritz, Dr. Ernst, ARM,
Victoria Leben
Fröhlich, Gerhard, VM,
Zentralkasse Westdeutsche
Volksbanken eGmbH
Frohne, Hugo, VM,
Vereinsbank Hamburg
Frost, Dr. Helmut,
Pers.haft.Ges. d. Bankhaus
Friedrich Simon KGaA
Frowein sen., Harald,
Pers.haft.Ges. Frowein & Co.
Frowein jun., Harald,
Pers.haft.Ges. Frowein & Co.
Frowein, Dr. Heinz, Bgm. d.
Stadt Wuppertal, ARV,
Frowein & Co.
Frowein, Peter,
Pers.haft.Ges. Frowein & Co.
Frystatzki, Dipl.-Ing. Erich,
Stv.VM, Strabag-Bau
Fuchs, Josef, Stv.VM,
AEG-Telefunken
Fürstenberg, Hans, ARV, BHG
Funcke, Dr. Friedrich, VV,
GBAG
Funcke, Richard, Stv.ARV,
Industriekreditbank
Furler, Erich, VM, Degussa
Fusshoeller, Dr. Ludwig, VM,
Württ. Feuer

Gärtner-Amrhein, Frau Elgin,
ARM, VW-Werk
Gärtner, Dr. Gerhard D.,
Stv.Mitgl. d. GF,
Gebr. Stumm
Gahn, Adam, ARM, Schering
Galler, Rolf C., Stv.ARV, Ford

Ganzhorn, Prof. Dr. K.,
Mitgl. d. GF, IBM
Deutschland
Garde, Otto, VV,
Concordia Leben
Gase, Staatssekretär a. D.
Dr. Walter, Stv. ARV, KfW
Gaul, Dr. Hans, VV,
Hugo Stinnes AG
Gehm, Dr. Heinz, Ehrenvors.
d. AR d. Dt. Edelstahlwerke
Gehrhardt, Dr. Heinz, VV,
Alte Leipziger Leben
Geiger, Max, ARV, Hypo-Bank
Geist, Dipl.-Ing. Franz, VM,
Rheinstahl
Geldmacher, Willi, VM,
Krupp Hüttenwerke
Gerathewohl, Dr. Klaus, Stv.VM,
Münchener Rück.
Gerling, Generalkonsul Dr. Hans,
VV, Gerling-Allgemeine
Gersdorff, Dr.-Ing. Bernhard von,
Stv.VM, Bewag
Gessler, Prof. Dr. Ernst, ARV,
Deutscher Herold Leben
Geyer, Gerhard, ARV, Esso AG
Gienow, Dr. Herbert, VM,
Klöckner-Werke
Gierlichs, Franz Anton, VM,
Dynamit Nobel
Gierlichs, Rechtsanwalt Hanns,
VM, Farben Bayer
Gieschen, Wilhelm, VM, BMW
Gieske, Dr. Friedhelm, Stv.VM,
RWE
Gisch, Hans, Stv.VM,
Dt. Gen.-Hyp.
Gittermann, Dr. Horst, VM, DKV
Giulini, Berto, GF, Gebr. Giulini
Giulini, Dr. Udo, GF,
Gebr. Giulini
Glässing, Dr. Kurt, Gesch.
leitender Dir. d. Hbg.
Landesbank

Glatzel, Dr. Wolfgang, VV,
Dt. Conti-Gas
Gleich, Walter A., VM,
Norddeutsche Affinerie
Gleske, Dr. Leonhard,
Präs. d. LZB Bremen
Gocht, Dr. Rolf, Mitgl. d.
Direktoriums d. Deutsche
Bundesbank
Göbel, Dr. Georg, Sprecher d.
Vorst. d. Conti-Gummi
Göbelsmann, Karl, Stv.VM,
Concordia Leben
Goedecke, Dr. Wolfgang, VM,
Rheinische Hyp.
Göhringer, Dr. Hans, Stv.VV,
BBC
Göritz, Dr. Lebrecht, VM,
Allianz Leben
Goeschel, Prof. Dr.-Ing. Heinz,
VM, Siemens
Goethe, Hans-Georg, VM, DEA
Götz, Hans, VV, IHB
Goldenbogen, Dr. Friedrich-
Wilhelm, Stv. ARV, RWE
Goltermann, Adolf, VM,
Nürnberger Leben
Goltz, Hans Graf von der,
Mitgl. d. GF, Klöckner & Co.
Golz, Staatssekretär Gerhard,
ARM, Westdeutsche Landes-
bank
Gottheiner, Dr. Hans Georg,
Geschäftsinhaber d. BHG
Goudefroy, Dr. Eduard, VV,
Dt. Gen.-Hyp.
Grabowski, Ehrensenator Dr.-
Ing. e.h. Franz, ARM,
Commerzbank
Graeff, Konsul Dr. Max,
Teilhaber d. Firma
Lindgens & Söhne
Grages, Dr. Erich, VM, DEA
Gram, Dipl.-Ing. Fred, VM,
Asch. Zellstoffwerke

Grandi, Hans, VM, Ford
Greiss, Dr. h. c. Franz, ARM,
Ford
Gres, Dr.-Ing. Willi, VM, Krupp
Grevemeyer, Ernst, VM,
Karlsruher Leben
Greven, Dr. Jakobus, Vors. d.
Gesch.führung der Lurgi
Griebel, Dr. Hugo, Stv.VV, DEA
Griesheim, Kurt von, VM,
Hypo-Bank
Groben, Wilhelm, ARM,
Conti-Gummi
Groebe, Dr. jur. Hans, VM,
AEG-Telefunken
Gröning, Fritz, ARM,
Deutsche Bank
Groll, Min.-Dirigent a.D. Dr.
Karl, Ehrenamtl. VM, Baywa
Groos, Frau Barbara, ARM,
Merck
Groos, Hans, ARM,
Schmalbach-Lubeca
Groothoff, Dipl.-Ing. Klaus,
Mitgl. d. Gesch.fhrg. d. Firma
Jenaer Glaswerk
Grosch, Dr. Ernst, VM,
Dynamit Nobel
Groß, Dr. Carl S., VM,
Oldbg. Landesbank
Groß, Dr. Karl, ARV,
Frankona Rück und Mitvers.
Gross, Staatssekretär Werner,
ARM, HEW
Grosse, Dr. Carlheinz, Stv.VM,
»Albingia« Versicherungs-AG
Groth, Rudolf, Pers.haft.Ges. d.
Bankhaus C. G. Trinkaus
Grotjohann, Artur, VM, VDM
Grüner, Günther, Stv.VM,
Bayer. Vereinsbank
Grünewald, Dr. Herbert, VM,
Farben Bayer
Grund, Staatssekretär Walter,
ARM, Veba

Grundig, Konsul Dr. h. c. Max,
Gesch.führender Gesellschafter
der Grundig-Werke GmbH
Grunelius, Dr. Ernst Max von,
Gesellschafter d. Bankhaus
Grunelius & Co.
Gruner, Hermann, Stv.VM,
Dyckerhoff-Zement
Grunwald, François, Stv.ARV,
Metzeler
Grutschus, Hans, VM,
Dt. Ring Leben
Gülpen, Konsul a.D. Hans von,
ARM, Aachener und
Münchener Feuer
Günther, Dr. Willy, VV,
Dt. Herold Leben
Gussmann, Dr. Hans Ulrich,
Pers.haft. Ges. d. Gebr.
Röchling KG
Gust, Werner, Vizepräs. d. LZB
Berlin
Guth, Dr. Wilfried, VM,
Deutsche Bank

Haas, Gerrit de, Stv.ARV,
Varta
Haase, Alfred, VV, Allianz
Versicherungs-AG
Hackl, Dr. Max, VM,
Bayer. Vereinsbank
Hähl, Friedrich, VM,
Salamander
Hähnel, Kurt, VV,
Dt. Girozentrale
Hämmerling, Dr.-Ing. Friedrich,
VM, AEG-Telefunken
Haeseler, Otto, Stv.VM,
Siemens
Häusler, Richard, VM,
Hess. Landesbank
Hagen, Dr. Hans Werner, VM,
Metzeler
Hagenmüller, Prof. Dr. Karl
Friedrich, VM, Dresdner Bank

Hahl, Hans, Sprecher d.
Vorstands Maxhütte
Hahn, Dr. Carl H., VM,
VW-Werk
Hahnemann, Paul G., VM,
BMW
Haier, Dr. Ulrich, Stv.VM,
Siemens
Haindl, Ernst, Pers.haft.Ges. d.
Haindl'sche Papierfabrik
Haker, Dr. Walther, VM,
Dt. Shell AG
Hallmann, Albert, Stv. VV, BP
Hallstein, Prof. Dr. jur. Walter,
ARM, Farbwerke Hoechst
Hamann, Hans-Jürgen, VM,
Schering
Hamann, Dr. Kurt, ARV,
Victoria Leben
Hammelbacher, Angelo, VM,
Salamander AG
Hammer, Dr. Christian, VM,
Aachener u. Münchener Feuer
Haniel, Klaus, ARV, GHH
Hankel, Dr. Wilhelm, Mitgl. d.
Verw.rats d. Dt. Pfandbrief-
anstalt
Hansen, Prof. Dr.-Ing. Kurt,
VV, Farben Bayer
Hansi, Alfred, VM, Berliner
Bank
Hardach, Dr. Fritz Wilhelm,
ARM, Ilseder Hütte
Hardenberg, Harald Freiherr
von, Stv.VM, Gerling Globale
Rück
Harfst, Rudolf, VM, Fichtel &
Sachs
Harke, Dipl.-Ing. Paul, VM,
AEG-Telefunken
Harms, Dr. Hans, VV, Merck
Harneit, Berthold, Stv.VV,
Esso AG
Harnisch, Heinz, VM, Harpen
Harnisch, Josef, ARM, RWE

Hartge, Rolf, VM, Dill Hütte

Harting, Dr. Gustav, VV,
Magdeburger Feuer

Hartlieb, Klaus, Stv.VM,
Hypo-Bank

Hartmann, Prof. Dr. Gunther,
VM, Otto Wolff AG

Hartmann, Dr. Wilhelm, VV,
Iduna Ver. Leben

Hartung, Dr. jur. Enrique,
Stv.VM, Farbwerke Hoechst

Hartung, Hans, VM, Württ.
Landeskommunalbank

Hartung, Walter, VM,
Dt. Herold Leben

Hartwich, Dipl.-Ing. Gerhardt,
Stv.VM, Strabag-Bau

Hasford, Dr. Alfred, VM,
Metzeler

Hauck, Michael, Pers.haft.Ges.
d. Bankhaus Georg Hauck &
Sohn

Hauenschild, Manfred O. von,
VM, Deutsche Bank

Hauptmann, Dr., Vizepräs. d.
LZB Niedersachsen

Hauslage, Dr. Dietrich
Stv.VM,
Braunschw. Staatsbank

Hausner, Dr. Karl, VM,
Triumph International

Hausser, Dr. F., Mitgl. d.
GF IBM Deutschland

Hauteville, Dipl.-Ing. Tankred
von, Stv.VM, SEL

Hawner, Karl Heinz, VM,
Ruhrkohle AG

Hax, Prof. Dr. Karl, Stv.ARV,
Mannesmann

Hayd, Dipl.-Ing. Siegfried,
Sprecher des Vorstands der
Fichtel & Sachs AG

Haymann, Alfred, VM, Varta

Hecker, Dipl.-Ing., VM,
Holzmann

Heide, Frank, Pers.haft.Ges. d.
Bankhaus Georg Hauck &
Sohn

Heiderhoff, Heinz, ARM, RWE

Heim, Bergwerksdirektor, VM,
Salzdetfurth AG

Heimann, Dr. Clemens, VM d.
LZB Nordrhein-Westfalen

Heimberg, Dipl.-Ing. Karl, VM,
Buderus

Heinemann, Georg, VM, Dt.
Dampfschiff.»Hansa«

Heinrichs, Dr. Helmut, VM,
Gothaer Feuer

Heinrichs, Herbert, VM,
Saarbergwerke

Heintzeler, Dr. Wolfgang, VM,
BASF

Heinze, Erhard, VM,
Schmalbach-Lubeca

Heinzelmann, Ernst, ARM,
Berliner Bank

Heise, Paul, VM, Volksfürsorge-
Lebensvers. AG

Heise, Dr. Rudolf, Stv.GF,
Henkel & Cie.

Heisenberg, Prof. Dr. Werner,
ARM, AEG-Telefunken

Helbig, Manfred, Stv.VM,
Gerling-Leben

Hellmann, Prof. Dr. Heinrich,
VM, Hüls

Hellwage, Dr. Hermann, VM,
Metzeler

Helms, Hermann C., VM, Dt.
Dampfschiff. »Hansa«

Henkel, Dr.-Ing. Erich, VM,
BASF

Henkel, Dr.-Ing. Konrad, Vors.
d. Gesch.fhrg. d. Henkel GmbH

Henkelmann, Walter, ARM,
Stahlwerke Südwestfalen

Henle, Dr. jur. Günter,
Gesch.führender Teilhaber d.
Klöckner & Co.

Henle, Jörg A., VM, Klöckner-
Werke
Henneberg, Dr. Werner, VM,
Saarbergwerke
Hennemann, Dr. Hans Ludwig,
VM, BfG
Henzel, Herbert, VM, Dresdner
Bank
Herbert, Dr.-Ing. Wilhelm,
Mitgl. d. Haupt. GF d.
Lurgi
Herigoyen, Egon von,
Pers.haft.Ges. d. Haindl'sche
Papierfabrik
Herklotz, Rolf-Richard, GF,
Aluminium-Walzwerke Singen
Hermann, Dr. Egon, VM,
Vereinsbank Nbg.
Hermanns, Fritz, Mitgl. d.
Direktoriums d. Kreis-
sparkasse Köln
Herrhausen, Dr. Alfred, VM,
VEW
Herriger, Dr.-Ing. Felix,
Herrmann, Armin, VM,
Zentralkasse Bayer.
Volksbanken eGmbH
Herrmann, Dr.-Ing. Curt, VM,
Demag
Stv.VV, AEG-Telefunken
Herschmann, Dr. Otto, VM,
KHD
Herstatt, Iwan-D., Pers,haft.
Ges. d. Bankhaus D. Herstatt
Hesselbach, Walter, VV, BfG
Hetzel, Dr. Alfred, VM,
Handels- und Gewerbebank
Hetzel, Gerd, VM, Agrippina
Heukelum, Horst van, Stv.VM,
BfG
Heumüller, Oskar, VM,
Handelsunion
Heusch, Oberbürgermeister
Hermann, ARV, Aachener u.
Münchener Feuer

Heyder, Dr.-Ing. Walter, VV,
Kali-Chemie
Hieronimi, Theo, VV,
Salamander
Hilberath, Dr. Friedrich, VM,
Union Rheinische Br.
Hildebrandt, Dipl.-Kfm. Fritz,
VAW
Hilger, Eduard, Stv.ARV,
Handels- u. Gewerbebank
Hilger, Dr. Franz, Stv.ARV,
Commerzbank
Hinckeldey, Joachim-Hans von,
Pers.haft.Ges. d. Bankhaus
I. D. Herstatt
Hinne, Walter, VV, Volkswohl
Krankenvers.
Hinsel, Dr. Paul, ARV,
Nürnberger Leben
Hirschberg, Hubertus, Stv.VM,
Alte Leipziger Leben
Hirtes, Robert, ARM, Rütgers
Hitzler, Dr. Hermann, ARM,
Hamburg-Mannheimer
Hitzler, Walter, VM, Hamburg-
Mannheimer
Hockel, Dr.-Ing. Hans L., VM,
Rheinstahl-Hanomag
Höcherl, Dr. Hans-Micheal,
Stv.VM, Rheinelektra
Höhl, Konsul Hans Leopold,
VM, L. Possehl & Co.
Höhne, Werner, VM,
Niedersächs. Landesbank
Hölbe, Dr. Hans, ARM,
Rheinstahl-Hüttenwerke
Hoelscher, Dr., VM, Bad.
Landeskreditanstalt
Höltje, Prof. Dipl.-Ing. Gerhard,
VM, Dt. Lufthansa
Hölzler, Dr.-Ing. Erwin, Stv.
VM, Siemens
Hoenicke, Dr. Rudolf, VM, Opel
Hoerkens, Willi, Stv.VM,
Farbwerke Hoechst

Hörth, Paul D., VM, IHB
Hoffmann, Dr. Diether H.,
Stv.VM, BfG
Hoffmann, Dr. Hartmut,
VM, Hibernia
Hoffmann, Heinz Dieter, GF,
Haniel
Hoffmann, Dipl.-Ing. Kurt,
Sprecher d. Vorst. d.
Preussenelektra
Hofmann, Dr.-Ing. Willi,
Stv.VM, Bosch
Hofmeister, Paul, VV,
Norddeutsche Affinerie
Hohenlohe-Oehringen, Fürst
Kraft zu, ARM, Handels- und
Gewerbebank
Hollenberg, Dr. Gerd, VM,
Westfalenbank
Hollenberg, Wilhelm, ARV,
Westfalenbank
Hollmann, Dipl.-Ing. Gerhard,
VM, Rheinstahl-Henschel
Holste, Prof. Dr. Werner, VM,
VW-Werk
Holtschmidt, Dr. Hans, VM,
Farben Bayer
Holtz, Dr. Herbert, VM,
Lastenausgleichsbank
Holzer, Dr. Siegfried, VV,
Baywa
Holzrichter, Dr. Hermann,
VM, Farben Bayer
Hoppe, Ernst, VM, Gasolin
Hornecker, Ralf, VM, Frankf.
Vers.-AG
Horstmann, Rainer C., Stv.ARV,
GHH Sterkrade
Hotz, Dr. Werner, VM,
Salamander
Hoyer, August, VM, Kabelmetal
Huber, Landrat Dr. Anton,
Stv.ARV, EVS
Huber, Dr. Heinz, GF, Raab-
Karcher

Hüchting, Dr. Paul, VM,
Westfalenbank
Hülck, Dipl.-Ing. Karl, VM,
Fichtel & Sachs
Hütten, Dr. Karl, Stv.VM,
Gerling-Allgemeine
Hüttl, Prof. Dr. Dr., Vizepräs.
d. LZB Hessen
Hütz, Carl Friedrich, VM,
Münchener Rück
Hufnagel, Dr.-Ing. Franz-Josef,
VM, Hoesch
Hufnagel, Heinz, VM,
Mannesmann
Hummel, Dr. Ing. Christoph,
Stv.VM, Dyckerhoff-Zement
Hundelshausen, Heinrich v.,
VM, Wintershall
Hundertmark, Dr. Hans, VM,
Lastenausgleichsbank
Husmann, Paul, ARM, Auer-
Mühlenwerke

Ibing, Dr. Günther, VM,
Veba-Chemie
Ilsemann, Dr. Wilhelm von,
VM, Dt. Shell AG
Irmler, Dr. Heinrich, Mitgl. d.
Direktoriums d. Deutsche
Bundesbank

Jacob, Otto, VM,
Daimler-Benz
Jacob, Hans Wilhelm, VM,
Nordstern Allg.
Jacobi, Dr. Kurt, VM,
Schmalbach-Lubeca
Jacobs, Walther J., Inh. d.
Kaffeegroßrösterei
Joh. Jacobs & Co.
Jacobsohn, Dr. Hans, VM,
Wintershall
Jagdt, Reinhard, Mitgl. d.
Gesch.-Ltg. Jenaer Glaswerke
Schott & Gen.

Janberg, Dr. Hans, VM,
Deutsche Bank
Janning, Dr. rer. nat. Georg,
VM, Farbwerke Hoechst
Jannott, Horst K., VV,
Münchener Rück
Jannsen, Dr. Hermann, ARV,
Frankfurter Bank
Jansen, Dr.-Ing. Hubert, VM,
IWK
Janson, Dr. Oskar, VM,
Handelsunion
Jockel, Helmut, VM,
Neunkircher Eisenwerk
Jörn, Dipl.-Ing. Raoul, VM,
Metzeler
Joest, August von, Vors. d.
Geschäftsführungsausschusses
der Pfeifer & Langen
Jüngling, Dr. Hanns, General-
bevollmächtigter d. Groß-
versandhaus »Quelle«
Jung, Paul, Stv.VM, Landes-
bank Schl.-Holstein
Jungbluth, Adolf, VM,
Salzgitter Hüttenwerke
Junker, Staatsminister a.D.
Dipl.-Ing. Heinrich, Präs d.
Bayer. Landesboden
Just, Gilbert, ARM, RWE
Justi, Prof. Dr. Eduard, ARM,
VW-Werk
Juul, Stig, VM, Münchener Rück

Kade, Gerd, VM, Horten
Kadegge, Giselher, Stv.VM,
Siemens
Kadow, Eberhard, VM, Eschw.
Bergw. Verein
Kähler, Otto, Präs. d. LZB
Schl.-Holstein
Kämpfer, Ernst, VM
Maxhütte
Käss, Dr. Friedrich, ARV,
Lastenausgleichsbank

Käuffer, Dr. Albert, VM,
Agrippina
Kahlefeld, Erwin, VM,
Allgäuer Alpenmilch
Kahler, Franz, VM, Berliner
Bank
Kakies, Peter, VM, Hamburg-
Mannheimer
Kaletsch, Konrad, Pers.haft.
Ges. d. Friedrich Flick KG
Kalms, Benno, Stv.VV,
Raiffeisen Allg.
Kaltenpoth, Dr. Erich, Mitgl. d.
Gesch.führg. Byk Gulden
Karoli, Dr. Hermann, Wirt-
schaftsprüfer, ARV, BMW
Kartzke, Dr. Klaus, VM, Opel
Kattenstroth, Staatssekretär
Ludwig, ARM, Otto Wolff AG
Kaufmann, Rechtsanwalt Heinz,
VM, Farbwerke Hoechst
Kaup, Dr. Karl, Vors. d.
Gesch.führung d. Barbara
Erzbergbau GmbH
Kehl, Werner, Pers.haft.Ges. d.
Bankhaus Burckhardt & Co.
Kehm, Georg, VM, Hess.
Landesbank
Kehr, Walter, VM, Prov. Feuer
Rheinprovinz
Kehren, Dr. Jakob, VM,
Berliner Bank
Keller, Peter, VM,
Mannesmann
Keller, Dr. Rolf, ARM,
Zahnradf. Friedrichsh.
Keller, Dr. Rudolf, VM,
Degussa
Kellndorfer, Hans, Stv.VM,
Bayer. Landesamt f.
Aufbaufin.
Kemper, Heinz P., VV,
Veba
Kemper, Kuno, VM,
Dyckerhoff-Zement

Kerkmann, Heinz, VM, Bayer.
Gemeindebank
Kern, Senator Helmuth, ARM,
Howaldtswerke
Kerschbaum, Dr. Hans, Stv.
ARV, Metallgesellschaft
Kesselheim, Dr.-Ing. Walter,
VV, Holzmann
Keßler, Herbert, VM,
Barmenia Kranken-Vers.
Keyser, Curt, VM, Klöckner-
Werke
Kienbaum, Dipl.-Ing. Gerhard,
ARM, Hibernia
Kiencke, Werner, VV, DKV
Kirchhoff, Dr. Friedrich, ARM,
Babcock
Kirsch, Arnold, Sprecher d. V.
Südzucker
Kirschke, Georg, GF, Gedelfi
Kirschstein, Herbert, Stv.VM,
BP
Kistner, Albert, Präs. d. Bad.
Landeskreditanstalt
Klasen, Dr. Karl, Sprecher d.
Vorst. d. Deutsche Bank
Klausa, Dr. h.c. Udo, Stv.ARV,
Prov. Feuer Rheinprovinz
Klebert, Dr. Ludwig, ARM,
Farben Bayer
Kleffel, Dr. Andreas, VM,
Deutsche Bank
Klehn, Dipl.-Ing. Arno, VM,
Howaldtswerke
Klein, A. Wilhelm, VM,
Gothaer Feuer
Klein, Dr. Wilhelm, ARM,
Schlegel-Scharpenseel-Br.
Kleingrothaus, Dr.-Ing. Wilhelm,
Stv. ARV, Ruhr-Stickstoff AG
Kley, Dr. jur. Gisbert, VM,
Siemens
Kliemt, Dr. Walter, VM, VEW
Klingholz, Dipl.-Ing. Rudolf,
VM, Grünzweig + Hartmann

Klinkhammer, Dipl.-Ing. Kurt,
Stv.VM, SEL
Klotzbach, Dr.-Ing. Günther,
VV, Krupp Hüttenwerke
Kluge, Dr.-Ing. Martin, VM, SEL
Knäpper, Ernst, ARM, VEW
Knapp, Dr. Carlos, GF, Voith
Knappertsbusch, Dr. Peter,
VM, Howaldtswerke
Kneifel, Hans, Stv. VM,
Leipziger Feuer
Kneip, Dr. Werner, VV,
Dynamit Nobel
Knipping, Dipl.-Ing. Hans, VM,
Holzmann
Knizia, Dr.-Ing. Klaus, VM,
VEW
Knorr, Dr.-Ing. E. h., ARM,
Zahnradf. Friedrichsh.
Knüfermann, Dr. Gerhard, VM,
Raiffeisen Allg.
Knüppel, Prof. Dr. Helmut,
VM, Maxhütte
Kobold, Walter, GF, Henkel
GmbH
Koch, Senatsdirektor Christian,
ARM, HEW
Koch, Dr.-Ing. Enno, Stv.VM,
AEG-Telefunken
Koch, Dr. Erich, ARM, Veba
Koch, Dr. Wilhelm, VM,
Heidelberger Zement
Koch, Dr. Wilhelm, ARM,
VDM
Kockel, Friedrich Kurt, Stv.
VM, Allianz Vers.-AG
Koehler, Dr. Dietrich, VM, Hüls
Köhler, Hanns, Stv. VM,
Aachener u. Münchener Feuer
Köhler, Hans, VM, Victoria
Feuer
Köller, Jürgen von, VM,
Bayer. Vereinsbank
Köppen, Dr. Willy, ARM,
Rheinstahl-Hüttenwerke

Körner, Hans Wolfgang, Stv.
VM, Frankona Rück und
Mitvers.
Köster, Dr. Hans Dieter, VV,
Veba-Chemie
Köster, Dr. Heinz, VM,
Gerling-Allgemeine
Kohlhaas, Dr. Rolf, VM,
Landesbank Rheinland-Pfalz
Kohler, Georg, VM, Bayer.
Gemeindebank
Kohlschütter, Prof. Dr. Hans
Wolfgang, ARV, Merck
Kolb, Hans Werner, VV,
Phoenix Gummi
Korff, Hans Clausen, ARM,
VAW
Korfmann, Hans, Stv.VM,
Siemens
Korsch, Dr. Hans, VM, GBAG
Kotthaus, Dr.-Ing. Heinz,
Mitgl. d. Gesch.führg.
Alfred Teves
Kowski, Hans, VM, Dt. Herold
Leben
Krämer, Dr. Heinz, VM, GHH
Krämer, Willy, VM,
Kreissparkasse Köln
Kraft, Dipl.-Landwirt Hermann,
Stv.ARV, Merck
Kraft, Prof. Dr. Kurt, Pers.
haft.Ges. d. Firma Carl
Freudenberg
Krahnen, Konsul Dr. H.
Joachim, Gesch.führender
Komplementär d. Bankhaus
Gebr. Bethmann
Kranefuss, Helmut, ARM,
C. Deilmann
Kranzbühler, Rechtsanwalt
Otto, Stv.ARV, Röchling-
Eisen
Kratz, Dr. Franz, VM,
Concordia Leben
Kratzmüller, Emil, VV, Esso AG

Krautwig, Staatssekretär Dr.
Carl, ARM, Viag
Krebs, Dr. Karl, VM,
Industriekreditbank
Krebs, Dr.-Ing. Kurt, VM,
Niederrheinische Hütte
Kremmler, Dr. Paul, VM,
Allg. Rentenanstalt ,
Kremp, Dr.-Ing. Rudolf, VM,
Agfa-Gevaert
Kretschmar, Harry, VM,
Schmalbach-Lubeca
Kretzschmar, Dr. Alfons, Stv.
Mitgl. d. GF TuN
Krieg, Gerhard, VM, Hbg.
Sparcasse 1827
Kristinus, Dr. Friedrich, VV,
Brinkmann
Kriwet, Dr. Heinz, VM, Krupp
Hüttenwerke
Kröncke, Wilhelm, Stv. VM,
Bankh. Neelmeyer AG
Kronenberg, Dr. Werner,
Stv. VM, Osram
Krüger, Erich, VM, Dresdner
Bank
Krueger, Werner, VM,
Dresdner Bank
Krug, Helfried, VV, Feldmühle
Kruse, Hans Jakob, Stv.VM,
Hapag
Kruse, Dr. Hellmut, VM,
Beiersdorff
Kubel, Minister Alfred, ARM,
VW-Werk
Küas, Rolf, VM, Agrippina
Kühl, Hansjürgen, VM,
Dresdner Bank
Kühn, Dr. Gerhard, Mitgl. d.
GF d. Firma Carl Zeiss
Kühnen, Dr. jur. h.c. Harald,
Mitinh. d. Bankhaus
Sal. Oppenheim jr. & Cie.
Küng, Dipl.-Ing. Joachim, VM.
Ciba AG

Küppenbender, Dr.-Ing.Heinz,
Vors. d. GF d. Firma Carl Zeiss
Kürten, Dr. Harl-Keinz, VV,
Niederrheinische Hütte
Küspert, Erich, Vizepräs. d.
LZB Bayern
Kuhl, E. A., Stv. Mitgl. d. GF,
IBM Deutschland
Kuhn, Paul H., VM, Ford
Kukuk, Hans Reinhard, VM,
Krupp Bergwerke
Kummert, Dr. Paul, VM,
Frankfurter Hyp.
Kunz, Rudolf, VM, Krupp
Hüttenwerke
Kurrle, Dr. Helmut,
Stv.VM, Hoa
Kurtze, Prof. Dr. Günther, VM,
Grünzweig + Hartmann
Kutter, Walter, Stv.VM,
AEG-Telefunken

Labes, Dr. Hartmut W., VM,
Kölnische Rück
Laemmerhold, Friedrich, Präs.
und Mitgl. d. Vorst.
d. Dt. Bundesbahn
Lamby, Min.-Dir. Dr. Werner,
ARM, Hibernia
Landau, Ernst, VM, Nord-
deutsche Affinerie
Landmesser, Dr. Bernhard,
ARM, BASF
Landwehr, Dr. Helmut, VM,
Bankhaus Neelmeyer AG
Lang, Dr. Helmut, Stv.VM,
Hess. Landesbank
Lang, Dr. Karl Friedrich, ARM,
Rütgers
Lange, Hermann, VV, Debeka
Kranken-Vers.
Lange, Hermann, VV, Rhein-
stahl-Hanomag
Lange, Dr. Ludwig, VV, Ver.
Haftpflichtvers.

Langen, Arnold, Pers.haft.Ges.
d. Pfeifer & Langen
Langer, Staatssekretär a.D.
Dr. Wolfram, Präs. d. Dt.
Pfandbriefanstalt
Langheck, Dr.-Ing. E. h. Wil-
helm, VM, Daimler-Benz
Langmann, Dr. Hans Joachim,
Stv.VV, Merck
Lanz, Kurt, VM, Farbwerke
Hoechst
Laskowsky, Gerhard, VM,
Gerling-Globale Rück
Lehmann, Dr. Friedrich-Karl,
VM, Felten
Lehmann, Gerhard, VM, Hann.
Landeskreditanstalt
Lehmann, Norbert, Sprecher d.
Vorst. d. Asch. Zellstoffwerke
Lehmann, Wilhelm, VM, Siemens
Lehner, Dipl.-Ing. Fritz, Mitgl.
d. GF TuN
Lehner, Josef, Stv.VM, Hypo-
Bank
Lehnert, Dipl.-Ing. Walter, GF,
Schweisfurth
Leibkutsch, Dr. Hans, Stv.VM,
Deutsche Bank
Leichthammer, Dr. Harry,
Mitgl. d. GF, TuN
Lenhartz, Rudolf, VN, Rhein-
elbe Bergbau
Lennertz, Prof. Dr.-Ing. Josef,
Mitgl. d. GF, TuN
Lennings, Dr. Manfred, Stv.
VM, Gutehoffnungshütte
Lensing-Wolff, Florian, Pers.
haft. Ges. d. Gebrüder Lensing
Verlagsanstalt KG
Lentzen, Dr. Michael, VM,
Gothaer Allgemeine
Lenzner, Reinhard, VM, Krupp
Hüttenwerke
Letschert, Dr. Günter, VM,
Frankfurter Hyp.

Lettner, Dr. Adolf, VM, Zentral-
kasse Bayer. Volksbanken
eGmbH
Leveloh, Ewald, Rechtsanwalt
und Notar, ARM, Steink.
Stinnes
Leverenz, Heinz, VM, Bankhaus
Neelmeyer AG
Leverenz, Hermann, VM,
Bankhaus Neelmeyer AG
Lewandowsky, Fritz, Stv. Mit-
glied d. GF TuN
Lewerkühne, Helmut, VM,
Neue Sparcasse von 1896
Ley, Dr. Hellmut, VV, Metall-
gesellschaft
Lichtenberg, Dr. Wilhelm, VM,
Strabag-Bau
Liebert, Gerhard, Mitgl. d.
Gesch.fhrg. d. B.A.T.
Liebherr, Dr.-Ing. E. h. Hans,
Inh. d. Firma Hans Liebherr
Liebrecht, Dipl.-Ing. Klaus,
VM, Wedag
Lilienfein, Dr. Heinz, VM, EVS
Lindberg, Wilhelm, VM,
Rheinstahl-Hanomag
Linde, Dr. Hermann, VM,
Linde AG
Linde, Werner von, VM,
Siemens
Lindemann, Dr. Erich, VM,
Agfa-Gevaert
Lindemann, Dr. Paul, VM,
Ferrostaal AG
Lindenberg, Dr. Heinrich, ARM,
Wintershall
Lindner, Dipl.-Ing. Günter, VM,
Demag
Lingnau, Kurt, Stv.VM,
Iduna Vers. Leben
Lipfert, Prof. Dr. Helmut, VM,
Westdeutsche Landesbank
Lippisch, Dr. Wolfgang, VM,
Hypo-Bank

Lodermeier, Ernst, VM, Hypo-
Bank
Löffler, Eugen, Pers.haft. Ges. d.
Dyckerhoff & Widmann
Löh, Hans, VM, Volksfürsorge
Lebensvers. AG
Löhr, Dr. Alb., VV, Strabag-Bau
Löning, Josef, ARM, Iduna
Ver. Leben
Loest, Dr. Johannes, ARM,
Dt. Gen.-Hyp.
Lohmiller, Kurt, Mitgl. d. GF,
SKF
Lompe, Prof. Dr. Arved, VM,
Osram
Lony, Dr. Fritz, VM, Mobil Oil
Lorenz, Dr. Siegfried, VM,
Zentralkasse Bayer. Volks-
banken eGmbH
Lorenz-Meyer, Helmut, Stv.
ARV, Commerzbank
Loske, Wolfgang, Stv.VM,
Preussenelektra
Losten, Kurt, VM, Bosch
Lotz, Prof. Dr. h.c., VV,
VW-Werk
Lubowski, Dr. Herbert, Vors. d.
Verw.rats d. Deutschen
Pfandbriefanstalt
Lucht, Werner, Mitgl. d.
Direktoriums d. Deutsche
Bundesbank
Ludewig, Prof. Dr. Walter, VM,
BASF
Ludwig, Franz, Mitgl. d. GF,
Röchling-Eisen
Ludwig, Dr. Peter, Gesch.führer
d. Leonhard Monheim GmbH
Lübbersmann, Dr. Wilhelm,
ARM, VEW
Lübbert, Erich, Pers. haft.Ges.
d. Dyckerhoff & Widmann
Lücking, Dr.-Ing. Georg,
Pers.haft.Ges. d. Dyckerhoff
& Widmann

Lüdeking, Günter, GF, Gebr.
Stumm
Lüders, Hans, Ehrenmitglied d.
Verwaltungsrats d. Dt.
Girozentrale
Lukowicz, Joachim v., Mitgl. d.
Gesch.führg. Klöckner & Co.
Lutz, Staatssekretär a.d. Dr.
Leonhard, Vors. d. Gesch.
führung d. Gebr. Stumm

Madlener, Dr.-Ing. Paul, VM,
IWK
Mählmann, Peter, VM, Hbg.
Sparcasse 1827
Magener, Dr. Rolf, VM, BASF
Magnussen, Dr. Rolf, VM,
Hamburg-Mannheimer
Majer, Dr. Werner, VM, Württ.
Landeskommunalbank
Malaisé, Dr. Herbert von, Stv.
ARV, Hypo-Bank
Malitz, Friedrich, GF,
Henkel GmbH
Maltzan, Dipl.-Ing. Jaspar
Frhr. von, Pers.haft.Ges. d.
Pfeifer & Langen
Manchot, Dr. Willy, Vors. d.
Verwaltungsrats der
Henkel GmbH
Mandel, Prof. Dr. Heinrich,
VM, RWE
Mandt, Dr. Harald, ARV,
Albingia
Mangoldt-Reiboldt, Dr. Hans
Karl von, ARM, BASF
Manitz, Hans-Horst, VM,
Colonia
Mann, Helmut, VM,
Kabelmetal
March, Dr. Paul, VM, Frankf.
Vers.-AG
Mariaux, Richard, VM, BBC
Marquardt, Dr. Klaus, VM,
Aral AG

Martin, Dr. Theodor, ARM,
Bayer. Rück
Martini, Dr. Herbert, VM, KfW
Marx, Dr. Alfred, Stv. VV,
Rütgers
Marx, Dr. Ferdinand, Rechts-
anwalt und Notar, ARV,
Harpen
Marx, Ferdinand Ritter v.,
ARM, Gebr. Stumm
Marx, Will, Pers.haft.Ges.
Bankhaus Sal. Oppenheim
jr. & Cie.
Matthiensen, Ernst, ARV,
Dresdner Bank
Matthies, Walther, ARM,
Vereinsbank Hamburg
Matthiessen, Hans Heinrich,
ARM, Mobil Oil
Mattick, Dipl.-Ing. Wolfgang,
StvVM, BBC
Maurer, Aloys, VM, Preussag
Maul, Robert G., VM, Grün-
zweig + Hartmann AG
Maurer, Ekkehard, Mitgl. d.
Gesch.führg. Wacker-Chemie
Maurer, Willi, ARV, Kaiser's
Kaffee-Geschäft
Mayer, Carlheinz, VM,
Nordstern Allg.
Mayer-Gürr, Prof. Dr. A.,
Grubenvorstand d. Gewerk-
schaft Brigitta
Meden, Jobst von der, VV,
Albingia
Mees, Dr. Jürgen, Vizepräs. d.
LZB, Hamburg
Mehlhorn, Dr. Peter, VM,
Gerling Globale Rück
Mehring, Günter, Stv.ARV,
Schmalbach-Lubeca
Mehring, Dr. Johannes, VM,
Victoria Feuer
Meier, Max-Paul, ARM,
Maxhütte

Meincke, Dr. Oscar, Mitgl. d.
Verw.rats d. Hamburger
Landesbank
Meins, Heinrich, Rechtsanwalt,
ARM, HEW
Meister, Dr.-Ing. Rudolf, VM,
HEW
Meister, Dr. Wolf, VM, Allianz
Leben
Melcher, Wilhelm, Mitinh.
Dujardin & Co.
Melching, Karl, VM, Dt. Ring
Leben
Mellinger, Dr. Ludwig, ARV,
Bayer. Vereinsbank
Menard, Dr. Sigmar, Vizepräs.
d. Dt. Pfandbriefanstalt
Mende, Hansgeorg, VM, Didier
Mennen, Dr. Josef, VM,
Rheinmetall
Menzel, Dipl.-Ing. Erich, VM,
Tranformatoren Union AG
Merck, Peter, Stv.VM, Merck
Mercker, Dr. Walter, VM,
Allianz Leben
Merckle, Ludwig, Inh. Ludwig
Merckle KG
Merkle, Hans L., Vors. d.
Gesch.führg. d. Bosch
Merkle, Dr. Otto, VM,
Münchener Rück
Mersheimer, Hans, VM, Opel
Messerschmidt, Dr. Hans, VM,
Rheinelbe Bergbau
Metzler, Albert von, Teilh. d.
Bankhaus B. Metzler seel.
Sohn & Co.
Metzler, Dr. Gustav von, Teilh.
d. Bankhaus B. Metzler seel.
Sohn & Co.
Meulenbergh, Gottfried,
Stv. ARV, Dt. Gen.-Hyp.
Meurer, Dr. Siegfried, VM, MAN
Meyer, Alexander, Stv. VV,
Kabelmetal

Meyer, Ernst, VM,
Allianz Vers.-AG
Meyer, Dr.-Ing. Gerhard, VM,
Ilseder Hütte
Meyer, Hans-Helmut, Stv. VM,
Gothaer Leben
Meyer, Heinz, VM, Strabag-Bau
Meyer, Reinhard, VM,
Spk. Berlin-West
Meyer-Heinrich, Dr.-Ing. Hans,
Stv. ARV, Holzmann
Meyer-Struckmann, Dr. Fritz,
Pers. haft. Ges. d. Bankhaus
Burkhardt & Co.
Meyerheim, Wilhelm, VM,
Farben Bayer
Meysenburg, Helmut, VM, RWE
Michel, Dr. Elmar, ARV,
Salamander
Michel, Konrad E. L., VM,
Phoenix Gummi
Mick, Josef, ARM, Preussag
Miller, Dr. Alfred, ARM,
Agfa-Gevaert
Miller, Heinz, VM, Bayer.
Landesanst. f. Aufbau-
finanzierg.
Miller, Hermann, VM, Ford
Millert, Karl, Stv. VM,
Gothaer Allgemeine
Mintrop, Dr. Karl-Heinz, VM,
Agrippina
Mintrop, Dr.-Ing. habil. Robert,
VM, Krupp-Hüttenwerke
Mittelstenscheid, Karl Otto,
VM, Schering
Mittermüller. Dr. Horst, VM,
Dt. Centralboden
Möhring, Dieter, VV, SEL.
Möhring, Generalkonsul Prof.
Dr. Philipp, Stv. ARV,
Commerzbank
Moell, Dr. Hans, VM, BASF
Möller, Prof. Dr. Hans, ARM,
Dt. Ring Leben

Möller, Minister Karl,
Stv. ARV, VW-Werk
Mönkehaus, Dipl.-Ing. Friedrich,
VM, IWK
Mönkemeyer, Dr. Karl, VM,
Hüls
Mössner, Otto, VM,
AEG-Telefunken
Mogwitz, Dr. Hanns, VM,
Münchener Rück
Mohn, Reinhard, Inh. d.
Bertelsmann-Verlag
Mohr, Dr. Paul Günther,
Stv. VM, Gothaer Leben
Mohr, Walter, Stv. VM,
Siemens
Moll, Dr.-Ing. Hans, VM, MAN
Momm, Axel, Pers. haft. Ges. d.
Bankhaus Delbrück & Co.
Momm, Konsul Herbert W.,
Teilh. d. Bankhaus
Delbrück & Co.
Mommsen, Dr. Ernst Wolf,
VV, Thyssen-Röhren
Monz, Karl, VM, BMW
Moyzischewitz, Dr. Hellmut,
ARM, Ind. Verw. Röchling
Mühl, Dr. Johannes, VM,
Dt. Girozentrale
Müller, Dr. Albrecht, Rechts-
anwalt, Pers. haft. Ges. d.
Bankhaus H. Aufhäuser
Müller, Dr. Bernhard, Pers. haft.
Ges. d. Bankhaus
C.G. Trinkaus
Müller, Dr. Gerd, VV,
Allianz-Leben
Müller, Dr. Gerhard, Stv. VM,
Bayer. Rück
Müller, Theodor, VM, GHH
Sterkrade
Müller, Dr.-Ing. E. h. Josef,
ARM, Hochtief
Müller, Dr. Oskar, VM,
Conti-Gummi

Mueller, Dr. Rudolf, Rechts-
anwalt u. Notar, ARV,
Neckermann Versand KGaA
Müller, Viktor, VM,
Dt. Ring Leben
Müller, Dr. rer. nat. Werner,
Stv. VM, Siemens
Müller, Dr. Wulf, Gesch.führen-
der Dir. d. Hann. Landes-
kreditanst.
Müller-Berghoff, Dr. Bernd
Horst, VM, Rheinstahl-
Henschel
Müller-Born, Adolf, GF,
Henkel & Cie.
Müller-Gliemann, Dr. Karl,
VM, GBAG
Müller-Lutz, Prof. Dr. Heinz,
VM, Allianz Vers.-AG
Müller-Trojanus, Gerhard, VM,
Gerling Globale Rück
Münchmeyer, Dr. h. c. Alwin,
Mitinh. d. Bankhaus Schröder,
Münchmeyer, Hengst & Co.
Münemann, Rudolf, Inh. d.
Firma Rudolf Münemann,
Industriefinanzierungen
Münzner, Horst, VM, VW-Werk
Müser, Hans, VM,
Thyssen-Röhren
Muhs, Dr. Gerhard, VM,
Prov. Feuer Rheinprovinz
Mumm, Dr. Bernhard, VM,
Südzucker
Mummert, Dr. Rochus, VM,
KHD
Munte, Hans Herbert, Stv. VV,
Schmalbach-Lubeca
Murawski, Josef, VM,
Stahlwerke Südwestfalen
Murmann, Dipl.-Ing. Günter,
VM, Veba-Chemie

Närger, Dr. jur. Heribald,
VM, Siemens

Nagel, Gottfried, VM, Kaufhof
Nagel, Martin, VM,
  Preussenelektra
Necker, Dr. Karl-Hartmann,
  VM, Hapag
Neckermann, Josef, Pers. haft.
  Ges. d. Neckermann
  Versand KGaA
Neckermann, Peter, Pers. haft.
  Ges. d. Neckermann
  Versand KGaA
Neeteson, Dr. P. A., Generaldir.
  d. Vereinigte Glaswerke
Neff, Senator Dr. Alfred,
  GF d. Neff-Werke
Nehring, Heinz, Pers. haft.
  Ges. d. Gebr. Röchling KG
Neidel, Werner, Mitgl. d. GF,
  Reemtsma
Neinhaus, Bruno, Stv. VM,
  RWE
Nerlich, Günter, Stv. VM,
  Braunschw. Staatsbank
Nesselmann, Prof. Dr. Kurt,
  ARM, Linde AG
Nestel, Prof. Dr. Werner, VM,
  AEG-Telefunken
Nettelrodt, Dr. Dr. Walter,
  ARM, Veba
Neuburger, August, Rechts-
  anwalt, Vors. d. Verw.rats
  d. Deutschen Bundespost
Neuendorff, Kurt, VM,
  Braunschw. Staatsbank
Neuenkirch, Gerhard, Stv. VV,
  BfG
Neuhaus, Gerhard, GF,
  Lingner-Werke
Neuhoff, Dipl.-Ing. Kurtwalter,
  Stv. VM, Thyssen-Röhren
Neumann, Bruno J., Pers. haft.
  Ges. d. Bankhaus
  C.G. Trinkaus
Neumann, Dr.-Ing. Ulrich,
  VV, MAN

Niederste-Ostholt, Heinz, VM,
  Commerzbank
Niehage, Dipl.-Ing. Günther,
  VM, VEW
Niehaus, Bernhard, Inh. d.
  Firma Nino GmbH & Co.
Niemann, Dr. John, VM, Merck
Niemeyer, Adolf D., VM,
  Conti-Gummi
Nisslmüller, Friedrich, VM,
  Ruhr-Stickstoff AG
Nöbel, Dr. Hellmuth, VM,
  Concordia Leben
Noell, Dr. Günter, VV,
  Landw. Rentenbank
Noelle, Erwin, Stv. VM,
  Westdeutsche Landesbank
Noetzlin, Dr. Günther, VM, Hüls
Noltenius, Dr. Johann Diedrich,
  VM, Staatl. Kreditanst.
  Oldb.-Bremen
Nordmann, Konsul Georg,
  ARM, Vereinsbank Hbg.
Nothwang, Dr. Hermann, VM,
  Handels- u. Gewerbebank
Novotny, Frank, VM, VW-Werk

Oberbillig, Werner, VM,
  Landesbank Rheinland-Pfalz
Oberheide, Karl, VM,
  Südzucker
Oberklus, Robert, VM,
  Dt. Pfandbriefanstalt
Oberlack, Dr. Hans Werner,
  VM, HEW
Oeftering, Prof. Dr. Heinz
  Maria, Erster Präs. u. Vors.
  d. Vorstandes d. Deutschen
  Bundesbahn
Oehme, Wolfgang, VM,
  Esso AG
Offner, Walter, VM d. LZB
  Baden-Württemberg
Opderbeck, Dr. Fritz, VM,
  Feldmühle

Opderbecke, Otto, Stv. GF,
Henkel & Cie.
Opel, Dr. Georg von, ARV,
Conti-Gummi
Opitz, Dr. Rudolf, VM,
Allianz Vers.-AG
Oppenheim, Alfred Freiherr von,
Pers. haft. Ges. d. Bankhaus
Sal. Oppenheim jr. & Cie.
Oppenheim, Manfred Freiherr
von, Pers. haft. Ges. d.
Bankhaus Sal. Oppenheim jr.
& Cie.
Oppenheim, Dr. h.c. Friedrich
Carl Frhr. von, Pers. haft.
Ges. d. Bankhaus
Sal. Oppenheim jr. & Cie.
Opree, Edmund, ARV,
Debeka Kranken-Vers.
Orlich, Dipl.-Ing. Helmut, VM,
VW-Werk
Ortner, Dr. Helmut, VM,
Karlsruher Leben
Osswald, Bernhard, VM, BMW
Ostendorf, Dr.-Ing. Wilhelm,
VM, BBC
Osterwind, Heinz, VM,
Deutsche Bank
Osthoff, Prof. Dr. Hans-Werner,
Sprecher d. GF, Röchling-
Eisen
Osthues, Dr. Heinz, Stv. VM,
Westdeutsche Landesbank
Otter, Heinrich, Stv. ARV,
TuN
Otto, Rudolf, VM, Bauspk.
Schwäbisch-Hall

Pabsch, Dr. Ekkehard,
Stv. VM, Landw. Rentenbank
Paduch, Paul, Vizepräs. d.
LBZ, Saarland
Paeth, Heinz, VM, DKV
Paetsch, Dr. Julius, GF,
Aluminium-Walzwerke Singen

Pahl, Dr. Hans, ARM, GHH
Pallas, Dr. Hans-Lothar, VM,
Wintershall
Palm, Günther, VV,
Dt. Ring Leben
Papenheim, Dr. Felix, Stv. VM,
Dt. Fiat
Pauck, Hans Christian, VM,
Conti-Gummi
Paulssen, Dr. Hans-Constantin,
ARV, Aluminium-Walzwerke
Singen
Paulus, Dr. Dieter, Stv. VM,
Allg. Rentenanst. Lebens- u.
Rentenversicherungs-AG
Pavel, Dr. Horst, VM,
Quandt-Gruppe
Peltzer, Dr. Martin, VM,
Waldhof
Pelzer, Adolf, VM, Zentralkasse
Bayer. Volksbanken eGmbH
Peter, Dr. Hans, VM, Bayer.
Landesanst. f. Aufbau-
finanzierung
Peters, Dr. Werner, Mitgl. d.
GF, GEG
Petersen, Dipl.-Ing. Ulrich,
VM, Mannesmann
Petzold, Eduard, VV, Zentral-
kasse Nordwestdeutscher
Volksbanken eGmbH
Pfeiffer, Dr. Christoph, VV,
Kölnische Rückvers.
Pfeiffer, Dr. Peter, VM,
Bayer. Vereinsbank
Pfleiderer, Hellmut, VM,
Handels- u. Gewerbebank
Pfleiderer, Prof. Dr. Otto, Präs.
d. LZB Baden-Württemberg
Pflüger, Dr. Heinz, ARM,
DEA
Philipp, Dipl.-Ing. Wolfgang,
Stv. VM, Thyssen-Röhren
Philipsen, Dipl.-Ing. Hans,
Stv. GF, Voith

Piatscheck, Dr. Konrad, ARM,
Hypo-Bank
Piechowiak, Herbert, VV,
Gasolin
Pielenz, Alfred, ARM, Handels-
u. Gewerbebank
Pierburg, Senator Prof. Dr.-Ing.
e.h. Alfred, GF d. Dt. Ver-
gaser GmbH & Co. KG
Pierstorf, Walter H., Mitgl. d.
GF d. Firma Jenaer Glaswerk
Pinckernelle, Werner, VM,
Salzdetfurth
Pintgen, Dr. Wilhelm, VM,
Prov. Feuer, Rheinprovinz
Platt, Dr. Gerhard, Stv. VV,
Krupp Hüttenwerke
Pleister, Dr. Wilhelm, General-
dir. d. Niedersächs. Landesbank
Plesser, Ernst H., ARV,
Rheinische Hyp.
Plett, Dr. Klaus, VM,
Hbg. Landesbank
Plettner, Dr.-Ing. E. h. Bern-
hard, Stv. VV, Siemens
Pöhlein, Max, VM, Linde AG
Pölnitz, Dr. med. Dipl.-Chem.
Wolfgang von, VM,
Farbwerke Hoechst
Pohl, Friedrich, VM,
Zahnradf. Friedrichsh.
Pohle, Dr. Wolfgang, Pers. haft.
Ges. d. Friedrich Flick KG
Pokorny, Hans-Adolf, VM,
Iduna Ver. Leben
Polke, Dr. Heinrich, VM,
Commerzbank
Pollmann, Friedrich W., VM,
BMW
Ponto, Jürgen, VM,
Dresdner Bank
Poprawe, Dr. Erwin, VM,
Frankfurter Bank
Portugall, Karl-Heinz, VM,
Demag

Poschinger, Dr. Adalbert Frhr.
von, ARM, Hypo-Bank
Poth, Dr. Fritz Ludwig, VM,
Rheinstahl
Potthoff, Gerhard, VM, Horten
Potthoff, Prof. Dr. Erich,
Wibera
Poullain, Ludwig, VV,
Westdeutsche Landesbank
Prast, Heinz, VM, Schmalbach-
Lubeca
Preiß, Dr. Klaus, VM, Zentral-
kasse Nordwestdt. Volks-
banken eGmbH
Premauer, Dr. Werner, VM,
Bayer. Vereinsbank
Prentzel, Dr. jur. Dipl.-Ing.
Felix, VV, Degussa
Priess, Dr. Friedrich, Mitinh. d.
Bankhaus Brinckmann,
Wirtz & Co.
Prinz, Dr. Gerhard, VM,
VW-Werk
Prinzing, Prof. Dr. Albert, VV,
Osram
Prümer, Franz, GF, Schulte &
Dieckhoff
Puhl, Johannes, VM,
Otto Wolff AG
Puls, Erwin, Mitgl. d. GF, SKF
Putsch, Karl-Wilhelm, VM,
Ilseder Hütte
Puttkamer, Gerhard von, VM,
Dt. Siedlungs- u. Landes-
rentenbank

Quandt, Karl-Heinz, ARM,
Varta
Quitzau, Dr. Horst, Stv. VM,
Hess. Landesbank

Rabich, Gerhard, VM,
Victoria Leben
Räntsch, Dr.-Ing. Kurt, Mitgl.
d. GF d. Firma Carl Zeiss

Rahmsdorf, Wilhelm, Präs. d.
LBZ Niedersachsen
Raiser, Dr. Rolf, VV,
Württ. Feuer
Ramm, Baudirektor a. D. Hans,
VM, Holzmann
Rampelberg, Albert, GF,
Dt. Solvay-Werke
Rantzau, Cai Graf zu, VM,
Dresdner Bank
Rantzau, Liselotte von, Teilh.
d. Reederei John T. Essberger
Rasch, Dr. Kurt, ARM,
Ilseder Hütte
Rasor, Dr. Karl, Rechtsanwalt
u. Notar, ARM, Alte
Leipziger Leben
Raspé, Dr. Gerhard, VM,
Schering
Ratjen, Karl Gustaf, VM,
Metallgesellschaft
Rau, Johannes, ARM, VEW
Rautenstrauch, Ludwig-Theodor
von, VV, Agrippina
Reche, Dr.-Ing. Kurt, VM,
Siemens
Reckel, Armin, VM,
Commerzbank
Regner, Dipl.-Ing. Curt, VM,
Gerling-Allgemeine
Reichstein, Dr. Eberhard, VM,
Dt. Centralboden
Reimann, Dr. Erich, Stv. ARV,
Frankfurter Bank
Reimers, Hans-Heinrich,
Stv. VM, Kölnische Rückvers.
Reimpell, Peter, Stv. VM,
Bayer. Vereinsbank
Reincke, Dr. Herbert, VM,
Hamburg-Mannheimer
Reiners, Harald, VM, Esso AG
Reinert, Dr. Heinrich, VM,
Veba-Chemie
Reinhold, Fritz, VM,
Dresdner Bank

Reinicke, Dr. Gerhard, VM,
Harpen
Reinke, Bergassessor a. D. Kurt,
Mitgl. d. GF, Gebr. Stumm
Reintges, Dipl.-Kfm. Hans,
VM, Farbwerke Hoechst
Reischl, Dr. Gerhard, ARM,
Rheinstahl
Reitz, Otto, ARM,
Zahnradf. Friedrichsh.
Rennert, Dr. Alfred, VM,
Dynamit Nobel
Restle, Dr. Hugo, VM,
Agrippina
Reulecke, Dipl.-Ing. Wilhelm,
VM, KHD
Reuleaux, Dr. Otto, Ehrenmitgl.
des AR Gerling-Leben
Reusch, Dr. Erhard, VM,
Krupp
Reuschel, Dr. Heinrich, Pers.
haft. Ges. d. Bankhaus
Neuvians, Reuschel & Co.
Reuschel, Dr. h. c. Wilhelm,
Vors. d. Verw.rats d. Bank-
haus Neuvians, Reuschel &
Co.
Rewoldt, Dr. Karl-Heinz,
Stv. ARV, RWE
Rhein, Dr. Arnold, VM,
Albingia
Rhein, Hugo, VM, Badenwerk
Rheinbaben, Staatssekretär
Werner Frhr. von, Ehrenvors.
d. AR Ver. Krankenvers.
Rheinfels, Dr. Horst, ARM,
VW-Werk
Ribbentrop, Rudolf von,
Gesch.-Leiter d. Bankhaus
Hermann Lampe
Richter, Dr. Hermann, ARV,
Farbwerke Hoechst
Richter, Wolfgang, VM,
Dt. Herold Allg. Vers.-AG
Rieber, Heinz, Stv. VM, Osram

Rieche, Ernst, VM,
Commerzbank
Rieck, Dr. Otto, VM, KfW
Riedel, Hanns Joachim, VM,
Hibernia
Riensberg, Dr. Heinrich,
Stv. ARV, Hapag
Ringenberg, Dr.-Ing. Georg,
Stv. VM, Buderus
Rinn, Hans, ARM,
Dresdner Bank
Ris, Dr. Klaus M., VM,
Westfäl. Jute
Risser, Dr. Richard, VM,
ATH
Ristow, Dr. Lilliluise, VM,
Veba
Ritter, Dr. Eberhard, VM,
Demag
Ritter, Jost, Stv. VM, Bayer.
Landesanst. f. Aufbau-
finanzierung
Ritter, Dr. Otto, VV, DEA
Ritter, Wolfgang, ARV,
Brinkmann
Rode, Detlev, Stv. VM,
Dt. Centralboden
Rodenstock, Prof. Dr. Rolf,
Pers. haft. Ges. d. Firma
Optische Werke G. Roden-
stock
Röder, Carl W., VM,
AEG-Telefunken
Roedern, Bolko Graf von, VM,
Commerzbank
Röhrs, Heinrich, VM,
Howaldtswerke
Röhrs, Dr. Karl, Sprecher d.
Vorst. d. Viag
Rössing-Schmalbach, Hans-
Werner, VM, Schmalbach-
Lubeca
Röthel, Hans Martin, VM,
Bayer. Gemeindebank
Rohde, Ekkehard, VM, Opel

Rohland, Bernhard, Vizepräs. d.
LZB, Rheinland-Pfalz
Rohland, Dr. Walter, Stv. ARV,
Niederrheinische Hütte
Rohrer, Dr. Herbert, ARV,
Feldmühle
Roland, Günter, VM, IWK
Rollinger, Alfred, Stv. VM,
Grünzweig + Hartmann
Rolshoven, Dr. Hubertus,
VV, Saarbergwerke AG
Roost, Walter, GF, Aluminium-
Walzwerke Singen
Roser, Dr.-Ing. Hermann, VM,
Rheinelektra
Roser, Dr. Otto, VM,
Wintershall
Roth, Dr. Theo, VM,
Württ. Feuer
Rottgardt, Dr. Jürgen,
Stv. VM, SEL
Rudolph, Dipl.-Ing. Franz,
ARM, Holzmann
Rudolph, Dr. Hans-Joachim,
Stv. VM, Hypo-Bank
Rudolph, Horst, VM,
Westfalenbank
Rudolph, Joachim, VM,
Debeka Kranken-Vers.
Rudorf, Bankdir. a. D. Fritz,
ARM, Dt. Lufthansa
Rüdinger, Hubert, VM,
Frankona Rück- u. Mitvers.
Rueff, Dr. Fritz, VM,
Allg. Rentenanstalt
Rueff, Konsul Paul, Teilh. d.
Bankhaus Paul Kapff
Rüffelmacher, Dr. Werner,
Stv. VM, Bayer. Landesboden
Rüegger, Max, VV,
Allg. Alpenmilch
Rühl, Dr.-Ing. Heinz, VM,
Wedag
Rüth, Johann, Stv. VM,
Bayer. Staatsbank

Ruf, Dipl.-Ing. Egon, Pers. haft.
Ges. d. Dyckerhoff &
Widmann
Rumold, Jakob, VM,
Dt. Girozentrale
Runge, Hans Carsten, VM,
Dt. Shell AG
Runge, Johannes, Stv. VM,
Hann. Landeskreditanstalt
Ruperti, Hans H., VM,
Vereinsbank Hbg.
Rupf, Hugo, Vors. d. GF d.
Voith
Ruppert, Heinz, Vizepräs. d.
LBZ, Schl.-Holstein
Rurik, Josef, VM, GHH
Sterkrade
Russe, Dipl.-Volkswirt
Hermann-Josef, VM, Veba
Rust, Dr. Josef, VV,
Wintershall

Sachs, Fritz Gunter, Stv. ARV,
Fichtel & Sachs
Sachs, Ernst Wilhelm,
Stv. ARV, Fichtel & Sachs
Sagel, Dr. Konrad, VM, VDM
Salmuth, Dr. Curt Frhr. von,
ARV, Röchling-Eisen
Salmuth, Dipl.Ing. Kurt
Wigand Frhr. von, GF,
Gebr. Giulini
Salzer, Dr. Walter, VM,
Farben Bayer
Salzmann, Senator Dr. Erwin,
VM, Dierig
Sammet, Dr. rer. nat. Rolf,
VM, Farbwerke Hoechst
Samwer, Dr. Hans, VV,
Gothaer Leben
Sandgänger, Ferdinand, ARM,
Rheinische Hyp.
Sandler, Dr. Guido G., Vors. d.
Gesch.Leitung d. Firma
Dr. August Oetker

Sanner, Hans, VM,
Dt. Herold Leben
Sasse, Heinrich, VV, BP
Sasse, Dr. Jürgen, VM,
Bayer. Rückvers.
Saßmannshausen, Günther,
VM, Preussag
Sauer, Gotthard, VM,
Braunschw. Staatsbank
Sauerbruch, Peter, VM,
Mobil Oil
Saurma-Jeltsch, Arthur Graf,
Pers. haft. Ges. d.
Gebr. Röchling KG
Schaaff, Herbert, VM,
Kreissparkasse Köln
Schaafhausen, Dr. rer. nat.
Jürgen, VM, Farbwerke
Hoechst
Schade, Alfred, VM,
Hess. Landesbank
Schäfer, Dr. Adolf, VM,
Dresdner Bank
Schaefer, Dr. Carl, Salamander
Schäfer, Dr.-Ing. E.h. Georg,
Mitinh. d. Firma Kugelfischer
Schaefer, Dr. Hans-Ulrich,
Stv. GF, Raab-Karcher
Schaefer, Dr. Otto, VM,
Gerling, Globale Rückvers.
Schäfer, Dr. Otto, Stv. GF,
Wüstenrot
Schäfer, Dr. Walter, GF, Haniel
Schallemacher, Dr. Ulrich, VM,
Ilseder Hütte
Scharf, Walther, ARM,
Victoria Leben
Schaum, Prof. Dr. Gustav,
VV, Agfa-Gevaert
Scheibitz, Friedrich-Karl, VM,
Esso AG
Schelberger, Herbert, VV,
Ruhrgas AG
Schelling, Friedrich Wilhelm
von, Präs. d. LBZ Hamburg

Schelter, Christoph, Mitgl. d.
GF, GEG
Schenck, Prof. Dr. Hermann,
ARM, Klöckner-Werke
Schenke, W. R., Stv. Mitgl. d.
GF, IBM Deutschland
Scherenberg, Dr.-Ing. Hans,
VM, Daimler-Benz
Scherer, Hans-Kurt, ARM,
Ilseder Hütte
Scherf, Alex, VM, Gothaer Leben
Scherf, Heinz, VM, Degussa
Schickedanz, Dr. h. c. Gustav,
Pers. haft. Ges. Großversand-
haus »Quelle«
Schiettinger, Dr. Fritz, ARM,
Dt. Pfandbriefanstalt
Schiffauer, Kurt, VM, Ruhrgas
AG
Schildhauer, Heinz, VM,
Landw. Rentenbank
Schildhauer, Otto, Pers. haft.
Ges. d. Firma Carl Freuden-
berg
Schilling, Fritz, VM, Salzgitter
Schlange-Schöningen, Hans-
Joachim, VM, Glanzstoff
Schlee, Dr. Hermann, VM,
National Leben
Schleicher, Dr. Eberhard, Pers.
haft. Ges. d. E. Schwenk
Zement und Steinwerke
Schlenker, Rudolf, Vors. d.
Gesch.führg. Reemtsma
Schleyer, Dr. jur. Hanns Martin,
VM, Daimler-Benz
Schlicht, Kurt, VM, Spk.
Berlin-West
Schlichtermann, Georg, VM,
Metallgesellschaft
Schliemann, Erich, VM, DEA
Schlobohm, Werner, Mitgl. d.
GF, GEG
Schlösser, Kurt, VM, Victoria
Leben

Schlosser, Dr.-Ing. Erwin, VM,
Buderus
Schlosser, Hermann, Ehrenvors.
d. AR der Degussa
Schluppkoten, Dr. Kurt, VV,
Neunkircher Eisenwerk
Schmaltz, Prof. Dr. Kurt, VV,
Heidelberger Zement
Schmekel, Karl, Stv. ARV,
Alte Leipziger Leben
Schmid, Rechtanwalt Ernst,
VM, Ruhrkohle AG
Schmid, Dipl.-Ing. Walter, Stv.
VM, Siemens
Schmidt, Prof. Eberhard, VV,
BBC
Schmidt, Eduard, Eduard
Schmidt GmbH
Schmidt, Hans, VM, Ford
Schmidt, Dr. Hans Walter, VM,
Württ. Hyp.
Schmidt, Heinz, Stv. VM,
Daimler-Benz
Schmidt, Dr.-Ing. Hellmuth,
VM, Degussa
Schmidt, Peter, VM, ATH
Schmidt, Prof. Dr. Reiner, VV,
Aachener u. Münchener Feuer
Schmidt, Werner, VM, Frankf.
Vers.-AG
Schmidt, Werner P., VM,
Maxhütte
Schmidt, Werner, Pers. haft.
Ges. d. Bankhaus Karl Schmidt
Schmidt-Koehl, Wolfgang, VM,
Saarbergwerke
Schmitt, Dr. Erich, Stv. VM,
Hypo-Bank
Schmitt, Gottfried, ARM,
Bayer. Vereinsbank
Schmitt, Prof. Dr. Matthias,
VM, AEG-Telefunken
Schmitz, Heinz, VM, Karstadt
Schmitz, Kurt, ARM, Rhein-
stahl-Hüttenwerke

Schmitz, Dr. Wilhelm, VM,
Felten
Schmuck, Herbert, VM,
Dt. Gen.-Hyp.
Schmücker, Toni, VV, Rhein-
stahl
Schneider, Prof. Dr. Ernst
Georg, Gesch.führer d.
Lingner-Werke GmbH
Schneider, Robert, Stv.ARV,
Ver. Krankenvers.
Schniedermann, Dr. phil. Josef,
VM, Siemens
Schnörr, Dr.-Ing. Robert, Stv.
VM, BBC
Schöllhorn, Staatssekretär Dr.
Johann Baptist, ARM, VW-
Werk
Schoeneberg, Rechtsanwalt
Ekmar, Stv. VV, Rheinstahl
Schönmann, Dr. Hans Günther,
VM, Bayer. Vereinsbank
Schötter, Wilhelm Heinrich,
Mitgl. d. Gesch.fhrg. Reemtsma
Schötz, Dr. Werner, Stv. ARV,
Barmenia Kranken-Vers.
Scholl, Johannes, Mitgl. d. GF,
SKF
Scholz, Dr. Georg, VM, Prov.
Feuer Rheinprovinz
Scholz, Dr. Herbert, VM, Hüls
Schoneweg, Dr. Rüdiger, VM,
Kaiser's Kaffee-Geschäft
Schork, Dr. Ludwig, VM, Dt.
Pfandbriefanstalt
Schott, Karl, VM, MAN
Schrader, Hermann, VM,
Gerling-Allgemeine
Schram, Dr. Armin, VM, DEA
Schreiber, Dr. Karl, VM,
Bosch
Schreiner, Nikolaus, VM,
Dill. Hütte
Schroeder, Dr. Clemens, VM,
Debeka Kranken-Vers.

Schröder, Hans Rudolph Frei-
herr von, Pers. haft. Ges.
Bankhaus Schröder, Münch-
meyer, Hengst & Co.
Schröder, Manfred Freiherr von,
Pers. haft. Ges. d. Bankhaus
Schröder, Münchmeyer,
Hengst & Co.
Schroeder, Reinhard C., Pers.
haft. Ges. d. Bankhaus
Georg Hauck & Sohn
Schroeder-Hohenwarth, Dr.
Hanns Christian, VM,
Frankfurter Bank
Schrumpf, Dr. Emil, VM,
Rheinelbe Bergbau
Schubert, Dr. Gerhard, VM,
Bergmann-Elektr.
Schubert, Dr. Gerhard, VM,
Frankona Rück und Mitvers.
Schühly, Dr. Paul, VM, Ruhr-
Stickstoff AG
Schütte, Dr. Ehrenfried, VM,
Münchener Rück
Schütz, Axel, Pers. haft. Ges. d.
Bankhaus Georg Hauck &
Sohn
Schütz, Dr. Paul, Präs. d. LZB
Saarland
Schütz, Rudolf, VM, Alte
Leipziger Leben
Schuhmacher, Peter, VM,
Heidelberger Zement
Schuldt, Dr. Rudolf, ARM,
Ind. Verw. Röchling
Schuldt, Walter, VM, Neue
Sparcasse von 1864
Schulenburg, Dipl.-Ing. H. K.,
Stv. Mitgl. d. GF, TuN
Schuller, Dipl.-Ing. Alfred,
Stv. VM, AEG-Telefunken
Schulte-Borberg, Bergassessor
a. D. Paul, VM, Hoesch
Schultheis, Prof. Dr.-Ing. Werner,
VM, Farbwerke Hoechst

Schulz, Dr. Dr. h. c. Werner,
Stv. ARV, Kaufhof
Schulz-Klingauf, Hans-Viktor,
VM, Kaufhof
Schulze, Dr. Herbert, VM, VDM
Schulze, Max-Stephan, VM,
Salzdetfurth
Schumacher, Kurt, Stv. VM,
Südzucker
Schumann, Dr.-Ing. Albrecht,
VV, Hochtief
Schuster, Generaldirektor a. D.
Paul Oskar, Ehrenmitglied
des Verwaltungsrats d.
Niedersächs. Landesbank
Schwab, Karl, VM, Volkswohl
Krankenvers.
Schwartzkoppen, Dr. Eduard
von, Geschäftsinhaber der
BHG
Schwarzer, Herbert, VM,
Bauspk. Schwäbisch-Hall
Schwebler, Dr. Robert, VM,
Karlsruher Leben
Schweiger, Dr. German, VM,
Bayer. Vereinsbank
Schweim, Heinz-Herbert, VM,
Mobil Oil
Schweisfurth, Karl Ludwig,
GF, Schweisfurth
Schweizer, Eugen, Mitgl. d.
Gesch.führg. Wüstenrot
Schwepcke, Dr. Hans-Jürgen,
Stv. VV, Colonia
Schweppenhäuser, Dr. Hans
Wolfram, GF, Voith
Schwesinger, Dr. Helmuth, VM,
Dt. Shell AG
Seeling, August, ARM, ATH
Seidel, Alexander von, ARM,
Siemens
Seidenspinner, Anton, ARV,
Iduna Verein. Leben
Seiffert, Dipl.-Ing. Klaus, VM,
Metallgesellschaft

Selbach, Dipl.-Ing. Alfred, VM,
BBC
Selbmann, Walter, Mitgl. d.
GF, BAT
Sellschopp, Hans-Dieter, Stv.
VM, Albingia
Selowsky, Dr. Rolf, VM, KHD
Semler, Dr. Johannes, Wirt-
schaftsprüfer, ARM, Preussag
Semler, Johannes, VM, AEG-
Telefunken
Sendler, Hans-Jörg, Sprecher d.
Vorst. d. Klöckner-Werke
Sextro, F. J., Stv. GF,
Aluminium-Walzwerke,
Singen
Seydaack, Fritz, VM, Horten
Siber, Waldemar, VM, Krupp
Sieber, Dr.-Ing. Karl, VM,
Babcock
Siebourg, Dr. Werner, VM,
Union Rheinische Br.
Sielaff, Kurt, ARM, Frankona
Rück- und Mitvers.
Siemens, Dr.-Ing. E. h. Ernst
von, ARV, Siemens
Siemens, Dr. rer. pol. Peter von,
Stv. ARV, Siemens
Siemens, Prof. Dr. Wolfgang,
VM, Beiersdorff
Siemon, Ruppert, ARM, Rhein-
stahl
Sigle, Rolf, VM, Salamander
Sihler, Dr. Helmut, GF,
Henkel & Cie.
Silcher, Rechtsanwalt Dr. h. c.,
Friedrich, VM, Farben Bayer
Siller, Fritz, VM, Salamander
Simm, Dr. Hans-Ludwig, VM,
VDM
Simon, Friedrich, Pers. haft.
Ges. d. Bankhaus Friedrich
Simon
Simon, Dr. Johann, Stv. VV,
Linde AG

Simon, Theo, VM, Landesbank
Rheinland-Pfalz

Simon, Dr. Wolfgang, VM,
VAW

Singer, Herbert, Stv.VV,
Albingia

Sippel, Dr. Heinz, VM, Westdeutsche Landesbank

Sobich, Gerhard, VM, Landesbank Schl.-Holstein

Soden-Fraunhofen, Eckart Graf
v., Stv. VM, Zahnradfabrik
Friedrichshafen

Söchting, Gerhard, VM, Dt.
Ring Leben

Sohl, Bergassessor a. D. Dr.-Ing.
E. h. Hans-Günther, VV, ATH

Solbach, Heinz, VM, Hoesch

Sonne, Dr. Karl-Heinz, VV,
KHD

Sonnemann, Staatssekretär i.R.
Dr. Theodor, Vors. d. Verwaltungsrats d. Dt. Genossenschaftskasse

Sonntag, Kurt, VM, Bayer.
Staatsbank

Sparberg, L., Stv. Mitgl. d. GF,
IBM Deutschland

Specht, Dieter v., Mitgl. d. GF,
BAT

Spelsberg, Dr. Paul, VM, Westdeutsche Landesbank

Spennemann, Dr.-Ing. Ludwig,
ARM, Bewag

Spennenmann, Dr. Ludwig, VV,
VEW

Sperl, Friedrich, Mitgl. d. Prä-
sidiums d. Gesellschafter-
Vertretung TuN

Spies, Helmut, Sprecher d.
Vorst. d. Fichtel & Sachs AG

Spiesshofer, Günther, VM,
Triumph International

Spohn, Dr. Eberhard, VM,
Heidelberger Zement

Sprenger, Friedrich, VM,
Rheinstahl-Hüttenwerke

Springorum, Dr.-Ing. Friedrich
A., ARM, Salzgitter AG

Srbik, Dr. Hans Heinrich Ritter
von, Pers. haft. Ges. d. Bankhaus H. Aufhäuser

Staats, Rudolf, VM, National
Allg.

Staelin, Rolf P. G., VM,
Daimler-Benz

Stahlberg, Alexander, ARM,
National Allgemeine

Staiger, Walter, VM, Badische
Bank

Stamm, Ministerialrat a. D.
Franz, VM, Bayer. Landes-
boden

Stapf, Erwin, Stv. GF,
Henkel GmbH

Stark, Dipl.-Volkswirt Hans,
VM, Conti-Gummi

Starke, Wolfgang, VM, Karstadt

Stauch, Dipl.-Ing. Bernhard,
VM, EVS

Staunau, Hans Werner, VM,
Colonia

Stech, Dr. Jürgen, Sprecher d.
V. d. Technische Werke
Stuttgart

Steffan, Dr. Dr. h. c. Franz,
ARM, Bayer. Vereinsbank

Steffen, Martin, VM, Dt. Ring
Leben

Stein, Gerhard, VM MAN

Stein, Dr. Paul A.,
Stv. VM, Bosch

Stein, Rudolf, Sprecher des
Vorstands der Ilseder Hütte

Steinbuch, Dr. Hans, VM,
Dt. Herold Leben

Steinhofer, Prof. Dr. Adolf, VM,
BASF

Steingrobe, Werner, VM,
Rheinstahl-Hanomag

Steinlein, Staatssekretär a. D.
Dr. Wilhelm, Generaldirektor
d. Landesbank Rheinland-
Pfalz
Stelbrink, Rudolf, General-
bevollmächtigter d. Firma
Rudolf August Oetker
Stemmer, Fritz, Stv. VM,
Stahlwerke Südwestfalen
Stepf, Dr. Werner, VM, Kiag
Stepp, Dr. Walther, Mitgl. d.
GF, Röchling-Eisen
Stern, Dr. Kurt, VM, Dt. Shell AG
Stockhausen, Hellmut von, VM,
Colonia
Stöcker, Dr. Hans Jürgen, VM,
Hapag
Stödter, Prof. Dr. Rolf, Teilhaber
d. Reederei John T. Essberger
Stöter-Tillmann, Rudolf, ARM,
Handelsunion
Stolz, Präs. Karl, ARM, EVS
Storck, Dr. Hans, VM, Gerling-
Leben
Straehler, Dr. Hans, VM, Osram
Sträter, Dr. Artur, Stv. ARV,
Niederrheinische Hütte
Strasoldo, Dr. Nikolaus Graf,
Pers. haft. Ges. Bankhaus
Sal. Oppenheim jr. & Cie.
Straube, Dr. Kurt, Stv. ARV,
Karstadt
Streitbörger, Dr. Manfred, ARM,
Dt. Ring Leben
Strobel, Dr. Heribert, VM,
Bayer. Vereinsbank
Ströfer, Walter, Stv. VM,
Bad. Komm. Ldbk.
Strüven, Dr. Otto W., VM,
Saarbergwerke
Stützer, Dr. Horst, Vors. d.
GF, BAT
Stukenberg, Helmut, Präs. u.
Mitgl. d. Vorst. d. Dt.
Bundesbahn

Suchan, Dr. Franz, Präs. d.
LZB, Berlin
Süssenguth, Dipl.-Ing. Hans,
VM, Dt. Lufthansa
Süßkind-Schwendi, Alexander
Frhr. v., Stv. ARV, Preussen-
elektra
Sureth, Dr. Kurt, VM,
Commerzbank
Susat, Dr. Werner, Wirtschafts-
prüfer, ARM, Hamburger
Landesbank
Szagunn, Dr. Volkhard, Vize-
präs. d. LZB Baden-
Württemberg

Tacke, Dr. sc. pol. Gerd, VV,
Siemens
Tamussino, Dipl.-Ing. Ernst,
VM, KHD
Tanneberger, Dr. Ernst, VM,
Phoenix Gummi
Taube, Dr. Werner, Stv. VM,
Albingia
Taukert, Dipl.-Ing. Siegfried,
VM, Felten
Tebbe, Paul, VM, Aachener u.
Münchener Feuer
Telle, Theodor, Grubenvorst. d.
Gewerkschaft Elwerath
Temmesfeld, Dr. Werner, VM,
Asch. Zellstoffwerke
Theilen, Hermann, VM, Preussag
Theissing, Dr. Gerhard, VM,
Münchener Rück
Thelemann, Wilhelm von, Teil-
haber d. Bankhaus Merck,
Finck & Co.
Thesing, Prof. Dr. Jan, Stv. VV,
Merck
Theuner, Bürgermeister a. D.
Otto, Stv. ARV, Bewag
Thies, Dr. Alfred, VM, BP
Thies, Dipl.-Chem. Wolfgang,
VM, Farbwerke Hoechst

Thiessen, Staatssekretär a.D.
Dr. Rolf, VM, KfW
Thoma, Helmut, VM, Kaufhof
Thoma, Josef, Vizepräs. d.
LZB, Nordrhein-Westfalen
Timm, Prof. Dr. Bernhard, VV,
BASF
Timmer, Hans Georg, Stv. VM,
DKV
Tintelnot, Günther, Pers. haft.
Ges. d. Pfeifer & Langen
Tippmann, Dr. Ernst, VM, IWK
Tischer, Dr. Rudolf, VM,
Frankf. Vers.-AG
Tobolla, Rechtsanwalt Ottomar
C., VM, Eternit AG
Toepel, Dipl.-Ing. Fritz, VM,
Heidelberger Zement
Traber, Werner, Sprecher d.
Vorst. d. Hapag
Trapmann, Heinrich, ARV,
Aral AG
Trapp, Karl-Heinz, Stv. VM,
Aral AG
Tremer, Dr. Gerhard, Vizepräs.
d. Bayer. Landesboden
Treppschuh, Dr. Helmut, VM,
Stahlwerke Südwestfalen
Trippen, Dr. Ludwig, VM,
Westdeutsche Landesbank
Troeger, Dr. Dr. h. c. Heinrich,
Vizepräsident der Deutsche
Bundesbank
Trütschler, Heinz, Mitgl. d. Ges.
fhrg. d. Margarine-Union
Tüngeler, Johannes, Mitgl. d.
Direktoriums d. Deutsche
Bundesbank

Ueber, Max, ARM, Ford
Ullmann, Georg von, Pers. haft.
Ges. d. Bankhaus Sal.
Oppenheim jr. & Cie.
Ullmann, Dr. Helmut, VV,
Barmenia Kranken-Vers.

Ullrich, Dr, Hans, Stv. ARV,
Gothaer Leben
Ulrich, Franz Heinrich,
Sprecher d. Vorst. d.
Deutsche Bank
Unger, Erich, VM, Baywa
Ungerer, Paul, VM, Degussa
Unglaub, Dr. Walter, Stv. VM,
Hypo-Bank
Unsöld, Erwin, ARM, Württ.
Hyp.

Vahlbruch, Dr. Günther, VM,
Niedersächs. Landesbank
Vahle, Albert, Stv. ARV,
Aachener u. Münchener Feuer
Vallenthin, Dr. Wilhelm, VM,
Deutsche Bank
Vaubel, Dr. Ludwig, VM,
Glanzstoff
Veit, Minister a. D. Dr. Hermann,
ARM, Badische Bank
Veit, Prof. Dr. Otto, ARM,
Frankfurter Bank
Vellguth, Dr. Hans Karl, VM,
Thyssen-Röhren
Velsen, Clemens von, VV,
Salzdetfurth
Verbeek, Dr.-Ing. Hans, VM,
Degussa
Vieweg, Gerhard, VM, Quandt-
Gruppe
Vitger, Konsul Erhard, ARV,
Ford
Vits, Dr. Dr. h. c. Ernst Hellmut,
VV, Glanzstoff
Voelker, Alexander, VM,
Bewag
Völling, Dr. Johannes, Stv.VV,
Westdeutsche Landesbank
Vogel, Dr. Rudolf, ARV, Viag
Vogels, Dr. Hanns-Arnt, ARM,
Maxhütte
Vogelsang, Dipl.-Kfm. Günter,
VV, Krupp

Vollert, Martin, Stv. ARV,
Gothaer Feuer
Vollmer, Dr. Franz, VM, Prov.
Feuer Rheinprovinz
Volmer, Carl-Alex, VM,
Rheinbraun
Voltz, Dr.-Ing. Paul, Stv. VV,
Howaldtswerke
Voss, Bruno, VM, Hugo
Stinnes AG
Voß, Dr. Georg, VV, Prov.
Feuer Rheinprovinz
Vossen, Dipl.-Ing. Otto, VV,
Colonia
Vossloh, Dr. Hans, GF d.
Vossloh Werke GmbH
Vowinkel, Staatsrat Min.-Dir.
Paul, ARM, EVS

Wachsmann, Gerhard, VM,
Staatl. Kreditanst. Oldb.-
Bremen
Wacker, Dr. Karl Heinz, Mitgl.
d. Gesch.führg. Wacker-
Chemie
Wächter, Adolf, VM, Hypo-
Bank
Wälter, Fritz, VM, Rheinstahl
Wätjen, Claus J., VM, Nord-
deutscher Lloyd
Wagenhöfer, Carl, Präs. d. LZB
Bayern
Wagenmann, Dipl.-Ing. Klaus,
VM, Allg. Alpenmilch
Wagner, Dr. Gustav, VM, Bosch
Wagner, Dipl.-Ing. Helmut,
VM, Farbwerke Hoechst
Wagner, Reg.-Rat a.D. Herbert,
VM, Strabag-Bau
Wagner, Rolf, VM, BfG
Wahl, Dr. M. P., Stv. Vors. d.
GF, IBM Deutschland
Wahlig, Joachim, GF, Gedelfi
Wahmann, Ernst, VM, Nürn-
berger Leben

Waitz, Hans Heinrich, Mitinh.
d. Bankhaus Schröder,
Münchmeyer, Hengst & Co.
Waldthausen, Herbert, Vors. d.
Verw.rats d. Bankhaus
Waldthausen & Co.
Waldthausen, Wolfgang von,
Pers. haft. Ges. d. Bankhaus
Waldthausen & Co.
Wallbiner, Dr. Werner, VM,
Ciba AG
Wallny, Josef, VM, Rheinische
Hyp.
Walter, Hanns, Stv. ARV,
Frowein & Co.
Walther, Dr.-Ing. Gert-Ulrich,
Stv. VM, Babcock
Warning, Elmar, VM, Bayer.
Vereinsbank
Weber, Georg, Stv. Mitgl. d.
Gesch.fhrg. Wüstenrot
Wedel, Dr. Hasso von, VM,
DEA
Wegener, Dr. Henning, ARM,
Dt. Conti-Gas
Wegner, Dr.-Ing. Heinz, Stv.
VM, Bewag
Wegner, Hugo, VV, Nordstern
Allg.
Wehgartner, Staatssekretär a. D.
Robert, ARM, Hypo-Bank
Wehler, Edmund, VM, Chemie-
Verwaltungs-AG
Weichert, Joachim, Stv. VM,
Bankhaus Neelmeyer
Weidmann, Dr. Alfred, VM,
Gelsenberg Benzin AG
Weiler, Senatspräsident a.D.
Alfred, ARM, Karlsruher
Leben
Weingardt, Carl Arend, Mitgl.
d. Gesch.führg. Margarine-
Union
Weinlig, Dr. Peter, VM,
Phoenix Gummi

Weintraud, Dipl.-Ing. Erich,
ARV, TuN
Weiss, Bernhard, Gesch.führer
d. Siemag
Weiss, Dr. Georg, Stv. ARV,
Iduna Vers. Leben
Weissermel, Dr. rer. nat. Klaus,
Stv. VM, Farbwerke Hoechst
Weizsäcker, Dr. Richard Frhr.
von, ARM, Allianz-Leben
Welbergen, Johannes, VM,
Dt. Shell AG
Wendeborn, Dr.-Ing. Helmut,
Mitgl. d. Haupt-GF d. Lurgi
Wendrich, Werner, VM, Kali-
Chemie
Wentzler, Peter, Pers. haft. Ges.
d. Firma Carl Freudenberg
Wenzel, Alfred, ARM,
Dt. Herold Leben
Werdelmann, Dr. Bruno, GF,
Henkel & Cie.
Werner, Bergrat a.D. Dr.-Ing.
Carl, VV, Essener Steinkohle
Werner, Dipl.-Ing. Heinz, VM,
Conti-Gummi
Werner, Dr. Kurt, ARM,
Ind. Verw. Röchling
Wessel, Dr. Karl-Heinz, ARM,
Dt. Dampfschiff. »Hansa«
Weste, Dr. Jürgen, VM, Krupp
Westrick, Dr. Ludger, ARM, Viag
Wettstein, Dr.-Ing. Rudolf,
VM, Asch. Zellstoffwerke
Wewer, Bert, VM, Gerling
Globale Rück
Weyer, Rechtsanwalt Carl, VM,
Agfa-Gevaert
Wiedemann, Dipl.-Ing. Ernst,
VM, Stahlwerke Südwestfalen
Wiedemann, Dr. Richard A.,
VM, Kölnische Rück
Wiedenhoff, Dipl.-Kfm.
Alexander, ARM, Rheinstahl-
Hüttenwerke

Wiegand, Ernst, VM, Salzgitter
Hüttenwerke
Wiegel, Walter, VM, Esso AG
Wieland, Friedrich, ARM,
Barmenia Kranken-Vers.
Wieland, Otto, Stv. VM, Hypo-
Bank
Wiele, Dr. Gerhart, VM, IHB
Wießer, Kurt, VM, LZB Bayern
Wilcke, Gerhard, VV, BMW
Wildermuth, Dr. Burkhard, VM,
Rheinische Hyp.
Wilhelm, Dr. Hans, ARM,
Farben Bayer
Wilhelm, Walt, VM, Farben
Bayer
Wilhelms, Dr.-Ing. E. h. Helmut,
VM, Siemens
Wilkening, Generalkonsul
Ludwig-Gustav, Stv. ARV,
Dyckerhoff-Zement
Winckler, Dr. Karl von, VV,
Buderus
Wind, Dr. Heinrich, Stv. VV,
Baywa
Windthorst, Dr. rer. nat. Elmar,
Stv. VM, SEL
Winkelmann, Dr. Günther, VM,
Hugo Stinnes AG
Winkhaus, Gerd Paul, ARM,
GBAG
Winklar, Eberhard, VM,
Berliner Bank
Winkler, Dr. Carl-Heinz, Stv.
Gesch.führer d. Henkel & Cie.
GmbH
Winkler, Dr.-Ing. Wilhelm S.,
VM, Neunkircher Eisenwerk
Winstrom, Gunard, VM, Opel
Winter, Dr. Heinrich, VM, Dt.
Siedlungs- u. Landesrenten-
bank
Winter, Dr. Herbert, VV, VDM
Winterkamp, Dipl.-Ing. Hans,
VM, Demag

Wirtz, Dr. Ewald, VM,
Nordstern Allg.

Witt, Erwin, VM, Vereinsbank
Hamburg

Witt, Dr. Franz, VM, Dresdner
Bank

Wittgenstein, Casimir Prinz,
Stv. VV, Metallgesellschaft

Witzel, Dr.-Ing. Horst, VM,
Schering

Wocher, Dr. Christoph, Mitgl. d.
Gesch.führg. Wüstenrot

Wöpkemeier, Dr.-Ing. Helmut,
Stv. VM, Industrie-Werk
Karlsruhe AG

Wörner, Dipl.-Ing. Josef, VM,
Hochtief

Wolf, Gerd, Stv. VM, Zahnradf.
Friedrichsh.

Wolf, Dr. Kurt, Präs. d. Bayer.
Gemeindebank

Wolf, Dr.-Ing. E. h. Leonhard,
ARM, Bewag

Wolff, Hans, VM, Leipziger Feuer

Wolff von Amerongen, Otto
VV, Otto Wolff AG

Wolkersdorf, Min.-Dir. Dr.
Lorenz, ARM, Klöckner-
Werke

Wollthan, Dr. Heinz, VM,
Farben Bayer

Woratz, Dr. Gerhard, ARM,
Salzgitter

Worringer, Dr. Ulrich, Pers.
haft. Ges. Bankhaus
Friedrich Simon

Wortberg, Ernst, Mitgl. d. GF,
Klöckner & Co.

Wortmann, Dr. Oskar, Ehren-
vorsitzender des AR Barmenia
Kranken-Vers.

Wrigge, Dr. Friedrich Wilhelm,
VM, VAW

Wucherer, Dr.-Ing. Johannes,
VV, Linde AG

Wulffert, Dr.-Ing. Ernst, VM,
Thyssen-Röhren

Wunner, Heinrich, VM, Hypo-
Bank

Wurster, Prof. Dr.-Ing. Carl,
ARV, BASF

Wuttke, Dr. Hans, Pers. haft.
Ges. Brinckmann, Wirtz & Co.

Wychodil, Dipl.-Ing. Arnold,
VM, Daimler-Benz

Zachau, Dr. Erich, Mitgl. d.
Direktoriums d. Deutsche
Bundesbank

Zahn, Dr. Eberhard, VV, Ruhr-
Stickstoff AG

Zahn, Dr. Joachim, Sprecher d.
Vorstands d. Daimler-Benz

Zahn, Konsul Dr. Johannes D.,
Pers. haft. Ges. d. Bankhaus
C. G. Trinkaus

Zeitler, Dr. Wilhelm, VM,
Vereinsbank Nürnberg

Zellhorn, Dr. Paul E., VM,
Zentralkasse Westdt. Volksbanken eGmbH

Zerbst, Dr. Werner, ARM,
Leipziger Feuer

Zerssen, Konsul Thomas Entz-
von, Teilhaber d. Firma
Zerssen & Co.

Zickler, Heinz, VM, AEG-
Telefunken

Ziebert, Prof. Dr.-Ing. Erwin,
VM, Zahnradf. Friedrichsh.

Zielke, Dr. Rolf, VM, Dierig

Ziemer, Dr. Gerhard, Gesch.-
führendes VM d. Lasten-
ausgleichsbank

Zimmermann, Dr. Eugen, VM,
Hypo-Bank

Zimmermann, Georg, ARM,
Ilseder Hütte

Zimmermann, Dr. Paul, VM,
Westdeutsche Landesbank

Zobel, Artur, VM, Rheinelbe
Bergbau
Zocher, Herbert, VM, Victoria
Feuer

Zoller, Dr.-Ing. Robert, VM,
Farbwerke Hoechst
Zopf, Fritz, Mitgl. d. Haupt.-
GF d. Lurgi

VERZEICHNIS DER UNTERNEHMEN

Aachener und Münchener
  Feuer-Versicherungs-
  Gesellschaft
Agfa-Gevaert AG
Agrippina Versicherung AG
AG der Dillinger Hüttenwerke
»Albingia« Versicherungs-AG
Allgäuer Alpenmilch AG
Allgemeine Elektricitäts-
  Gesellschaft AEG-Telefunken
Allgemeine Rentenanstalt,
  Lebens- und Renten-
  versicherungs-AG
Allianz Lebensversicherungs-AG
Allianz-Versicherungs-AG
Alte Leipziger Lebens-
  versicherungsgesellschaft a.G.
Alte Volksfürsorge
Aluminium-Walzwerke Singen
  GmbH
Aral AG
Aschaffenburger Zellstoffwerke
  AG
Heinrich Auer Mühlenwerke
  KGaA

Bachmann, Spedition J. H.
Badenwerk AG
Badische Anilin- & Soda-
  Fabriken AG

Badische Bank
Badische Kommunale
  Landesbank
Badische Landeskreditanstalt
Bank für Gemeinwirtschaft
Bankhaus H. Aufhäuser
Bankhaus Gebrüder Bethmann
Bankhaus Brinckmann,
  Wirtz & Co.
Bankhaus Burkhardt & Co.
Bankhaus Delbrück & Co.
Bankhaus Grunelius & Co.
Bankhaus Georg Hauck & Sohn
Bankhaus I. D. Herstatt KGaA
Bankhaus Paul Kapff
Bankhaus Herman Lampe KG
Bankhaus Merck, Finck & Co.
Bankhaus B. Metzler seel.
  Sohn & Co.
Bankhaus Neelmeyer AG
Bankhaus Neuvians,
  Reuschel & Co.
Bankhaus Sal. Oppenheim jr.
  & Cie.
Bankhaus Preusker & Thelen
Bankhaus Karl Schmidt
Bankhaus Schröder,
  Münchmeyer, Hengst & Co.
Bankhaus Friedrich Simon KGaG
Bankhaus C. G. Trinkaus

Bankhaus Waldthausen & Co.
Barbara Erzbergbau GmbH
Barmenia Krankenversicherung
a. G.
BAT Cigaretten-Fabriken GmbH
G. Bauknecht GmbH
Bausparkasse Gemeinschaft der
Freunde Wüstenrot
Bausparkasse Schwäbisch-Hall
AG
Bayerische Gemeindebank
Bayerische Hypotheken- und
Wechsel-Bank
Bayerische Landesanstalt für
Aufbaufinanzierung
Bayerische Landesbodenkredit-
anstalt
Bayerische Motoren Werke
Bayerische Rückversicherung AG
Bayerische Staatsbank
Bayerische Vereinsbank
Bayerische Versicherungsbank
AG
Bayerische Waren-
vermittlung landwirtschaft-
licher Genossenschaften AG
P. Beiersdorf & Co. AG
Berg, Wilh.
Bergmann-Elektricitäts-
Werke AG
Berliner Bank AG
Berliner Handels-Gesellschaft
Berliner Kraft- und Licht
(Bewag)-AG
C. Bertelsmann Verlag KG
Bosch GmbH, Robert
BP Benzin und Petroleum AG
Braunschweigische
Staatsbank
Bresges, A.
Brinkmann AG, Martin
Brown, Boveri & Cie, AG
Buderus'sche Eisenwerke
Byk-Gulden Lomberg
Chemische Fabrik GmbH

Chemie-Verwaltungs-AG
Chemische Werke Hüls AG
Ciba AG
Colonia Kölnische Ver-
sicherungs-AG
Commerzbank AG
Concordia
Lebensversicherungs-AG
Continental Gummi-Werke AG

Daimler-Benz AG
Debeka Krankenversicherungs-
verein a.G.
Degussa
Deilmann AG, C.
Demag AG
Deutsche Babcock - & Wilcox-
Werke AG
Deutsche Bank AG
Deutsche Bundesbahn
Deutsche Bundesbank
Deutsche Bundespost
Deutsche Centralbodenkredit AG
Deutsche Continental-Gas-
Gesellschaft
Deutsche Dampfschifffahrts-
Gesellschaft »Hansa«
Deutsche Edelstahlwerke AG
Deutsche Erdöl AG
Deutsche Fiat AG
Deutsche Genossenschafts-
Hypothekenbank
Deutsche Genossenschaftskasse
Deutsche Girozentrale –
Deutsche Kommunalbank
Deutsche Kranken-
Versicherungs-AG
Deutsche Lufthansa AG
Deutsche Pfandbriefanstalt
Deutsche Shell AG
Deutsche Siedlungs- und
Landesrentenbank
Deutsche Solvay-Werke GmbH
Deutsche Vergaser GmbH &
Co. KG

Deutscher Herold Allgemeine
Versicherungs-AG
Deutscher Herold Volks- und
Lebensversicherungs-AG
Deutscher Ring Lebens-
versicherungs-AG
Deutscher Ring
Sachversicherungs-AG
Diamalt AG
Didier-Werke AG
Diehl-Gruppe
Dierig AG, Christian
Dietz, Gebr.
Dortmunder Stadtwerke AG
Dortmunder Union-Brauerei AG
Dresdner Bank AG
Dujardin & Co., vorm. Gebr.
Melcher
Dyckerhoff & Widmann KG
Dyckerhoff Zementwerke AG
Dynamit Nobel AG

Edeka-Zentrale eGmbH
Eisenwerk-Gesellschaft
Maximilianshütte mbH
Elektrizitäts-AG vorm.
W. Lahmeyer & Co.
Energieversorgung Ostbayern
AG
Energieversorgung Schwaben AG
Eschweiler Bergwerks-Verein
Essberger, Reederei John T.
Essener Steinkohlenbergwerke
AG
Esso AG
Eternit AG

Faber-Castell A. W.
Farbenfabriken Bayer AG
Farbwerke Hoechst AG, vorm.
Meister Lucius & Brüning
Feldmühle AG
Felten & Guilleaume Carlswerk
AG
Ferrostaal AG

Fichtel & Sachs AG
Flick KG, Friedrich
Ford-Werke AG
Frankfurter Bank
Frankfurter Hypothekenbank
Frankfurter Versicherungs-AG
Frankona Rück- und
Mitversicherungs-AG
Freudenberg, Firma Carl
Frowein & Co. KGaA

Gasolin AG
Gedelfi-Import GmbH & Co.KG
Gelsenberg Benzin AG
Gelsenkirchener Bergwerks-AG
Gerling-Konzern Allgemeine
Versicherungs-AG
Gerling-Konzern Globale
Rückversicherungs-AG
Gerling-Konzern Lebens-
versicherungs-AG
Gewerkschaft Brigitta
Gewerkschaft Elwerath
Giulini GmbH, Gebr.
Glanzstoff AG
Gothaer Allgemeine
Versicherung AG
Gothaer Feuer Feuer-
versicherungsbank a.G.
Gothaer Lebensversicherung a.G.
GEG – Großeinkaufs-Gesellschaft
Deutscher Konsumgenossen-
schaften mbH
Großversandhaus Quelle
Gustav Schickedanz KG
Grünzweig + Hartmann AG
Grundig-Werke GmbH
Gutehoffnungshütte Aktien-
verein
Gutehoffnungshütte Sterkrade
AG

Haindl'sche Papierfabriken
Hamburg-Amerika-Linie
(Hapag)

Hamburg-Mannheimer Ver-
sicherungs-AG
Hamburger Sparcasse von 1827
Hamburgische Electricitäts-
Werke
Hamburgische Landesbank -
Girozentrale
Handels- und Gewerbebank
Heilbronn AG
Handelsunion AG
Haniel, Franz, & Cie. GmbH
Hannoversche Landeskredit-
anstalt
Harpener Bergbau-AG
Henkel GmbH
Hertie Waren- und Kaufhaus
GmbH
Hessische
Landesbank - Girozentrale
Hibernia AG
Hochtief AG
Hoesch AG
Philipp Holzmann AG
Horten AG
Howaldtswerke - Deutsche
Werft
Hüttenwerke Oberhausen AG
Hüttenwerke Siegerland AG

IBM Deutschland, Internationale
Büro-Maschinen GmbH
Iduna Vereinigte Lebens-
versicherung a.G. für Hand-
werk, Handel und Gewerbe
Ilseder Hütte
Industriekreditbank AG
Industrieverwaltung Röchling
GmbH
Industrie-Werke Karlsruhe AG
Investitions- und Handels-
Bank AG

Jacobs & Co., Joh., Kaffeegroßrösterei
Jenaer Glaswerk Schott & Gen.

Kabel- und Metallwerke
Gutehoffnungshütte AG
Kaiser's Kaffee-Geschäft AG
Kali-Chemie AG
Karlsruher Lebensversicherungs-
AG
Karstadt AG
Kaufhof AG
Kleinwanzlebener Saatzucht
vorm. Rabbethge & Giesecke
AG
Klöckner & Co.
Klöckner-Humboldt-Deutz AG
Klöckner-Werke AG
Kölnische Rückversicherungs-
Gesellschaft
Kohlensäure-Industrie AG
Kolbermoor-Union GmbH
Kraftübertragungswerke
Rheinfelden AG
Kreditanstalt für Wiederaufbau
Kreissparkasse Köln
Krupp GmbH, Fried.
Krupp Bergwerke AG, Fried.
Krupp Hüttenwerke AG, Fried.
Kugelfischer Georg Schäfer &
Co.

Landesbank und Girozentrale
Rheinland-Pfalz
Landesbank und Girozentrale
Schleswig-Holstein
Landeszentralbank in Baden-
Württemberg
Landeszentralbank in Bayern
Landeszentralbank in Berlin
Landeszentralbank in Bremen
Landeszentralbank in Hamburg
Landeszentralbank in Hessen
Landeszentralbank in Nieder-
sachsen
Landeszentralbank in Nord-
rhein-Westfalen
Landeszentralbank in
Rheinland-Pfalz

Landeszentralbank im
Saarland
Landeszentralbank in
Schleswig-Holstein
Landwirtschaftliche Rentenbank
Lastenausgleichsbank
Leipziger Feuer-Versicherungs-
Anstalt
Lensing Verlagsanstalt KG,
Gebrüder
Liebherr, Firma Hans
Linde AG
Lindgens & Söhne
Lingner-Werke GmbH
Lohmann & Co., Bremen
Lurgi GmbH

Magdeburger Feuerversiche-
rungs-Gesellschaft
Mannesmann AG
Mannheimer Lebens-
versicherungs-AG
Margarine-Union GmbH
Maschinenfabrik Augsburg-
Nürnberg
Melitta-Werke Bentz & Sohn
Merck AG, E.
Merckle KG, Ludwig
Metallgesellschaft
Metzeler AG
Mobil Oil AG in Deutschland
Monheim, Leonhard,
Schokoladefabrik GmbH
Münchener Rückversicherungs-
AG
Münemann, Firma Rudolf,
Industriefinanzierungen

Nationale Allgemeine
Versicherungs-AG
Neckermann Versand KGaA
Neff-Werke
Neue Sparcasse von 1864
Neunkircher Eisenwerk AG,
vorm. Gebr. Stumm

Niederrheinische Hütte AG
Niedersächsische Landesbank -
Girozentrale
Nino GmbH + Co.
Norddeutsche Affinerie
Norddeutscher Lloyd
Nordstern Allgemeine Ver-
sicherungs-AG
Nordwestdeutsche Kraftwerke
AG
Nürnberger Lebens-
versicherungs-AG

Oetker, Firma Dr. August
Oldenburgische Landesbank AG
Opel AG, Adam
Optische Werke G. Rodenstock
Osram GmbH

Pfeifer & Langen KG
Phoenix Gummiwerke AG
Portland-Zementwerke
Heidelberg AG
Possehl & Co. GmbH, L.
Preussag AG
Preussische Elektrizitäts-AG
Provinzial-Feuerversicherungs-
anstalt der Rheinprovinz

Quandt-Gruppe

Raab Karcher GmbH
Raiffeisen- und Volksbanken-
Versicherung, »Allgemeine
Versicherungs-AG«
Reemtsma, H. F. & Ph. F.
Rewe-Zentrale eGmbH
Rheinelbe Bergbau AG
Rheinelektra AG
Rheinisch-Westfälische Boden-
Credit-Bank
Rheinisch-Westfälisches
Elektrizitätswerk AG
Rheinische Braunkohlenwerke
AG

Rheinische Hypothekenbank
Rheinische Stahlwerke AG
Rheinmetall Berlin AG
Rheinstahl Hanomag AG
Rheinstahl Henschel AG
Rheinstahl Hüttenwerke AG
Röchling KG, Gebr.
Röchling'sche
    Eisen- und Stahlwerke GmbH
Rütgerswerke AG
Ruhrgas AG
Ruhrkohle AG
Ruhr-Stickstoff AG

Saarbergwerke AG
Salamander AG
Salzdetfurth AG
Salzgitter AG
Salzgitter Hüttenwerke AG
Schachtbau Thyssen GmbH
Schering AG
Schlegel-Scharpenseel Brauerei
Schmalbach-Lubeca-Werke AG
Schmidt GmbH, Eduard
Schulte & Dieckhoff
L. Schweisfurth,
    Inh. Karl Schweisfurth
Schwenk Zement- und Stein-
    werke, E.
Siemag Siegener Maschinenbau
    GmbH
Siemens AG
Signal Krankenversicherung a.G.
SKF Kugellagerfabriken
    GmbH
Sparkasse der Stadt Berlin West
Sparkasse der Stadt Köln
Spinnerei Kolbermoor
Spohn GmbH, Gebr.
Staatliche Kreditanstalt
    Oldenburg-Bremen
Stahlwerke Südwestfalen AG
Standard Elektrik Lorenz AG
Steinkohlen-Elektri-
    zitäts-AG

Steinkohlenbergwerk
    Friedrich Heinrich AG
Steinkohlenbergwerke
    Mathias Stinnes AG
Stinnes AG, Hugo
Strabag Bau-AG
Stumm GmbH, Gebr.
Süddeutsche Zucker-AG

Technische Werke der Stadt
    Stuttgart AG
Telefonbau und
    Normalzeit GmbH
Teves GmbH, Alfred
Thyssen-Hütte AG, August
Thyssen-Röhrenwerke AG
Transformatoren-Union AG
Triumph International
    Holding GmbH
Union Rheinische Braunkohlen
    Kraftstoff AG

Varta AG
Veba-Chemie AG
Vereinigte Aluminiumwerke AG
Vereinigte Deutsche Metall-
    werke AG
Veba, Vereinigte Elektrizitäts-
    und Bergwerks-AG
Vereinigte Elektrizitätswerke
    Westfalen AG
Vereinigte Glaswerke, Zweig-
    niederlassung der Compagnie
    de Saint-Gobain
Vereinigte Haftpflicht-
    versicherung V.a.G.
Viag, Vereinigte Industrie-
    Unternehmungen AG
Vereinigte Krankenversicherung
    AG
Vereinsbank in Hamburg
Vereinsbank in Nürnberg
Victoria Feuer-Versicherungs-AG
Victoria Lebens-Versicherungs-
    AG

Villeroy & Boch, Keramische
 Werke KG
Voith GmbH, J. M.
Volkswagenwerk AG
Volkswohl Krankenversicherung
 VVaG
Vossloh Werke GmbH

Wacker-Chemie GmbH
Wedag, Westfalia Dinnendahl
 Gröppel AG
Westdeutsche Landesbank -
 Girozentrale
Westfälische Jute-Spinnerei und
 -Weberei AG
Westfalenbank AG
Wintershall AG
Wolff AG, Otto
Woolworth Co. GmbH, F. W.
Württembergische Feuer-
 versicherung AG in Stuttgart

Württ. Girozentrale = Württ.
 Landeskommunalbank
Württembergische Hypotheken-
 bank

Zahnradfabrik Friedrichshafen
 AG
Zeiss, Firma Carl
Zellstofffabrik Waldhof
Zentralkasse Bayerischer
 Volksbanken eGmbH
Zentralkasse Nordwestdeutscher
 Volksbanken eGmbH
Zentralkasse Südwestdeutscher
 Volksbanken AG
Zentralkasse Westdeutscher
 Volksbanken eGmbH
Zentralkasse Württembergischer
 Volksbanken eGmbH
Zerssen & Co.

TABELLENANHANG

Tabelle 1: Zahl der Befragten und der Antworten

Position im Unternehmen	Zahl der Personen						Zahl der Funktionen in Großunternehmen[2]			Durchschnittl. Zahl der Funktionen[2] p.Kopf[3]	Zahl der Antworten in % der Gesamtsumme		
	nach den heutigen Positionen im Unternehmen[1]			nach den früheren Positionen im Unternehmen[1]							Nach d. heutigen Posit. (Sp. 2)	Nach d. früheren Posit. (Sp. 5)	Nach d. Funktionen[3] (Sp. 8)
	Befragte	Antworten	dito in %	Befragte	Antworten	dito in %	Befragte	Antworten	dito in %				
	1	2	3	4	5	6	7	8	9	10	11	12	13
A. Eigentümer-Unternehmer:													
Gründer	20	18	90,0	20	18	90,0	31	24	77,4	1,33	1,1	1,1	0,9
And. Elg.-Unt.	151	114	75,5	151	114	75,5	302	231	76,5	2,03	6,8	6,8	8,8
Elg.-Unt. insg.	**171**	**132**	**77,2**	**171**	**132**	**77,2**	**333**	**255**	**76,6**	**1,93**	**7,9**	**7,9**	**9,7**
B. Manager:													
AR-Vors.	79	70	88,6	38	29	76,3	194	171	88,1	2,44	4,2	1,7	6,5
Stv. AR-Vors.	72	52	72,2	56	36	64,3	121	84	69,4	1,62	3,2	2,2	3,2
AR-Mitgl.	252	178	70,6	203	129	63,6	347	248	71,5	1,39	10,7	7,8	9,5
AR insg.	**403**	**300**	**74,4**	**297**	**194**	**65,3**	**662**	**503**	**76,0**	**1,68**	**18,1**	**11,7**	**19,2**
V-Vors.	326	280	85,9	395	349	88,5	688	598	86,9	2,14	16,8	21,0	22,9
V-Mitgl.	987	811	82,2	1024	848	82,8	1342	1117	83,2	1,38	48,8	51,0	42,7
Stv. VM.	166	139	83,7	166	139	83,7	172	145	84,3	1,04	8,4	8,4	5,5
V insg.	**1479**	**1230**	**83,2**	**1585**	**1336**	**84,3**	**2202**	**1860**	**84,5**	**1,51**	**74,0**	**80,4**	**71,1**
Manager insg.	**1882**	**1530**	**81,3**	**1882**	**1530**	**81,3**	**2864**	**2363**	**82,5**	**1,54**	**92,1**	**92,1**	**90,3**
Alle Unterm.	**2053**	**1662**	**81,0**	**2053**	**1662**	**81,0**	**3197**	**2618**	**81,9**	**1,58**	**100,0**	**100,0**	**100,0**

[1] Zusammenhang zwischen heutigen und früheren Positionen siehe Tabelle 2. — [2] Nur Mehrfach-Vorstandsposten sowie Mandate in Aufsichtsräten von Unternehmen, deren leitende Personen in diese Erhebung einbezogen wurden (nicht also die Gesamtzahl aller V- und AR-Funktionen einer Person). — [3] Zuordnung nach der heutigen Position in Unternehmen; erfaßt sind die Antworten (nicht die Befragten).

Tabelle 2: Zahl der Firmen und Personen
nach Wirtschaftsgruppen

| | Zahl d. Befragten | | Antworten | |
	Firmen	Personen	Zahl	Anteil in % [1]
Industrie	205	1 149	941	81,9
Kreditgewerbe	91	467	384	82,2
Versicherung	46	279	233	83,5
Handel	25	116	73	62,9
Sonstige[2])	14	42	31	73,8
Summe	**381**	**2 053**	**1 662**	**81,0**

[1]) In Prozent der befragten Personen jeder Wirtschaftsgruppe. — [2]) Verkehrs-, Holding- und Dienstleistungsunternehmen.

Tabelle 3: Heutige und frühere Positionen der Manager

I. Frühere Tätigkeit der heutigen Aufsichtsräte

| Heutige Position im Aufsichtsrat | Zahl der AR[1]) | Davon waren früher im Vorstand als: | | | | Früher nicht im Vorstd. |
		VV	VM	St.VM	Summe	
AR-Vorsitzende	70	32	9	—	41	29
Stv. AR-Vors....	52	7	9	—	16	36
AR-Mitglieder ..	178	30	19	—	49	129
AR insgesamt ...	**300**	**69**	**37**	**—**	**106**	**194**

Daraus abgeleitet:

II. Zahl der Manager nach Positionen im Unternehmen

| | AR | Vorstände | | | | AR |
		VV	VM	St.VM	Summe	
A. Nach den heutigen Pos.[1])	300[2])	280	811	139	1230	—
B. Nach den früheren Pos.[3])	—	349	848	139	1336	194[2])

[1]) Gemäß Tabelle 1, Spalte 2. — [2]) Aufteilung nach AR-Positionen siehe im oberen Tabellenteil. — [3]) Entspricht Tabelle 1, Spalte 5.

Tabelle 4: Zahl der Unternehmer
nach Wirtschaftszweigen, Rechtsformen und Eigentumsverhältnissen der Unternehmen

	Aufsichtsräte				Vorstände				Summe		Eigentümer-Unternehmer			Alle Unternehmer	
	ARV	St. ARV	ARM	Summe	VV	VM	St. VM	Summe	Zahl	in %	Gründer	andere	Summe	Zahl	in %
A) Nach Wirtschaftszweigen:															
Industrie	14	20	90	124	190	482	73	745	869	56,8	8	64	72	941	56,6
Kreditgewerbe	2	8	12	22	87	196	38	321	343	22,4	5	36	41	384	23,1
Versicherung	8	6	19	33	47	125	24	196	229	15,0	—	4	4	233	14,0
Handel	3	1	3	7	20	33	3	56	63	4,1	4	6	10	73	4,4
Sonstige¹)	2	1	5	8	5	12	1	18	26	1,7	1	4	5	31	1,9
Summe	29	36	129	194	349	848	139	1336	1530	100,0	18	114	132	1662	100,0
B) Nach der Rechtsform der Unternehmen:															
AG, KGaA	19	28	116	163	225	645	101	971	1134	74,1	7	28	35	1169	70,4
GmbH	2	2	6	10	31	63	17	111	121	7,9	1	18	19	140	8,4
KG bzw. BG, Einzelfirma	1	—	1	2	13	33	2	48	50	3,3	10	68	78	128	7,7
Öffentl.-rechtl. Unternehmen	4	3	3	10	59	70	16	145	155	10,1	—	—	—	155	9,3
Sonstige²)	3	3	3	9	21	37	3	61	70	4,6	—	—	—	70	4,2
Summe	29	36	129	194	349	848	139	1336	1530	100,0	18	114	132	1663	100,0
C) Nach dem Eigentum an den Unternehmen:															
Börsengesellschaft	10	18	74	102	128	363	60	551	653	42,7	4	5	9	662	39,8
Konzerneigentum	2	4	20	26	49	139	15	203	229	15,0	14	109	123	229	13,8
Familieneigentum	6	6	14	26	24	86	15	125	151	9,9	—	—	—	274	16,5
Öffentl. Eigentum	5	4	9	18	70	91	16	177	195	18,7	—	—	—	195	11,7
Auslandseigentum	2	1	5	8	33	70	21	124	132	8,6	—	—	—	132	8,0
Sonstiges Eigentum³)	4	3	7	14	45	99	12	156	170	11,1	—	—	—	170	10,2
Summe	29	36	129	194	349	848	139	1336	1530	100,0	18	114	132	1663	100,0

¹) Verkehrs-, Holding- und Dienstleistungsunternehmen. — ²) Vereine, Genossenschaften, Stiftungen und Unternehmen speziellen Rechts. — ³) Kollektiveigentum, Stiftungen.

Tabelle 5: Zahl der Aufsichtsräte und Vorstände
nach Wirtschaftszweigen, Rechtsformen und Eigentumsverhältnissen der Unternehmen

Position der Unternehmer	\[Rechtsform\] AG, KGaA	GmbH	KG, OHG, Einz.Fa.	Öffentl. rechtl. Untern.	Sonst. Unt.[1]	Summe	\[Eigentum\] Börsengesellschaft	Konzerneigent.	Fam.-eigentum	Öffentl. Eigentum	Ausl.-eigentum	Sonst. Eigentum[2]
Industrie:												
Aufsichtsräte	118	5	1	–	–	124	75	17	17	8	5	2
VV	154	25	9	–	2	190	87	35	20	8	31	9
VM	406	56	11	–	9	482	228	96	42	14	66	36
St. VM	57	14	2	–	–	73	37	6	10	–	15	5
Vorstände	617	95	22	–	11	745	352	137	72	22	112	50
Summe	**735**	**100**	**23**	–	**11**	**869**	**427**	**154**	**89**	**30**	**117**	**52**
Kreditinstitute:												
Aufsichtsräte	14	–	1	8	–	22	12	–	–	8	–	2
VV	27	1	–	56	2	87	20	–	2	56	–	9
VM	101	2	18	62	13	196	75	–	20	67	–	34
St. VM	20	2	–	16	–	38	17	–	2	16	–	3
Vorstände	148	5	18	134	15	321	112	–	24	139	–	46
Summe	**162**	**5**	**19**	**142**	**15**	**343**	**124**	–	**24**	**147**	–	**48**
Versicherungen:												
Aufsichtsräte	23	–	–	1	9	33	10	7	4	1	2	9
VV	31	–	–	2	14	47	18	9	–	2	2	16
VM	105	–	–	5	15	125	46	36	15	5	4	19
St. VM	21	–	–	–	3	24	5	7	3	–	6	3
Vorstände	157	–	–	7	32	196	69	52	18	7	12	38
Summe	**180**	–	–	**8**	**41**	**229**	**79**	**59**	**22**	**8**	**14**	**47**
Handel:												
Aufsichtsräte	5	2	–	–	–	7	2	2	1	–	1	1
VV	9	5	3	–	3	20	2	5	2	–	–	11
VM	24	5	4	–	–	33	7	7	9	–	–	10
St. VM	2	1	–	–	–	3	–	2	–	–	–	1
Vorstände	35	11	7	–	3	56	9	14	11	–	–	22
Summe	**40**	**13**	**7**	–	**3**	**63**	**11**	**16**	**12**	–	**1**	**23**
Verkehr und Sonstige[3]:												
Aufsichtsräte	3	3	–	2	–	8	3	–	4	1	–	–
VV	4	–	1	–	–	5	1	–	–	4	–	–
VM	9	–	–	3	–	12	7	–	–	5	–	–
St. VM	1	–	–	–	–	1	1	–	–	–	–	–
Vorstände	14	–	1	3	–	18	9	–	–	9	–	–
Summe	**17**	**3**	**1**	**5**	–	**26**	**12**	–	**4**	**10**	–	–
Alle Unternehmen:												
Aufsichtsräte	163	10	2	10	9	194	102	26	26	18	8	14
VV	225	31	13	59	21	349	128	49	24	70	33	45
VM	645	63	33	70	37	848	363	139	86	91	70	99
St. VM	101	17	2	16	3	139	60	15	15	16	21	12
Vorstände	971	121	48	145	61	1336	551	203	125	177	124	156
Summe	**1134**	**121**	**50**	**155**	**70**	**1530**	**653**	**229**	**151**	**195**	**132**	**170**

[1]) Vereine, Genossenschaften, Stiftungen und Unternehmen speziellen Rechts. — [2]) Kollektiveigentum, Stiftungen. — [3]) Einschließlich Holding- und Dienstleistungsunternehmen.

Tabelle 6:
Fälle verwandtschaftlicher Beziehungen
zwischen heutigen und früheren Vorständen

Wirtschaftszweig	Vorst.-Vors.	Vorst.-Mitgl.	Stv. Vorst.-Mitgl.	Summe
A. Zahl der Vorstände				
Industrie	16	14	2	32
Öfftl.-rechtl. Kreditinstitute	—	1	—	1
Andere Kreditinstitute	—	12	3	1b
Versicherungen	4	3	—	7
Handel, Verkehr, Sonstige..	—	3	—	3
Summe	20	33	5	58
B. Anteil an der jeweiligen Gesamtzahl in %[1])				
Industrie	8,4	2,9	2,7	4,3
Öfftl.-rechtl. Kreditinstitute	—	1,6	—	0,7
Andere Kreditinstitute	—	9,0	13,6	8,0
Versicherungen	8,5	2,4	—	3,6
Handel, Verkehr, Sonstige..	—	6,7	—	4,1
Summe	5,7	3,9	8,6	4,3

[1]) Basis der Prozentrechnung (n) ist für jede Zahl in Abschnitt A die jeweilige Gesamtzahl aller Vorstände der betreffenden Gruppe. Beispiel: 16 Vorstandsvorsitzende des Wirtschaftszweiges Industrie sind 8,4 Prozent der Gesamtzahl aller Vorstandsvorsitzenden in der Industrie (190)

Tabelle 7: Berufliche Stellung der Unternehmer-Eltern

	Zahl der Personen						Anteile in Prozent[1])				
	Beamte	Gehob.[3])/Selbständige	Andere[4])	Angestellte	Sonstige	Summe[1])	Beamte	Gehob.[3])/Selbständige	Andere[4])	Angestellte	Sonstige
A. Nach der Position der Unternehmer											
Aufsichtsräte	66	56	41	18	13	194	34.0	28,9	21,1	9,3	6,7
V.-Vorsitzende..................	113	99	70	48	19	349	32,4	28,4	20,0	13,8	5,4
V.-Mitglieder	286	211	146	154	49	846	33,8	24,9	17,3	18,2	5,8
Stv.-V.-Mitglieder	50	32	20	29	8	139	36,0	23,0	14,4	20,9	5,7
Vorstände	449	342	236	231	76	1334	33,7	25,6	17,7	17,3	5,7
Summe[1])	515	398	277	249	89	1528	33,7	26,1	18,1	16,3	5,8
B. Nach Wirtschaftszweigen											
Industrie	274	247	148	154	45	868	31,6	28,5	17,0	17,7	5,2
Öffentl.-rechtl. Kreditinstitute ...	62	20	29	19	12	142	43,7	14,1	20,4	13,4	8,4
Andere Kreditinstitute	69	51	36	36	9	201	34,3	25,4	17,9	17,9	4,5
Versicherungen.................	89	53	42	30	14	228	39,0	23,3	18,4	13,2	6,1
Handel, Verkehr, Sonstige	21	27	22	10	9	89	23,6	30,4	24,7	11,2	10,1
Summe[1])	515	398	277	249	89	1528	33,7	26,1	18,1	16,3	5,8
C. Nach der Rechtsform der Unternehmen											
AG, KGaA	382	310	184	194	62	1132	33,7	27,4	16,3	17,1	5,5
GmbH	29	36	25	22	9	121	24,0	29,7	20,7	18,2	7,4
KG. OHG. Einzelfirmen	18	21	3	6	2	50	36,0	42,0	6,0	12,0	4,0
Öffentl.-rechtl. Unternehmen	69	20	31	21	14	155	44,5	12,9	20,0	13,6	9,0
Sonstige	17	11	34	6	2	70	24,3	15,7	48,6	8,6	2,8
Summe[1])	515	398	277	249	89	1528	33,7	26,1	18,1	16,3	5,8
D. Nach dem Eigentum am Unternehmen											
Börsengesellschaften	221	189	109	99	34	652	33,9	29,0	16,7	15,2	5,2
Konzerneigentum	71	56	40	48	13	228	31,1	24,6	17,5	21,1	5,7
Familieneigentum	48	53	22	21	7	151	31,8	35,1	14,6	13,9	4,6
Öffentl.-rechtl. Eigentum	85	28	38	27	17	195	43,6	14,4	19,5	13,8	8,7
Auslandseigentum	41	34	23	26	8	132	31,1	25,7	17,4	19,7	6,1
Sonst. Eigentum	49	38	45	28	10	170	28,8	22,3	26,5	16,5	5,9
Summe[1])	515	398	277	249	89	1528	33,7	26,1	18,1	16,3	5,8
E. Nach dem Geburtsjahrgang der Unternehmer											
1904 u. früher (65 u. älter)	106	71	62	25	16	280	37,9	25,4	22,1	8,9	5,7
1905—1914 (55—64)	221	148	126	110	35	640	34,5	23,1	19,7	17,2	5,5
1915—1924 (45—54)	118	104	59	77	24	382	30,9	27,2	15,4	20,2	6,3
1925 u. später (44 u. jünger)......	62	63	25	35	10	195	31,8	32,3	12,8	18,0	5,1
Summe[1])	507	386	272	247	85	1497	33,8	25,8	18,2	16,5	5,7

[1]) Abweichungen der Gesamtzahlen beruhen darauf, daß die Fragen jeweils von einer unterschiedlichen Zahl von Personen beantwortet wurden. — [2]) Basis der Prozentrechnung (n) ist die jeweilige Zeilensumme. — [3]) Selbständige Unternehmer, Vorstandsmitglieder, Geschäftsführer, Landwirte mit Großgrundbesitz, freie Berufe mit akademischer Ausbildung. — [4]) Einzelhändler, Handwerker, Landwirte mit bäuerlichem Grundbesitz, freie Berufe ohne akademische Ausbildung.

Tabelle 8: Vermögenslage und Studium der Unternehmer-Eltern

	Zahl der Personen					Vermögenslage der Eltern — Anteile in Prozent[1]				Früher		Heute		Eltern mit Studium[3]	
	Vermögen vorhanden	Vermögen z. T. verloren	Vermögen verloren	Kein Vermögen	Summe[1]	Vermögen vorhanden (Sp. 1)	Vermögen z. T. verloren	Vermögen verloren	Kein Vermögen	vermögend (Sp. 1-3)	nicht vermögend (Sp. 4)	vermögend (Sp. 1)	nicht vermögend (Sp. 2-4)	Zahl	Anteil in %[2]
	1	2	3	4	5	6	7	8	9	10	11	12	13	14	15
A. Nach der beruflichen Stellung der Eltern															
Beamte	25	57	206	227	515	4,9	11,0	40,0	44,1	55,9	44,1	4,9	95,1	238	46,2
Gehobene Selbständige[4]	83	104	134	77	398	20,9	26,1	33,7	19,3	80,7	19,3	20,9	79,1	217	54,5
Andere Selbständige[5]	32	25	96	124	277	11,6	9,0	34,6	44,8	55,2	44,8	11,6	88,4	15	5,4
Angestellte	9	17	101	122	249	3,6	6,8	40,6	49,0	51,0	49,0	3,6	96,4	49	19,7
Sonstige	—	1	11	77	89	—	1,1	12,4	86,5	13,5	86,5	—	100,0	2[6]	2,2
Summe	149	204	548	627	1528	9,8	13,3	35,9	41,0	59,0	41,0	9,8	90,2	521	34,1
B. Nach der Position der Unternehmer															
Aufsichtsräte	32	38	47	77	194	16,5	19,6	24,2	39,7	60,3	39,7	16,5	83,5	62	32,0
V.-Vorsitzende	42	35	140	132	349	12,1	10,0	40,1	37,8	62,2	37,8	12,1	87,9	132	37,8
V.-Mitglieder	69	117	312	348	846	8,2	13,8	36,9	41,1	58,9	41,1	8,2	91,8	280	33,1
Stv. V.-Mitglieder	6	14	49	70	139	4,3	10,1	35,2	50,4	49,6	50,4	4,3	95,7	47	33,8
Vorstände	117	166	501	550	1334	8,8	12,4	37,6	41,2	58,8	41,2	8,8	91,2	459	34,4
Summe	149	204	548	627	1528	9,8	13,3	35,9	41,0	59,0	41,0	9,8	90,2	521	34,1

[1] Abweichungen zu den Gesamtzahlen in anderen Tabellen beruhen darauf, daß die Fragen jeweils von einer unterschiedlichen Zahl von Personen beantwortet worden sind. — [2] Basis der Prozentrechnung (m) ist die jeweilige Zellensumme (Spalte 5). — [3] Studium beider Eltern eines Unternehmens wurde nur einfach gezählt. — [4] Selbständige Unternehmer, Vorstandsmitglieder, Geschäftsführer, Großgrundbesitz, Freie Berufe mit akademischer Ausbildung. — [5] Einzelhändler, Handelsvertreter, Handwerker, Landwirte mit bäuerlichem Grundbesitz, Freie Berufe ohne akademische Ausbildung. — [6] In beiden Fällen sind die Väter im ersten Weltkrieg gefallen. Die Zuordnung wurde nach der beruflichen Stellung der Mutter vorgenommen.

Tabelle 9: Art des Vermögens der Eltern

Hauptvermögensart	Zahl der Personen	Zahl der in den Fragebogen angegebenen Vermögensarten							Zahl der Personen in %
		Großgrundbesitz	Bäuerl. Grundbesitz	Sonst. Haus- u. Grdst.-Bes.	Maßgebl. Untern.-Beteilig.	Nicht maßgebl. Unt.-Beteilig.	Kapitalvermögen (Wertpap.)	Sonst. Vermögen²)	
Großgrundbesitz	92	92	3	31	10	2	38	1	10,4
Bäuerlicher Grundbesitz	120		120	34	10	2	35	—	13,6
Sonst. Haus- u. Grundbesitz	311			311	60	7	186	—	35,3
Maßgebl. Untern.-Beteiligung	95				95		24	1	10,8
Nicht maßgebl. Unt.-Beteiligung	20					20	7	2	2,3
Kapitalvermögen (Wertpapiere)	239						239	5	27,1
Sonstiges Vermögen²)	5								0,5
Summe der Personen	882¹)	—	—	—	—	—	—	—	100,0
Summe der angeg. Verm.-Arten	1335	92	123	376	175	31	529	9	—
Dito: Anteil in Prozent	100,0	6,9	9,2	28,2	13,1	2,3	39,6	0,7	—

¹) Weitere 10 Personen haben erklärt, daß ihre Eltern Vermögen besitzen (oder früher besaßen), ohne die Art des Vermögens anzugeben. — ²) Schiffsparten, Binnenschiffe, Berg-, Fischereirechte.

Tabelle 10: Zahl der Besitz- und der Bildungsbürger unter den Eltern

Vermögen der Eltern	Eltern ohne Studium	„Bildungsbürger"[1]	Summe
A. Zahl der Eltern			
Ohne Vermögen	488	139	627
Mit Vermögen	519	382	901
Davon:			
Bäuerl. u. Wertp.-Verm.[2])......	227	149	376
„Besitzbürger"[3])	292	233	525
Summe	1 007	521	1 528
B. Anteil in Prozent (n= 1528)			
Ohne Vermögen	31,9	9,1	41,0
Mit Vermögen	34,0	25,0	59,0
Davon:			
Bäuerl. u. Wertp.-Verm.[2])......	14,9	9,8	24,7
„Besitzbürger"[3])	19,1	15,2	34,3
Summe	65,9	34,1	100,0

[1]) Eltern mit Studium. — [2]) 19 Eltern ohne Studium, die die Art ihres Vermögens nicht angegeben haben, sind als Personen mit ausschließlichem Wertpapierbesitz gezählt. — [3]) Eltern mit „anderem" Vermögen (Großgrundbesitz, städtischer Haus- und Grundbesitz, Anteile an Unternehmen u. a. m.).

Tabelle 11: Studium der Unternehmer-Eltern

	Zahl der		Personen	Angegebene Studienfächer
	Personen[1])	angegebenen Studienfächer[1])	In % der Summe	
Recht	161	164	30,9	30,4
Technik	13.	131	25,2	24,3
Medizin	64	65	12,3	12,0
Naturwissenschaften	46	50	8,8	9,3
Philosophie, Sprachen	45	52	8,6	9,6
Wirtschaft	27	29	5,2	5,3
Theologie	22	22	4,2	4,1
Agrarwissenschaften	15	15	2,9	2,8
Sonstige[2])	10	12	1,9	2,2
Summe	521	540	100,0	100,0

[1]) Studium beider Eltern eines Unternehmers wurde nur einfach gezählt. — [2]) Politische Wissenschaften, Soziologie, Kunstgeschichte u. a. m.

Tabelle 12:

| | Zahl der Unternehmer-Eltern | | | | |
| | Höhere Schichten | | Niedere Schichten | | |
	Schicht I	Schicht II	Schicht III	Schicht IV	Summe
	1	2	3	4	5
A. Berufstätigkeit der Eltern:					
Beamte	125	156	212	22	515
Gehobene Selbständige	81	276	41	—	398
Andere Selbständige	2	35	224	16	277
Angestellte	7	125	106	11	249
Sonstige Berufe	—	—	25	64	89
Summe	**215**	**592**	**608**	**113**	**1528**
A 1. Unter den Beamten waren tätig:					
Im Schuldienst	7	40	40	5	92
Bei Polizei und Wehrmacht	18	20	8	3	49
Bei der Justiz	19	13	8	—	40
An Universitäten	26	4	—	—	30
Im Kirchendienst	6	1	15	—	22
A 2. Von den gehobenen Selbständigen waren:					
Selbst. Unternehmer	27	150	32	—	209
Freiberuflich tätig	6	94	9	—	109
Vorst.-Mitgl., Gesch.-F.	36	28	—	—	64
Landwirte m. Großgrundbesitz	12	4	—	—	16
A 3. Von den anderen Selbständigen waren:					
Einzelhändler, Handwerker	—	8	129	8	145
Freiberuflich tätig	2	20	61	2	85
Landwirte m. bäuerl. Grundbesitz	—	7	34	6	47
B. Besondere soziale Merkmale des Elternhauses:					
Ernährer früh verloren	—	2	14	42	58
Kinderreiche Familie	—	—	11	4	15
Vater berufl. behindert[5])	—	1	4	5	10
C. Vermögenslage der Eltern:					
Vermögen vorhanden	41	68	40	—	149
Vermögen z. T. verloren	55	116	32	1	204
Vermögen verloren	61	248	216	23	548
Kein Vermögen	58	160	320	89	627
D. Eltern mit Studium	153	290	68	10	521

[1]) Basiswert der Prozentrechnung ist die jeweilige **Spaltensumme**; sie ist über jeder Zahlengruppe in Klammern angegeben. — [2]) Basiswert der Prozentrechnung ist die jeweilige Zeilensumme in Spalte 5.

Soziale Schichtung der Unternehmer-Eltern

	Anteile in Prozent¹)						Anteil der Unternehmer	
	Höhere Schichten			Niedere Schichten			aus höheren Schichten ³)	aus nieder. Schichten ("Aufsteiger")⁴)
Schicht I	Schicht II	Summe	Schicht III	Schicht IV	Summe	Summe	in Prozent²)	
6	7	8	9	10	11	12	13	14
(215)	(592)	(807)	(608)	(113)	(721)	(1528)		
58,1	26,4	34,8	34,9	19,5	32,5	33,7	54,6	45,4
37,7	46,6	44,2	6,7	—	5,7	26,1	89,7	10,3
0,9	5,9	4,6	36,9	14,2	33,3	18,1	13,4	86,6
3,3	21,1	16,4	17.4	9,7	16,2	16,3	53,0	47,0
—	—	—	4,1	56,6	12,3	5,8	—	100,0
100,0	**100,0**	**100,0**	**100,0**	**100,0**	**100,0**	**100,0**	**52,8**	**47,2**
(125)	(156)	(281)	(212)	(22)	(234)	(515)		
5,6	25,6	16,7	18,9	22,7	19,2	17,9	51,1	48,9
14,4	12,8	13,5	3,8	13,6	4,7	9,5	77,6	22,4
15,2	8,3	11,4	3,8	—	3,4	7,8	80,0	20,0
20,8	2,6	10,7	—	—	—	5,8	100,0	—
4,8	0,6	2,5	7,1	—	6,4	4,3	31,8	68,2
(81)	(276)	(357)	(41)	(—)	(41)	(398)		
33,3	54,3	49,6	78,0	—	78,0	52,5	84,7	15,3
7,4	34,1	28,0	22,0	—	22,0	27,4	91,7	8,3
44,5	10,2	17,9	—	—	—	16,1	100,0	—
14,8	1,4	4,5	—	—	—	4,0	100,0	—
(2)	(35)	(37)	(224)	(16)	(240)	(277)		
—	22,9	21,6	57,6	50,0	57,1	52,3	5,5	94,5
100,0	57,1	59,5	27,2	12,5	26,2	30,7	25,9	74,1
—	20,0	18,9	15,2	37,5	16,7	17,0	14,9	85,1
(215)	(592)	(807)	(608)	(113)	(721)	(1528)		
—	0,3	0,2	2,3	37,2	7,8	3,8	3,4	96,6
—	—	—	1,8	3,5	2,1	1,0	—	100,0
—	0,2	0,1	0,7	4,4	1,2	0,7	10,0	90,0
(215)	(592)	(807)	(608)	(113)	(721)	(1528)		
19,0	11,5	13,5	6,6	—	5,5	9,8	73,2	26,8
25,6	19,6	21,2	5,3	0,9	4,6	13,3	83,8	16,2
28,4	41,9	38,3	35,5	20,4	33,2	35,9	56,4	43,6
27,0	27,0	27,0	52,6	78,7	56,7	41,0	34,8	65,2
72,2⁶)	49,0⁶)	54,9⁶)	11,2⁶)	8,8⁶)	10,8⁶)	34,1⁶)	85,0	15,0

. — ³) Summe der Schichten I und II. — ⁴) Summe der Schichten III und IV. — ⁵) Politische Verfolgung, Kriegsbeschädigung, Erwerbsunfähigkeit. —⁶) Basiswert der Prozentrechnung ist dieselbe Spaltensumme wie für Gruppe C.

Tabelle 13: Herkunft der Unternehmer nach sozialen Schichten

	Zahl der Unternehmer					Anteile in Prozent[1]				Anteil der Unternehmer	
	Höhere Schichten		Niedere Schichten		Summe[4]	Höhere Schichten		Niedere Schichten		aus höheren Schichten[2]	aus nied. Schichten[3] ("Aufsteiger"[4])
	Schicht I	Schicht II	Schicht III	Schicht IV		Schicht I	Schicht II	Schicht III	Schicht IV	in Prozent[1]	
	1	2	3	4	5	6	7	8	9	10	11
A. Nach der Position der Unternehmer:											
Aufsichtsräte	40	76	65	13	194	20,6	39,2	33,5	6,7	59,8	40,2
Vorst.-Vors.	51	138	134	26	349	14,6	39,5	38,4	7,5	54,1	45,9
Vorst.-Mitgl.	111	330	344	63	848	13,1	38,9	40,6	7,4	52,0	48,0
Stv. Vorst.-Mitgl.	13	50	65	11	139	9,3	36,0	46,8	7,9	45,3	54,7
Vorstände	175	518	543	100	1 336	13,1	38,8	40,6	7,5	51,9	48,1
Summe	215	594	608	113	1 530	14,1	38,8	39,7	7,4	52,9	47,1
B. Nach Wirtschaftszweigen:											
Industrie	121	353	326	69	869	13,9	40,6	37,5	8,0	54,5	45,5
Öffentl.-rechtl. Kreditinst.	12	52	68	10	142	8,5	36,6	47,9	7,0	45,1	54,9
Andere Kreditinst.	37	73	78	13	201	18,4	36,3	38,8	6,5	54,7	45,3
Versicherungen	30	89	96	14	229	13,1	38,9	41,9	6,1	52,0	48,0
Handel, Verkehr, Sonst.	15	27	40	7	89	16,9	30,3	44,9	7,9	47,2	52,8
C. Nach der Rechtsform des Unternehmens:											
AG, KGaA	160	450	436	88	1 134	14,1	39,7	38,4	7,8	53,8	46,2
GmbH	19	45	49	8	121	15,7	37,2	40,5	6,6	52,9	47,1
KG, OHG, Einzelfirmen	17	22	9	2	50	34,0	44,0	18,0	4,0	78,0	22,0
Öffentl.-rechtl. Untern.	15	55	73	12	155	9,7	35,5	47,1	7,7	45,2	54,8
Sonstige	4	22	41	3	70	5,7	31,4	58,6	4,3	37,1	62,9
D. Nach dem Eigentum am Unternehmen:											
Börsengesellschaften	102	257	241	53	653	15,6	39,4	36,9	8,1	55,0	45,0
Konzerneigentum	22	87	105	15	229	9,6	38,0	45,9	6,5	47,6	52,4
Familieneigentum	35	70	40	6	151	23,2	46,3	26,5	4,0	69,5	30,5
Öffentl.-rechtl. Eig.	19	67	93	16	195	9,7	34,4	47,7	8,2	44,1	55,9
Auslandseigentum	24	50	46	12	132	18,2	37,9	34,8	9,1	56,1	43,9
Sonst. Eigentum	13	63	83	11	170	7,6	37,1	48,8	6,5	44,7	55,3
E. Nach dem Geburtsjahrgang der Unternehmer:											
1904 u. früher (65 u. älter)	52	94	110	24	280	18,6	33,5	39,3	8,6	52,1	47,9
1905—1914 (55—64)	74	248	272	47	641	11,5	38,7	42,5	7,3	50,2	49,8
1915—1924 (45—54)	50	165	139	28	382	13,1	43,2	36,4	7,3	56,3	43,7
1925 und später (44 u. jünger)	32	75	77	12	196	16,3	38,3	39,3	6,1	54,6	45,4
Summe	208	582	598	111	1 499	13,9	38,8	39,9	7,4	52,7	47,8

[1]) Basis der Prozentrechnung ist die jeweilige Zeilensumme in Spalte 5. — [2]) Summe der Schichten I und II. — [3]) Summe der Schichten III und IV. — [4]) Abweichungen der Gesamtzahlen beruhen darauf, daß die Fragen jeweils von einer unterschiedlichen Zahl von Personen beantwortet wurden.

Tabelle 14: Unternehmer nach sozialen Schichten, Wirtschaftszweigen und Positionen

Position im Unternehmen	Zahl der Unternehmer				
	Schicht I	Schicht II	Schicht III	Schicht IV	Summe
Industrie:					
Aufsichtsräte	25	40	48	11	124
VV	32	88	56	14	190
VM..............	57	200	186	39	482
Stv. VM..........	7	25	36	5	73
Vorstände	96	313	278	58	745
Summe	**121**	**353**	**326**	**69**	**869**
Öffentl.-rechtl. Kreditinstitute:					
Aufsichtsräte	1	3	4	—	8
VV	5	17	30	4	56
VM..............	4	27	26	5	62
Stv. VM..........	2	5	8	1	16
Vorstände	11	49	64	10	134
Summe	**12**	**52**	**68**	**10**	**142**
Andere Kreditinstitute:					
Aufsichtsräte	4	7	3	—	14
VV	3	8	18	2	31
VM..............	29	49	46	10	134
Stv. VM..........	1	9	11	1	22
Vorstände	33	66	75	13	187
Summe	**37**	**73**	**78**	**13**	**201**
Versicherungen:					
Aufsichtsräte	5	20	6	2	33
VV	8	17	20	2	47
VM..............	14	42	61	8	125
Stv. VM..........	3	10	9	2	24
Vorstände	25	69	90	12	196
Summe	**30**	**89**	**96**	**14**	**229**
Handel, Verkehr, Sonstige:					
Aufsichtsräte	5	6	4	—	15
VV	3	8	10	4	25
VM..............	7	12	25	1	45
Stv. VM..........	—	1	1	2	4
Vorstände	10	21	36	7	74
Summe	**15**	**27**	**40**	**7**	**89**

Tabelle 15: Bildungsweg der Unternehmer

A. Schule – Lehre – Studium

Studium¹)	Lehre	Zahl der Unternehmer					Anteile in Prozent (n = 1516)				
		Ohne Abitur			Mit Abitur	Summe²)	Ohne Abitur			Mit Abitur	Summe
		Keine höh.Sch. o.Abitur	höh.Sch. o.Abitur	Summe			Keine höh.Sch. o.Abitur	höh.Sch. o.Abitur	Summe		
Ohne Studium	Ohne Lehre	—	5	5	16	21	—	0,3	0,3	1,1	1,4
	Mit Lehre	37	109	146	144	290	2,4	7,3	9,7	9,4	19,1
	Summe	**37**	**114**	**151**	**160**	**311**	**2,4**	**7,6**	**10,0**	**10,5**	**20,5**
Mit Studium	Ohne Lehre	3	2	5	868	873	0,2	0,2	0,4	57,2	57,6
	Mit Lehre	6	15	21	311	332	0,4	0,9	1,3	20,6	21,9
	Summe	**9**	**17**	**26**	**1 179**	**1 205**	**0,6**	**1,1**	**1,7**	**77,8**	**79,5**
Summe	Ohne Lehre	3	7	10	884	894	0,2	0,5	0,7	58,3	59,0
	Mit Lehre	43	124	167	455	622	2,8	8,2	11,0	30,0	41,0
	Summe	**46**	**131**	**177**	**1 339**	**1 516**	**3,0**	**8,7**	**11,7**	**88,3**	**100,0**

B. Studium – Unternehmerausbildung – Auslandserfahrung

Unternehmer-Ausbildung	Auslands-erfahrung³)	Zahl der Unternehmer					Anteile in Prozent (n = 1528)				
		Ohne abgeschl. Studium			Mit abgeschl. Studium	Summe²)	Ohne abgeschl. Studium			Mit abgeschl. Studium	Summe
		Kein Studium o.Absch.	Studium o.Absch.	Summe			Kein Studium o.Absch.	Studium o.Absch.	Summe		
Ohne Untern.-Ausb.	Ohne Ausl.-Erf.	152	38	190	578	768	10,0	2,5	12,5	37,8	50,3
	Mit Ausl.-Erf.	68	18	86	270	356	4,4	1,2	5,6	17,7	23,3
	Summe	**220**	**56**	**276**	**848**	**1 124**	**14,4**	**3,7**	**18,1**	**55,5**	**73,6**
Mit Untern.-Ausb.	Ohne Ausl.-Erf.	61	15	76	157	233	3,9	1,0	4,9	10,3	15,2
	Mit Ausl.-Erf.	37	9	46	125	171	2,5	0,5	3,0	8,2	11,2
	Summe	**98**	**24**	**122**	**282**	**404**	**6,4**	**1,5**	**7,9**	**18,5**	**26,4**
Summe	Ohne Ausl.-Erf.	213	53	266	735	1 001	13,9	3,5	17,4	48,1	65,5
	Mit Ausl.-Erf.	105	27	132	395	527	6,9	1,7	8,6	25,9	34,5
	Summe	**318**	**80**	**398**	**1 180**	**1 528**	**20,8**	**5,2**	**26,0**	**74,0**	**100,0**

¹) Unternehmer, die studiert, aber kein Abschlußexamen abgelegt haben, sind in Tabelle A als Unternehmer mit Studium gezählt. – ²) Abweichungen der Zahlen beruhen darauf, daß die Fragen jeweils von einer unterschiedlichen Zahl von Personen beantwortet wurden. – ³) Durch längeren Auslandsaufenthalt in der Jugend.

Zu Tabelle 15:

Bildungsweg der Unternehmer

Studium - Unternehmerausbildung - Auslandserfahrung

Stadien des Bildungswegs

Ausl.-Erf. — Mit Ausl.-Erf. / Ohne Ausl.-Erfahr. / Mit Ausl.-Erf. / Ohne Ausl.Erf. / Mit Ausl.-Erf.

Unt.Ausb. — Mit I.nt.-Ausb. / Ohne Unt.-Ausb. / Ohne Unternehmer-Ausbildung / Mit Unt.-Ausb.

Studium — Ohne Studium / Mit Studium

Summe der Unternehmer

Schule - Lehre - Studium

Studium — Ohne Studium / Mit Studium / Mit Studium / Ohne Studium

Lehre — Mit Lehre / Ohne Lehre / Mit Lehre

Schule — Ohne Abitur / Mit Abitur

Summe der Unternehmer

Tabelle 16: Art der Schulbildung und der Lehre

	Schule									Lehre						
	Zahl der Untern. (n)	Davon in %			Zahl der Abiturienten (n)	Davon in %				Zahl der Untern. (n)	Davon in %		Zahl.d.Unt. mit Lehre (n)	Davon in %		
		Keine höh.Sch.	Höh.Sch. o. Abitur	Abitur		Alte Sprach.	Neue Sprachen	Natur-wissensch.	Andere¹)		Ohne Lehre	Mit Lehre		Kfm.³)	Handw. ür.Techn.	Andere
A. Nach der Position der Unternehmer																
Aufsichtsräte	190	4,2	4,7	91,1	173	56,1	30,0	12,7	1,2	194	60,8	39,2	76	76,3	11,9	11,8
V.-Vors.	344	2,0	9,0	89,0	306	46,7	33,0	19,3	1,0	349	57,6	42,4	148	85,2	12,1	2,7
V.-Mitgl.	344	3,0	9,2	87,8	741	33,9	32,9	28,7	4,5	848	54,3	41,7	354	84,2	11,9	3,9
Stv. VM	138	4,4	9,4	86,2	119	34,5	27,7	35,3	2,5	139	62,6	37,4	52	78,8	17,3	3,9
Vor-stände	1 326	2,9	9,2	87,9	1 166	37,3	32,4	26,9	3,4	1 336	58,5	41,5	554	83,9	12,5	3,6
Summe¹)	1 516	3,0	8,7	88,3	1 339	39,7	32,1	25,1	3,1	1 530	58,8	41,2	630	83,0	12,4	4,6
B. Nach sozialen Schichten																
Sch cht I	214	—	1,4	98,6	211	55,9	28,0	13,3	2,8	215	64,7	35,3	76	90,8	3,9	5,3
Sch cht II	589	0,5	4,9	94,6	557	43,8	31,4	23,2	1,6	594	64,0	36,0	214	79,5	10,8	3,7
S-hicht III	604	4,8	12,4	82,8	500	30,2	34,2	32,0	3,6	608	56,4	43,6	265	85,3	11,3	3,4
S-hicht IV	109	12,9	22,0	65,1	71	26,8	35,2	26,8	11,2	113	33,6	66,4	75	77,3	12,0	10,7
Summe¹)	1 516	3,0	8,7	88,3	1 339	39,7	32,1	25,1	3,1	1 530	58,8	41,2	630	83,0	12,4	4,6
C. Nach den Geburtsjahrgängen der Unternehmer																
1104 u. früher (65 u. älter)	272	5,1	8,5	86,4	235	55,3	29,8	14,0	0,9	280	56,4	43,6	122	86,0	10,7	3,3
9905—1914 (55—64)	638	2,5	10,0	87,5	558	40,5	34,2	24,6	0,7	641	55,5	44,5	285	84,6	11,9	3,5
1915—1924 (45—54)	379	2,4	9,2	88,1	334	38,3	32,0	29,7	—	382	65,7	34,3	131	82,4	13,8	3,8
1925 u. danach (44 u. jünger)	195	3,1	3,1	93,8	183	29,0	33,3	36,1	1,6	196	65,8	34,2	67	76,1	14,9	9,0
Summe¹)	1 484	3,1	8,6	88,3	1 310	41,0	32,7	25,6	0,7	1 499	59,6	40,4	605	83,5	12,4	4,1

¹) Abweichungen der Gesamtzahlen beruhen darauf, daß die jeweiligen Fragen von einer unterschiedlichen Zahl von Personen beantwortet worden sind. — ²) Ein-schließlich Unternehmer, die das Abitur in Spezialschulen oder nach Sonderlehrgängen abgelegt haben. — ³) Einschließlich Volontäre.

Tabelle 17: Anteil der Ausbildungsarten

	Zahl der Untern. (n)	Darunter in Prozent				
		Mit Abitur	Mit Lehre	Mit Studium[1]	Mit Unt.-Ausb.[2]	Mit Ausl.-Erf.[2]
A. Nach der Position der Unternehmer						
Aufsichtsräte	190	91,1	38,9	83,2	9,8	36,6
VV	344	89,0	44,8	82,0	18,7	35,3
VM	844	87,8	40,6	78,6	31,6	33,4
St. VM	138	86,2	37,0	73,9	37,4	36,0
Vorstände	1 326	87,9	41,3	79,0	28,9	34,2
Summe	1 516	88,3	41,0	79,5	26,4	34,5
B. Nach sozialen Schichten						
Schicht I	214	98,6	35,0	86,9	27,4	53,0
Schicht II	589	94,6	36,0	84,9	26,1	41,2
Schicht III	604	82,8	43,7	75,0	27,1	24,4
Schicht IV	109	65,1	65,1	60,6	23,0	17,7
Summe	1 516	88,3	41,1	79,5	26,4	34,5
C. Nach Ausbildungsarten						
Keine höhere Schule	46	—	93,5	19,6	.	.
Höhere Schule ohne Abitur	131	—	94,7	13,0	.	.
Abitur	1 339	100,0	34,0	88,1	.	.
Summe	1 516	88,3	41,1	79,5	.	.
Kein Studium	318	.	.	—	30,8	33,0
Studium ohne Abschluß	80	.	.	100,0	30,0	33,8
Studium mit Abschluß	1 130	.	.	100,0	25,0	35,0
Summe	1 528	.	.	79,2	26,4	34,5

[1]) Einschließlich Studium ohne Abschlußexamen. — [2]) Die Prozentzahlen beziehen sich in Gruppe A auf 194 AR, 348 VV, 847 VM, 139 st. VM, 1334 Vorstände und 1528 Unternehmer (= Summe), in Gruppe B auf 215 Schicht I, 594 Schicht II, 606 Schicht III, 113 Schicht IV (= 1528).

Tabelle 18: Gründe des Auslandsaufenthalts in der Jugend

Gründe des Auslandsaufenthalts	Zahl der Personen	Zahl der Antworten				Zahl der Personen in %
		Berufsbezogene Gründe			Andere Gründe[3]	
		Berufs-tätig-keit[1]	Ver-vollk. d. Sprache	Stu-dium[2]		
I. Nur einen berufsbez. Grund angegeben:[4]						
A. Berufstätigkeit[1])	148	148	—	—	12	28,1
B. Vervollk. d. Sprache	118	—	118	—	34	22,4
C. Studium[2])	49	—	—	49	6	9,3
II. Mehrere berufsbez. Gründe angegeben:[5]						
A + B	35	35	35	—	6	6,6
A + C	14	14	—	14	—	2,7
A + B + C	5	5	5	5	2	0,9
B + C	11	—	11	11	—	2,1
Summe: Berufsbezogene Gründe	380	202	169	79	60	72,1
III. Andere Gründe[3])	147	—	—	—	147	27,9
Summe der Personen	527	—	—	—	—	100,0
Summe der Antworten	657	202	169	79	207	—
Dito: Anteil in %	100,0	30,8	25,7	12,0	31,5	—

Summe der Antworten nach Position der Unternehmer:

	Zahl (n)	Anteil in Prozent				
Aufsichtsräte	94	24,5	31,9	9,6	34,0	100,0
Vorst.-Vors.	156	25,0	28,2	17,3	29,5	100,0
Vorst.-Mitgl.	346	32,4	24,0	11,3	32,3	100,0
Stv. V.-Mitgl.	61	45,9	19,7	6,5	27,9	100,0
Vorstände	563	31,8	24,7	12,4	31,1	100,0
Summe........................	657	30,8	25,7	12,0	31,5	100,0

[1]) Einschließlich Auslandspraktikum. — [2]) Einschließlich Sprachstudium. — [3]) Land und Leute kennenlernen (40 Personen), private Gründe (38), Krieg oder Gefangenschaft (33), im Ausland geboren oder aufgewachsen (22) u. a. m. — [4]) Fälle, in denen auch ein nicht berufsbezogener Grund angegeben wurde, sind einbezogen. — [5]) Erklärung der Buchstaben in der Textspalte unter Ziffer I.

Tabelle 19: Art der Unternehmer-Ausbildung

Art der Ausbildung	Zahl der Personen	Zahl der Antworten				Zahl der Personen in %
		Unt.-Akademie	Mehr-wöch. Kurse	Ge-legentl. Veranst.	Sonst. Unt.-Ausb.[1]	
I. Nur eine Ausbildungsart angegeben:[2]						
A. Untern.-Akademie	29	29	—	—	1	7,2
B. Mehrwöchentl. Kurse	140	—	140	—	3	34,6
C. Gelegentl. Veranst.	147	—	—	147	3	36,4
II. Mehrere Ausb.-Arten angegeben:[2]						
A + B	9	9	9	—	—	2,2
A + C	12	12	—	12	—	3,0
A + B + C	7	7	7	7	—	1,7
B + C	40	—	40	40	—	9,9
Summe: Haupt-Ausbildungsarten:	**384**	**57**	**196**	**206**	**7**	**95,0**
III. Sonst. Unt.-Ausbildung[1])	20	—	—	—	20	5,0
Summe der Personen	404	—	—	—	—	100,0
Summe der Antworten	**486**	**57**	**196**	**206**	**27**	—
Dito: Anteil in %	100,0	11,7	40,3	42,4	5,6	—

Summe der Antworten nach Position der Unternehmer:

	Zahl (n)	Anteil in Prozent				
Aufsichtsräte	23	8,7	30,4	52,2	8,7	100,0
Vorst.-Vors.	80	15,0	36,2	41,3	7,5	100,0
Vorst.-Mitgl.	317	12,3	42,3	40,4	5,0	100,0
Stv. V.-Mitgl.	66	6,1	39,4	50,0	4,5	100,0
Vorstände	463	11,9	40,8	41,9	5,4	100,0
Summe	**486**	**11,7**	**40,3**	**42,4**	**5,6**	**100,0**

[1]) Innerbetriebliche Schulung des Führungsnachwuchses, Lehrgänge an ausländischen Unternehmerschulen u. a. m. — [2]) Fälle, in denen auch eine „sonstige" Ausbildungsart angegeben wurde. sind einbezogen. — [3]) Erklärung der Buchstaben in der Textspalte unter Ziffer I.

Tabelle 20:
Lebensalter und Unternehmer-Ausbildung

Lebensalter	Zahl der Untern. (n)	Darunter in %	
		Mit Unt.-Ausb.	Mit Ausl.-Erf.
65 u. älter	280	6,1	34,3
60—64	336	16,7	29,2
55—59	305	24,9	31,5
50—54	170	42,4	36,5
45—49	212	45,8	36,8
40—44	153	41,8	38,6
39 u. jünger	43	33,3	58,1
Summe oder ⌀	**1 499**	**26,4**	**34,3**

Tabelle 21:
Anteil der Hauptausbildungswege
in Prozent[1])

	Kein Studium[2])	Studium		
		Recht	Wirtschaft [3])	Technik [4])
A. Nach der Position der Unternehmer[5]):				
AR	25	33	23	16
VV	24	22	28	24
VM	27	22	22	28
Stv. VM	31	19	17	32
Durchschnitt	**26**	**24**	**23**	**25**
B. Nach sozialen Schichten:				
Schicht I	21	30	23	24
Schicht II	21	28	22	27
Schicht III	29	20	24	26
Schicht IV	47	12	28	10
C. Nach dem Geburtsjahrgang:				
1904 u. früher	23	27	25	23
1905—1914	30	23	19	26
1915—1924	26	22	25	26
1925 u. danach	14	26	33	25
D. Nach Wirtschaftszweigen:				
Industrie	24	14	22	38
Öfftl. Kreditinst. . .	23	36	36	1
And. Kreditinst. . . .	32	42	22	4
Versicherungen . . .	25	37	19	17
Andere	42	23	26	7
E. Nur Industrie — nach Positionen[5]):				
AR	25	27	23	22
VV	22	12	26	39
VM	23	11	22	42
Stv. VM	30	4	12	54
Durchschn. Ind. . . .	**24**	**14**	**22**	**38**

[1]) Basis der Prozentrechnung (n) ist die jeweilige Zeilensumme in Tabelle 22, Spalte 1 (ausgenommen die Zahlen für AR, VV und VM; vgl. Anm. 5). Die an 100 fehlenden Prozentwerte betreffen „andere" Studienfächer (Tabelle 22, Spalte 10). — [2]) Einschließlich Unternehmer mit Studium, aber ohne Abschlußexamen. — [3]) Einschließlich Doppelstudium Recht und Wirtschaft (Tabelle 22, Spalte 9). — [4]) Einschließlich Naturwissenschaften und Mathematik. — [5]) Zuordnung nach der heutigen Position der Unternehmer. Frühere Vorstände, die heute einem Aufsichtsrat angehören, sind in dieser Tabelle also als Aufsichtsräte gezählt, nicht — wie in anderen Tabellen — als Vorstände. Basis der Prozentrechnung (n) für AR, VV und VM sind in Abschnitt A die Zahlen 300, 280 und 811, in Abschnitt E die Zahlen 185, 145 und 466. Näheres siehe im Abschnitt I dieses Buches.

Tabelle 22: Studium der Unternehmer[1]

	Zahl der Untern.[2] (n)	Ohne Abschluß-Examen — Kein Studium	Ohne Abschluß-Examen — Stud. o. Abschl.	Summe	Mit Abschluß-Examen	Untern. m. Abschl.-Examen[3] (n)	Recht	Wirtsch.	Recht und Wirtsch.	Andere Fächer	Nicht-techn. Fächer	Technik	Natur-wissenschaften[4]	Techn. Fächer
		Davon in Prozent					*Davon in Prozent[4]*							
	1	2	3	4	5	6	7	8	9	10	11	12	13	14
A. Nach der Position der Unternehmer:														
Aufsichtsräte	194	17,0	5,7	22,7	77,3	150	51,3	17,4	10,7	3,3	82,7	8,0	9,3	17,3
Vorst.-Vors	340	18,3	6,3	24,6	75,4	263	30,0	24,0	12,9	2,7	69,6	17,5	12,9	30,4
Vorst.-Mitgl.	848	21,8	4,8	26,6	73,4	622	29,4	20,6	10,1	1,8	61,9	22,3	15,8	38,1
Stv. V.-Mitgl	139	26,6	4,3	30,9	69,1	96	27,1	11,4	12,5	2,1	53,1	32,8	14,6	46,9
Vorstände	1336	21,4	5,2	26,6	73,4	981	29,4	20,6	11,1	2,0	63,1	22,0	14,9	36,9
Summe	**1530**	**20,9**	**5,2**	**26,1**	**73,9**	**1181**	**32,3**	**20,2**	**11,0**	**2,2**	**65,7**	**20,2**	**14,1**	**34,3**
B. Nach sozialen Schichten:														
Schicht I	215	14,0	7,0	21,0	79,0	170	37,6	11,2	17,6	2,4	68,8	19,4	11,8	31,2
Schicht II	594	15,8	4,7	20,5	79,5	472	35,4	17,8	9,7	2,8	65,7	23,1	11,2	34,3
Schicht III	608	25,0	4,4	29,4	70,6	429	28,0	23,8	9,3	1,0	62,7	18,2	19,1	37,3
Schicht IV	113	38,1	8,8	46,9	53,1	60	23,3	38,3	15,0	1,7	78,4	13,3	8,3	21,6
Summe	**1530**	**20,9**	**5,2**	**26,1**	**73,9**	**1181**	**32,3**	**20,2**	**11,0**	**2,2**	**65,7**	**20,2**	**14,1**	**34,3**
C. Nach dem Geburtsjahrgang der Unternehmer:														
1904 u. früher (65 u. älter)	280	18,6	4,6	23,2	76,8	215	35,3	19,1	12,0	2,8	69,8	16,3	13,9	30,2
1905—1914 (55—64)	641	24,8	5,5	30,3	69,7	447	33,3	14,5	12,8	2,2	62,8	23,5	13,7	37,2
1915—1924 (45—54)	382	21,0	5,2	26,2	73,8	282	29,5	24,8	8,5	1,8	64,6	21,6	13,8	35,4
1925 u. danach (44 u. jünger)	196	9,2	4,6	13,8	86,2	169	30,2	29,0	8,8	2,4	70,4	14,8	14,8	29,6
Summe	**1499**	**20,6**	**5,2**	**25,8**	**74,2**	**1118**	**32,3**	**20,2**	**11,1**	**2,2**	**65,8**	**20,3**	**13,9**	**34,2**
D. Nach Wirtschaftszweigen:														
Industrie	869	19,2	4,7	23,9	76,1	661	18,8	20,4	8,3	2,1	49,6	32,5	17,9	50,4
Öffentl.-rechtl. Kreditinst.	142	18,3	4,9	23,2	76,8	109	46,8	30,3	16,5	4,6	98,2	0,9	0,9	1,8
Andere Kreditinst.	201	24,4	7,4	31,8	68,2	137	62,1	15,3	17,5	—	94,9	4,4	0,7	5,1
Versicherungen	229	19,7	5,2	24,9	75,1	172	45,8	12,2	13,4	2,3	76,7	1,8	21,5	23,3
Handel, Verkehr Sonst.	89	37,1	4,5	41,6	58,4	52	40,4	34,6	9,6	3,8	88,4	5,8	5,8	11,6
Summe	**1530**	**20,9**	**5,2**	**26,1**	**73,9**	**1181**	**32,3**	**20,2**	**11,0**	**2,2**	**65,7**	**20,2**	**14,1**	**34,3**
E. Nach der Rechtsform der Unternehmen:														
AG, KGaA	1134	19,5	4,9	24,4	75,6	857	30,9	18,2	10,1	1,6	60,8	22,6	16,6	39,2
GmbH	121	28,1	5,8	33,9	66,1	80	22,5	25,0	6,3	3,7	57,5	28,7	13,8	42,5
KG, oHG, Einzelfirma	50	24,0	16,0	40,0	60,0	30	36,6	16,7	10,7	—	70,0	23,3	6,7	30,0
Öffentl.-rechtl Untern.	155	19,4	4,5	23,0	76,1	118	48,3	27,1	18,7	4,2	98,3	1,7	—	1,7
Sonstige Untern.	70	31,4	2,9	34,3	65,7	46	30,4	32,6	15,2	6,5	84,7	4,4	10,9	15,3
Summe	**1530**	**20,9**	**5,2**	**26,1**	**73,9**	**1181**	**32,3**	**20,2**	**11,0**	**2,2**	**65,7**	**20,2**	**14,1**	**34,3**
F. Nur Industrie — Nach der Position der Unternehmer:														
Aufsichtsräte	124	18,6	4,8	23,4	76,6	95	45,3	17,9	12,6	4,2	80,0	8,4	11,6	20,0
Vorst.-Vors.	190	15,8	7,4	23,2	76,8	146	17,1	23,3	10,3	2,1	52,8	30,1	17,1	47,2
Vorst.-Mitgl.	482	19,5	3,9	23,4	76,6	369	14,4	21,1	6,8	1,9	44,2	36,0	19,8	55,8
Stv. V.-Mitgl.	73	27,4	2,7	30,1	69,9	51	5,9	11,8	5,9	—	23,5	58,8	17,7	76,5
Vorstände	745	19,3	4,7	24,0	76,0	566	14,3	20,8	7,6	1,8	44,5	36,6	18,9	55,5
Summe	**869**	**19,2**	**4,7**	**23,9**	**76,1**	**661**	**18,8**	**20,4**	**8,3**	**2,1**	**49,6**	**32,5**	**17,9**	**50,4**

[1]) Basis der Prozentrechnung(n) ist die jeweilige Zeilensumme (Spalte 1). — [3]) Basis der Prozentrechnung(n) ist die jeweilige Zeilensumme — [4]) Abweichungen ... konstatiert worden sind. — [4]) Einschließlich Mathematik.

Tabelle 23: Studium der Söhne¹) von Akademikern

Studium der Söhne¹)	Studium der Eltern													Anteile in Prozent⁴)					
	Recht	Wirtschaft³)	Summe Recht u. Wirtsch. (Sp. 1-2)	Technik	Naturwiss.	Summe: Techn.u. Naturw. (Sp. 4-5)	Medizin	Philologie²)	Theologie	Summe: Andere Fächer (Sp.7-9)	Summe (Sp. 3+6+10)	Eltern ohne Stud.	Summe (Sp. 11-12)	Eltern mit Studium				Eltern ohne Stud.	Summe
														Recht u. Wirtsch. (Sp. 3)	Techn.u. Naturw. (Sp. 6)	Andere Fächer (Sp. 10)	Summe (Sp. 11)	(Sp. 12)	(Sp. 13)
	1	2	3	4	5	6	7	8	9	10	11	12	13	14	15	16	17	18	19
Recht	75	13	88	18	12	30	18	17	11	46	164	201	365	52,0	20,4	35,9	36,9	29,2	32,3
Wirtschaft	13	11	24	15	4	19	8	6	4	18	61	167	228	14,2	12,9	14,1	13,8	24,3	20,2
Recht und Wirtschaft	21	4	25	7	5	12	8	9	1	18	55	70	125	14,8	8,2	14,1	12,4	10,2	11,0
Andere Fächer	2	1	3	3	—	3	4	1	1	6	12	13	25	1,8	2,0	4,7	2,7	1,9	2,2
Summe: Recht, Wirtsch., Andere.	111	29	140	43	21	64	38	33	17	88	292	451	743	82,8	43,5	68,8	65,8	65,6	65,7
Technik	17	4	21	55	5	60	13	8	2	23	104	124	228	12,4	40,8	17,9	23,4	18,1	20,2
Naturwissenschaften	7	1	8	9	14	23	8	7	2	17	48	112	160	4,8	15,7	13,3	10,8	16,3	14,1
Summe: Technik und Naturwiss.	24	5	29	64	19	83	21	15	4	40	152	236	388	17,2	56,5	31,2	34,2	34,4	34,3
Summe: Studium mit Abschluß	135	34	169	107	40	147	59	48	21	128	444	687	1131	100,0	100,0	100,0	100,0	100,0	100,0
Studium mit Abschluß	135	34	169	107	40	147	59	48	21	128	444	687	1131	83,3	83,1	90,8	85,2	68,1	73,9
Studium ohne Abschluß	7	4	11	8	2	10	3	3	—	6	27	53	80	5,4	5,6	4,2	5,2	5,2	5,2
Kein Studium	19	4	23	16	4	20	2	4	1	7	50	269	319	11,3	11,3	5,0	9,6	26,7	20,9
Summe: Söhne von Akademikern	161	42	203	131	46	177	64	55	22	141	521	1009	1530	100,0	100,0	100,0	100,0	100,0	100,0

¹) Die Unternehmer sind in dieser Tabelle zur Verdeutlichung des Zusammenhangs als „Söhne" bezeichnet. Die Zahlen umfassen natürlich auch weibliche Unternehmer, also „Töchter". — ²) Einschließlich 15 Eltern, die Agrarwissenschaften studiert haben; von den Söhnen haben 13 ein abgeschlossenes Studium (5 Recht, 3 Wirtschaft, 2 Recht und Wirtschaft, 3 Technik). — ³) Einschließlich 10 Eltern, die ein anderes Fach studiert haben (Politische Wissenschaften, Soziologie, Kunstgeschichte); von den Söhnen haben 7 ein abgeschlossenes Studium (1 Wirtschaft, 1 Recht und Wirtschaft, 2 Technik, 3 Naturwissenschaft). — ⁴) Basis der Prozentrechnung(en) sind die Summen „Studium mit Abschluß" und „Söhne von Akademikern" in den jeweils angegebenen Spalten.

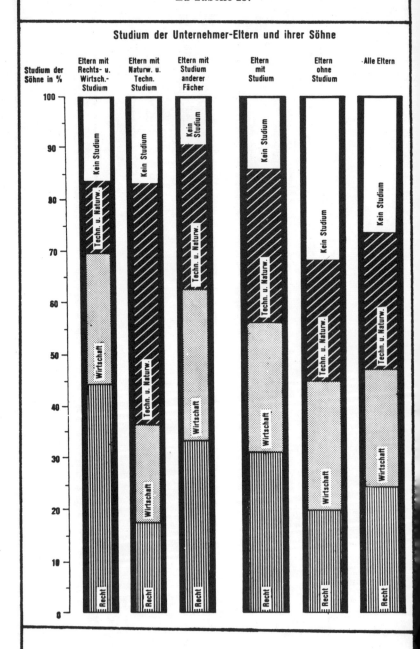

Zu Tabelle 23:

Studium der Unternehmer-Eltern und ihrer Söhne

Tabelle 24: Abschluß-Examen — Studentische Verbände

| | Zahl der Untern. m. Abschl.-Ex.[4]) (n) | Art des Abschluß-Examens | | | | Mitg'lied studentischer Verbände [3]) | |
| | | Davon 'n Prozent[1]) | | | | | |
		Staats-examen	Dr.	Dr. habil	Andere Examen [2])	Zahl	in %[1])
A. Nach der Position der Unternehmer:							
Aufsichtsräte	150	27,3	65,4	5,3	2,0	77	51,3
Vorst.-Vors. ....°...	263	27,8	38,4	2,3	1,5	127	48,3
Vorst.-Mitgl.	621	35 9	61,0	2.8	0,3	276	44,4
Stv. V.-Mitgl.	96	41,7	58,3	—	—	39	40,6
Vorstände	980	34,3	62,8	2,3	0,6	442	45,1
Summe	1 130	33,4	63,1	2,7	0,8	519	45,9
B. Nach sozialen Schichten:							
Schicht I	170	28,8	68,8	2,4	—	74	43,5
Schicht II ....:....	472	33,9	62,7	3,0	0,4	240	50,8
Schicht III	428	33,9	62,1	2,6	1,4	187	43,7
Schicht IV	60	38,3	56,7	3,3	1,7	18	30,0
Summe	1 130	33,4	63,1	2,7	0,8	519	45,9
C. Nach dem Geburtsjahrgang der Unternehmer:							
1904 u. früher (65 u. älter)	215	21,4	72,6	3,7	2,3	115	53,5
1905—1914 (55—64)	447	36,0	60,6	2,7	0,7	256	57,3
1915—1924 (45—54)	282	39,0	57,8	2,8	0,4	82	29,1
1925 u. danach (44 u. jünger)...	169	34.9	63,9	1,2	—	58	34,3
Summe	1 113	33,8	62,7	2,7	0,8	511	45,9
D. Nach dem Studienfach der Unternehmer:							
Recht	364	29,1	69,0	1,4	0,5	184	50,4
Wirtschaft	228	31,2	64,9	2,6	1,3	64	28,1
Recht und Wirtschaft	125	30,4	68,8	0,8	—	53	42,4
Andere Fächer	25	28,0	64,0	—	8,0	12	48,0
Technik	228	53,5	42,6	3,9	—	138	60,5
Naturwissenschaften[5])	160	20,6	71,9	6,3	1,2	68	42,5
Summe	1 130	— 33,4	63,1	2,7	0,8	519	45,9

[1]) Basis der Prozentrechnung (n) ist die Zahl der Unternehmer mit Abschluß-Examen (erste Zahlenspalte). — [2]) An Spezialhochschulen, ausländischen Universitäten u. a. m. — [3]) Nur Unternehmer mit abgeschlossenem Studium. — [4]) Abweichungen der Gesamtzahlen beruhen darauf, daß die Fragen jeweils von einer unterschiedlichen Zahl von Personen beantwortet worden sind. — [5]) Einschließlich Mathematik.

Tabelle 25: Finanzierung des Studiums

	Zahl der Unter-nehmer[1] (n)	Davon in Prozent		
		Eltern, Ver-wandte[2]	Stipen-dien, eig. Arbeit	Misch-fälle
Schicht I	186	76,9	13,4	9,7
Schicht II	502	69,1	19,1	11,8
Schicht III	449	49,2	31,4	19,4
Schicht IV	66	21,2	56,1	22,7
Summe	**1 203**	**60,3**	**24,8**	**14,9**

[1] Unternehmer mit abgeschlossenem und nicht ab-geschlossenem Studium. — [2] Einschließlich Finan-zierung aus Erträgen eigenen Vermögens.

Tabelle 26:
Altersgliederung führender Unternehmer im internationalen Vergleich

Land	Prozentualer Anteil der Unter-nehmer im Alter von ... Jahren		
	unter 50	50—59	60 u. älter
Ver. Staaten v. Amerika[1]	**23**	**51**	**26**
Großbritannien	25	46	29
Niederlande	28	38	34
Italien	34	31	35
Deutschland	30	25	45
Frankreich	15	36	49
Belgien	39	12	49
Durchschnitt Europa[1]	**26**	**34**	**40**
Deutsche Großunternehmen[2]:			
Vorst.-Vorsitzende	16	35	49
Vorst.-Mitglieder	33	37	30
Stellv. Vorst.-Mitglieder	57	27	16
Durchschnitt Vorstände	**32**	**36**	**32**
Alle deutschen AGs[3]:			
Vorst.-Vorsitzende	14	39	47
Vorst.-Mitglieder	22	41	37
Stellv. Vorst.-Mitglieder	48	37	15
Durchschnitt Vorstände	**24**	**40**	**36**

[1] Die Zahlen für die Vereinigten Staaten von Ame-rika und für die europäischen Länder (obere acht Zeilen) sind dem Aufsatz von Henry Dougier in „Eu-ropean Business", Paris, Juli 1970, entnommen. Sie ba-sieren auf den Antworten von 576 leitenden Männern in den sechs europäischen Staaten. — [2] Die Zahlen für die Vorstände deutscher Großunternehmen (mitt-lere vier Zeilen) entstammen der vorliegenden Sta-tistik (Tabelle 27). Einbezogen sind 1206 Personen. — [3] Die Zahlen für die Vorstände aller deutschen Ak-tiengesellschaften (untere vier Zeilen) beruhen auf unserer Untersuchung im Jahre 1966 (Die oberen 30 000, Wiesbaden 1967, Seite 46). Sie umfassen 3391 Per-sonen.

Tabelle 27: Altersgliederung der deutschen Unternehmer

	1930 u. später (unter 40)	1925-29 (40-44)	1920-24 (45-49)	1915-19 (50-54)	1910-14 (55-59)	1905-09 (60-64)	1900-04 (65-69)	1890-99 (70-79)	1889 u. früher[*] (80 u. älter)	Summe	1925 u. später (unter 45)	1915-24 (45-54)	1915 u. später (unter 55)	1905-14 (55-64)	1904 u. früher (65 u. älter)	Durchschnitts-Alter in Jahren[*]
	Zahl der Unternehmer der Geburts-Jahrgänge / im Alter von … Jahren[*]									Summe	Anteil der Geburts-Jahrgänge in % / Anteil der Altersgruppen in %[*]					
A. Nach der Position der Unternehmer[*]																
AR-Vors.	—	—	—	—	5	9	30	21	5	70	—	—	—	20,0	80,0	69
Stv. AR-Vors.	—	1	1	—	5	7	19	11	7	51	3,9	5,9	9,8	23,5	66,7	66
AR-Mitgl.	4	9	10	10	25	31	40	39	4	172	7,0	10,5	17,5	32,5	50,0	64
Aufsichtsräte	4	10	11	10	35	47	89	71	16	**293**	4,8	7,2	12,0	28,0	60,0	**66**
Vorst.-Vors.	2	11	32	27	70	93	37	4	—	276	4,7	21,4	26,1	59,1	14,8	58
Vorst.-Mitgl.	25	98	138	117	179	178	56	4	—	795	15,5	32,1	47,6	44,9	7,5	54
Stv. Vorst.-Mitgl.	12	34	31	16	21	18	3	—	—	135	34,1	34,8	68,9	28,9	2,2	50
Vorstände	39	143	201	160	270	289	96	8	—	**1 206**	15,1	29,9	45,0	46,4	8,6	**55**
Alle Unternehmer	43	153	212	170	305	336	185	79	16	**1 499**	13,1	25,5	38,6	42,7	18,7	**57**
B. Vorstände nach Wirtschaftszweigen																
Industrie	21	68	105	105	158	166	44	3	—	670	13,3	31,3	44,6	48,4	7,0	55
Öfftl.-rechtl. Kreditinst.	1	17	19	12	32	31	13	1	—	126	14,3	24,6	38,9	50,0	11,1	56
Andere Kreditinst.	6	21	37	17	29	36	14	2	—	162	16,7	33,3	50,0	40,1	9,9	54
Versicherungen	8	28	32	18	34	36	22	2	—	180	20,0	27,8	47,8	38,9	13,3	54
Handel, Verkehr, Sonstige	3	9	8	8	17	20	3	—	—	68	17,7	23,5	41,2	54,4	4,4	55
C. Vorstände nach der Rechtsform der Unternehmen																
AG, KGaA	30	98	134	129	194	211	65	4	—	865	14,8	30,4	45,2	46,8	8,0	55
GmbH	2	14	20	14	26	25	5	—	—	106	15,1	32,1	47,2	48,1	4,7	54
KG, oHG, Einzelf.	2	7	8	4	7	9	5	2	—	44	20,4	27,3	47,7	36,4	15,9	55
Öffl.-rechtl. Unt.	1	17	21	12	35	35	14	2	—	137	13,1	24,1	37,2	51,1	11,7	56
Sonstige	4	7	18	1	8	9	6	1	—	54	20,4	35,2	55,6	31,5	12,9	53
D. Vorstände nach dem Eigentum am Unternehmen																
Börsengesellschaften	17	52	76	63	107	123	46	4	—	488	14,1	28,5	42,6	47,1	10,3	55
Konzerneigentum	5	24	30	26	46	44	14	—	—	189	15,4	29,6	45,0	47,6	7,4	55
Familieneigentum	5	16	20	17	24	27	8	2	—	119	17,6	31,1	48,7	42,9	8,4	54
Öffl.-rechtl. Eigent.	1	19	26	16	43	40	18	1	—	164	12,2	25,6	37,8	50,6	11,6	56
Auslandseigentum	4	12	20	22	25	23	2	—	—	108	14,8	38,9	53,7	44,4	1,9	53
Sonst. Eigentum	7	20	29	16	25	32	8	1	—	138	19,6	32,6	52,2	41,3	6,5	53
E. Vorstände nach Art der Laufbahn																
Vorst.-Vors.: Lfb. über Untern.	—	6	22	13	46	85	35	4	—	211	2,8	16,6	19,4	62,1	18,5	60
Lfb. nicht über Untern.	2	5	10	14	24	7	2	—	—	64	10,9	37,5	48,4	48,5	3,1	54
Summe[*]	2	11	32	27	70	92	37	4	—	**275**	4,7	21,5	26,2	58,9	14,9	**58**
Vorst.-Mitgl.: Lfb. über Untern.	9	84	124	80	158	166	55	4	—	680	13,7	30,0	43,7	47,6	8,7	55
Lfb. nicht über Untern.	14	14	14	36	21	11	1	—	—	111	25,2	45,1	70,3	28,8	0,9	51
Summe[*]	23	98	138	116	179	177	56	4	—	**791**	15,3	32,1	47,4	45,0	7,8	**54**
Stv. V.-Mitgl.: Lfb. über Untern.	10	33	31	15	18	18	3	—	—	128	33,6	35,9	69,5	28,1	2,4	50
Lfb. nicht über Untern.	2	1	—	1	3	—	—	—	—	7	—	—	—	—	—	49
Summe	12	34	31	16	21	18	3	—	—	**135**	34,1	34,8	68,9	28,9	2,2	**50**

Fortsetzung der Tabelle nächste Seite

Vorstände:															
Lfb. über Untern. :	19	123	177	108	222	269	93	8	—	1 019	13,9	28,0	41,9	48,2	9,9	55
Lfb. nicht über Untern. :	18	20	24	51	48	18	3	—	—	182	20,9	41,2	62,1	36,3	1,6	52
Summe⁴) :	87	143	201	159	270	287	96	8	—	1 201	15,0	30,0	45,0	46,4	8,6	55

¹) Zuordnung nach der heutigen Position der Unternehmer. Frühere Vorstände, die heute einem Aufsichtsrat angehören, sind in dieser Tabelle also als Aufsichtsräte gezählt, nicht — wie in anderen Tabellen — als Vorstände. — ²) Näherungswerte für das arithmetische Mittel, errechnet durch Division der auf Fünf-Jahres-Gruppen basierenden Gesamt-Lebensalter (Addition der Lebensalter aller Personen) durch die Zahl der Personen. — ³) Basis der Prozentrechnung (m) ist die jeweilige Zeilensumme. — ⁴) Die Zahlen stimmen mit denen in Abschnitt A nicht völlig überein, weil 5 Vorstände (1 VV, 4 VM) die Frage nach der Laufbahn nicht beantwortet haben.

Zu Tabelle 27:

Alterskurve der Vorstände deutscher Großunternehmen

Tabelle 28: Berufungsalter der Vorstände[1])

	Zahl der Vorstände mit Berufung im Alter von ... Jahren				
	34 und jünger	35–39	40–44	45–49	50–54

A. Nach der Position der Vorstände:

I. Vorstandsvorsitzende:					
1. Laufbahn über V-Tätigkeit					
a) Berufung zum V	(54)	(78)	(67)	(48)	(19)
b) Berufung zum VV	2	21	40	67	63
2. Direkte Berufungen zum VV²)	9	11	15	14	14
Summe VV	**11**	**32**	**55**	**81**	**77**
II. Vorstandsmitglieder:					
1. Alle Berufungen zum V	132	247	282	251	145
2. Davon ab: spätere VV³)	54	78	67	48	19
Summe VM⁴)	**78**	**169**	**215**	**203**	**126**
III. Stv. Vorstandsmitglieder	8	29	35	31	20
Alle Vorstände	**97**	**230**	**305**	**315**	**223**

B. Nach Position und Wirtschaftszweigen:

Vorstandsvorsitzende:					
Industrie	7	18	28	45	45
Öfftl.-rechtl. Kreditinstitute	1	5	8	9	20
Andere Kreditinstitute	—	—	4	4	7
Versicherungen	1	6	9	14	6
Handel, Verkehr, Sonstige	2	3	6	6	2
Summe	**11**	**32**	**55**	**81**	**77**
Vorstandsmitglieder:					
Industrie	40	89	124	117	85
Öfftl.-rechtl. Kreditinstitute	5	10	19	14	9
Andere Kreditinstitute	14	33	32	37	10
Versicherungen	13	29	32	26	15
Handel, Verkehr, Sonstige	6	8	8	9	7
Summe	**78**	**169**	**215**	**203**	**126**
Stv. Vorstandsmitglieder:					
Industrie	2	12	12	20	14
Öfftl.-rechtl. Kreditinstitute	—	5	6	2	1
Andere Kreditinstitute	1	6	8	3	3
Versicherungen	5	5	7	5	2
Handel, Verkehr, Sonstige	—	1	2	1	—
Summe	**8**	**29**	**35**	**31**	**20**
Alle Vorstände:					
Industrie	49	119	164	182	144
Öfftl.-rechtl. Kreditinstitute	6	20	33	25	30
Andere Kreditinstitute	15	39	44	47	17
Versicherungen	19	40	48	45	23
Handel, Verkehr, Sonstige	8	12	16	16	9
Summe	**97**	**230**	**305**	**315**	**223**

Tabelle 28: Berufungsalter der Vorstände[1])

	Zahl der Vorstände mit Berufung im Alter von ... Jahren				
	34 und jünger	35–39	40–44	45–49	50–54

C. Nach Position und Eigentumsverhältnissen:

Vorstandsvorsitzende:					
Börsengesellschaften	3	10	18	27	28
Konzerneigentum	1	5	10	14	11
Familieneigentum	2	2	5	5	4
Öfftl. Eigentum	1	6	10	14	22
Auslandseigentum	2	4	2	11	6
Sonstiges Eigentum	2	5	10	10	6
Summe	**11**	**32**	**55**	**81**	**77**
Vorstandsmitglieder:					
Börsengesellschaften	29	64	98	92	54
Konzerneigentum	8	33	32	42	14
Familieneigentum	18	21	15	16	11
Öfftl. Eigentum	6	15	23	23	16
Auslandseigentum	3	10	19	18	18
Sonstiges Eigentum	14	26	28	12	13
Summe	**78**	**169**	**215**	**203**	**126**
Stv. Vorstandsmitglieder:					
Börsengesellschaften	4	12	12	13	13
Konzerneigentum	1	2	8	2	—
Familieneigentum	—	4	4	4	3
Öfftl. Eigentum	—	5	6	2	1
Auslandseigentum	3	2	3	5	2
Sonstiges Eigentum	—	4	2	5	1
Summe	**8**	**29**	**35**	**31**	**20**
Alle Vorstände:					
Börsengesellschaften	36	86	128	132	95
Konzerneigentum	10	40	50	58	25
Familieneigentum	20	27	24	25	18
Öfftl. Eigentum	7	26	39	39	39
Auslandseigentum	8	16	24	34	26
Sonstiges Eigentum	16	35	40	27	20
Summe	**97**	**230**	**305**	**315**	**223**

D. Nach Position und Art der Laufbahn:

Vorstandsvorsitzende:					
Laufbahn über Unternehmen[5])	8	23	46	64	56
Laufbahn nicht über Unternehmen[6])	3	9	9	17	21
Summe	**11**	**32**	**55**	**81**	**77**
Vorstandsmitglieder:					
Laufbahn über Unternehmen	66	148	189	172	106
Laufbahn nicht über Unternehmen	12	21	26	31	20
Summe	**78**	**169**	**215**	**203**	**126**
Stv. Vorstandsmitglieder:					
Laufbahn über Unternehmen	8	27	32	31	20
Laufbahn nicht über Unternehmen	—	2	3	—	—
Summe	**8**	**29**	**35**	**31**	**20**
Vorstände:					
Laufbahn über Unternehmen	82	198	267	267	182
Laufbahn nicht über Unternehmen	15	32	38	48	41
Summe	**97**	**230**	**305**	**315**	**223**

[1]) Einschließlich früherer Vorstände, die heute dem Aufsichtsrat angehören.
— [2]) Berufung zum Vorstandsvorsitzenden ohne vorangegangene Tätigkeit als Vorstandsmitglied.

			Anteil der Berufungsalter in %/₀					Durch-schnittl.
55–59	60 und älter	Summe (n)	34 und jünger	35–44	Summe: 44 und jünger	45–54	55 und älter	Beruf.-Alter in Jahren
(6)	—	(272)	(19,9)	(53,3)	(73,2)	(24,6)	(2,2)	(40)
54	25	272	0,7	22,4	23,1	47,8	29,1	50
12	—	75	12,0	34,7	46,7	37,3	16,0	45
66	**25**	**347**	**3,2**	**25,1**	**28,3**	**45,5**	**26,2**	**49**
52	7	1 116	11,8	47,4	59,2	35,5	5,3	43
6	—	272	19,9	53,3	73,2	24,6	2,2	40
46	**7**	**844**	**9,2**	**45,5**	**54,7**	**39,0**	**6,3**	**44**
13	3	139	5,8	46,0	51,8	36,7	11,5	45
125	**35**	**1 330**	**7,3**	**40,2**	**47,5**	**40,5**	**12,0**	**45**
28	17	188	3,7	24,5	28,2	47,9	23,9	49
8	5	56	1,8	23,2	25,0	51,8	23,2	49
15	1	31	—	12,9	12,9	35,5	51,6	52
10	1	47	2,1	31,9	34,0	42,6	23,4	47
5	1	25	8,0	36,0	44,0	32,0	24,0	46
66	**25**	**347**	**3,2**	**25,1**	**28,3**	**45,5**	**26,2**	**49**
23	3	481	8,3	44,3	52,6	42,0	5,4	44
5	—	62	8,0	46,8	54,8	37,1	8,1	44
6	1	133	10,5	48,9	59,4	35,3	5,3	43
7	3	125	10,4	48,8	59,2	32,8	8,0	43
5	—	43	14,0	37,2	51,2	37,2	11,6	44
46	**7**	**844**	**9,2**	**45,5**	**54,7**	**39,0**	**6,3**	**44**
12	1	73	2,7	32,9	35,6	46,6	17,8	47
1	1	16	—	68,8	68,8	18,7	12,5	44
—	1	22	4,5	63,6	68,1	27,3	4,6	43
—	—	24	20,8	50,0	70,8	29,2	—	41
—	—	4		25,0	25,0	50,0	25,0	43
13	**3**	**139**	**5,8**	**46,0**	**51,8**	**36,7**	**11,5**	**45**
63	21	742	6,6	38,2	44,8	43,9	11,3	45
14	6	134	4,5	39,6	44,1	41,0	14,9	46
21	3	186	8,1	44,6	52,7	34,4	12,9	44
17	4	196	9,7	44,9	54,6	34,7	10,7	44
10	1	72	11,1	38,9	50,0	34,7	15,3	45
125	**35**	**1 330**	**7,3**	**40,2**	**47,5**	**40,5**	**12,0**	**45**

55–59	60 und älter	Summe (n)	34 und jünger	35–44	Summe: 44 und jünger	45–54	55 und älter	Durchschnittl. Beruf.-Alter in Jahren
			Anteil der Berufungsalter in %					
31	11	128	2,3	21,9	24,2	43,0	32,8	50
4	3	48	2,1	31,2	33,3	52,1	14,6	46
5	1	24	8,3	29,2	37,5	37,5	25,0	47
12	5	70	1,4	22,9	24,3	51,4	24,3	49
4	3	32	6,2	18,8	25,0	53,1	21,9	49
10	2	45	4,4	33,3	37,7	35,6	26,7	48
66	**25**	**347**	**3,2**	**25,1**	**28,3**	**45,5**	**26,2**	**49**
22	3	362	8,0	44,8	52,8	40,3	6,9	44
9	1	139	5,7	46,8	52,5	40,3	7,2	44
2	1	84	21,4	42,9	64,3	32,1	3,6	41
7	1	91	6,6	41,8	48,4	42,8	8,8	45
2	—	70	4,3	41,4	45,7	51,4	2,9	45
4	1	98	14,3	55,1	69,4	25,5	5,1	41
46	**7**	**844**	**9,2**	**45,5**	**54,7**	**39,0**	**6,3**	**44**
4	2	60	6,7	40,0	46,7	43,3	10,0	45
2	—	15	6,7	66,7	73,4	13,3	13,3	43
—	—	15	—	53,3	53,3	46,7	—	44
1	1	16	—	68,8	68,8	18,7	12,5	44
6	—	21	14,3	23,8	38,1	33,3	28,6	47
—	—	12	—	50,0	50,0	50,0	—	43
13	**3**	**139**	**5,8**	**46,0**	**51,8**	**36,7**	**11,5**	**45**
57	16	550	6,5	38,9	45,4	41,3	13,3	46
15	4	202	5,0	44,5	49,5	41,1	9,4	44
7	2	123	16,3	41,5	57,8	34,9	7,3	43
20	7	177	4,0	36,7	40,7	44,0	15,3	47
12	3	123	6,5	32,5	39,0	48,8	12,2	46
14	3	155	10,3	48,4	58,7	30,3	11,0	43
125	**35**	**1 330**	**7,3**	**40,2**	**47,5**	**40,5**	**12,0**	**45**
45	20	262	3,0	26,4	29,4	45,8	24,8	48
21	5	85	3,5	21,2	24,7	44,7	30,6	49
66	**25**	**347**	**3,2**	**25,1**	**28,3**	**45,5**	**26,2**	**49**
40	6	727	9,1	46,3	55,4	38,3	6,3	44
6	1	117	10,3	40,1	50,4	43,6	6,0	44
46	**7**	**844**	**9,2**	**45,5**	**54,7**	**39,0**	**6,3**	**44**
11	3	132	6,1	44,7	50,8	38,6	10,6	45
2	—	7	·	·	·	—	·	45
13	**3**	**139**	**5,7**	**46,1**	**51,8**	**36,7**	**11,5**	**45**
96	29	1 121	7,3	41,5	48,8	40,0	11,2	45
29	6	209	7,2	33,5	40,7	42,6	16,7	46
125	**35**	**1 330**	**7,3**	**40,2**	**47,5**	**40,5**	**12,0**	**45**

— [3]) Siehe die Zahlen unter I 1a). — [4]) Ohne Vorstandsmitglieder, die später zum Vorstandsvorsitzenden berufen wurden. — [5]) Darunter 36 direkte Berufungen zum VV (ohne vorherige Vorstandstätigkeit). — [6]) Darunter 39 direkte Berufungen zum VV (ohne vorherige Vorstandstätigkeit).

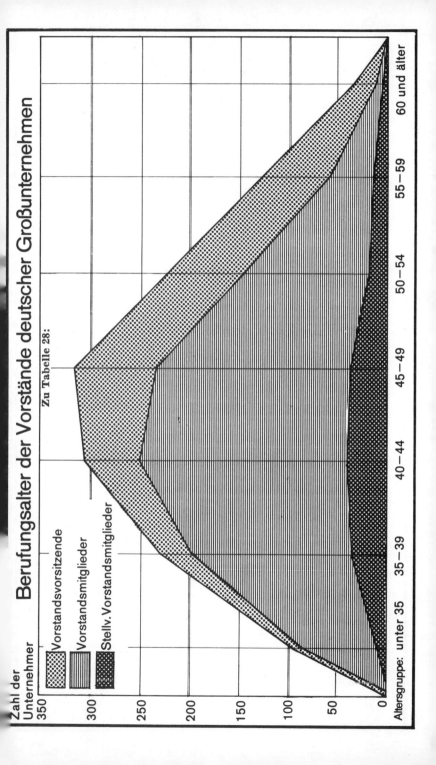

Berufungsalter der Vorstände deutscher Großunternehmen

Zu Tabelle 28:

Zahl der Unternehmen

- Vorstandsvorsitzende
- Vorstandsmitglieder
- Stellv. Vorstandsmitglieder

350
300
250
200
150
100
50
0

Altersgruppe: unter 35 | 35–39 | 40–44 | 45–49 | 50–54 | 55–59 | 60 und älter

Tabelle 29: Berufungsjahr der Vorstände[1]

Berufungsjahr	Zahl der Vorstände				Anteil in Prozent[2]			
	VV	VM	Str. VM	Summe	VV	VM	Str. VM	Summe
Vor 1929	2	5	—	7	0,6	0,6	—	0,5
1930—1934	8	11	—	19	2,3	1,3	—	1,5
1935—1939	12	20	—	32	3,5	2,4	—	2,4
Summe: Vor 1939	**22**	**36**	—	**58**	**6,4**	**4,3**	—	**4,4**
1940—1944	17	29	1	47	5,0	3,5	0,7	3,6
1945—1949	23	51	4	78	6,7	6,2	3,0	6,0
Summe: 1940—1949 ...	**40**	**80**	**5**	**125**	**11,7**	**9,7**	**3,7**	**9,6**
1950—1954	35	98	3	136	10,3	11,8	2,2	10,5
1955—1959	58	167	6	231	17,0	20,2	4,5	17,7
1960—1964	80	232	37	349	23,5	28,0	27,4	26,7
1965—1969	106	215	84	405	31,1	26,0	62,2	31,1
Summe: 1950—1969 ...	**279**	**712**	**130**	**1121**	**81,9**	**86,0**	**96,3**	**86,0**
Alle Vorstände	**341**	**828**	**135**	**1304**	**100,0**	**100,0**	**100,0**	**100,0**

[1] Einschließlich früherer Vorstände, die heute dem Aufsichtsrat angehören. — [2] Basis der Prozentrechnung(n) ist die jeweilige Spaltensumme.

Tabelle 30: Art der Vorstands-Berufungen

Art der Berufung	VV	VM	St. VM	Summe
A. Zahl der Vorstände				
Aus dem gleichen Untern. ..	166	464	99	729
Aus Unt. d. gleichen Gruppe	45	106	9	160
Aus Fremdunternehmen ...	52	157	24	233
Nicht aus Unternehmen ...	85	117	7	209
Summe	**348**	**844**	**139**	**1 331**
B. Anteil in Prozent				
Aus dem gleichen Untern. ..	47,7	55,0	71,2	54,8
Aus Unt. d. gleichen Gruppe	12,9	12,5	6,5	12,0
Aus Fremdunternehmen ...	15,0	18,6	17,3	17,5
Nicht aus Unternehmen ...	24,4	13,9	5,0	15,7
Summe	**100,0**	**100,0**	**100,3**	**100,0**

Tabelle 31: Berufung der Vorstände

Art der Berufung	Wirtschaftszweig							Rechtsform des Unternehmens				
	Indu-strie	Kreditinstitute		Ver-siche-rungen	Handel, Verkehr, Sonstige	Summe	Anteil in %²)	AG, KGaA	GmbH	KG, oHG, Einzelf.	Öfftl.-rechtl. Untern.	Son-stige
		Öfftl.-rechtl.	Andere									
A. Zahl der Vorstände												
I. Vorstandsvorsitzende¹)												
Aus eigenem Untern.²)	130	20	15	32	14	211	15,9	150	22	4	22	13
Aus Fremd-Untern.	23	8	6	8	7	52	3,9	37	4	3	8	—
Nicht aus Untern. ...	36	28	10	7	4	85	6,4	38	5	6	29	7
Summe	189	56	31	47	25	348	26,2	225	31	13	59	20
II. Vorstandsmitglieder												
Aus eigenem Untern.²)	339	30	81	88	32	570	42,8	446	46	18	35	25
Aus Fremd-Untern.	97	11	27	18	4	157	11,8	118	15	6	11	7
Nicht aus Untern. ...	45	21	25	19	7	117	8,8	79	1	8	24	5
Summe	481	62	133	125	43	844	63,4	643	62	32	70	37
III. Stv. Vorst.-Mitglieder												
Aus eigenem Untern.²)	58	11	17	20	2	108	8,1	81	12	1	11	3
Aus Fremd-Untern.	14	1	4	4	1	24	1,8	18	4	1	1	—
Nicht aus Untern. ...	1	4	1	—	1	7	0,5	2	1	—	4	—
Summe	73	16	22	24	4	139	10,4	101	17	2	16	3
IV. Alle Vorstände												
Aus eigenem Untern.²)	527	61	113	140	48	889	66,8	677	80	23	68	41
Aus Fremd-Untern.	134	20	37	30	12	233	17,5	173	23	10	20	7
Nicht aus Untern. ...	82	53	36	26	12	209	15,7	119	7	14	57	12
Summe	743	134	186	196	72	1331	100,0	969	110	47	145	60
B. Anteil in Prozent⁴)												
I. Vorstandsvorsitzende¹)												
Aus eigenem Untern.²)	68,8	35,7	48,4	68,1	56,0	60,6	—	66,7	71,0	30,8	37,3	65,0
Aus Fremd-Untern. ...	12,2	14,3	19,3	17,0	28,0	15,0	—	16,4	12,9	23,0	13,5	—
Nicht aus Untern. ...	19,0	50,0	32,3	14,9	16,0	24,4	—	16,9	16,1	46,2	49,2	35,0
Summe	100,0	100,0	100,0	100,0	100,0	100,0	—	100,0	100,0	100,0	100,0	100,0
II. Vorstandsmitglieder												
Aus eigenem Untern.²)	70,5	48,4	60,9	70,4	74,4	67,5	—	69,4	74,2	56,2	50,0	67,6
Aus Fremd-Untern. ...	20,1	17,7	20,3	14,4	9,3	18,6	—	18,3	24,2	18,8	15,7	18,9
Nicht aus Untern. ...	9,4	33,9	18,8	15,2	16,3	13,9	—	12,3	1,6	25,0	34,3	13,5
Summe	100,0	100,0	100,0	100,0	100,0	100,0	—	100,0	100,0	100,0	100,0	100,0
III. Stv. Vorst.-Mitglieder												
Aus eigenem Untern.²)	79,4	68,8	77,3	83,3	50,0	77,7	—	80,2	70,6	50,0	68,8	100,0
Aus Fremd-Untern. ...	19,2	6,2	18,2	16,7	25,0	17,3	—	17,8	23,5	50,0	6,2	—
Nicht aus Untern. ...	1,4	25,0	4,5	—	25,0	5,0	—	2,0	5,9	—	25,0	—
Summe	100,0	100,0	100,0	100,0	100,0	100,0	—	100,0	100,0	100,0	100,0	100,0
IV. Alle Vorstände												
Aus eigenem Untern.²)	70,9	45,5	60,7	71,4	66,6	66,8	—	69,9	72,7	48,9	46,9	68,3
Aus Fremd-Untern.	18,1	14,9	19,9	15,3	16,7	17,5	—	17,8	20,9	21,3	13,8	11,7
Nicht aus Untern. ...	11,0	39,6	19,4	13,3	16,7	15,7	—	12,3	6,4	29,8	39,3	20,0
Summe	100,0	100,0	100,0	100,0	100,0	100,0	—	100,0	100,0	100,0	100,0	100,0

¹) Die Zahlen beziehen sich auf die erste Berufung in einen Vorstand. Der Wechsel vom Vorstandsmitglied zum Vorstandsvorsitzenden, in 14 Fällen gleichfalls „Fremd-Berufung", ist nicht berücksichtigt. Siehe hierzu Tabelle 32. — ²) Oder aus einem Unternehmen der gleichen Gruppe (des gleichen Konzerns). — ³) Basis der Prozentrechnung(n) ist die Summe der Vorstände (1331). — ⁴) Basis der Prozentrechnung(n) ist innerhalb der Abschnitte I, II, III und IV die jeweilige Spaltensumme für I, II, III und IV.

Tabelle 32: Laufbahn-Merkmale der Vorstandsvorsitzenden

Laufbahn-Merkmale	Wirtschaftszweig							Rechtsform des Unternehmens				
	Industrie	Kreditinstitute		Versicherungen	Handel, Verkehr, Sonstige	Summe	Anteil in %⁴)	AG, KGaA	GmbH	KG, oHG, Einzelf.	Öfftl.-rechtl. Untern.	Sonstige
		Öfftl.-rechtl.	Andere									
A. Zahl der Vorstandsvorsitzenden												
I. Lfb. über V-Tätigkeit ..	154	31	28	41	19	273	78,4	192	22	9	32	18
Dav. waren vorher¹) tätig												
a) In Unternehmen.....	133	18	21	35	17	224	64,3	168	19	6	19	12
b) Nicht in Unternehmen	21	13	7	6	2	49	14,1	24	3	3	13	6
Ia. Berufg. vom VM zum VV												
a) Im gleichen Untern.³)	142	31	28	39	19	259	74,4	181	20	8	32	18
b) Aus Fremd-Untern. .	12	—	—	2	—	14	4,0	11	2	1	—	—
II. Lfb. nicht üb. V-Tätigk.	35	25	3	6	6	75	21,6	33	9	4	27	2
Dav. waren vorher²) tätig												
a) In Unternehmen.....	20	10	—	5	4	39	11,2	19	7	1	11	1
b) Nicht in Unternehmen	15	15	3	1	2	36	10,4	14	2	3	16	1
III. Alle VV (Summe I + II)	189	56	31	47	25	348	100,0	225	31	13	59	20
Dav. waren vorher¹)²)tätig												
a) In Unternehmen.....	153	28	21	40	21	263	75,6	187	26	7	30	13
b) Nicht in Unternehmen	36	28	10	7	4	85	24,4	38	5	6	29	7
B. Anteil in Prozent⁵)												
I. Lfb. über V-Tätigkeit ..	100,0	100,0	100,0	100,0	100,0	100,0	—	100,0	100,0	100,0	100,0	100,0
Dav. waren vorher¹) tätig												
a) In Unternehmen.....	86,4	58,1	75,0	85,4	89,5	82,1	—	87,5	86,4	66,7	59,4	66,7
b) Nicht in Unternehmen	13,6	41,9	25,0	14,6	10,5	17,9	—	12,5	13,6	33,3	40,6	33,3
Ia. Berufg. vom VM zum VV												
a) Im gleichen Untern.³)	92,2	100,0	100,0	95,1	100,0	94,9	—	94,3	90,9	88,9	100,0	100,0
b) Aus Fremd-Untern. .	7,8	—	—	4,9	—	5,1	—	5,7	9,1	11,1	—	—
II. Lfb. nicht üb. V-Tätigk.	100,0	100,0	100,0	100,0	100,0	100,0	—	100,0	100,0	100,0	100,0	100,0
Dav. waren vorher²) tätig												
a) In Unternehmen.....	57,1	40,0	—	83,3	66,7	52,0	—	57,6	77,8	25,0	40,7	50,0
b) Nicht in Unternehmen	42,9	60,0	100,0	16,7	33,3	48,0	—	42,4	22,2	75,0	59,3	50,0
III. Alle VV (Summe I + II)	100,0	100,0	100,0	100,0	100,0	100,0	—	100,0	100,0	100,0	100,0	100,0
Dav. waren vorher¹)²)tätig												
a) In Unternehmen.....	81,0	50,0	67,7	85,1	84,0	75,6	—	83,1	83,9	53,8	50,8	65,0
b) Nicht in Unternehmen	19,0	50,0	32,3	14,9	16,0	24,4	—	16,9	16,1	46,2	49,2	35,0

¹) Bis zum Zeitpunkt der ersten Berufung in einen Vorstand. — ²) Bis zum Zeitpunkt der ersten Berufung als Vorstandsvorsitzender. — ³) Oder aus einem Unternehmen der gleichen Gruppe (des gleichen Konzerns). — ⁴) Basis der Prozentrechnung(n) ist die Summe der Vorstandsvorsitzenden (348). — ⁵) Basis der Prozentrechnung(n) ist innerhalb der Abschnitte I, II und III die jeweilige Spaltensumme für I, II und III.

Tabelle 55: Herkunft, Bildungsweg und Alter der Vorstände nach Art der Laufbahn

Anteil in Prozent[1]

	Zahl der Vorstände über Untern.	Zahl der Vorstände nicht üb. Untern.	Zahl der Vorstände Summe	Alle Vorstände über Untern.	Alle Vorstände nicht üb. Untern.	Alle Vorstände Summe	Vorstandsvorsitzende über Untern.	Vorstandsvorsitzende nicht üb. Untern.	Vorstandsvorsitzende Summe	Vorstandsmitglieder über Untern.	Vorstandsmitglieder nicht üb. Untern.	Vorstandsmitglieder Summe	Stv. Vorstandsmitglieder über Untern.	Stv. Vorstandsmitglieder nicht üb. Untern.	Stv. Vorstandsmitglieder Summe
A. Soziale Herkunft:				(1 122)	(209)	(1 331)	(263)	(85)	(348)	(727)	(117)	(844)	(132)	(7)	(139)
Schicht I	144	29	173	12,8	13,9	13,0	13,7	17,7	14,6	13,1	12,0	12,9	9,8	—	9,3
Schicht II	444	74	518	39,6	35,4	38,9	43,0	29,4	39,7	39,2	38,5	39,1	34,9	—	36,0
Schicht III	452	88	540	40,3	42,1	40,5	35,0	48,2	38,2	41,0	37,6	40,5	47,0	. .	46,8
Schicht IV	82	18	100	7,3	8,6	7,5	8,3	4,7	7,5	6,7	11,9	7,5	8,3	. .	7,9
B. Schulbildung:				(1 113)	(208)	(1 321)	(258)	(85)	(343)	(724)	(116)	(840)	(131)	(7)	(138)
Keine höhere Schule	35	3	38	3,1	1,4	2,9	2,3	1,2	2,1	3,2	1,7	3,0	4,6	—	4,4
Höhere Schule ohne Abitur	110	12	122	9,9	5,8	9,2	10,5	4,7	9,0	9,7	6,9	9,3	9,9	—	9,4
Abitur	968	193	1161	87,0	92,8	87,9	87,2	94,1	88,9	87,1	91,4	87,7	85,5	.	86,2
C. Studium:				(1 122)	(209)	(1 331)	(263)	(85)	(348)	(727)	(117)	(844)	(132)	(7)	(139)
Kein Studium	266	19	285	23,7	9,1	21,4	22,8	4,7	18,4	23,2	12,8	21,8	28,0	—	26,6
Studium ohne Abschluß	61	7	68	5,5	3,3	5,1	7,2	3,5	6,3	5,0	3,4	4,7	4,6	—	4,3
Studium mit Abschluß	795	183	978	70,8	87,6	73,5	70,0	91,8	75,3	71,8	83,8	73,5	67,4	—	69,1
D. Ausbildungsweg:				(1 122)	(209)	(1 331)	(263)	(85)	(348)	(727)	(117)	(844)	(132)	(7)	(139)
Praktiker[2]	327	26	353	29,2	12,4	26,5	30,0	8,2	24,7	29,2	16,2	26,5	32,6		30,9
Jurist[3]	207	79	286	18,4	37,8	21,5	16,4	41,2	22,4	19,3	35,9	21,6	18,2		18,7
Wirtschaftswissenschaftler[3]	236	75	311	21,0	35,0	23,4	25,9	34,1	27,9	20,3	36,8	22,6	15,2		16,6
Techniker[4]	341	20	361	30,4	9,6	27,1	26,6	11,8	23,0	31,2	7,7	28,0	33,3		32,4
Andere Fachrichtungen	11	9	20	1,0	4,3	1,5	1,1	4,7	2,0	1,0	3,4	1,3	0,7		1,4
E. Abschlußexamen:				(795)	(183)	(978)	(184)	(78)	(262)	(522)	(98)	(620)	(89)	(7)	(96)
Staatsexamen	278	58	336	35,0	31,7	34,4	25,5	33,3	27,9	37,2	29,6	36,0	41,6	. .	41,7
Dr.	499	114	613	62,8	62,3	62,7	70,7	62,8	68,3	60,7	62,3	61,0	58,4	. .	58,3
Dr. habil.	13	10	23	1,6	5,5	2,3	1,6	3,9	2,3	1,9	7,1	2,7	—	—	—
Andere Examen	5	1	6	0,6	0,5	0,6	2,2	—	1,5	0,2	1,0	0,3	—	—	—
F. Lebensalter:[5]				(1 019)	(182)	(1 201)	(211)	(64)	(275)	(680)	(111)	(791)	(128)	(7)	(135)
Unter 45 Jahre	142	38	180	13,9	20,9	15,0	2,8	10,9	4,7	13,7	25,2	15,3	33,6		34,1
45–54 Jahre	285	75	360	28,0	41,2	30,0	16,6	37,5	21,5	30,0	45,1	32,1	35,9		34,8
55–64 Jahre	491	66	557	48,2	36,3	46,4	62,1	48,5	58,9	47,6	28,8	45,0	28,1		28,9
Über 64 Jahre	101	3	104	9,9	1,6	8,6	18,5	3,1	14,9	8,7	0,9	7,6	2,4		2,2
G. Berufsalter:[6]				(1 121)	(209)	(1 330)	(262)	(85)	(347)	(727)	(117)	(844)	(132)	(7)	(139)
Unter 45 Jahre	547	85	632	48,8	40,7	47,5	29,4	24,7	28,3	55,4	50,4	54,7	50,8		51,8
45–54 Jahre	449	89	538	40,1	42,6	40,5	45,8	44,7	45,5	38,3	43,6	39,0	38,6		36,7
Über 54 Jahre	125	35	160	11,1	16,7	12,0	24,8	30,6	26,2	6,3	6,0	6,3	10,6		11,5

[1] Basis der Prozentrechnung (h) ist die Spaltensumme jedes Abschnitts; sie sind über jedem Abschnitt in Klammern angegeben. — [2] Vorstände ohne Studium und mit nicht abgeschlossenem Studium. — [3] Einschließlich der Vorstände, die sowohl Recht als auch Wirtschaft studiert haben. — [4] Einschließlich Naturwissenschaftler und Mathematiker. — [5] Die umfassendste aller Personen, die heute als Vorstände tätig sind (nicht auch frühere Vorstände, die heute den Aufsichtsräten angehören — wie in den anderen Zahlen dieser Tabelle). Siehe Abschnitt VI dieses Buchs. — [6] Einzelnachweis in Abschnitt VII dieses Buchs.

Tabelle 34: Erste Position der Vorstände
mit Laufbahn über Unternehmen

Erste Position	VV	VM	St. VM	Summe
A. Zahl der Vorstände				
Lehrling[1]	76	235	35	346
Untergeordnete Position ..	22	77	25	124
Mittlere Position[2]	49	135	28	212
Direktions-Assistent[3] ...	56	132	15	203
Leitende Position	42	105	22	169
Summe[4]	**245**	**684**	**125**	**1 054**
B. Anteil in Prozent				
Lehrling[1]	31,0	34,4	28,0	32,8
Untergeordnete Position ..	9,0	11,3	20,0	11,8
Mittlere Position[2]	20,0	19,7	22,4	20,1
Direktions-Assistent[3] ...	22,9	19,3	12,0	19,3
Leitende Position	17,1	15,3	17,6	16,0
Summe	**100,0**	**100,0**	**100,0**	**100,0**

[1] Oder Praktikant. — [2] Einschl. wissenschaftlicher Tätigkeit (Forschung). — [3] Oder Mitarbeiter eines leitenden Mannes. — [4] 68 Vorstände (18 VV, 43 VM, 7 stv. VM) haben die Frage nach der ersten Position nicht beantwortet.

Tabelle 35: Herkunft, Bildungsweg und Alter der Vorstände mit Laufbahn über Unternehmen

	Erste Position					
	Lehr-ling	Untere Pos.	Mittl. Pos.	Dir.-Ass.	Leit. Pos.	Sum-me
	1	2	3	4	5	6
A. Position:	(346)	(124)	(212)	(203)	(169)	(1 054)
Vorstandsvorsitzende	22,0	17,7	23,1	27,6	24,9	23,2
Vorstandsmitglieder	67,9	62,1	63,7	65,0	62,1	64,9
Stellvertretende Vorstandsmitglieder	10,1	20,2	13,2	7,4	13,0	11,9
B. Wirtschaftszweig:	(346)	(124)	(212)	(203)	(169)	(1 054)
Industrie	48,6	68,5	64,1	66,5	60,4	59,4
Öffentlich-rechtliche Kreditinstitute	7,8	2,4	6,6	5,4	10,1	6,8
Andere Kreditinstitute	20,5	8,1	8,5	10,4	11,8	13,3
Versicherungen	13,9	19,4	18,9	13,3	12,4	15,2
Andere	9,2	1,6	1,9	4,4	5,3	5,3
C. Soziale Herkunft:	(346)	(124)	(212)	(203)	(169)	(1 054)
Schicht I	12,1	11,3	13,2	13,8	12,4	12,6
Schicht II	32,1	37,1	38,7	47,3	44,4	38,9
Schicht III	45,1	42,7	42,9	35,0	36,1	41,0
Schicht IV	10,7	8,9	5,2	3,9	7,1	7,5
D. Schulbildung:	(344)	(123)	(212)	(202)	(165)	(1 046)
Keine höhere Schule	6,1	4,9	1,0	1,0	1,8	3,3
Höhere Schule ohne Abitur	16,9	7,3	8,0	3,5	7,9	9,9
Abitur	77,0	87,8	91,0	95,5	90,3	86,8
E. Studium:	(346)	(124)	(212)	(203)	(169)	(1 054)
Kein Studium	47,1	15,3	9,4	5,9	14,8	22,7
Studium ohne Abschluß	7,8	4,9	4,3	2,0	6,5	5,4
Studium mit Abschluß	45,1	79,8	86,3	92,1	78,7	71,9
F. Ausbildungsweg:	(346)	(124)	(212)	(203)	(169)	(1 054)
Praktiker[3])	54,9	20,2	13,7	7,9	21,3	28,1
Jurist	10,7	15,3	19,8	24,1	29,0	18,6
Wirtschaftler[4])	23,7	12,1	17,0	34,5	16,0	21,8
Techniker[5])	10,1	49,2	49,5	32,5	33,1	30,6
Andere	0,6	3,2	—	,1,0	0,6	0,9
G. Lebensalter:[6])	(321)	(118)	(187)	(181)	(163)	(970)
Unter 45	12,8	22,0	12,3	17,7	9,8	14,2
45—54	23,4	26,3	30,0	30,9	29,4	27,4
55—64	52,9	39,8	49,2	45,9	49,1	48,7
Über 64	10,9	11,9	8,5	5,5	11,7	9,7
H. Berufungsalter:[7])	(345)	(124)	(211)	(203)	(169)	(1 052)
Unter 40	24,9	32,3	23,7	29,1	18,9	25,4
40—49	49,3	45,2	42,7	49,7	47,3	47,2
50—59	23,5	19,3	30,8	19,2	30,8	24,8
Über 59	2,3	3,2	2,8	2,0	3,0	2,6

[1]) Basis der Prozentrechnung (n) ist für die Laufbahn-Merkmale „Erste Position", „Selbsteinschätzung der Laufbahn" und „Zahl der Vorstandswechsel" (Spalten 1—14) die Spaltensumme jedes Abschnitts; sie ist über jedem Abschnitt in Klammern. angegeben. — [2]) Der Inhalt der Prozentzahlen ergibt sich aus Tabelle 38 sowie aus der Erläuterung in den Fußnoten 5, 6 und 7 zu Tabelle 37. — [3]) Vorstände ohne Studium und mit nicht abgeschlossenem Studium. — [4]) Einschließlich der Vorstände, die sowohl Recht als auch Wirtschaft studiert haben.

Anteile in Prozent[1])

| Persönl. Faktoren | Sachliche Faktoren | | | Andere Faktoren | | Summe[8]) | Zahl d. Vorst.-Wechsel | Anteil d.V mit V.-We.[7]) | ø Häufigkeit d.V-Wechsel[7]) | |
	Hoch-gedient	Bewäh-rung	Spezial-kenntn.	Glück	Untern. Befäh				V mit V-Wech-sel	Alle V
7	8	9	10	11	12	13	14	15	16	17
(85)	(499)	(107)	(131)	(39)	(214)	(1 088)	(402)	21,3	1,68	0,36
27,0	23,5	18,7	12,2	28,2	31,3	23,5	49,5	37,6	2,01	0,76
65,9	62,5	65,4	74,8	61,5	62,6	64,7	45,0	16,9	1,47	0,25
7,1	14,0	15,9	13,0	10,3	6,1	11,8	5,5	12,9	1,29	0,17
(85)	(499)	(107)	(131)	(39)	(214)	(1 088)	(402)	21,3	1,68	0,36
61,2	58,7	64,5	60,3	41,0	58,0	59,1	61,2	21,9	1,70	0,37
3,5	9,6	8,4	4,6	2,6	3,7	6,9	7,5	21,0	1,76	0,37
17,6	13,5	9,4	7,6	17,9	15,4	13,2	9,2	16,0	1,54	0,25
10,6	13,0	14,0	22,9	25,7	16,8	15,3	13,9	20,6	1,60	0,33
7,1	5,2	3,7	4,6	12,8	6,1	5,5	8,2	30,0	1,83	0,55
(85)	(499)	(107)	(131)	(39)	(214)	(1 088)	(402)	21,3	1,68	0,36
28,2	6,8	14,0	12,2	23,1	17,3	12,6	10,2	19,4	1,46	0,28
38,8	38,3	43,0	48,1	38,5	37,4	39,8	44,0	22,1	1,81	0,40
30,6	46,1	38,3	34,4	33,3	36,9	40,3	36,8	19,6	1,66	0,33
2,4	8,8	4,7	5,3	5,1	8,4	7,3	9,0	29,3	1,50	0,44
(84)	(496)	(107)	(130)	(39)	(211)	(1 080)	(396)	21,2	1,68	0,36
4,7	3,8	0,9	1,5	—	2,9	3,2	5,1	25,7	2,22	0,57
3,6	12,3	11,2	5,4	2,6	10,4	9,9	10,1	22,3	1,60	0,36
91,7	83,9	87,9	93,1	97,4	86,7	86,9	84,8	20,9	1,66	0,35
(85)	(499)	(107)	(131)	(39)	(214)	(1 088)	(402)	21,3	1,68	0,36
15,3	29,3	18,7	12,2	10,3	25,2	23,8	19,6	18,1	1,65	0,30
8,2	5,2	6,5	3,8	10,2	4,7	5,5	9,0	27,0	2,12	0,59
76,5	65,5	78,8	84,0	79,5	70,1	70,7	71,4	21,9	1,65	0,36
(85)	(499)	(107)	(131)	(39)	(214)	(1 088)	(402)	21,3	1,68	0,36
23,5	34,5	25,2	16,0	20,5	29,9	29,3	28,6	19,8	1,77	0,35
28,2	14,8	22,4	14,5	33,3	18,7	18,2	16,7	21,5	1,52	0,32
27,1	19,0	24,3	14,5	23,1	25,3	21,0	28,4	25,9	1,84	0,48
21,2	31,3	27,1	52,7	23,1	23,8	30,5	24,1	18,6	1,54	0,28
—	0,4	1,0	2,3	—	2,3	1,0	2,2	45,5	1,80	0,82
(70)	(469)	(97)	(121)	(34)	(187)	(990)	(342)	20,3	1,65	0,34
38,6	8,5	13,4	16,5	23,5	16,6	14,0	13,8	19,8	1,47	0,33
35,7	21,7	23,7	32,2	35,3	36,9	27,9	25,4	18,7	1,47	0,31
20,0	57,6	49,5	47,1	35,3	37,4	48,2	49,4	21,1	1,74	0,34
5,7	12,2	13,4	4,2	5,9	9,1	9,9	11,4	22,6	2,05	0,39
(85)	(498)	(107)	(131)	(39)	(214)	(1 087)	(402)	21,3	1,68	0,36
57,7	7,8	22,4	29,8	61,6	43,5	24,8	37,6	32,5	1,66	0,54
38,8	50,0	46,7	48,1	33,3	45,3	47,3	44,0	19,7	1,69	0,33
3,5	37,4	29,0	19,8	5,1	11,2	25,2	16,7	13,7	1,76	0,24
—	4,8	1,9	2,3	—	—	2,7	1,7	17,2	1,40	0,24

— [5]) Einschließlich Naturwissenschaftler und Mathematiker. — [6]) Die Zahlen umfassen nur Personen, die heute als Vorstände tätig sind (nicht auch frühere Vorstände, die heute den Aufsichtsräten angehören — wie in den anderen Zahlen dieser Tabelle). Näheres siehe Abschnitt VI dieses Buchs. — [7]) Einzelnachweise in Abschnitt VII dieses Buchs. — [8]) Einschließlich 13 Personen der Gruppe „Andere sachliche Faktoren", die in dieser Tabelle nicht aufgeführt sind. Siehe Tabellen 36 und 37.

Tabelle 36: Selbsteinschätzung der Laufbahn
Vorstände mit Laufbahn über Unternehmen

Laufbahn-Faktoren	Eig.-Familie	Bekanntschaft	Förderung	Hochgedient	Bewährung	Spezialkenntnisse	Sonstiges[2]	Glück	Unt. Befähigung	Zahl d. Personen	Dito in %
	1	2	3	4	5	6	7	8	9	10	11
1. Zugehörigkeit zur Eig.-Familie .	17			4	1	3		—	11	17	1,5
2. Bekanntschaft mit Eig.-Familie .		4						1	2	4	0,4
3. Förderung durch maßg. Persönl.			64	22	7	18		12	31	64	5,9
Summe 1—3: Persönl. Faktoren:	**17**	**4**	**65**	**26**	**8**	**21**		**13**	**44**	**85**	**7,8**
4. Hochgedient in mehreren Pos. .				499	21	96		38	175	499	45,9
5. Bewährung in einer Position . .					107	18		13	27	107	9,8
6. Spezialkenntnisse						131	1	11	59	131	12,0
7. Andere sachl. Faktoren[2]							13	1	—	13	1,2
Summe 4—7: Sachl. Faktoren:				**499**	**128**	**245**	**14**	**63**	**261**	**750**	**68,9**
8. Glück								39	16	39	3,6
9. Unternehmerische Befähigung . .									214	214	19,7
Summe 8—9: Sonst. Faktoren:								**39**	**230**	**253**	**23,3**
Zahl der Personen										**1 088**	**100,0**
Summe der Antworten	**17**	**4**	**65**	**525**	**136**	**266**	**14**	**115**	**535**	**1 677**	.
Anteil d. Antworten in %[1]	1,0	0,2	3,9	31,3	8,1	15,9	0,8	6,9	31,9	(1 677)	.
Davon: VV	1,5	0,5	4,0	31,3	7,0	10,7	0,5	7,0	37,5	(402)	.
VM	1,0	0,1	4,1	30,3	8,2	17,1	1,0	6,8	31,4	(1 082)	.
St. VM	—	0,5	2,6	36,8	9,8	19,7	0,5	7,3	22,8	(193)	.

[1] Basis der Prozentrechnung (n) ist die jeweilige Zeilensumme. Sie ist in Spalte 10 in Klammern angegeben. — [2] Gute Examen, Beherrschung mehrerer Sprachen, Erfahrungen durch frühere Tätigkeit in internationalen Organisationen, Spontan-Engagement durch Großaktionär, Schaffung eines neuen Ressorts u. a. m.

Tabelle 37: Selbsteinschätzung der Laufbahn — Vorstandswechsel

| | VV | VM | St. VM | Summe¹) | Erste Position der Vorstände | | | | | |
					Lehr-ling	Untere Pos.	Mittl. Pos.	Dir.-Ass.	Leit. Pos.	Summe¹)
Zahl der Vorstände										
A. Selbsteinschätzung der Laufbahn:										
I. Persönliche Faktoren	23	56	6	85	32	11	10	18	10	81
II. Sachliche Faktoren:										
1. Hochgedient in mehreren Pos. ...	117	312	70	499	184	64	96	72	56	472
2. Bewährung in einer Position....	20	70	17	107	25	7	22	18	31	103
3. Spezialkenntnisse	16	98	17	131	20	18	28	25	28	119
4. Andere sachliche Faktoren	2	10	1	13	4	1	4	2	2	13
III. Sonstige Faktoren:										
1. Glück	11	24	4	39	15	2	6	8	5	36
2. Unternehmerische Befähigung ..	67	134	13	214	61	20	37	55	33	206
IV. Summe I + II + III	256	704	128	1 088	341	123	203	198	165	1 030
B. Vorstandswechsel:										
I. Zahl der Vorstände m. V-Wechsel²)										
1mal.....................	40	81	12	133	44	13	29	20	20	126
2mal.....................	29	29	5	63	15	4	10	16	17	62
3mal.....................	19	10	—	29	18	1	4	4	2	29
mehr.....................	11	3	—	14	3	1	2	5	3	14
Summe.....................	99	123	17	239	80	19	45	45	42	231
II. Zahl der V-Wechsel²)	(199)	(181)	(22)	(402)	(140)	(28)	(69)	(84)	(72)	(393)
In Prozent										
A. Selbsteinschätzung der Laufbahn⁴):	(256)	(704)	(128)	(1 088)	(341)	(123)	(203)	(198)	(165)	(1 030)
I. Persönliche Faktoren	9,0	8,0	4,7	7,8	9,4	8,9	4,9	9,1	6,1	7,9
II. Sachliche Faktoren:										
1. Hochgedient in mehreren Pos. ...	45,7	44,3	54,7	45,9	53,9	52,1	47,3	36,4	33,9	45,8
2. Bewährung in einer Position....	7,8	10,0	13,3	9,8	7,3	5,7	10,8	9,1	18,8	10,0
3. Spezialkenntnisse	6,2	13,9	13,3	12,0	5,9	14,6	13,8	12,6	17,0	11,5
4. Andere sachliche Faktoren	0,8	1,4	0,8	1,2	1,2	0,8	2,0	1,0	1,2	1,3
III. Sonstige Faktoren:										
1. Glück	4,3	3,4	3,1	3,6	4,4	1,6	3,0	4,0	3,0	3,5
2. Unternehmerische Befähigung ..	26,2	19,0	10,1	19,7	17,9	16,3	18,2	27,8	20,0	20,0
B. Vorstandswechsel:										
I. Anteil der V mit V-Wechsel⁵):	(263)	(727)	(132)	(1 122)	(346)	(124)	(212)	(203)	(169)	(1 054)
1mal.....................	15,2	11,1	9,1	11,9	12,9	10,6	14,4	10,1	12,1	12,2
2mal.....................	11,0	4,0	3,8	5,6	4,4	3,2	5,0	8,1	10,3	6,0
3mal.....................	7,2	1,4	—	2,6	5,3	0,8	2,0	2,0	1,2	2,8
mehr.....................	4,2	0,4	—	1,2	0,9	0,8	1,0	2,5	1,8	1,4
Summe.....................	37,6	16,9	12,9	21,3	23,5	15,4	22,4	22,7	25,4	22,4
II. Häufigkeit der V-Wechsel:										
1. Bei V mit V-Wechsel⁶)........	2,01	1,47	1,29	1,68	1,75	1,47	1,53	1,87	1,71	1,70
2. Bei allen Vorständen⁷)	0,76	0,25	0,17	0,36	0,40	0,23	0,33	0,41	0,43	0,37

¹) Abweichungen der Zahlen beruhen darauf, daß die Fragen von einer unterschiedlichen Zahl von Personen beantwortet wurden. — ²) 57 Vorstände (21 VV, 33 VM, 3 St. VM), darunter 33 in der Industrie und 18 im Kreditwesen, haben ihre Vorstandstätigkeit unterbrochen und vorübergehend eine andere Tätigkeit ausgeübt. Diese Fälle wurden nicht als **Vorstandswechsel** gewertet. — ³) Die Angabe „mehr als 3mal" wurde als viermaliger V-Wechsel gewertet. — ⁴) **Basis der Prozentrechnung** (n) ist die jeweilige Spaltensumme. Die Zahlen sind in Klammern angegeben. — ⁵) **Basis der** Prozentrechnung (n) ist die jeweilige Gesamtzahl aller Vorstände mit Laufbahn über Unternehmen. **Die Zahlen sind in Klammern angegeben. — ⁶)** Zahl der V-Wechsel gemäß Abschnitt B, Zeile II (im oberen **Teil der Tabelle), dividiert** durch die Zahl der Vorstände mit V-Wechsel gemäß Abschnitt B, I. Summenzeile (unmittelbar darüber). — ⁷) Zahl der V-Wechsel gemäß Abschnitt B, Zeile II (im oberen Teil der Tabelle), **dividiert durch die** Gesamtzahl aller Vorstände mit Laufbahn über Unternehmen (in Klammern gesetzte **Zahlen der Zeile B I** im unteren Teil der Tabelle).

Tabelle 38: Wechsel der Vorstandsposition

Laufbahn-Faktoren	Zahl der Vorstände		Davon haben gewechselt:				Zahl der V-Wechsel	In Prozent		
	Insgesamt[1]	V mit V-Wechsel	1mal	2mal	3mal	mehr		Anteil d. V mit V-Wechsel (2:1)	∅ Häufigkeit d. V-Wechsel V mit V-Wechsel (7:2)	Alle V (7:1)
	1	2	3	4	5	6	7	8	9	10
I. Persönliche Faktoren	85	18	11	1	4	2	33	21,2	1,83	0,39
II. Sachliche Faktoren:										
1. Hochgedient	499	91	47	29	12	3	153	18,2	1,68	0,31
2. Bewährung	107	16	8	4	3	1	29	15,0	1,81	0,27
3. Spezialkenntnisse	131	22	18	4	—	—	26	16,8	1,18	0,20
4. Andere sachliche Faktoren.	13	3	2	1	—	—	4	23,1	1,33	0,31
Summe	750	132	75	38	15	4	212	17,6	1,61	0,28
III. Sonstige Faktoren:										
1. Glück	39	13	5	5	2	1	25	33,3	1,92	0,64
2. Unternehm. Befähigung ..	214	66	34	18	7	7	119	30,8	1,51	0,56
Summe	253	79	39	23	9	8	144	31,2	1,82	0,57
Summe I + II + III	1 088	229	125	62	28	14	389	21,0	1,70	0,36

[1] Vorstände mit Laufbahn über Unternehmen.

Tabelle 39: Frühere Berufstätigkeit der Vorstände aus Nicht-Unternehmen

Frühere Berufstätigkeit	Wirtschaftszweig					Summe	Anteil in %[1])	Rechtsform des Unternehmens				
	Industrie	Kreditinstitute Öfftl.-rechtl.	Kreditinstitute Andere	Versicherungen	Handel. Verkehr. Sonst.			AG. KGa.A.	GmbH	KG. oHG. Einzelf.	Öfftl.-rechtl. Unt.	Sonstige
A. Zahl der Vorstände												
Vorstandsvorsitzende:												
Beamte	19	24	4	4	2	53	25,4	18	3	3	25	4
Angestellte[2])	5	3	3	—	2	13	6,2	7	—	1	3	2
Freiberufl., Selbst.	9	—	3	1	—	13	6,2	11	2	—	—	—
Andere Berufe[3])	3	1	—	2	—	6	2,9	2	—	2	1	1
Summe	36	28	10	7	4	85	40,7	38	5	6	29	7
Vorstandsmitglieder:												
Beamte	15	15	11	9	3	53	25,4	31	1	4	16	1
Angestellte[2])	9	2	9	6	3	29	13,9	23	—	1	3	2
Freiberufl., Selbst.	15	2	2	3	1	23	11,0	16	—	2	3	2
Andere Berufe[3])	6	2	3	1	—	12	5,7	9	—	1	2	—
Summe	45	21	25	19	7	117	56,0	79	1	8	24	5
Stellv. Vorst.-Mitglieder:												
Beamte	1	4	1	—	—	6	2,8	2	—	—	4	—
Angestellte[2])	—	—	—	—	1	1	0,5	—	1	—	—	—
Freiberufl., Selbst.	—	—	—	—	—	—	—	—	—	—	—	—
Andere Berufe[3])	—	—	—	—	—	—	—	—	—	—	—	—
Summe	1	4	1	—	1	7	3,3[2]	2	1	—	4	—
Summe: Vorstände:												
Beamte	35	43	16	13	5	112	53,6	51	4	7	45	5
Angestellte[2])	14	5	12	6	6	43	20,6	30	1	2	6	4
Freiberufl., Selbst.	24	2	5	4	1	36	17,2	27	2	2	3	2
Andere Berufe[3])	9	3	3	3	—	18	8,6	11	—	3	3	1
Summe	82	53	36	26	12	209	100,0	119	7	14	57	12
B. Anteil in Prozent												
Vorst. aus Nicht-Untern.[4])												
Beamte	42,7	81,1	44,5	50,0	41,7	53,6	—	42,9	57,1	50,0	78,9	41,7
Angestellte[2])	17,1	9,4	33,3	23,1	50,0	20,6	—	25,2	14,3	14,3	10,5	33,3
Freiberufl., Selbst.	29,2	3,8	13,9	15,4	8,3	17,2	—	22,7	28,6	14,3	5,2	16,7
Andere Berufe[3])	11,0	5,7	8,3	11,5	—	8,6	—	9,2	—	21,4	5,4	8,3
Summe	100,0	100,0	100,0	100,0	100,0	100,0	—	100,0	100,0	100,0	100,0	100,0
Alle Vorstände[4])	(743)	(184)	(186)	(196)	(72)	(1331)	—	(969)	(110)	(47)	(149)	(60)
Beamte	4,7	32,1	8,6	6,6	7,0	8,4	—	5,3	3,6	14,9	31,0	8,3
Angestellte[2])	1,9	3,8	6,5	3,1	8,3	3,2	—	3,1	0,9	4,3	4,1	6,7
Freiberufl., Selbst.	3,2	1,5	2,7	2,1	1,4	2,7	—	2,8	1,8	4,2	2,1	3,3
Andere Berufe[3])	1,2	2,2	1,6	1,5	—	1,4	—	1,1	—	6,4	2,1	1,7
Summe: V. aus Nicht-Unt.	11,0	39,6	19,4	13,3	16,7	15,7	—	12,3	6,4	29,8	39,3	20,0
Vorst. aus Unternehmen	89,0	60,4	80,6	86,7	83,3	84,3	—	87,7	93,6	70,2	60,7	80,0
Summe	100,0	100,0	100,0	100,0	100,0	100,0	—	100,0	100,0	100,0	100,0	100,0

[1]) Basis der Prozentrechnung (n) ist die Summe der Vorstände aus Nicht-Unternehmen (209). — [2]) Überwiegend leitende Angestellte in Beratungsfirmen, Verbänden, Wirtschaftsorganisationen, Verwaltungen, u. a. m. — [3]) Hauptsächlich Wissenschaftler. In den Zahlen sind 6 Personen enthalten (3 VV, 3 VM), die vor ihrer Berufung zum Vorstand keine Berufstätigkeit ausgeübt haben. — [4]) Basis der Prozentrechnung (n) ist die jeweilige Spaltensumme. — [5]) Summe der Vorstände aus Nicht-Unternehmen und aus Unternehmen. Die Basis der Prozentrechnung (n) ist für jede Spalte in Klammern angegeben.

Tabelle 40:
Anteil der Vorstände aus Nicht-Unternehmen
an der Gesamtzahl aller Vorstände
in Prozent[1])

	VV	VM und St. VM	Alle V
A. Nach Wirtschaftszweigen:			
Industrie	19,0	8,3	11,0
Öfftl.-rechtl. Kreditinst.	50,0	32,1	39,6
Andere Kreditinst.	32,3	16,8	19,4
Versicherungen	14,9	12,8	13,3
Andere	16,0	17,0	16,7
Durchschnitt	**24,4**	**12,6**	**15,7**
∅ ohne öfftl.-rechtl. Kreditinst.	19,5	10,9	13,0
B. Nach der Rechtsform der Unternehmen:			
AG, KGaA	16,9	10,9	12,3
GmbH	16,1	2,5	6,4
KG, oHG, Einzelfirma	46,2	23,5	29,8
Öfftl.-rechtl. Unternehmen ...	49,2	32,6	39,3
Andere	35,0	12,5	20,0
Durchschnitt	**24,4**	**12,6**	**15,7**
∅ ohne öfftl.-rechtl. Untern. ..	19,4	10,7	12,8
C. Nach dem Eigentum am Unternehmen:			
Börsengesellschaft	16,4	10,2	11,6
Konzerneigentum	10,2	9,1	9,4
Familieneigentum	37,5	12,1	17,1
Öffentl. Eigentum	47,1	29,9	36,7
Auslandseigentum	18,7	7,7	10,6
Sonst. Eigentum	24,4	14,5	17,4
Durchschnitt	**24,4**	**12,6**	**15,7**
∅ ohne öfftl. Eigentum	18,7	9,4	12,5

[1]) Basis der Prozentrechnung ist die Gesamtzahl der Vorstände jeder Position (wechselndes n).

Tabelle 41: Herkunft, Bildungsweg und Alter der Vorstände aus Nicht-Unternehmen

	Zahl der V mit früherer Tätigkeit als...					Anteil in Prozent¹)					Zum Vergleich:	
	Beamte	Ange-stellte	Freiber., Selbst.	Andere	Summe	Beamte	Ange-stellte	Freiber., Selbst.	Andere	Summe	V aus Untern.	Alle Vorst.
A. Position:						(112)	(43)	(36)	(18)	(209)	(1122)	(1331)
V-Vorsitzende	53	13	13	6	85	47,3	30,2	36,1	33,3	40,7	23,4	26,2
V-Mitglieder	53	29	23	12	117	47.3	67.5	63.9	66.7	56.0	64.8	63.4
Stellv. V-Mitglieder ..	6	1	—	—	7	5,4	2,3	—	—	3,3	11,8	10,4
B. Wirtschaftszweig:						(112)	(43)	(36)	(18)	(209)	(1122)	(1331)
Industrie	35	14	24	9	82	31,2	32,6	66,7	50,0	39,2	58,9	55,8
Öff.-rechtl.Kreditinst.	43	5	2	3	53	38,4	11,6	5,5	16,7	25,4	7,2	10,1
And.Kreditinstitute .	16	12	5	3	36	14,3	27,9	13,9	16,7	17,2	13,4	14,0
Versicherungen	13	6	4	3	26	11,6	14,0	11,1	16,6	12,5	15,2	14,7
Andere	5	6	1	—	12	4,5	13,9	2,8	—	5,7	5,3	5,4
C. Soziale Herkunft:						(112)	(43)	(36)	(18)	(209)	(1122)	(1331)
Schicht I	14	8	4	3	29	12,5	18,6	11,1	16,7	13,9	12,8	13,0
Schicht II	32	15	17	10	74	28,6	34,9	47,2	55,5	35,4	39,6	38,9
Schicht III	58	14	13	3	88	51,8	32,6	36,1	16,7	42,1	40,3	40,6
Schicht IV	8	6	2	2	18	7,1	13,9	5,6	11,1	8,6	7,3	7,5
D. Schulbildung:						(112)	(42)	(36)	(18)	(208)	(1113)	(1321)
Keine höh. Schule ...	2	1	—	—	3	1,8	2,4	—	—	1,4	3,1	2,9
Höh. Sch. o. Abitur..	6	3	2	1	12	5,4	7,1	5,6	5,6	5,8	9,9	9,2
Abitur	104	38	34	17	193	92,8	90,5	94,4	94,4	92,8	87,0	87,9
E. Studium:						(112)	(43)	(36)	(18)	(209)	(1122)	(1331)
Kein Studium	7	5	6	1	19	6,2	11,6	16,7	5,6	9,1	23,7	21,4
Studium o.Abschl. ...	2	2	1	2	7	1,8	4,7	2,7	11,1	3,3	5,5	5,1
Studium m. Abschl. ..	103	36	29	15	183	92,0	83,7	80,6	83,3	87,6	70,8	73,5
F. Ausbildungsweg:						(112)	(43)	(36)	(18)	(209)	(1122)	(1331)
Praktiker²)	9	7	7	3	26	8,0	16,3	19,4	16,7	12,4	29,2	26,5
Jurist	44	16	15	4	79	39,3	37,2	41,7	22,2	37,8	18,4	21,5
Wirtschaftler³)	41	19	9	6	75	36,6	44,2	25,0	33,3	35,9	21,0	23,4
Techniker⁴)	13	—	2	5	20	11,6	—	5,6	27,8	9,6	30,4	27,1
Andere	5	1	3	—	9	4,5	2,3.	8,3	—	4,3	1,0	1,5
G. Lebensalter⁵):						(97)	(39)	(30)	(16)	(182)	(1019)	(1201)
Unter 45	19	11	2	6	38	19,6	28,2	6,7	37,5	20,9	13,9	15,0
45—54	33	18	19	5	75	34,0	46,2	63,3	31,3	41,2	28,0	30,0
55 und älter........	45	10	9	5	69	46,4	26,6	30,0	31,0	37,9	58,1	55,0
H.Berufungsalter:						(112)	(43)	(36)	(18)	(209)	(1121)	(1330)
Unter40	21	13	8	5	47	18,7	30,3	22,2	27,8	22,5	25,0	24,6
40—49	43	20	12	11	86	38,4	46,5	33,3	61,1	41,1	47,6	46,6
50—59	44	9	16	1	70	39,3	20,9	44,5	5,6	33,5	24,8	26,2
60 und älter	4	1	—	1	6	3,6	2,3	—	5,5	2,9	2,6	2,6
I. V-Wechsel:						(112)	(43)	(36)	(18)	(209)	(1122)	(1331)
V mit V-Wechsel ...	21	9	9	2	41	18,8	20,9	25,0	11,1	19,6	21,3	21,1
Davon: 1mal	10	4	5	1	20	8,9	9,3	13,9	5,6	9,5	11,9	11,5
2mal	6	3	4	1	14	5,4	7,0	11,1	5,5	6,7	5,6	5,8
3mal	4	2	—	—	6	3,6	4,6	—	—	2,9	2,6	2,7
mehr	1	—	—	—	1	0,9	—	—	—	0,5	1,2	1,1
Zahl der V-Wechsel⁶).	38	16	13	3	70	.	.	.	.	.	(402)	(472)
K. Häufigk. d. V-Wechsel:												
V mit V-Wechsel⁷) ...	—	—	—	—	—	1,81	1,78	1,44	1,50	1,71	1,68	1,69
Alle Vorstände⁸)	—	—	—	—	—	0,34	0,37	0,36	0,17	.0,33	0,36	0,35

¹) Basis der Prozentrechnung (n) ist die Spaltensumme jedes Abschnitts. Sie ist über jeden Abschnitt in Klammern angegeben. — ²) Vorstände ohne Studium und mit nicht abgeschlossenem Studium. — ³) Einschließlich der Vorstände, die sowohl Recht als auch Wirtschaft studiert haben. — ⁴) Einschließlich Naturwissenschaftler und Mathematiker. — ⁵) Die Zahlen umfassen nur Personen, die heute als Vorstände tätig sind (nicht auch frühere Vorstände, die heute den Aufsichtsräten angehören — wie in den anderen Zahlen dieser Tabelle). — ⁶) Die Angabe „mehr als 3mal" wurde als viermaliger V-Wechsel gewertet. — ⁷) Zahl der V-Wechsel in jeder Gruppe dividiert durch die Zahl der Vorstände mit V-Wechsel jeder Gruppe. — ⁸) Zahl der V-Wechsel in jeder Gruppe dividiert durch die Zahl aller Vorstände jeder Gruppe.

Tabelle 42: Kontakte zum Unternehmen vor der Berufung in den Vorstand

A. Zahl der Personen[7] und der Antworten

Frühere Berufstätigkeit — Heutige Funktion	Oberste Behörden[2]	Nachgeordnete Behörde[3]	Verb., Kammern	Andere[4]	Summe (Sachliche Kontakte[1])	Rechts-berater	WP, StB	AR-Mitgl.	Andere[5]	Summe (Berater)	Zu einem VM	Zu einem AR	Zu einem Eigent.	Zu and. Pers.[6]	Summe (Persönliche Kontakte)	Summe	Keine Kontakte	Alle Vorstände
Beamte: VV	24	11	—	4	39	—	—	—	—	—	—	1	4	2	7	46	7	53
VM	20	17	—	2	39	1	—	1	—	2	2	1	—	—	3	44	15	59
Summe	**44**	**28**	—	**6**	**78**	**1**	—	**1**	—	**2**	**2**	**2**	**4**	**2**	**10**	**90**	**22**	**112**
Angestellte: VV	1	1	6	1	9	—	—	—	1	1	—	—	—	—	—	10	3	13
VM	2	—	18	1	21	—	—	—	—	—	—	—	—	—	—	21	9	30
Summe	**3**	**1**	**24**	**2**	**30**	—	—	—	**1**	**1**	—	—	—	—	—	**31**	**12**	**43**
Freiberufl., Selbst.: VV	—	—	1	—	1	3	3	—	—	6	1	—	—	—	1	8	5	13
VM	—	1	2	—	3	5	—	1	—	6	4	1	—	—	5	14	9	23
Summe	—	**1**	**3**	—	**4**	**8**	**3**	**1**	—	**12**	**5**	**1**	—	—	**6**	**22**	**14**	**36**
Andere[8]: VV	—	—	—	3	3	—	—	—	—	—	—	1	—	—	1	4	2	6
VM	—	—	—	5	5	3	—	—	—	3	—	1	—	—	1	9	3	12
Summe	—	—	—	**8**	**8**	**3**	—	—	—	**3**	—	**2**	—	—	**2**	**13**	**5**	**18**
Summe der Personen: VV	25	12	7	8	52	3	3	—	1	7	1	2	4	2	9	68	17	85
VM	22	18	20	8	68	9	—	2	—	11	6	3	—	—	9	88	36	124
Summe	**47**	**30**	**27**	**16**	**120**	**12**	**3**	**2**	**1**	**18**	**7**	**5**	**4**	**2**	**18**	**156**	**53**	**209**
Summe der Antworten: VV	25	13	9	9	56	5	4	2	1	12	13	20	7	7	47	115		
VM	22	20	21	12	75	10	5	3	3	21	20	18	2	1	41	137		
Summe	**47**	**33**	**30**	**21**	**131**	**15**	**9**	**5**	**4**	**33**	**33**	**38**	**9**	**8**	**88**	**252**		

B. Anteil in Prozent

Frühere Berufstätigkeit — Heutige Funktion	Oberste Behörden	Nachg. Behörde	Verb., Kammern	Andere	Summe (Sachl.)	Rechts-berater	WP, StB	AR-Mitgl.	Andere	Summe (Berater)	Zu einem VM	Zu einem AR	Zu einem Eigent.	Zu and. Pers.	Summe (Persönl.)	Summe	Keine Kontakte	Alle Vorstände
Zahl der Personen[9]:																		
Beamte	39,3	25,0	—	5,4	69,7	0,9	—	0,9	—	1,8	1,8	1,8	3,6	1,7	8,9	80,4	19,6	100,0
Angestellte	7,0	2,3	55,8	4,7	69,8	—	—	—	2,3	2,3	—	—	—	—	—	72,1	27,9	100,0
Freiberufl., Selbst.	—	2,8	8,3	—	11,1	22,2	8,3	2,8	—	33,3	13,9	2,8	—	—	16,7	61,1	38,9	100,0
Andere	—	—	—	44,4	44,4	16,7	—	—	—	16,7	—	11,1	—	—	11,1	72,2	27,8	100,0
Summe	22,2	14,3	12,9	7,7	57,4	5,7	1,4	1,0	1,0	8,6	3,3	2,4	1,9	1,0	8,6	74,6	25,4	100,0
Davon: VV	29,4	14,1	8,3	9,4	61,2	3,5	3,5	—	1,2	8,2	1,2	2,4	4,7	2,3	10,6	80,0	20,0	100,0
VM	17,7	14,5	16,1	6,5	54,8	7,3	—	1,6	—	8,9	4,9	2,4	—	—	7,3	71,0	29,0	100,0
Zahl der Antworten[10]:	18,7	13,1	11,9	8,3	52,0	5,9	3,6	2,0	1,6	13,1	13,1	15,1	3,6	3,1	34,9	100,0		
Davon: VV	21,8	11,3	7,8	7,8	48,7	4,3	3,5	1,7	0,9	10,4	11,3	17,4	6,1	6,1	40,9	100,0		
VM	16,1	14,6	15,3	8,8	54,8	7,3	3,5	2,2	2,2	15,3	14,6	13,1	1,5	0,7	29,9	100,0		

[1] Die Kontakte beruhen auf der früheren Tätigkeit in den jeweils aufgeführten Dienststellen. — [2] Bundes- und Länderministerien, internationale Institutionen, diplomatische Vertretungen u. a. m. — [3] Nachgeordnete Bundes- oder Landesbehörden, Aufsichtsämter, Kommunalverwaltungen u. a. m. — [4] Hauptsächlich durch wissenschaftliche Tätigkeit. — [5] Unternehmens-, Personalberater u. a. m. — [6] Leitende Personen, Berater, Angehörige der Hausbank u. a. m. — [7] Die stellvertretenden Vorstandsmitglieder (7 Personen) sind in dieser Tabelle als Vorstandsmitglieder gezählt. — [8] Einschließlich 6 Personen (3 VV, 3 VM), die vor ihrer Berufung zum Vorstand keine Berufstätigkeit ausgeübt haben. — [9] Basis der Prozentrechnung (m) ist für jede Zeile die Zahl der Vorstände aus Nicht-Unternehmen (letzte Zahlenspalte der Tabelle). — [10] Basis der Prozentrechnung (m) ist für jede Zeile die Gesamtzahl der Antworten (drittletzte Zahlenspalte der Tabelle).

Tabelle 43: Die Vorstände nach Aufstiegsarten

Aufstiegsart	VV	VM	Stv.VM	Summe
A. Zahl der Vorstände				
1. Im gleichen Untern.[1) ..	177	487	92	756
2. In Fremd-Unternehmen	44	135	18	197
3. Berufung als ltd. Ang.[2]) .	42	105	22	169
4. Berufung direkt zum V .	85	117	7	209
Summe	**348**	**844**	**139**	**1 331**
B. Anteil in Prozent				
1. Im gleichen Untern.[1]) ..	50,9	57,7	66,2	56,8
2. In Fremd-Unternehmen	12,6	16,0	13,0	14,8
3. Berufung als ltd. Ang.[2]) .	12,1	12,4	15,8	12,7
4. Berufung direkt zum V .	24,4	13,9	5,0	15,7
Summe	**100,0**	**100,0**	**100,0**	**100,0**

[1]) Aufstieg innerhalb des gleichen Unternehmens oder der gleichen Unternehmensgruppe von einer untergeordneten oder mittleren Position oder von der Stellung eines Direktions-Assistenten zum Vorstand. 34 Vorstände (7 VV, 23 VM, 4 stv. VM) mit Laufbahn über das gleiche Unternehmen, die die Frage nach ihrer ersten Position nicht beantwortet haben, sind hier mitgezählt. — [2]) Vorstände, deren Laufbahn im gleichen oder einem Fremd-Unternehmen auf einer leitenden Position begonnen hat.

Tabelle 44: Herkunft, Bildungsweg, Alter und Laufbahn-Merkmale der Vorstände, nach Aufstiegsarten. Anteile in Prozent¹)

	I. Vorstandsvorsitzende						II. Vorstandsmitglieder (einschl. stv. Vorst.-Mitgl.)						III. Alle Vorstände					
	Aufstieg innerhalb von Unternehmen²)		Aufstieg außerhalb von Unternehmen		Nicht aus d. eigenen Unt. hervorgegangen³)	Alle VV	Aufstieg innerhalb von Unternehmen²)		Aufstieg außerhalb von Unternehmen		Nicht aus d. eigenen Unt. hervorgegangen³)	Alle VM	Aufstieg innerhalb von Unternehmen²)		Aufstieg außerhalb von Unternehmen		Nicht aus d. eigenen Unt. hervorgegangen³)	Alle V
	Im gleichen Unt.	In Fremd-Unt.	Berufg. als ltd. Ang.³)	Direkt-Berufg. zum UV⁴)	(Sp. 3+4)	(Sp. 1-4)	Im gleichen Unt.	In Fremd-Unt.	Berufg. als ltd. Ang.³)	Direkt-Berufg. zum UV⁴)	(Sp. 3+4)	(Sp. 1-4)	Im gleichen Unt.	In Fremd-Unt.	Berufg. als ltd. Ang.³)	Direkt-Berufg. zum UV⁴)	(Sp. 3+4)	(Sp. 1-4)
	1	2	3	4	5	6	1	2	3	4	5	6	1	2	3	4	5	6
A. Soziale Herkunft:	(177)	(44)	(42)	(85)	(86)	(348)	(579)	(153)	(127)	(124)	(280)	(983)	(756)	(197)	(169)	(209)	(366)	(1 331)
Schicht I	16,9	6,8	7,1	17,7	7,0	14,6	11,8	14,4	14,2	11,3	14,3	12,4	13,0	12,7	12,4	13,9	12,6	13,0
Schicht II	40,7	38,7	57,2	29,4	47,7	39,7	38,3	37,9	40,1	39,5	38,9	38,7	38,9	38,1	44,4	35,4	41,0	38,9
Schicht III	33,9	40,9	33,3	48,2	37,2	38,2	43,7	39,2	37,0	37,9	38,6	41,4	41,4	39,6	36,1	42,1	38,0	40,6
Schicht IV	8,5	13,5	2,4	4,7	8,1	7,5	6,2	8,5	8,7	11,3	8,6	7,5	6,7	9,6	7,1	8,6	8,4	7,5
B. Wirtschaftszweig:	(177)	(44)	(42)	(85)	(86)	(348)	(579)	(153)	(127)	(124)	(280)	(983)	(756)	(197)	(169)	(209)	(366)	(1 331)
Industrie	61,0	45,5	59,5	42,4	52,3	54,3	58,2	61,4	60,6	37,1	61,1	56,4	58,9	57,9	60,4	39,2	59,0	55,8
Öffl.-rechtl. Kreditinstitute	9,0	13,7	14,3	32,9	14,0	16,1	5,7	5,9	8,7	20,2	7,1	7,9	6,5	7,6	10,1	25,4	8,7	7,9
Andere Kreditinstitute	6,2	11,4	11,9	11,8	11,6	8,9	15,4	16,3	11,8	21,0	14,3	15,8	13,2	15,2	11,8	17,2	13,7	14,0
Versicherungen	17,0	15,9	7,2	8,2	13,5	13,5	15,4	13,1	14,2	15,3	13,6	15,1	16,1	13,7	12,4	12,5	13,1	14,7
Andere	6,8	13,5	7,1	4,7	10,5	7,2	4,8	3,3	4,7	6,4	3,9	4,8	5,3	5,6	5,3	5,7	5,5	5,4
C. Schulbildung:	(173)	(44)	(41)	(85)	(85)	(343)	(578)	(153)	(124)	(123)	(277)	(978)	(751)	(197)	(165)	(208)	(362)	(1 321)
Keine höhere Schule	2,3	4,5	—	1,2	2,3	2,1	3,8	2,6	2,4	1,6	2,5	3,2	3,5	3,1	1,8	1,4	2,5	2,9
Höhere Schule ohne Abitur	10,4	11,4	9,8	4,7	10,6	9,0	10,6	8,5	7,3	6,5	8,0	9,3	10,5	9,1	7,9	5,8	8,6	9,2
Abitur	87,3	84,1	90,2	94,1	87,1	88,9	85,6	88,9	90,3	91,9	89,5	87,5	86,0	87,8	90,3	92,8	88,9	87,9
D. Studium:	(177)	(44)	(42)	(85)	(86)	(348)	(579)	(153)	(127)	(124)	(280)	(983)	(756)	(197)	(169)	(209)	(366)	(1 331)
Kein Studium	26,0	20,4	11,9	4,7	16,3	18,4	26,6	20,9	15,8	12,1	18,6	22,5	26,5	20,8	14,8	9,1	18,0	21,4
Studium ohne Abschluß	5,1	11,4	11,9	3,5	11,6	6,3	5,0	4,6	4,7	3,2	4,6	4,7	5,0	6,1	6,5	3,3	6,3	5,1
Studium mit Abschluß	68,9	68,2	76,2	91,8	72,1	75,3	68,4	74,5	79,5	84,7	76,8	72,8	68,5	73,1	78,7	87,6	75,7	73,5
F. Ausbildungsweg:	(177)	(44)	(42)	(85)	(86)	(348)	(579)	(153)	(127)	(124)	(280)	(983)	(756)	(197)	(169)	(209)	(366)	(1 331)
Praktiker⁶)	31,1	31,8	23,8	8,2	27,9	24,7	31,6	25,5	20,5	15,3	23,2	27,2	31,5	26,9	21,3	12,4	24,3	26,5
Jurist	18,2	9,1	21,4	41,2	15,1	22,4	18,2	12,4	31,5	35,5	21,1	21,1	17,8	11,7	29,0	37,8	19,7	21,5
Wirtschaftswissenschaft⁷)	23,7	36,4	23,8	34,1	30,2	27,9	18,8	27,5	13,4	37,1	21,1	21,8	20,0	29,4	16,0	35,9	23,2	23,4
Techniker⁸)	27,1	20,4	31,0	11,8	25,6	23,0	30,4	34,0	33,8	8,1	33,9	28,6	29,6	31,0	33,1	9,6	32,0	27,1
Andere Fachrichtung⁹)	1,1	2,3	—	4,7	1,2	2,0	1,0	0,6	0,8	4,0	0,7	1,3	1,1	1,0	0,6	4,3	0,8	1,5
F. Lebensalter a):	(139)	(33)	(39)	(64)	(72)	(275)	(538)	(146)	(124)	(118)	(270)	(926)	(677)	(179)	(163)	(182)	(342)	(1 201)
Unter 45 Jahre	1,5	9,1	2,6	11,0	5,5	4,7	15,4	26,0	12,1	26,3	19,6	18,0	12,5	22,9	9,8	20,9	16,6	16,0
45—54 Jahre	12,2	27,3	23,1	37,5	25,0	21,5	29,6	35,6	31,4	43,2	33,7	32,5	26,0	34,1	29,4	41,2	31,9	30,0
55—64 Jahre	67,6	45,4	56,4	48,4	51,4	58,9	46,6	35,0	46,8	29,2	40,4	42,7	51,0	36,9	49,1	36,3	42,7	46,4
Über 64 Jahre	18,7	18,2	17,9	3,1	18,1	14,9	8,4	3,4	9,7	0,8	6,3	6,8	10,5	6,1	11,7	1,6	8,8	6,6
G. Berufungsalter:	(177)	(44)	(42)	(85)	(86)	(348)	(579)	(153)	(127)	(124)	(280)	(983)	(756)	(197)	(169)	(209)	(366)	(1 331)
Unter 40 Jahre	10,2	22,7	7,1	14,1	15,1	12,3	28,2	37,3	22,8	48,4	30,7	28,9	23,9	34,0	18,9	22,5	27,0	24,6
40—49 Jahre	37,3	54,6	50,0	30,6	52,3	39,4	50,1	49,0	46,5	48,4	47,9	49,2	47,1	50,3	47,3	41,1	48,9	46,6
50—59 Jahre	44,0	15,9	38,1	49,4	26,8	41,1	20,7	13,7	28,3	22,6	20,3	20,9	26,2	14,2	30,8	33,5	21,9	26,2
Über 59 Jahre	8,5	6,8	4,8	5,9	5,7	7,2	1,0	—	2,4	0,8	1,1	1,0	2,8	1,5	3,0	2,9	2,2	2,6

H. Vorstands-Wechsel:

	(177)	(44)	(42)	(85)	(86)	(348)	(579)	(153)	(127)	(124)	(280)	(983)	(756)	(169)	(197)	(209)	(366)	(1 331)
1mal	11,9	27,3	16,7	8,2	22,1	13,5	9,0	18,3	10,2	10,5	14,6	10,8	9,6	11,8	20,3	9,6	16,4	11,5
2mal	6,2	15,9	26,2	8,2	20,9	10,3	3,8	3,9	4,7	5,6	4,3	4,2	4,4	10,1	6,6	6,7	8,2	5,8
3mal	4,5	20,4	4,7	5,9	12,8	6,9	1,4	3,1	0,8	0,8	0,7	1,1	2,1	1,2	5,6	2,9	3,5	2,6
mehr	3,4	9,1	2,4	1,2	5,8	3,5	—	0,7	1,6	—	1,1	0,3	0,8	1,8	2,5	0,4	2,2	1,1
Summe	26,0	72,7	50,0	23,5	61,6	34,2	14,2	24,2	16,5	16,9	20,7	16,4	16,9	24,9	35,0	19,6	30,3	21,0

I. Selbsteinschätzung d. Lfb.[9]:

	(174)	(41)	(41)	(68)	(82)	(324)	(563)	(145)	(124)	(88)	(269)	(920)	(737)	(165)	(186)	(156)	(351)	(1 244)
Persönl. Faktoren[10]	10,3	9,8	2,4	42,6	6,1	16,0	7,5	7,6	7,3	36,4	7,4	10,2	8,2	6,1	8,1	39,1	7,1	11,7
Hochgedient	48,3	39,0	41,5	—	40,2	36,1	52,2	33,8	31,4	—	32,7	41,5	51,3	33,9	34,9	—	34,5	40,1
Bewährung	6,3	4,9	17,1	—	11,0	6,2	9,2	7,6	19,4	—	13,0	9,5	8,6	18,8	7,0	—	12,5	8,6
Spezialkenntnisse[11]	5,2	4,9	12,2	57,4	8,5	17,0	11,0	20,7	18,5	63,6	19,7	18,6	9,6	17,0	17,2	60,9	11,7	18,2
Andere sachliche Faktoren	0,6	—	2,4	—	1,2	0,6	1,1	2,8	0,8	—	1,9	1,2	0,9	1,2	2,2	—	1,7	1,1
Glück	4,6	4,8	2,4	—	3,7	3,4	2,3	7,5	3,2	—	5,6	3,0	2,8	3,0	7,0	—	5,1	3,1
Allgem. unternehm. Befähigung	24,7	36,6	22,0	—	29,3	20,7	16,7	20,0	19,4	—	19,7	16,0	18,6	20,0	23,6	—	22,0	17,2

K. Kontakt-Aufnahme:

	(177)	(44)	(42)	(85)	(86)	(348)	(579)	(153)	(127)	(124)	(280)	(983)	(756)	(169)	(197)	(209)	(366)	(1 331)
Persönl. Kontakt gesucht	7,9	9,1	4,8	11,8	7,0	8,6	5,2	11,1	8,7	11,3	10,0	7,3	5,8	7,7	10,7	11,5	9,3	7,7
Bewerbung	3,4	27,3	7,2	5,9	17,4	7,5	4,7	19,6	7,1	7,3	13,9	7,6	4,4	7,1	21,3	6,7	14,8	7,6
Initiative Dritter	2,8	13,6	7,1	8,2	10,4	6,0	2,9	11,8	3,9	4,0	8,2	4,6	2,9	4,7	12,2	5,7	8,7	4,9
Summe	14,1	50,0	19,1	25,9	34,8	22,1	12,8	42,5	19,7	22,6	32,1	19,5	13,1	19,5	44,2	23,9	32,8	20,2

L. Finanzielle Unabhängigkeit:

	(177)	(44)	(42)	(85)	(86)	(348)	(579)	(153)	(127)	(124)	(280)	(983)	(756)	(169)	(197)	(209)	(366)	(1 331)
Vermögen erworben	31,0	29,6	28,6	21,2	29,1	28,2	19,9	13,1	14,2	9,7	13,5	16,8	22,5	17,8	16,8	14,4	17,2	19,8
Teils erworben, teils geerbt	3,4	4,5	4,7	3,5	4,6	3,7	2,2	1,9	1,6	1,6	1,8	2,0	2,5	3,5	2,5	2,4	2,5	2,5
Vermögen geerbt	5,1	2,3	2,4	4,7	2,3	4,3	2,8	4,6	3,9	6,4	4,3	3,7	3,3	3,5	4,1	5,7	3,8	3,8
Summe	39,5	36,4	35,7	29,4	36,0	36,2	24,9	19,6	19,7	17,7	19,6	22,5	29,3	23,7	23,4	22,5	23,5	26,1

M. Heute im Aufsichtsrat:

	(177)	(44)	(42)	(85)	(86)	(348)	(579)	(153)	(127)	(124)	(280)	(983)	(756)	(169)	(197)	(209)	(366)	(1 331)
Ja	18,6	25,0	21,4	16,8	23,3	19,8	4,3	3,3	3,1	2,4	3,2	3,8	7,7	7,7	8,1	9,1	7,9	8,0

[1]) Basis der Prozentrechnung (n) ist die Spaltensumme jedes Abschnitts; sie entspricht der jeweiligen Gesamtzahl der Vorstände, ungerechnet diejenigen, welche die betreffende Frage nicht beantwortet haben. Die Basiszahl n ist über jedem Abschnitt in Klammern angegeben. — [2]) Nur Vorstände, deren Laufbahn im Unternehmen (oder in dem Konzern, der Unternehmensgruppe) als Lehrling, in einer untergeordneten oder mittleren Position oder als Direktions-Assistent begonnen hat ("Aufsteiger"). — [3]) Nur Vorstände, deren erste Position in einem Unternehmen eine leitende Position war (im gleichen oder in einem Fremd-Unternehmen). — [4]) Vorstände, die aus einem Nicht-Unternehmen direkt in einen Vorstand berufen wurden (frühere Beamte, Verwaltungsangestellte, Freiberufler, Selbständige, Wissenschaftler u. a. m.). Näheres siehe Abschnitt X. — [5]) Ohne direkt berufene Vorstände (siehe Anmerkung [4]). — [6]) Vorstände ohne Studium und mit nicht abgeschlossenem Studium. — [7]) Einschließlich der Vorstände, die sowohl Recht als auch Wirtschaft studiert haben. — [8]) Einschließlich der Naturwissenschaftler und Mathematiker (den anderen Zahlen in dieser Tabelle). — [9]) Die Zahlen umfassen nur Personen, die heute als Vorstände tätig sind (nicht auch jener früheren Vorstände, die heute im Aufsichtsrat angehören) gehören zu den ... — [10]) Näheres über die Fragestellung und die Zuordnung der verschiedenen Punkten des vorgegebenen Antwort-Katalogs siehe Abschnitt IX. — [11]) Bei den direkt berufenen Vorständen (Spalten 4) wurde die Angabe, vor der Berufung hätten persönliche Kontakte mit maßgebenden Männern des Unternehmens bestanden, als "persönlicher Faktor" gewertet. [12]) Bei den direkt berufenen Vorständen (Spalten 4) wurde die Angabe, vor der Berufung hätten sachliche Kontakte auf Grund der früheren Tätigkeit des Betreffenden bestanden (Berater o. ähnl.), als "Spezialkenntnisse" gewertet.

Tabelle 45: Vorstandswechsel, Kontaktaufnahme und finanzielle Unabhängigkeit der Vorstände

| | Zahl der Vorstände | | | Anteil in Prozent[1] | | | | | | | | |
| | | | | Vorstände mit V-Wechsel | | | Kontakt-Aufnahme (n = Sp. 3) | | | | Vermögen (n = Sp. 3) | |
	VV	VM und stv. VM	Summe	VV (n = Sp. 1)	VM und stv. VM (n = Sp. 2)	Summe (n = Sp. 3)	Persönl. Kontakte gesucht	Bewerbung	Initiative Dritter	Summe	Geerbt	Erworben[2]
	1	2	3	4	5	6	7	8	9	10	11	12
A. Position:												
V-Vorsitzende	348	—	348	34,2	—	34,2	8,6	7,5	6,0	22,1	4,3	31,9
V-Mitglieder	—	844	844	—	16,9	16,9	7,6	7,7	4,7	20,0	3,7	20,6
Stellv. V-Mitgl.	—	139	139	—	12,9	12,9	5,7	7,2	3,6	16,5	3,6	7,9
Summe	348	983	1 331	34,2	16,4	21,0	7,7	7,6	4,9	20,2	3,8	22,2
B. Soziale Herkunft:												
Schicht I	51	122	173	25,5	15,6	18,5	11,0	5,8	2,9	19,7	6,9	26,0
Schicht II	138	380	518	37,7	16,8	22,2	8,1	7,5	3,7	19,3	4,6	24,0
Schicht III	133	407	540	31,6	15,2	19,3	6,1	8,0	6,5	20,6	2,8	19,6
Schicht IV	26	74	100	46,2	23,0	29,0	8,0	9,0	7,0	24,0	—	21,0
Summe	348	983	1 331	34,2	16,4	21,0	7,7	7,6	4,9	20,2	3,8	22,2
C. Wirtschaftszweig:												
Industrie	189	554	743	38,1	16,6	22,1	6,3	6,1	4,6	17,0	3,2	25,2
Öff.-rechtl. Kreditinst.	56	78	134	28,6	14,1	20,1	8,2	12,7	3,7	24,6	2,2	6,0
And. Kreditinstitute	31	155	186	19,4	16,8	17,2	10,2	7,5	3,8	21,5	4,3	27,4
Versicherungen	47	149	196	36,2	14,1	19,4	10,2	9,2	7,6	27,0	5,1	17,3
Andere	25	47	72	32,0	23,4	26,4	7,0	9,7	6,9	23,6	8,3	22,2
Summe	348	983	1 331	34,2	16,4	21,0	7,7	7,6	4,9	20,2	3,8	22,2
D. Schulbildung:												
Keine höh. Schule	7	31	38		22,6	26,3	—	13,1	5,3	18,4	—	23,7
Höh. Sch. o. Abitur	31	91	122	41,9	19,8	25,4	5,7	7,4	6,6	19,7	0,8	30,3
Abitur	305	856	1 161	33,1	15,8	20,3	8,2	7,3	4,8	20,3	4,3	21,5
Summe	343	978	1 321	34,1	16,4	21,0	7,7	7,5	5,0	20,2	3,9	22,3
E. Studium:												
Kein Studium	64	221	285	34,4	14,9	19,3	5,6	7,0	4,9	17,5	1,8	27,0
Studium ohne Abschl.	22	46	68	50,0	15,2	26,5	8,8	5,9	7,4	22,1	4,4	23,5
Studium mit Abschl.	262	716	978	32,8	16,9	21,2	8,2	7,9	4,8	20,9	4,4	20,7
Summe	348	983	1 331	34,2	16,4	21,0	7,7	7,6	4,9	20,2	3,8	22,2
F. Ausbildungsweg:												
Praktiker[3]	86	267	353	38,4	15,0	20,7	6,2	6,8	5,4	18,4	2,3	26,3
Jurist	78	208	286	26,9	16,3	19,2	10,1	6,3	4,2	20,6	3,8	22,4
Wirtschaftswiss.[4]	97	214	311	37,1	19,2	24,8	9,3	9,3	6,1	24,7	4,8	21,2
Techniker[5]	80	281	361	32,5	14,2	18,3	5,0	7,5	4,4	16,9	4,7	19,1
Andere	7	13	20	.	.	.	.	.	.	—	—	20,0
Summe	348	983	1 331	34,2	16,4	21,0	7,7	7,6	4,9	20,2	3,8	22,2
G. Lebensalter[6]:												
Unter 45 Jahre	13	168	181	.	18,5	18,8	10,0	8,8	3,3	22,1	5,5	8,9
45—54 Jahre	59	301	360	30,5	16,9	19,2	10,3	10,3	2,2	22,8	4,4	13,9
55—64 Jahre	169	398	567	36,1	15,1	21,3	5,1	6,3	6,9	18,3	3,2	25,0
Über 64 Jahre	101	96	197	34,7	15,6	25,4	8,6	5,1	5,6	19,3	3,5	42,2
Summe	342	963	1 305	34,2	16,3	21,0	7,7	7,6	4,9	20,2	3,9	22,3
H. Berufungsalter:												
Unter 40 Jahre	43	284	327	55,8	28,5	32,1	14,7	15,6	7,6	37,9	4,0	24,7
40—49 Jahre	137	484	621	36,5	14,9	19,6	6,3	6,8	4,8	17,9	3,8	21,6
50—59 Jahre	143	205	348	27,3	3,9	13,5	4,3	2,3	3,2	9,8	3,4	20,7
Über 59 Jahre	25	10	35	24,0	—	0,2	—	—	—	—	5,7	25,7
Summe	348	983	1 331	34,2	16,4	21,0	7,7	7,6	4,9	20,2	3,8	22,2
I. Aufstiegsart[7]:												
Im eig. Untern.	177	579	756	26,0	14,2	16,9	5,8	4,4	2,9	13,1	3,3	25,0
In Fremd-Untern.	44	153	197	72,7	24,2	35,0	10,7	21,3	12,2	44,2	4,1	19,3
Als ltd. Angestellter	42	127	169	50,0	16,5	24,9	7,7	7,1	4,7	19,5	3,5	20,2
Direkt V	85	124	209	23,5	16,9	19,6	11,5	6,7	5,7	23,9	5,7	16,8
Summe	348	983	1 331	34,2	16,4	21,0	7,7	7,6	4,9	20,2	3,8	22,2
K. V mit V-Wechsel	.	.	280	.	.	100,0	11,1	11,4	8,2	30,7	3,2	31,4
L. V mit erworb. Verm.[2]	111	185	296	38,7	22,8	29,7	5,7	9,8	6,1	21,6	—	100,0

[1] Basis der Prozentrechnung (n) sind für Spalte 4 die Zahlen in der jeweils gleichen Zeile von Spalte 1, für Spalte 5 die Zahlen in Spalte 2, für alle übrigen Spalten (6 bis 12) die Zahlen in Spalte 3. — [2] Einschließlich der 13 Fälle (13 VV, 20 VM und stv. VM), in denen Vermögen sowohl geerbt als auch erworben wurde. — [3] Vorstände ohne Studium und mit nicht abgeschlossenem Studium. — [4] Einschließlich der Vorstände, die sowohl Recht als auch Wirtschaft studiert haben. — [5] Einschließlich Naturwissenschaftler und Mathematiker. — [6] Die Zahlen umfassen (abweichend von anderen Tabellen dieser Aufsatzreihe) auch Personen, die heute nicht als Vorstände tätig sind, sondern den Aufsichtsräten der Unternehmen angehören, in denen sie früher als Vorstände tätig waren (69 VV, 37 VM). — [7] Über die Zuordnung der Vorstände zu den vier Aufstiegsarten siehe Anmerkungen 2 bis 5 zu Tabelle 44.

Tabelle 46: Herkunft, Bildungsweg und Alter der Aufsichtsräte
Anteile in Prozent[1]

	Nicht-untern. Aufsichtsräte[2]				Ehemalige Vorstände				Alle Aufsichtsräte			
	ARV	St.ARV	ARM	Summe	ARV	St.ARV	ARM	Summe	ARV	St.ARV	ARM	Summe
A. Frühere Position:	—	—	—	—	(41)	(16)	(49)	(106)	—	—	—	—
Vorst.-Vorsitzender ..	—	—	—	—	78,0	43,8	61,2	65,1	—	—	—	—
Vorst.-Mitglied	—	—	—	—	22,0	56,2	38,8	34,9	—	—	—	—
B. Wirtschaftszweig:	(29)	(36)	(129)	(194)	(41)	(16)	(49)	(106)	(70)	(52)	(178)	(300)
Industrie	48,3	55,6	69,8	63,9	58,6	62,5	55,1	57,5	54,3	57,7	65,7	61,7
Öff.-rechtl. Kreditinst.	6,9	8,3	2,3	4,1	4,9	—	6,1	4,7	5,7	5,8	3,4	4,3
Andere Kreditinstitute	—	13,9	7,0	7,2	19,5	18,8	22,5	20,8	11,4	15,4	11,2	12,0
Versicherungen	27,6	16,7	14,7	17,0	14,6	12,5	12,2	13,2	20,0	15,4	14,1	15,7
Andere	17,2	5,5	6,2	7,8	2,4	6,2	4,1	3,8	8,6	5,7	5,6	6,3
C. Soziale Herkunft:	(29)	(36)	(129)	(194)	(41)	(16)	(49)	(106)	(70)	(52)	(178)	(300)
Schicht I	27,6	16,7	20,1	20,6	39,0	25,0	12,2	24,5	34,3	19,2	18,0	22,0
Schicht II	34,5	47,2	38,0	39,2	31,7	5,0	40,8	38,7	32,8	48,1	38,7	39,0
Schicht III	34,5	27,8	34,9	33,5	24,4	18,8	32,7	27,4	28,6	25,0	34,3	31,3
Schicht IV	3,4	8,3	7,0	6,7	4,9	6,2	14,3	9,4	4,3	7,7	9,0	7,7
D. Schulbildung:	(27)	(36)	(128)	(191)	(40)	(16)	(49)	(105)	(67)	(52)	(177)	f296)
Kein Abitur	3,7	8,3	10,2	8,9	15,0	6,2	20,4	16,2	10,4	7,7	13,0	11,5
Abitur	96,3	91,7	89,8	91,1	85,0	93,8	79,6	83,8	89,6	92,3	87,0	88,5
E. Ausbildungsweg:	(29)	(36)	(129)	(194)	(41)	(16)	(49)	(105)	(70)	(52)	(178)	(300)
Praktiker[3]	20,7	16,7	24,8	22,7	34,2	18,8	24,5	27,3	28,6	17,3	24,7	24,3
Jurist	37,9	41,7	39,6	39,7	14,6	18,8	28,6	21,7	24,3	34,6	36,5	33,3
Wirtschaftler[4]	24,1	19,4	21,7	21,6	31,7	18,7	22,4	25,5	28,6	19,2	21,9	23,0
Techniker[5]	13,8	13,9	11,6	12,4	12,2	37,5	24,5	21,7	12,8	21,2	15,2	15,7
Andere	3,5	8,3	2,3	3,6	7,3	6,2	—	3,8	5,7	7,7	1,7	3,7
F. Lebensalter:	(29)	(35)	(129)	(189)	(41)	(16)	(47)	(104)	(70)	(51)	(172)	(293)
Unter 45	—	5,7	8,8	6,9	—	—	2,1	1,0	—	-3,9	7,0	4,8
45—54	—	8,6	13,6	10,6	—	—	2,1	1,0	—	5,9	10,5	7,2
55—59	10,3	8,6	19,2	15,9	4,9	12,5	2,1	4,8	7,1	9,8	14,5	11,9
60—64	27,6	20,0	23,2	23,3	2,4	—	4,3	2,9	12,9	13,7	18,0	16,0
65—69	41,4	34,3	17,6	24,3	43,9	43,8	38,3	41,3	42,9	37,3	23,2	30,4
70—79	17,2	17,1	13,6	14,8	39,0	31,2	46,8	41,3	30,0	21,6	22,7	24,2
80 und älter	3,5	5,7	4,0	4,2	9,8	12,5	4,3	7,7	7,1	7,8	4,1	5,5
G. Durchschnittsalter[6]	67	65	61	63	71	70	70	71	69	66	64	66

H. Aufsichtsräte, die dem AR aus besonderem Grund angehören (Zahl der Personen):

Eigent.-Familie	8	10	17	35	—	1	6	11	12	11	23	46
Öffentl. Hand	3	6	31	40	—	—	1	1	3	6	32	41
Herrschendes Unt.	3	1	3	7	4	1	3	8	7	2	6	15
Kreditinstitut	—	1	6	7	—	—	1	1	—	1	7	8
Wissensch., Spezialist.	1	3	10	14	—	—	5	5	1	3	15	19
Allg. Akt.-Interessen[7])	1	2	19	22	1	—	—	1	2	2	19	23
Summe	16	23	86	125	9	2	16	27	25	25	102	152

[1] Basis der Prozentrechnung (n) sind die jeweiligen Spaltensummen der Abschnitte A—F. Sie sind über jeden Abschnitt in Klammern angegeben. — [2] Aufsichtsräte, die weder in anderen Unternehmen dem Vorstand angehören noch früher im gleichen Unternehmen Vorstand waren. — [3] Aufsichtsräte ohne Studium oder mit nicht abgeschlossenem Studium. — [4] Einschließlich der Aufsichtsräte, die sowohl Recht als auch Wirtschaft studiert haben. — [5] Einschließlich Naturwissenschaftler und Mathematiker. — [6] Näherungswerte für das arithmetische Mittel, errechnet durch Division der auf Fünf-Jahres-Gruppen basierenden Gesamt-Lebensalter (Summe der Lebensalter aller Personen) durch die Zahl der Personen. — [7] Einschließlich Vertreter von Kleinaktionärs-Vereinigungen.

Tabelle 47: Heutige und frühere Vorstände in Aufsichtsräten

	Zahl der VV			Zahl der VM			Anteile in Prozent			
	Heutige VV		Ehemalige VV in AR	Heutige VM		Ehemalige VM in AR	VV im AR[1]		VM im AR[2]	
	Insges.	Davon mit AR-Mandaten		Insges.	Davon mit AR-Mandat.[2]		als VV tätig	nicht als VV tätig	als VM tätig	nicht als VM tätig
	1	2	3	4	5	6	(Sp. 2:1)	(Sp. 3:1)	(Sp. 5:4)	(Sp. 6:4)
A. Wirtschaftszweig:										
Industrie	145	60	45	466	70	16	41,4	31,0	15,0	3,4
Öffentl.-rechtl. Kreditinst.	51	13	5	62	5	—	25,5	9,8	8,1	—
Andere Kreditinstitute ...	23	15	8	120	45	14	65,2	34,8	37,5	11,7
Versicherungen	40	15	7	118	9	7	37,5	17,5	7,6	5,9
Andere	21	8	4	45	4	—	38,1	19,0	8,9	—
B. Soziale Herkunft:										
Schicht I	32	13	19	104	22	7	40,6	59,4	21,2	6,7
Schicht II	112	44	26	315	53	15	39,3	23,2	16,8	4,8
Schicht III	118	47	16	331	42	13	39,8	13,6	12,7	3,9
Schicht IV	18	7	8	61	16	2	38,9	44,4	26,2	3,3
C. Ausbildungsweg:										
Praktiker	68	20	18	215	32	11	29,4	26,5	14,9	5,1
Jurist	62	26	17	177	45	6	41,9	27,4	25,4	3,4
Wirtschaftler	80	37	17	181	29	10	46,3	21,3	16,0	5,5
Techniker	66	25	14	228	25	9	37,9	21,2	11,0	3,9
Andere	4	3	3	10	2	1	—	—	—	—
Summe	280	111	69	811	133	37	39,6	24,6	16,4	4,6

[1] Basis der Prozentrechnung (n) sind für jede Zeile die Zahlen in Spalte 1. — [2] Basis der Prozentrechnung (n) sind für jede Zeile die Zahlen in Spalte 4. — [3] Außerdem vier stellvertretende Vorstandsmitglieder (in dieser Tabelle nicht berücksichtigt).

Tabelle 48: Manager nach der Zahl der Mandate in Aufsichtsräten

Heutige Hauptfunktion / Wirtschaftszweig	Zahl der Personen	1	2	3	4	5	6	mehr	Zahl der AR-Mandate[1]
A. Aufsichtsräte									
Industrie	185	133	30	9	5	5	1	2	285
Öff.-rechtl. Kreditinstitute ...	13	7	3	2	—	—	—	1	26
Andere Kreditinstitute	36	21	7	3	1	1	—	3	85
Versicherungen	47	33	9	4	—	—	—	1	70
Andere	19	10	2	6	—	1	—	—	37
Summe	300	204	51	24	6	7	1	7	503
B. Vorstandsvorsitzende									
Industrie	60	22	15	11	1	4	3	4	165
Öfftl.-rechtl. Kreditinstitute ..	13	6	3	3	—	—	1	—	27
Andere Kreditinstitute	15	8	—	2	1	1	1	2	49
Versicherungen	15	10	2	1	1	—	—	1	30
Andere	8	5	1	1	1	—	—	—	14
Summe	111	51	21	18	4	5	5	7	285
C. Vorstandsmitglieder[2]									
Industrie	72	49	9	8	2	2	2	—	121
Öfftl.-rechtl. Kreditinstitute ..	6	5	—	—	—	—	—	1	13
Andere Kreditinstitute	46	19	7	6	5	5	3	1	121
Versicherungen	9	8	1	—	—	—	—	—	10
Andere	4	4	—	—	—	—	—	—	4
Summe	137	85	17	14	7	7	5	2	269
D. Summe des AR und V									
Industrie	317	204	54	28	8	11	6	6	571
Öfftl.-rechtl. Kreditinstitute ..	32	18	6	5	—	—	1	2	66
Andere Kreditinstitute	97	48	14	11	7	7	4	6	255
Versicherungen	71	51	12	5	1	—	—	2	110
Andere	31	19	3	7	1	1	—	—	55
Summe	548	340	89	56	17	19	11	16	1 057

[1] Abweichungen zu den Zahlen in Tabelle 1 beruhen darauf, daß dort bei gleichzeitiger Tätigkeit eines Managers in mehreren Vorständen, die vor allem im Versicherungswesen vorkommt, auch die mehrfachen Vorstandspositionen als „Nebenfunktionen" erfaßt waren. — [2] Einschließlich 4 stellvertretenden Vorstandsmitgliedern (2 Industrie, je 1 öffentlich-rechtliche und andere Kreditinstitute) mit je einem Aufsichtsrats-Mandat.

Tabelle 49: Besetzung der Aufsichtsratssitze in Großunternehmen

	Zahl der AR-Sitze[1]					Dito in %	Anteile in Prozent[1]			
	Hauptamtlich AR		Nebenamtlich AR		Summe		Hauptamtlich AR		Nebenamtlich AR	
	Nicht-unt. AR	Ehemals V	VV	VM und st. VM			Nicht-unt. AR	Ehemals V	VV	VM und st. VM
A. Soziale Herkunft:										
Schicht I	52	72	29	50	203	19,2	25,6	35,5	14,3	24,6
Schicht II	116	84	124	86	410	38,8	28,3	20,5	30,2	21,0
Schicht III	91	57	115	95	358	33,9	25,4	15,9	32,1	26,6
Schicht IV	16	15	17	38	86	8,1	18,6	17,4	19,8	44,2
Summe	275	228	285	269	1 057	100,0	26,0	21,6	27,0	25,4
B. Schulbildung:										
Kein Abitur	19	28	21	21	89	8,5	21,3	31,5	23,6	23,6
Abitur	253	198	264	247	962	91,5	26,3	20,6	27,4	25,7
Summe	272	226	285	268	1 051	100,0	25,9	21,5	27,1	25,5
C. Ausbildungsweg:										
Praktiker[3]	56	69	52	61	238	22,5	23,5	29,0	21,9	25,6
Jurist[3]	117	39	70	102	328	31,0	35,7	11,9	21,3	31,1
Wirtschaftler[4]	62	74	90	57	283	26,8	21,9	26,2	31,8	20,1
Techniker[5]	30	42	69	47	188	17,8	16,0	22,3	36,7	25,0
Andere	10	4	4	2	20	1,9				
Summe	275	228	285	269	1 057	100,0	26,0	21,6	27,0	25,4
D. Lebensalter:										
Unter 45	15	1	2	19	37	3,6	40,5	2,7	5,4	51,4
45—54	25	1	30	47	103	9,9	24,3	1,0	29,1	45,6
55—59	38	11	64	56	169	16,2	22,5	6,5	37,9	33,1
60—64	69	5	113	103	290	27,9	23,8	1,7	39,0	35,5
65—69	71	128	71	39	309	29,7	23,0	41,4	23,0	12,6
70—79	36	69	3	5	113	10,8	31,9	61,1	2,6	4,4
80 und älter	9	11	—	—	20	1,9	45,0	55,0		
Summe	263	226	283	269	1 041	100,0	25,3	21,7	27,2	25,8
E. Durchschnittsalter[6]: ...	63	70	61	59	63	—	—	—	—	—

[1] Abweichungen der Gesamtzahlen beruhen darauf, daß die Fragen jeweils von einer unterschiedlichen Zahl von Personen beantwortet wurden. — [2] Basis der Prozentrechnung (n) ist für jede Zeile die Zeilensumme in der fünften Zahlenspalte. — Anmerkungen 3—6 siehe die Fußnote zu Tabelle 46.

Tabelle 50: Herkunft, Bildungsweg und Alter der Gründer und Eigentümer

	Zahl der Personen			Anteile in Prozent[1]			
	Gründer	Erb-Eigentümer	Summe	Gründer	Erb-Eigentümer	Summe	Z. Vergleich: Manager
A. Wirtschaftszweig:							
Industrie	8	64	72	44,4	56,1	54,5	56,8
Kreditgewerbe	5	36	41	27,8	31,6	31,1	22,4
Versicherungen	—	4	4	—	3,5	3,0	15,0
Handel, Sonstige	5	10	15	27,8	8,8	11,4	5,8
				(18)	(114)	(132)	(1 530)
B. Soziale Herkunft:							
Schicht I	2	63	65	11,1	55,2	49,2	14,1
Schicht II	7	36	43	38,9	31,6	32,6	38,8
Schicht III	7	10	17	38,9	8,8	12,9	39,7
Schicht IV	2	5	7	11,1	4,4	5,3	7,4
				(18)	(114)	(132)	(1 530)
C. Beruf der Eltern:							
Beamte	3	14	17	16,7	12,3	12,9	33,7
Gehob. Selbständige	9	87	96	50,0	76,3	72,7	26,1
And. Selbständige	3	7	10	16,7	6,2	7,6	18,1
Angestellte	1	3	4	5,5	2,6	3,0	16,3
Sonstige	2	3	5	11,1	2,6	3,8	5,8
				(18)	(114)	(132)	(1 528)
D. Vermögen der Eltern:							
Vermögen vorhanden	4	51	55	22,2	44,8	41,7	9,8
Vermögen z. T. verloren	2	35	37	11,1	30,7	28,0	13,3
Vermögen verloren	6	16	22	33,3	14,0	16,7	35,9
Kein Vermögen	6	12	18	33,4	10,5	13,6	41,0
				(18)	(114)	(132)	(1 528)
E. Studium der Eltern:							
Nein	16	73	89	88,9	64,0	67,4	65,9
Ja	2	41	43	11,1	36,0	32,6	34,1
				(18)	(114)	(132)	(1 528)
F. Schulbildung:							
Kein Abitur	7	15	22	38,9	13,6	17,2	11,7
Abitur	11	95	106	61,1	86,4	82,8	88,3
				(18)	(110)	(128)	(1 516)
G. Studium:							
Kein abgeschl. Studium	10	58	68	55,6	50,9	51,5	26,1
Studium mit Abschluß	8	56	64	44,4	49,1	48,5	73,9
				(18)	(114)	(132)	(1 530)
H. Ausbildungsweg:							
Praktiker[2]	10	58	68	55,6	50,9	51,5	26,1
Juristen[3]	1	15	16	5,5	13,1	12,1	23,9
Wirtschaftler[3]	4	19	23	22,2	16,7	17,4	23,1
Techniker[4]	2	19	21	11,1	16,7	15,9	25,3
Andere	1	3	4	5,6	2,6	3,1	1,6
				(18)	(114)	(132)	(1 530)
I. Lebensalter[5]:							
Unter 40	—	17[6]	17[6]	—	16,3	14,1	3,2
40—44	—	13	13	—	12,5	10,8	11,8
45—49	—	11	11	—	10,6	9,2	16,7
50—54	2	12	14	12,5	11,5	11,7	13,3
55—59	3	12	15	18,8	11,5	12,5	22,4
60—64	6	11	17	37,5	10,6	14,2	24,0
65—69	3	11	14	18,7	10,6	11,7	8,0
70 und älter	2	17[7]	19[7]	12,5	16,4	15,8	0,6
				(16)	(104)	(120)	(1 206)

[1] Basis der Prozentrechnung (n) ist die Spaltensumme jedes Abschnitts. Sie ist über jedem Abschnitt in Klammern angegeben. — [2] Personen ohne Studium und mit nicht abgeschlossenem Studium. — [3] Einschließlich der Personen, die sowohl Recht als auch Wirtschaft studiert haben (1 Gründer, 3 Erbeigentümer). — [4] Einschließlich Naturwissenschaftler und Mathematiker. — [5] Nur Personen, die heute noch geschäftsführend tätig sind (Inhaber, Teilhaber, persönlich haftende Gesellschafter, Geschäftsführer, Vorstände). — [6] Davon 6 unter 35 Jahre. — [7] Davon 2 über 74 Jahre.

Tabelle 51: Zahl der Adligen nach der Adelszugehörigkeit

	Zahl der Unternehmer¹) (n)	Zahl der Adligen¹)				Anteil der Adligen in %³)			
		Fürstl. u.gräfl. Häuser	Freiherrl. Häuser	Andere Adlige	Summe	Fürstl. u.gräfl. Häuser	Freiherrl. Häuser	Andere Adlige	Summe
A. Position im Unternehmen:									
Eigentümer²)	**182**	**1**	**12**	**12**	**25**	**0,7**	**9,1**	**9,1**	**18,9**
ARV	70	—	2	3	5	—	2,8	4,3	7,1
St. ARV	52	—	1	4	5	—	1,9	7,7	9,6
ARM	178	1	6	6	13	0,5	3,4	3,4	7,3
Summe Aufsichtsräte	**300**	**1**	**9**	**13**	**23**	**0,3**	**3,0**	**4,4**	**7,7**
VV	280	3	1	6	9	1,1	0,1	2,1	3,2
VM	811	4	1	24	29	0,5	0,7	3,0	3,6
St. VM	139	1	1	3	5	0,7	0,7	2,2	3,6
Summe Vorstände	**1 230**	**8**	**2**	**33**	**43**	**0,6**	**0,2**	**2,7**	**3,5**
B. Wirtschaftszweig:									
Industrie	941	2	8	33	43	0,2	0,9	3,5	4,6
Öffentl.-rechtl. Kreditinst.	142	—	—	4	4	—	—	2,8	2,8
And. Kreditinstitute	242	5	11	14	30	2,1	4,5	5,8	12,4
Versicherungen	233	1	4	4	9	0,5	1,7	1,7	3,9
Andere	104	2	—	3	5	1,9	—	2,9	4,8
C. Rechtsform d. Unternehmen:									
AG, KGaA	1 169	6	9	40	55	0,5	0,8	3,4	4,7
GmbH	140	—	3	1	4	—	2,2	0,7	2,9
KG, oHG, Einzelfirma	128	4	11	13	28	3,1	8,6	10,2	21,9
Öffentl.-rechtl. Unternehmen	155	—	—	4	4	—	—	2,6	2,6
D. Eigentum an Unternehmen:									
Börsengesellschaft	662	3	3	22	28	0,4	0,5	3,3	4,2
Konzerneigentum	229	4	2	4	7	0,4	0,9	1,8	3,1
Familieneigentum	274	4	16	19	39	1,5	5,8	6,9	14,2
Öffentliches Eigentum	195	—	1	4	5	—	0,5	2,1	2,6
Auslandseigentum	132	—	1	8	9	—	0,7	6,1	6,8
Sonstiges Eigentum	170	2	—	1	3	1,2	—	0,6	1,8
Summe: Alle erfaßten Untern.	**1 662**	**10**	**23**	**58**	**91**	**0,6**	**1,4**	**3,5**	**5,5**
Anteile in Prozent⁴)		11,0	25,3	63,7	100,0				
Alle befragten Unternehmer	2 053	12	31	73	116	0,6	1,5	3,6	5,7

¹) Zahl der Personen nach ihrer heutigen Position (frühere Vorstände, die heute dem Aufsichtsrat angehören, sind in dieser Tabelle also als Aufsichtsräte gezählt). Abweichungen der Gesamtzahlen zwischen den verschiedenen Abschnitten dieser Tabelle beruhen darauf, daß die Fragen jeweils von einer unterschiedlichen Anzahl von Personen beantwortet worden sind. — ²) Einschließlich Gründer. — ³) Zahl der Adligen jeder Position in Prozent der Zahl aller Unternehmer jeder Position. Die Basis der Prozentrechnung (n) ist in der ersten Zahlenspalte angegeben. — ⁴) Basis der Prozentrechnung (n) ist die Summe der Adligen.

Tabelle 52: Anteil der Adligen an der Zahl der Eigentümer und Manager

	Alle Unternehmer¹)						
	Eigentümer²)	Aufsichtsräte	Vorstände			Summe	Eigentümer³)
			VV	VM und st.VM	Summe		
	1	2	3	4	5	6	7
A. Soziale Herkunft:							
Schicht I	65	66	32	117	149	280	17
Schicht II	43	117	112	365	477	637	7
Schicht III	17	94	118	396	514	625	1
Schicht IV	7	23	18	72	90	120	—
B. Wirtschaftszweig:							
Industrie	72	185	145	539	684	941	8
Öff.-rechtl. Kreditinst.	—	13	51	78	129	142	—
And. Kreditinstitute	41	36	23	142	165	242	14
Versicherungen	4	47	40	142	182	233	—
Andere	15	19	21	49	70	104	3
C. Rechtsform der Unternehmen:							
AG, KGaA	35	251	170	713	883	1 169	4
GmbH	19	15	27	79	106	140	1
KG, oHG, Einzelfirma	78	5	11	34	45	128	20
Öffentl.-rechtl. Untern.	—	15	54	86	140	155	—
Sonstige	—	14	18	38	56	70	—
D. Eigentum am Unternehmen:							
Börsengesellschaft	9	155	95	403	498	662	—
Konzerneigentum	—	37	42	150	192	229	—
Familieneigentum	123	31	21	99	120	274	25
Öffentl. Eigentum	—	28	61	106	167	195	—
Auslandseigentum	—	20	23	89	112	132	—
Sonst. Eigentum	—	29	38	103	141	170	—
E. Schulbildung:							
Kein Abitur	22	34	29	114	143	199	2
Abitur	106	262	247	831	1 078	1 446	22
F. Studium:							
Kein abgeschl. Studium	68	73	68	258	326	467	16
Studium mit Abschluß	64	227	212	692	904	1 195	9
G. Ausbildungsweg:							
Praktiker	68	73	68	258	326	467	16
Jurist...........................	16	100	62	203	265	381	5
Wirtschaftswiss.	23	69	80	204	284	376	1
Techniker	21	47	66	273	339	407	3
Andere	4	11	4	12	16	31	—
H. Lebensalter:							
Unter 45 Jahre	30	14	13	169	182	226	5
45—54 Jahre	25	21	59	299	358	404	8
55—64 Jahre	32	82	163	396	559	673	3
65 Jahre und älter	33	176	41	63	104	313	8
Summe: Alle erfaßten Unternehmen: ..	132	300	280	950	1 230	1 662	25
Alle befragten Unternehmer........	171	403	326	1 153	1 479	2 053	29

¹) Zahl der Personen nach ihrer heutigen Position (frühere Vorstände, die heute dem Aufsichtsrat angehören, sind in dieser Tabelle also als Aufsichtsräte gezählt). Abweichungen der Gesamtzahlen zwischen den verschiedenen Abschnitten dieser Tabelle beruhen darauf, daß die Fragen jeweils von einer unterschiedlichen Anzahl von Personen beantwortet worden sind.

Adlige¹)					Anteil der Adligen in Prozent³)					
Auf-sichts-räte	Vorstände			Summe	Eigen-tümer²)	Auf-sichts-räte	Vorstände			Summe
	VV	VM und st.VM	Summe				VV	VM und st.VM	Summe	
8	9	10	11	12	7:1	8:2	9:3	10:4	11:5	12:6
17	5	12	17	51	26,2	25,8	15,6	10,3	11,4	18,2
4	3	16	19	30	16,3	3,4	2,7	4,4	4,0	4,7
2	1	5	6	9	5,9	2,1	0,8	1,3	1,2	1,4
—	—	1	1	1	—	—	—	1,4	1,1	0,8
16	4	15	19	43	11,1	8,6	2,8	2,8	2,8	4,6
—	1	3	4	4	—	—	2,0	3,8	3,1	2,8
3	—	13	13	30	34,1	8,3	—	9,2	7,9	12,4
4	3	2	5	9	—	8,5	7,5	1,4	2,7	3,9
—	1	1	2	5	20,0	—	4,8	2,0	2,9	4,8
21	6	24	30	55	11,4	8,4	3,5	3,4	3,4	4,7
2	—	1	1	4	5,3	13,3	—	1,3	0,9	2,9
—	2	6	8	28	25,6	—	18,2	17,6	17,8	21,9
—	1	3	4	4	—	—	1,9	3,5	2,9	2,6
—	—	—	—	—	—	—	—	—	—	—
12	3	13	16	28	—	7,7	3,2	3,2	3,2	4,2
4	2	1	3	7	—	10,8	4,8	0,7	1,6	3,1
3	2	9	11	39	20,3	9,7	9,5	9,1	9,2	14,2
1	1	3	4	5	—	3,6	1,6	2,8	2,4	2,6
2	1	6	7	9	—	10,0	4,3	6,7	6,2	6,8
1	—	2	2	3	—	3,4	—	1,9	1,4	1,8
—	—	—	—	2	9,1	—	—	—	—	1,0
22	9	34	43	87	20,8	8,4	3,6	4,1	4,0	6,0
10	3	9	12	38	23,5	13,7	4,4	3,5	3,7	8,1
13	6	25	31	53	14,1	5,7	2,8	3,6	3,4	4,4
10	3	9	12	38	23,5	13,7	4,4	3,5	3,7	8,1
6	3	13	16	27	31,2	6,0	4,8	6,4	6,0	7,1
3	1	6	7	11	4,3	4,3	1,2	2,9	2,5	2,9
2	2	6	8	13	14,3	4,3	3,0	2,2	2,4	3,2
2	—	—	—	2	—	18,2	—	—	—	6,5
2	1	8	9	16	16,7	14,3	7,7	4,7	4,9	7,1
2	4	8	12	22	32,0	9,5	6,8	2,7	3,4	5,4
7	4	14	18	28	9,4	8,5	2,5	3,5	3,2	4,2
10	—	4	4	22	24,2	5,7	—	6,3	3,8	7,0
28	**9**	**34**	**43**	**91**	**18,9**	**7,7**	**3,2**	**3,6**	**3,5**	**5,5**
32	9	46	55	116	17,0	7,9	2,8	4,0	3,7	5,7

— ¹) Einschließlich Gründer. — ²) Zahl der Adligen jeder Position in Prozent der Zahl aller Unternehmer jeder Position. Die Basis der Prozentrechnung (n) ist jeweils in den Spalten 1 bis 6 angegeben.

Tabelle 53: Zahl und Anteil der Professoren

	Zahl der Unternehmer[1] (n)	Zahl der Professoren[1]	Anteil der Professoren in %[2]
A. Position im Unternehmen:			
Eigentümer[3]	**132**	**6**	**4,5**
ARV....................	70	4	5,7
St. ARV	52	4	7,7
ARM	178	16	9,0
Summe Aufsichtsräte	**300**	**24**	**8,0**
VV	280	18	6,4
VM	811	24	3,0
St. VM	139	1	0,7
Summe Vorstände	**1 230**	**43**	**3,5**
B. Soziale Herkunft:			
Schicht I	280	14	5,0
Schicht II	637	24	3,8
Schicht III	625	31	5,0
Schicht IV	120	4	3,3
C. Wirtschaftszweig:			
Industrie	941	53	5,6
Öffentl.-rechtl. Kreditinst. ...	142	6	4,2
And. Kreditinst.	242	4	1,7
Versicherungen	233	6	2,6
Andere	104	4	3,8
D. Studium:			
Kein Studium	371	—	—
Stud. o. Abschluß	96	2	2,1
Jura	381	11	2,9
Wirtschaftswiss.	376	20	5,3
Technik	237	14	5,9
Naturw. u. Mathem........	170	26	15,3
Andere	31	—	—
E. Abschlußexamen:			
Staatsexamen	399	5	1,3
Doktor	751	41	5,5
Dr. habil.	33	25	75,6
Andere	12	—	—
F. Lebensalter:			
Unter 45 Jahre	226	2	0,9
45—54 Jahre	404	11	2,7
55—64 Jahre	673	29	4,3
65 Jahre u. älter	313	29	9,3
Alle erfaßten Unternehmer:	**1 662**	**73**	**4,4**
Alle befragten Unternehmer: ...	2 053	81	3,9

[1] Zahl der Personen nach ihrer heutigen Position (frühere Vorstände, die heute dem Aufsichtsrat angehören, sind in dieser Tabelle also als Aufsichtsräte gezählt). — [2] Basis der Prozentrechnung (n) ist die jeweilige Zahl in der ersten Spalte. — [3] Einschließlich Gründer.